Microsoft
Office
Specialist

Word エキスパート 365 & 2019

日経BP

目次

第2章 高度な編集機能や書式設定機能の利用 65

第3章 ユーザー設定のドキュメント要素の作成 113

第 4 章　高度な Word 機能の利用 ——— 159

はじめに

重要なお知らせ

- 本書解説および模擬練習問題の実習と、模擬テストプログラムの実行には、コンピューターに適切なバージョンの Windows と Office がインストールされている必要があります。次ページの「■学習に必要なコンピューター環境」を参照してください。
- 模擬テストプログラムを実行する前に、必ず 221 ページの「模擬テストプログラムの使い方」を確認してください。
- 本書や模擬テストについての最新情報は、本書のウェブページをご参照ください。
https://bookplus.nikkei.com/atcl/catalog/21/S60050/

本書は、Microsoft Office Specialist（MOS）に必要なアプリケーションの機能と操作方法を、練習問題で実習しながら学習する試験対策問題集です。試験の出題範囲をすべて学習することができます。
本書は「本誌解説」「模擬練習問題」「模擬テストプログラム」の 3 つの教材で学習を行います。

■ 本誌解説

個々の機能について、練習問題＋機能の説明＋操作手順という 3 ステップで学習します。
学習のために利用する実習用データは CD-ROM からインストールしてください。インストール方法は（7）ページを参照してください。

■ 模擬練習問題

より多くの問題を練習したい、という方のための模擬問題です。模擬テストプログラムではプログラムの都合上判定ができないような問題も収録しています。問題は 219 ページに掲載しています。解答に使用するファイルは実習用データと一緒にインストールされます。解答が終了したらプロジェクト単位でファイルを保存し、解答（PDF ファイル）および完成例ファイルと比較し、答え合わせを行ってください。

■ 模擬テストプログラム

実際の MOS 試験に似た画面で解答操作を行います。採点は自動で行われ、実力を確認できます。模擬テストは CD-ROM からインストールしてください。インストール方法は（7）ページ、詳しい使い方は 221 ページを参照してください。

模擬テストには次の 3 つのモードがあります。

・練習モード：	一つのタスクごとに採点します。
・本番モード：	実際の試験と同じように、50 分の制限時間の中で解答します。終了すると合否判定が表示され、タスクごとの採点結果を確認できます。作成したファイルはあとで内容を確認することもできます。
・実力判定テスト：	毎回異なる組み合わせでプロジェクトが出題されます。何回でも挑戦できます。

■ 学習に必要なコンピューター環境（実習用データ、模擬テストプログラム）

OS	Windows 10（日本語版、32ビットおよび64ビット。ただしSモードを除く）。本書発行後に発売されたWindowsのバージョンへの対応については、本書のウェブページ（https://bookplus.nikkei.com/atcl/catalog/21/S60050/）を参照してください。
アプリケーションソフト	Microsoft Office 2019またはOffice 365（Microsoft 365、日本語版、32ビットおよび64ビット）をインストールし、ライセンス認証を完了させた状態。 なお、お使いのOfficeがストアアプリ版の場合、模擬テストプログラムが動作しないことがあります。くわしくは、本書のウェブページ（https://bookplus.nikkei.com/atcl/catalog/21/S60050/）の「お知らせ」を参照してください。
インターネット	本誌解説の中には、インターネットに接続されていないと実習できない機能が一部含まれています。模擬テストプログラムの実行にインターネット接続は不要ですが、模擬テストプログラムの更新プログラムの適用にはインターネット接続が必要です。
ハードディスク	210MB以上の空き容量。
画面解像度	本誌解説は画面解像度が1280×768ピクセルの環境での画面ショットを掲載しています。環境によりリボンやボタンの表示が誌面とは異なる場合があります。模擬テストプログラムの実行には、横1280ピクセル以上を推奨します。
CD-ROMドライブ	実習用データおよび模擬テストのインストールに必要です。

※模擬テストプログラムは、Office 2019もしくはOffice 365（Microsoft 365）以外のバージョンやMicrosoft以外の互換Officeでは動作しません。また、複数のOfficeが混在した環境では、本プログラムの動作を保証しておりません。

※Officeのインストールは、模擬テストプログラムより先に行ってください。模擬テストプログラムのインストール後にOfficeのインストールや再インストールを行う場合は、いったん模擬テストプログラムをアンインストールしてください。

■ インストール方法

本書付属 CD-ROM では次の 2 つをインストールできます。

・模擬テストプログラム

・実習用データと模擬練習問題

これらは別々にインストールできます。

●インストール方法

CD-ROM をドライブに挿入すると、自動再生機能によりインストールが始まります。始まらない場合は、CD-ROM の中にある MosWord2019Expert_Setup.exe をダブルクリックしてください（ファイルを間違えないようご注意ください）。

インストールウィザードで右の画面が表示されたら、インストールするモジュールの左にあるアイコンをクリックします。インストールする場合は［この機能をローカルのハードディスクドライブにインストールします。］（既定値）、インストールしない場合は［この機能を使用できないようにします。］を選んでください。その他の項目を選択すると正常にインストールされないのでご注意ください。

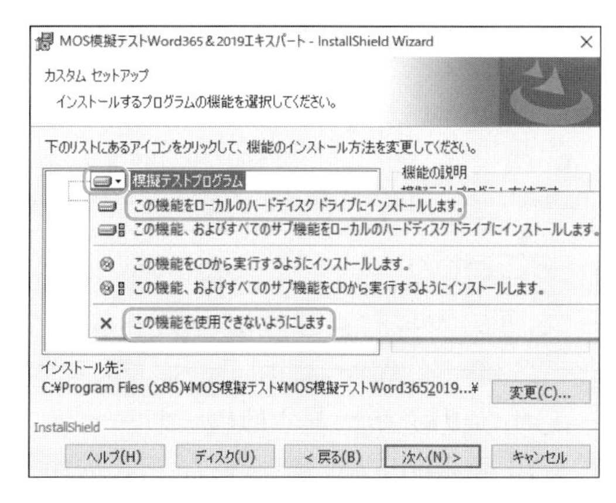

あとから追加でインストールする場合は、［コントロールパネル］の［プログラムと機能］で表示される一覧から［MOS 模擬テスト Word365&2019 エキスパート］を選び、［変更］をクリックします。右の画面で［変更］を選んで［次へ］をクリックすると、右上と同じ画面が表示されます。

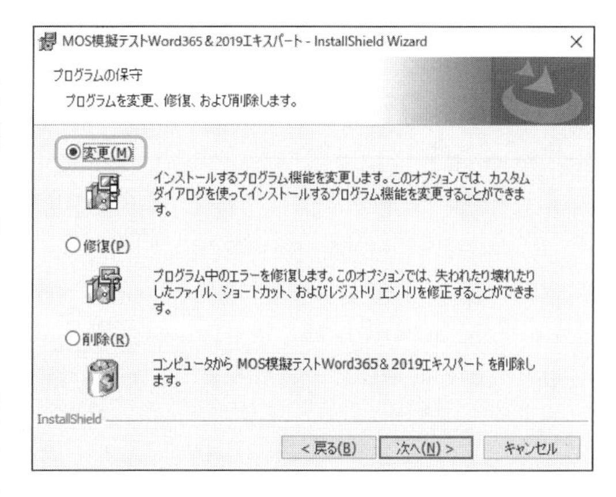

※「インストールしています」の画面が表示されてからインストールが開始されるまで、かなり長い時間がかかる場合があります。インストールの進行を示すバーが変化しなくても、そのまましばらくお待ちください。

●インストール場所

模擬テストプログラム：インストールプログラムが提示します。この場所は変更できます。

実習用データ：［ドキュメント］-［Word365&2019エキスパート（実習用）］フォルダー。この場所は変更できませんが、インストール後に移動させることはできます。

●アンインストール方法

① Windowsに管理者（Administrator）でサインイン／ログオンします。

② 設定の［アプリ］から［アプリと機能］を開き、［MOS模擬テストWord365&2019エキスパート］を選んで［アンインストール］をクリックします。

※ アンインストールを行うと、実習用データ（インストール後に作成したものを除く）も削除されます。

おことわり

本書の内容および模擬テストプログラムは、2021年2月現在のOffice 2019 Professional Plus（デスクトップアプリ版）で検証しています。Officeの更新状況や機能・サービスの変更により、模擬テストプログラムの正解手順に応じた操作ができなかったり、正しい手順で操作したにもかかわらず正解とは判定されなかったりすることがあります。その場合は、適宜別の方法で操作したり、手順を確認のうえ、ご自分で正解と判断したりして学習を進めてください。

本書の使い方

注意 練習問題によっては、問題用のファイルがない場合もあります。また、問題を解くときに問題用のファイルに加えて他のファイルも使用する場合があります。

注意 練習問題によっては、解答ファイルを収録せず誌面に画面を掲載しているだけの場合もあります。また、解答ファイルのファイル名は通常「解答1-1-1」のように付けていますが、「キャンペーンのレイアウト（解答 1-1-1）」のように、問題で指示されたファイル名を付けたり、別のファイル形式で保存している場合があります。

注意 同じ結果を得るために複数の操作手順がある場合は、そのうちの一つを記載しています。

■ Word 2019 の画面

クイックアクセスツールバー

[上書き保存] [元に戻す] など、作業内容にかかわらず頻繁に利用するボタンが集められたバー。ボタンをカスタマイズすることもできる。

[ファイル] タブ

クリックすると、[新規] [開く] [名前を付けて保存] [印刷] などの画面が表示され、ファイルに関する操作ができる。

タブ

ウィンドウ上の [ホーム] [挿入] …と表示された部分。クリックすると、その下のボタンの内容が変化する。図形やテーブルなどを選択すると、それに関するタブが新たに表示される。

リボン

ウィンドウ上の [ホーム] [挿入] …と表示された部分（タブ）に応じたコマンドボタンが並んでいるエリア。

詳細なダイアログボックスの表示

クリックすると、より詳細な設定ができるダイアログボックスや作業ウィンドウが表示される。

ミニツールバー

文字を選択したとき選択文字の右上に現れるバー。ミニツールバーはマウスを右クリックしても表示される。

表示選択ショートカット

[閲覧モード] [印刷レイアウト] [Web レイアウト] の各表示画面に切り替えるボタンが配置されている。

コマンドボタン
各グループを構成する個々のボタン。コマンドボタンにマウスポインターを合わせて少し待つと、そのコマンドボタンの名前や機能がポップヒントで表示される。
グループ
ボタンが［フォント］や［段落］などのグループに分類されている。グループには、似た機能を持つボタン（コマンドボタン）が集められている。
ルーラー
左右の余白やインデントの位置などが表示される。
カーソル
点滅する縦棒で、文字や表などの挿入位置を表す。
スクロールバー
現在画面に表示されていない部分を表示する。
ビジネスマナー入門
－おじぎの仕方とお茶の淹れ方を覚えよう－
おじぎの仕方
おじぎとは、「お辞儀」と書き、頭を下げて礼をすることです。おじぎの仕方で私たちの誠意が顧客に伝わります。美しいおじぎを心掛けましょう。おじぎには立って行う立礼と、座って行
●→立礼の仕方
上着を着ているときは必ずボタンを留めます。目線は顧客を見て、頭から腰までまっすぐに伸ばして、腰から折り曲げるようにします。手は軽く前で合わせ、足先は揃えるようにします。
立礼には、会釈、敬礼、最敬礼の３種類があり、上体を曲げる角度も変わります。状況に応じて使い分けるようにしましょう。
会釈（上体の角度 15 度）
親しい人に軽く頭を下げる軽い挨拶です。
ステータスバー
作業中の文書の情報が表示される。
ズームスライダー
ウィンドウ右下にあり、表示倍率を変更する。スライダーをドラッグすると表示倍率を変更できる。また、［拡大］、［縮小］をクリックすると 10%ずつ拡大、縮小できる。

■ 本書の表記

本書では、Windows 10 上で Word 2019 を操作した場合の画面表示、名称を基本に解説し、次のように表記しています。

●画面に表示される文字

メニュー、コマンド、ボタン、ダイアログボックスなどの名称で画面に表示される文字は、角かっこ（[ ]）で囲んで表記しています。アクセスキー、コロン（:）、省略記号（...）、チェックマークなどの記号は表記していません。

●ボタン名の表記

ボタンに表記されている名前を、原則的に使用しています。なお、ボタン名の表記がないボタンは、マウスでポイントすると表示されるポップヒントで表記しています。また、右端や下に▼が付いているボタンでは、「[○○] ボタンをクリックする」とある場合はボタンの左側や上部をクリックし、「[○○] ボタンの▼をクリックする」とある場合は、ボタンの右端や下部の▼部分をクリックすることを表します。

● Word 2019 の設定

画面を確認しながら学習する場合は、Word 2019 を以下の設定にしてください。

・編集記号を表示する
　[ホーム] タブの [段落] の ↵ [編集記号の表示 / 非表示] ボタンをクリックしてオンにします。
・ルーラーを表示する
　[表示] タブの [表示] の □ルーラー [ルーラー] チェックボックスをオンにします。
・ステータスバーに行番号を表示する
　画面の下部のステータスバーを右クリックし、[行番号] をオンにします。

■ 実習用データの利用方法

インストール方法は、(7)ページを参照してください。[Word365&2019 エキスパート(実習用)] フォルダーは [ドキュメント] の中にあり、以下のフォルダーとファイルが収録されています。

フォルダー名	内容
[問題] フォルダー	練習問題用のファイル
[解答] フォルダー	練習問題の解答例ファイル
[模擬練習問題] フォルダー	模擬練習問題に関する、解答に必要なファイル、完成例ファイル、問題と解答例

おことわり

Officeのバージョンやエディション、更新状況に伴う機能・サービスの変更により、誌面の通りに表示されなかったり操作できなかったりすることがあります。その場合は適宜別の方法で操作してください。

■ 学習の進め方

本誌解説は、公開されているMOS 365&2019エキスパートの「出題範囲」に基づいて章立てを構成しています。このため、Wordの機能を学習していく順序としては必ずしも適切ではありません。Wordの基本から応用へと段階的に学習する場合のカリキュラム案を以下に示しますが、もちろんこの通りでなくてもかまいません。
本書は練習問題（1-1-1のような項目ごとに一つの練習問題があります）ごとに実習用の問題ファイルが用意されているので、順序を入れ替えても問題なく練習できるようになっています。

1. 高度な書式設定

2-2　段落レイアウトのオプションを設定する
2-3　スタイルを作成する、管理する
2-1　文書のコンテンツを検索する、置換する、貼り付ける

2. 文書の管理

1-1　文書とテンプレートを管理する（1-1-5、1-1-7を除く）
1-3　言語オプションを使用する、設定する
3-2　ユーザー設定のデザイン要素を作成する

3. データの活用

1-1-5　外部コンテンツにリンクする
3-1　文書パーツを作成する、変更する

4. 長文作成機能

3-3　索引を作成する、管理する
3-4　図表一覧を作成する、管理する

5. 高度な編集機能

4-1　フォーム、フィールド、コントロールを管理する
4-3　差し込み印刷を行う

6. 文書の保護

1-2	共同作業用に文書を準備する

7. マクロ機能

1-1-7	文書中のマクロを有効にする
4-2	マクロ作成する、変更する

MOS 試験について

●試験の内容と受験方法

MOS（マイクロソフトオフィススペシャリスト）試験については、試験を実施しているオデッセイコミュニケーションズの MOS 公式サイトを参照してください。
https://mos.odyssey-com.co.jp/

● Word 365&2019 エキスパート（上級）の出題範囲

より詳しい出題範囲（PDF ファイル）は MOS 公式サイトからダウンロードできます。その PDF ファイルにも書かれていますが、出題範囲に含まれない操作や機能も出題される可能性があります。

文書のオプションと設定の管理

・文書とテンプレートを管理する
・共同作業用に文書を準備する
・言語オプションを使用する、設定する

高度な編集機能や書式設定機能の利用

・文書のコンテンツを検索する、置換する、貼り付ける
・段落レイアウトのオプションを設定する
・スタイルを作成する、管理する

ユーザー設定のドキュメント要素の作成

・文書パーツを作成する、変更する
・ユーザー設定のデザイン要素を作成する
・索引を作成する、管理する
・図表一覧を作成する、管理する

高度な Word 機能の利用

・フォーム、フィールド、コントロールを管理する
・マクロを作成する、変更する
・差し込み印刷を行う

試験の操作方法

試験問題の構成や操作方法などは試験開始前に説明画面が表示されますが、なるべく事前に頭に入れておき、問題の解答操作以外のところで時間を取られないよう注意しましょう。

●試験問題の構成

試験は「マルチプロジェクト」と呼ぶ形式で、5 ～ 8 個のプロジェクトで構成されています。プロジェクトごとに 1 つの文書（ファイル）が開き、そのファイルに対して解答操作を行います。タスク（問題）はプロジェクトごとに 1 ～ 7 個、試験全体で 26 ～ 35 個あります。

●プロジェクトの操作

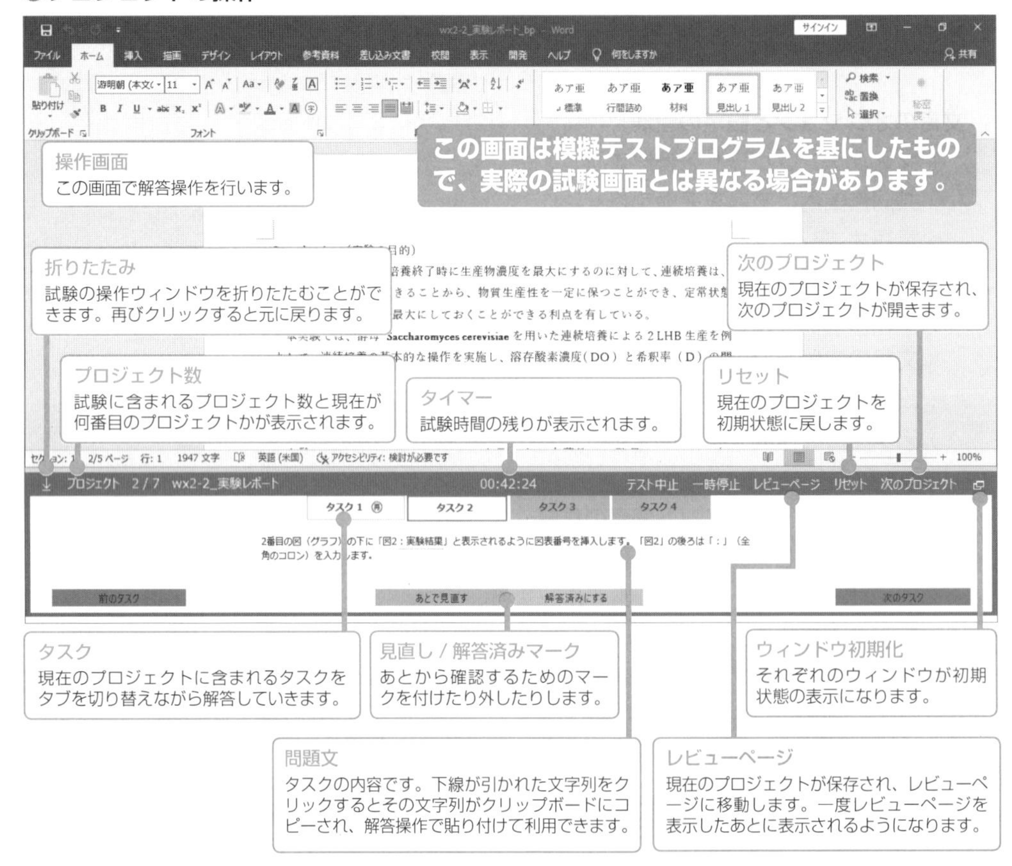

※ 実際の試験では画面のデザインやマークなどが異なります。

試験が始まると上記のような画面が表示されます。上半分がプロジェクトファイルを開いたWordのウィンドウです。下半分が試験の操作ウィンドウ（プロジェクト操作ウィンドウ）で、問題文の表示、タスク（問題）の切り替え、次のプロジェクトへの移動、［解答済みにする］と［あとで見直す］のマーク付けなどを行います。［タスク 1］［タスク 2］…という部分はタブになっていて、選択されているタスクの問題文やプロジェクトの簡単な説明がその下に表示されます。

一つのタスクについて、解答操作を行ったら［解答済みにする］をクリック、解答操作に自信がない（あとで見直したい）場合や解答をいったんスキップする場合は［あとで見直す］をクリックします。なお、［解答済みにする］マークや［あとで見直す］マークは確認のためのものであり、試験の採点には影響しません。その後、ほかのタスクに切り替えます。タスクは番号にかかわらずどの順序でも解答することができます。解答操作をキャンセルしてファイルを初期状態に戻したいときは［リセット］をクリックします。この場合、そのプロジェクトのすべてのタスクに関する解答操作が失われます。
全部のタスクを解答またはスキップしたら［次のプロジェクト］をクリックします。すると、確認メッセージとともにそのプロジェクトが保存され、次のプロジェクトが開きます。試験の操作ウィンドウの上部のバーには試験に含まれるプロジェクト数と現在が何番目のプロジェクトかが「1/7」という形式で表示されており、その横に残り時間が表示されています。
最後のプロジェクトで［次のプロジェクト］をクリックすると、確認メッセージに続けてレビューページが表示されます。

●レビューページ

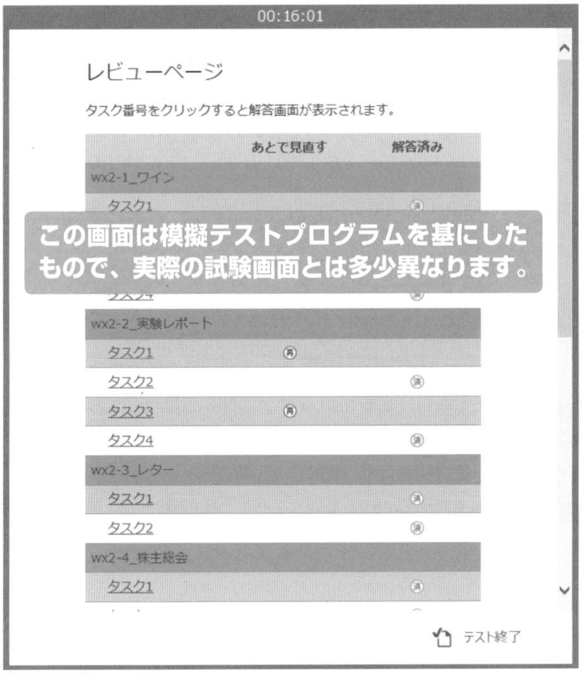

00:16:01
レビューページ
タスク番号をクリックすると解答画面が表示されます。
あとで見直す　解答済み
wx2-1_ワイン
タスク1
この画面は模擬テストプログラムを基にしたもので、実際の試験画面とは多少異なります。
wx2-2_実験レポート
タスク1
タスク2
タスク3
タスク4
wx2-3_レター
タスク1
タスク2
wx2-4_株主総会
タスク1
テスト終了

レビューページには、解答操作の際に付けた［解答済みにする］と［あとで見直す］のマークがそれぞれのタスクに表示されます。タスク番号をクリックすると試験の操作画面に戻り、該当するプロジェクトのファイルが開きます。プロジェクトファイルは保存したときの状態で、クリックしたタスクが選択されています。解答の操作、修正、確認などを行ったら［解答済みにする］や［あとで見直す］のマークの状態を更新します。
試験の操作ウィンドウにはこの一覧画面に戻るための［レビューページ］が表示されており、クリックするとプロジェクトが保存されてレビューページに戻ります。
すべての操作や確認が完了したら［テスト終了］ボタンをクリックして試験を終了します。［テスト終了］ボタンをクリックしなくても、試験時間の50分が経過したら自動的に終了します。

受験時のアドバイス

▶▶▶ タスクの解答順にはこだわらない

一つのプロジェクト内では同じファイルに対して操作を行いますが、タスクは基本的に相互の関連がないので、前のタスクを解答しないと次のタスクが解答できない、ということはありません。左の「タスク 1」から順に解答する必要はありません。

▶▶▶ 一つのタスクに固執しない

できるだけ高い得点をとるためには、やさしい問題を多く解答して正解数を増やすようにします。とくに試験の前半で難しい問題に時間をかけてしまうと、時間が足りなくなる可能性があります。タスクの問題文を読んで、すぐに解答できる問題はその場で解答し、すぐに解答できそうにないと感じたら、早めにスキップして解答を後回しにします。全部のタスクを開いたら、スキップしたタスクがあっても次のプロジェクトに進みます。

▶▶▶ ［解答済みにする］か［あとで見直す］のチェックは必ず付ける

一つのタスクについて、解答したときは［解答済みにする］、解答に自信がないかすぐに解答できないときは［あとで見直す］のチェックを必ず付けてから、次のタスクを選択するようにします。これらのチェックは採点結果には影響しませんが、あとでレビューページを表示したときに重要な情報になるので、付け忘れないようにします。

▶▶▶ レビューページで未了タスクを確認

どのタスクの解答を解答済みにしたかは、レビューページで確認します。レビューページで［解答済みにする］マークも［あとで見直す］マークも付いていないタスクは、解答し忘れている可能性があるので、そのようなタスクがあればまず確認し解答します。
次に、［あとで見直す］マークが付いているタスクに取りかかります。解答できたら［あとで見直す］マークのチェックを外し［解答済みにする］マークをチェックし直してから、レビューページに戻ります。

▶▶▶ 残り時間を意識し、早めにレビューページを表示する

プロジェクト操作画面とレビューページには、試験の残り時間が表示されています。試験終了間際にならないうちに、すべてのプロジェクトをいったん保存してレビューページを表示するように心がけます。

▶▶▶ ［リセット］ボタンは慎重に

［リセット］ボタンをクリックすると、現在問題文が表示されているタスクだけではなく、そのプロジェクトにあるタスクの操作がすべて失われるので注意が必要です。途中で操作の間違いに気づいた場合、なるべく［リセット］ボタンを使わず、［元に戻す］ボタン（または Ctrl+Z キー）で操作を順に戻すようにしましょう。

▶▶▶ 指示外の設定は変更しない

操作項目に書かれていない設定項目は既定のままにしておきます。これを変更すると採点結果に悪影響を与える可能性があります。

▶▶▶ 文字は直接入力せずコピー機能を利用する

問題文で下線が引かれた文字列をクリックするとその文字がクリップボードにコピーされ、解答操作で Ctrl+V キーなどで貼り付けて利用できます。本文や図形への文字入力のほか、文字列の置換やプロパティの設定などあらゆる文字入力の操作で利用できます。入力ミスを防ぎ操作時間を短縮するためにコピー機能を利用しましょう。

▶▶▶ 英数字や記号は基本的に半角文字

英数字や記号など、半角文字と全角文字の両方がある文字については、具体的な指示がない限り半角文字を入力します。

▶▶▶ ファイルの保存は適度に

ファイルをこまめに保存するよう、案内画面には書かれていますが、それほど神経質になる必要はありません。ファイルの保存操作をするかどうかは採点結果には影響しません。何らかの原因で試験システムが停止してしまった場合に、操作を途中から開始できるようにするためのものです。ただし、このようなシステム障害の場合にどういう措置がとられるかは状況次第ですので、会場の試験官の指示に従ってください。

▶▶▶ ナビゲーションウィンドウを利用する

操作する対象の場所が見出しで指示されている場合は［表示］タブの［ナビゲーションウィンドウ］をオンにしてナビゲーションウィンドウの［見出し］の一覧から選択すると操作時間を短縮することができます。

Chapter 1

文書のオプションと設定の管理

本章で学習する項目

- □ 文書とテンプレートを管理する
- □ 共同作業用に文書を準備する
- □ 言語オプションを使用する、設定する

1-1 文書とテンプレートを管理する

ここでは、複数の文書を管理するときに利用すると便利な機能を学習します。文書の基となるテンプレートの作成や編集方法、複数の文書を比較したり、結合したり、外部のデータにリンクする方法などを学習します。また、リボンタブやクイックアクセスツールバーの表示切替やマクロの設定も学習します。

1-1-1 既存の文書テンプレートを変更する

練習問題

問題フォルダー
└問題 1-1-1.docx

解答フォルダー
└キャンペーンの
レイアウト
（解答 1-1-1).dotx

【操作 1】文書に「キャンペーンのレイアウト」という名前を付けて、テンプレートとして保存します。その後、ファイルを閉じます。

【操作 2】「キャンペーンのレイアウト」テンプレートを開き、1 行目のフォントサイズを「20pt」に変更して表題スタイルを更新し、上書き保存します。

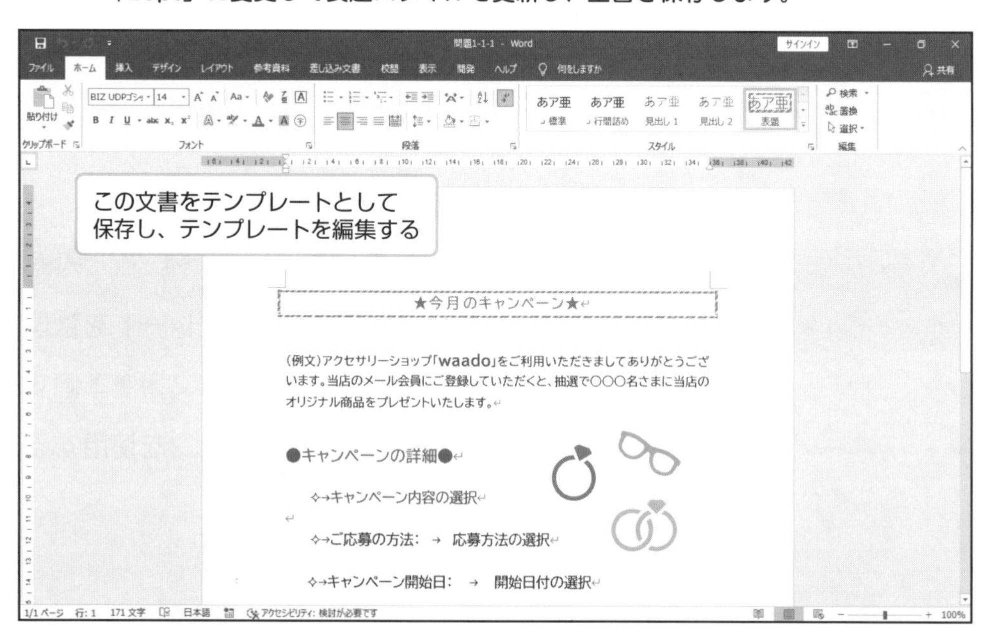

機能の解説

重要用語

□ テンプレート
□ Word テンプレート
□ 個人用

テンプレートとは、デザインや書式が設定された文書の土台となるファイルのことです。送付状やレポートなどよく使用する文書や、形式が統一された文書を作成したいときに利用すると便利です。あらかじめ用意されたテンプレートを選択するだけで、同じデザインや書式が設定された新しい文書をすぐに作成できます。

テンプレートを利用するには、［ファイル］タブの［新規］画面に表示されているテンプレートの一覧から選択したり、オンラインテンプレートを検索したりできます。個人が作成したテンプレートは、［個人用］をクリックすると表示されます。

既存のテンプレートは、内容を変更したり、また個人が作成したテンプレートの場合は削除することもできます。

ヒント
Office テンプレート
Office テンプレートはオンラインテンプレートのため、種類が変更されることがあります。

ヒント
個人用テンプレート
初めて個人で作成したテンプレートを保存するまで[Office]と[個人用] は表示されません。

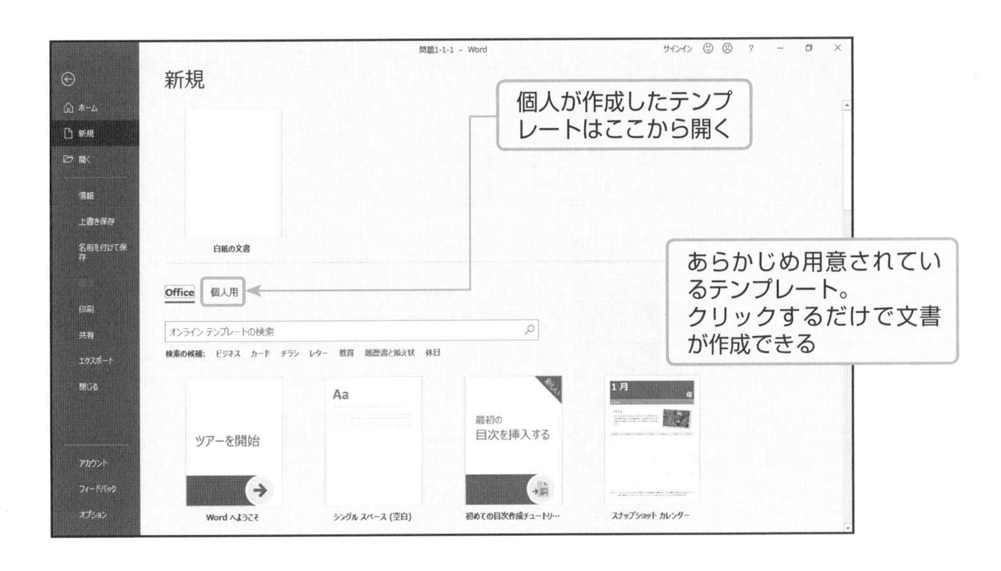

●テンプレートの作成

Word にはさまざまなデザインのテンプレートが用意されていますが、個人で作成した文書をテンプレートにすることもできます。ファイルの種類を Word テンプレート（マクロを保存する場合は Word マクロ有効テンプレート）として保存します。

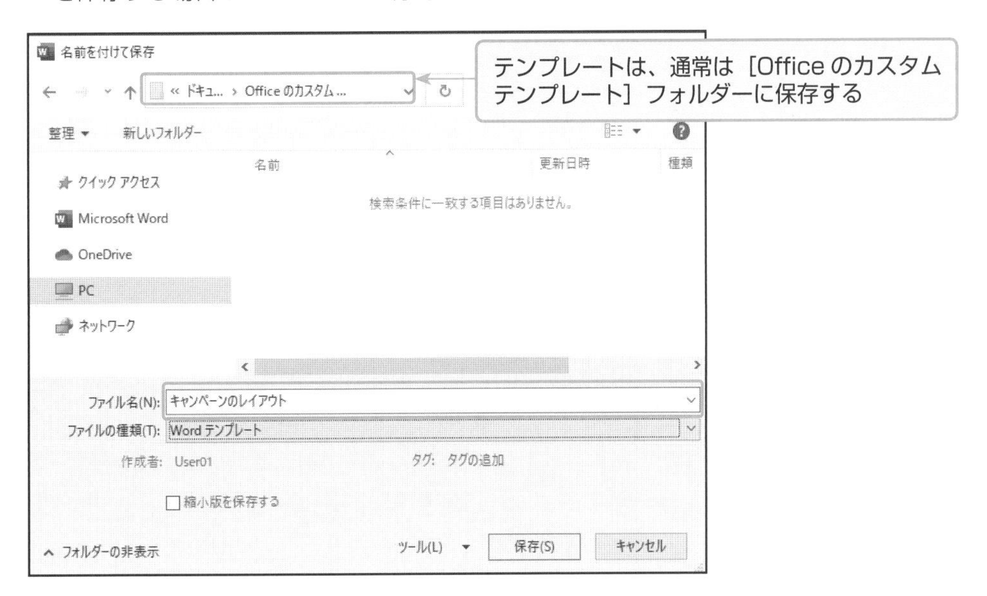

●テンプレートの変更

テンプレートは、使い勝手の良いように後から変更することもできます。テンプレートを変更するには、［ファイル］タブの［開く］からテンプレートのファイルを開き、通常の文書と同様に編集します。個人が作成したテンプレートは、通常は、「ドキュメント」フォルダーの「Office のカスタムテンプレート」フォルダーに保存されています。その後、上書き保存するか、または名前を付けてテンプレートとして保存します。

操作手順

【操作 1】

❶［ファイル］タブの［名前を付けて保存］をクリックします。

❷［名前を付けて保存］画面の［参照］をクリックします。

❸［名前を付けて保存］ダイアログボックスが表示されます。

❹［ファイル名］ボックスに「キャンペーンのレイアウト」と入力します。

❺［ファイルの種類］ボックスの▼をクリックします。

❻［Word テンプレート］をクリックします。

❼［保存］をクリックします。

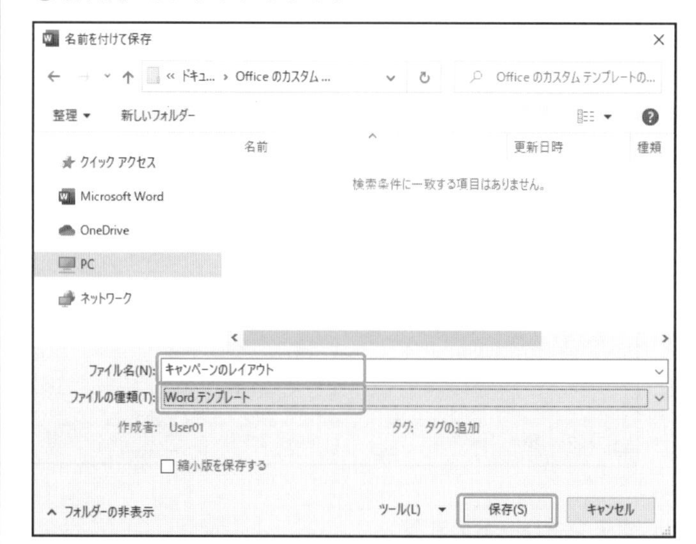

❽ Word テンプレートとして保存されます。

❾［ファイル］タブの［閉じる］をクリックして、ファイルを閉じます。

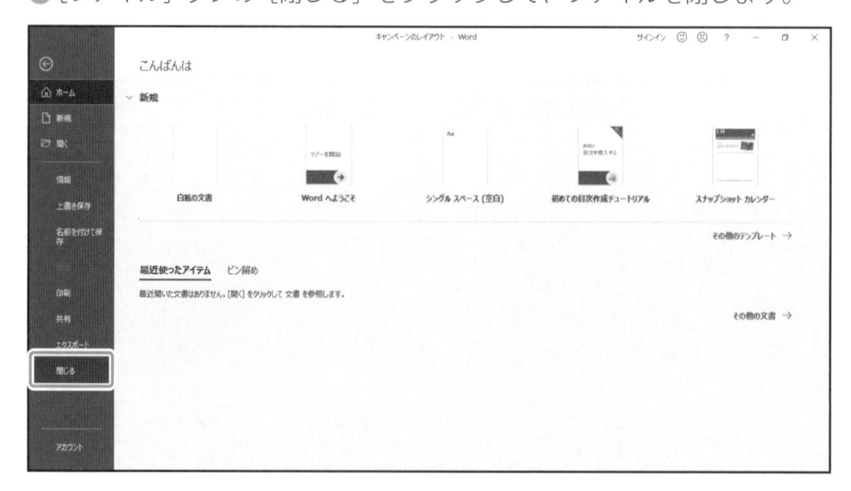

ポイント

テンプレートの保存場所

ファイルの種類を Word テンプレートにすると、［保存先］が［ドキュメント］の［Office のカスタムテンプレート］フォルダーに切り替わります。

ヒント

テンプレートの拡張子

Word テンプレートとして保存すると、ファイルの拡張子は「.dotx」になります。

【操作 2】

⑩［ファイル］タブの［開く］をクリックします。

⑪［開く］画面の［参照］をクリックします。

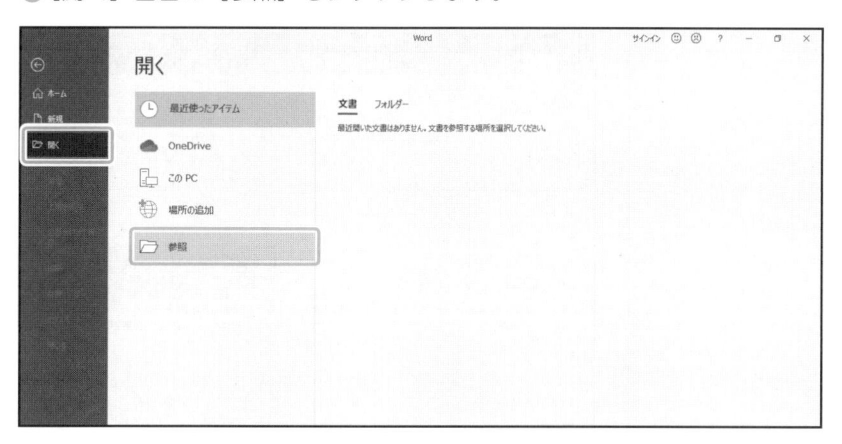

⑫［ファイルを開く］ダイアログボックスが表示されます。

⑬左側の一覧から［ドキュメント］をクリックします。

⑭一覧の［Office のカスタムテンプレート］をダブルクリックします。

⑮［ファイルの場所］ボックスに［Office のカスタムテンプレート］と表示されることを確認します。

⑯一覧から［キャンペーンのレイアウト］をクリックし、［開く］をクリックします。

⑰「キャンペーンのレイアウト」テンプレートが開きます。

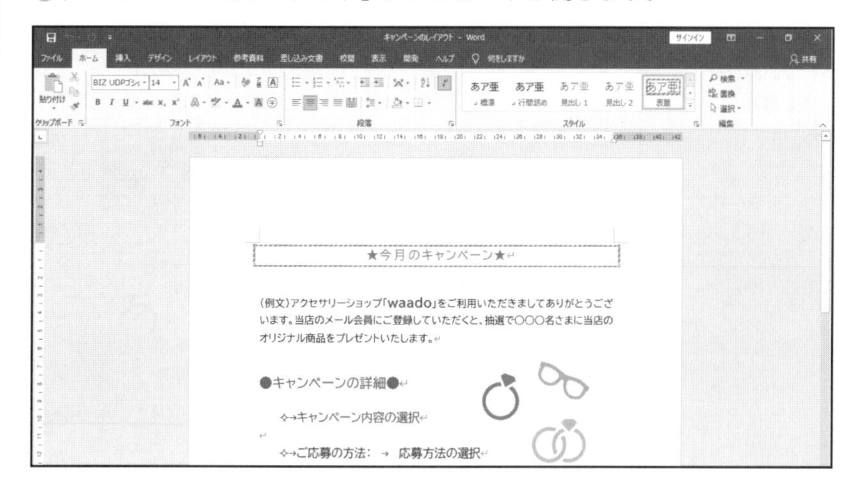

⑱１行目を選択します。

⑲［ホーム］タブの［フォントサイズ］ボックスの▼をクリックし、［20］を選択します。

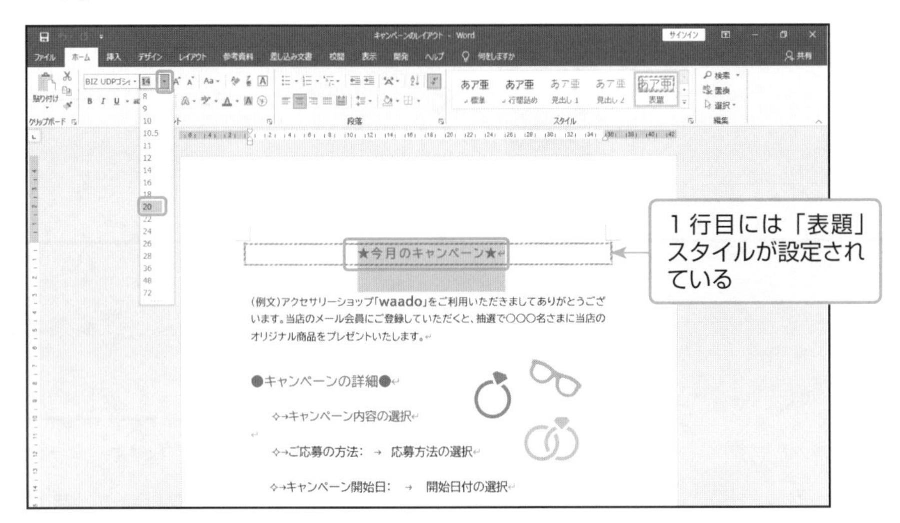

⑳［ホーム］タブの［スタイル］の［表題］を右クリックします。

㉑［選択個所と一致するように表題を更新する］をクリックします。

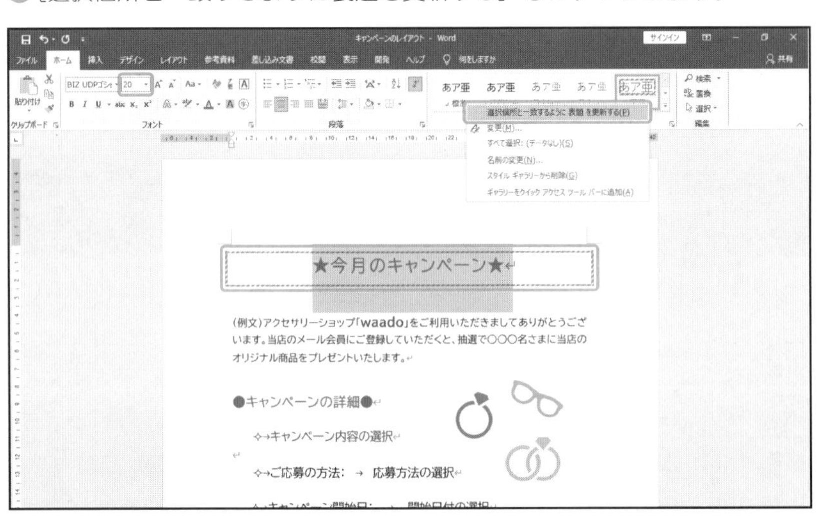

㉒表題スタイルが更新されます。

㉓クイックアクセスツールバーの［上書き保存］をクリックします。

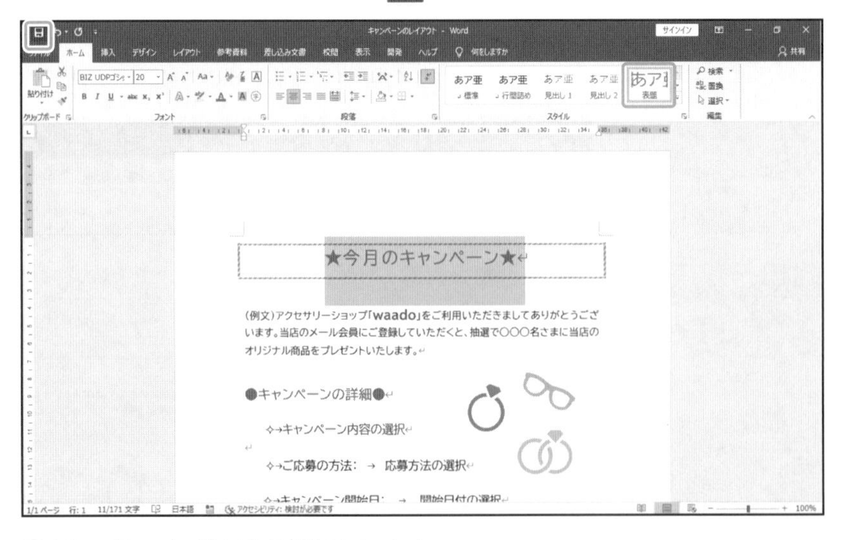

㉔テンプレートが上書き保存されます。

ヒント

テンプレートの削除

個人が作成したテンプレートは削除することができます。個人用のテンプレートが保存されている［ドキュメント］の［Office のカスタムテンプレート］フォルダーを開き、テンプレートを選択して **Delete** キーを押します。

1-1-2 文書のバージョンを管理する

練習問題

問題フォルダ
└問題 1-1-2.docx

解答ファイルはありません。本書に掲載した画面を参照してください。

【操作 1】自動回復用データを保存する間隔を「1 分」に変更し、保存しないで終了する場合に自動保存された文書を残す設定にします。

【操作 2】文書の 4 行目「本社移転のお知らせ」をフォントサイズ「20pt」、「太字」に設定し、1 分経過したら文書を保存しないで閉じます。

【操作 3】再度、「問題 1-1-2」を開き、自動保存のバージョンから保存されていない文書を回復します。

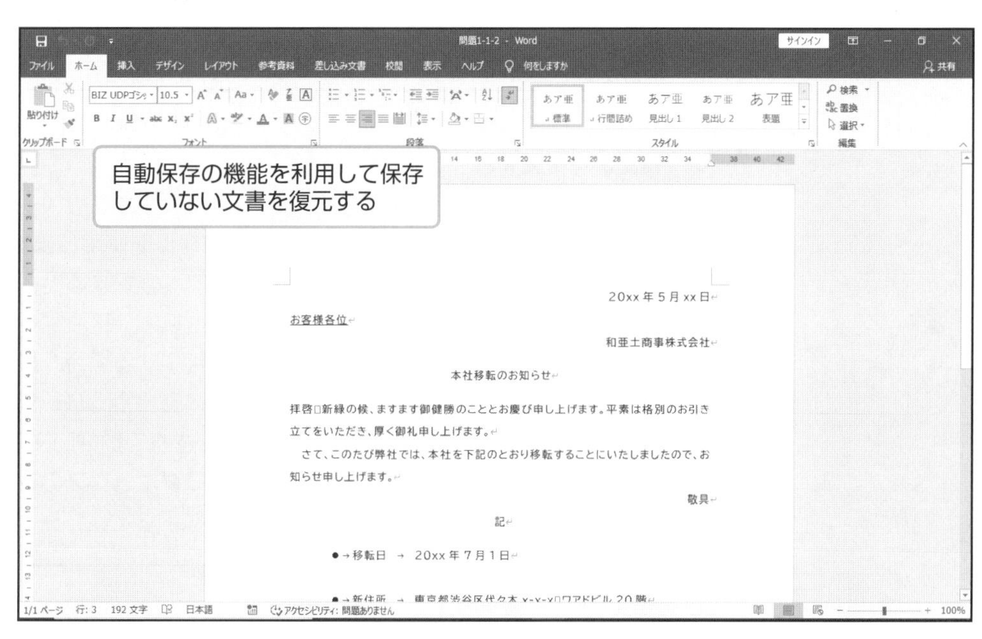

機能の解説

重要用語

- 自動回復用データの保存
- 自動保存のバージョン
- [Word のオプション] ダイアログボックスの [保存]

自動回復用データを保存する設定を有効にすると、指定した間隔で文書が自動的に保存されます。自動保存の機能は、[Word のオプション] ダイアログボックスの [保存] の [次の間隔で自動回復用データを保存する] チェックボックスをオンにして有効にします。

また、すぐ下に表示されている [保存しないで終了する場合、最後に自動回復されたバージョンを残す] チェックボックスをオンにしておくと、誤って文書を保存せずに閉じてしまった場合でも文書を復元させることができます。

自動保存されたデータを文書のバージョンといい、[ファイル] タブの [情報] 画面の [文書の管理] に表示される一覧から選択すると自動保存された時点の文書の内容に戻すことができます。

［ファイル］タブの［情報］画面

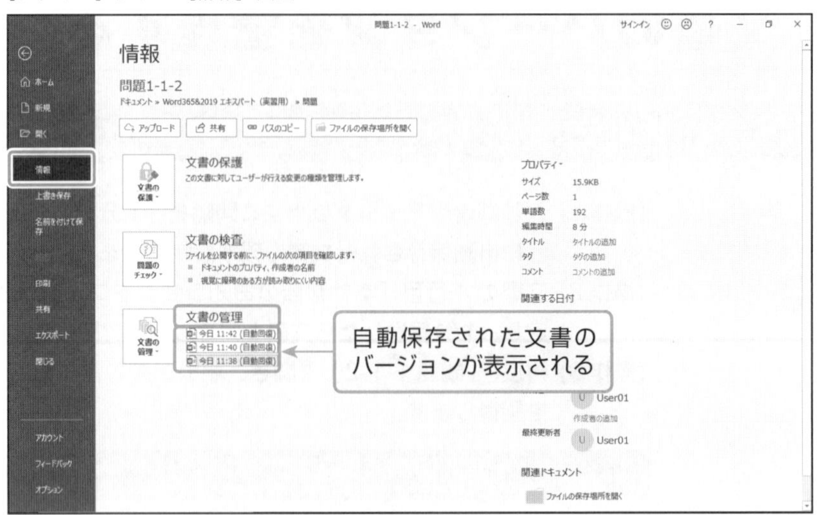

●文書を復元する

文書を保存せずに閉じてしまった場合に自動保存されたバージョンから復元するには、［ファイル］タブの［情報］画面の［文書の管理］を使用します。［文書の管理］のすぐ横に自動保存されたバージョンが表示されるので、選択すると、その時点でのデータに復元できます。

新規文書の場合、あるいは［保存しないで終了する場合、最後に自動回復されたバージョンを残す］チェックボックスをオフにしている場合、バージョンは表示されません。その場合は［文書の管理］をクリックし、［保存されていない文書の回復］をクリックします。次に表示される［ファイルを開く］ダイアログボックスのファイルの一覧から自動回復用のデータを指定します。

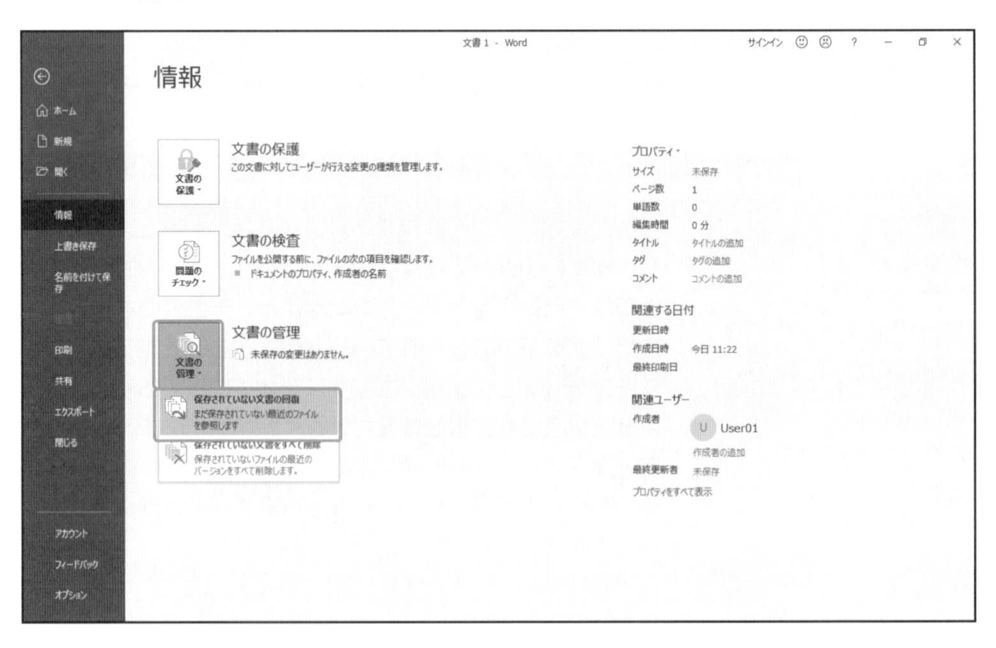

操作手順

【操作 1】

❶［ファイル］タブの［オプション］をクリックします。

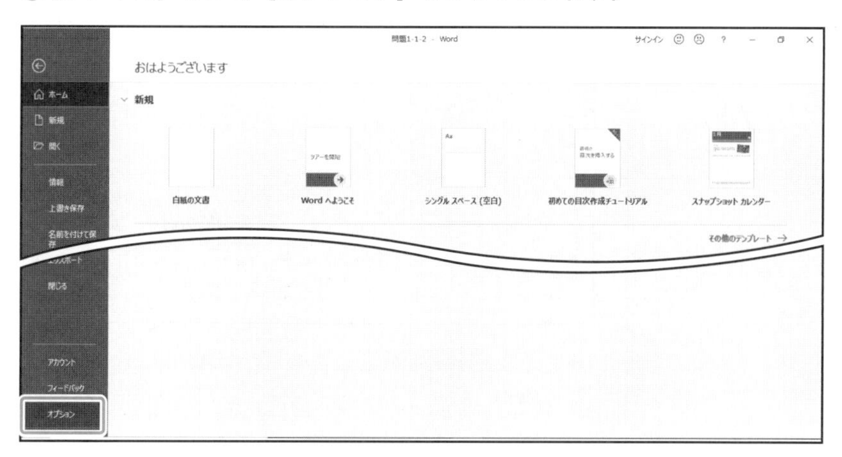

❷［Word のオプション］ダイアログボックスが表示されます。

❸左側の［保存］をクリックします。

❹［文書の保存］の［次の間隔で自動回復用データを保存する］チェックボックスがオンでない場合は、オンにします。

❺右側の［分ごと］ボックスに「1」と入力するか、▼をクリックして「1」に設定します。

❻［保存しないで終了する場合、最後に自動回復されたバージョンを残す］チェックボックスがオンでない場合は、オンにします。

❼［OK］をクリックします。

※ この操作によって、自動回復用データの保存間隔が 1 分に変更され、自動保存のバージョンを残す設定になります。

【操作 2】

❽4 行目「本社移転のお知らせ」を選択します。

❾［ホーム］タブの 10.5 ▾ ［フォントサイズ］ボックスの▼から［20］をクリックします。

⑩［ホーム］タブの **B** ［太字］ボタンをクリックします。

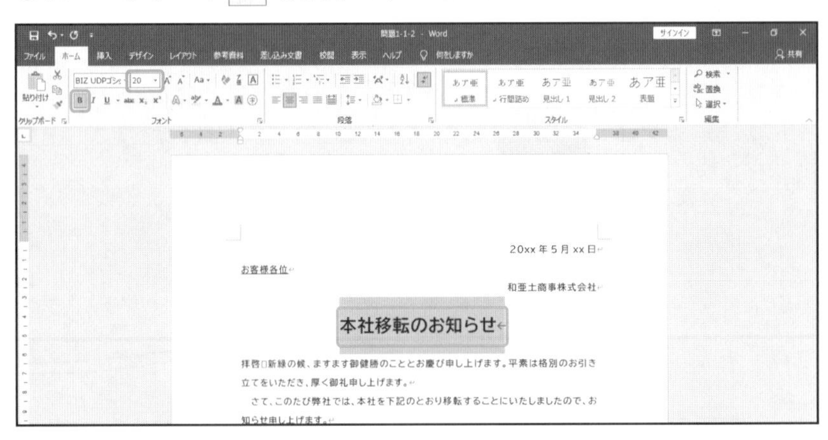

⑪ 1 分以上時間が経過した後で、［ファイル］タブをクリックします。

⑫［情報］画面の［文書の管理］に［今日○：○（自動回復）］と表示されていることを確認します。

⑬［閉じる］をクリックします。

⑭［問題 1-1-2 に対する変更を保存しますか？］というメッセージが表示されます。

⑮［保存しない］をクリックします。

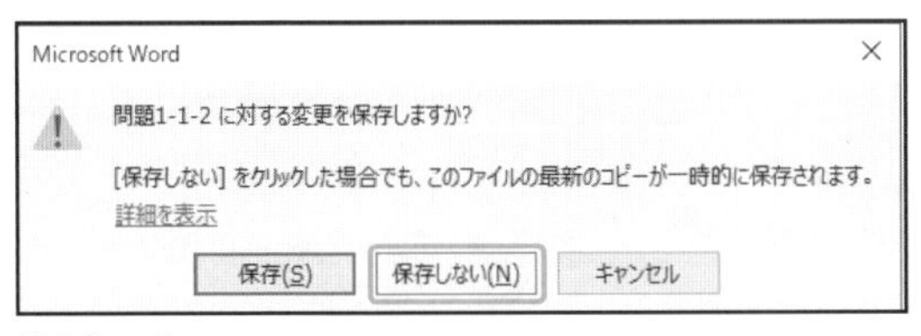

【操作 3】

⑯「問題 1-1-2.docx」を開きます。

⑰ 保存しないで閉じたため、4 行目に書式が設定されていないことを確認します。

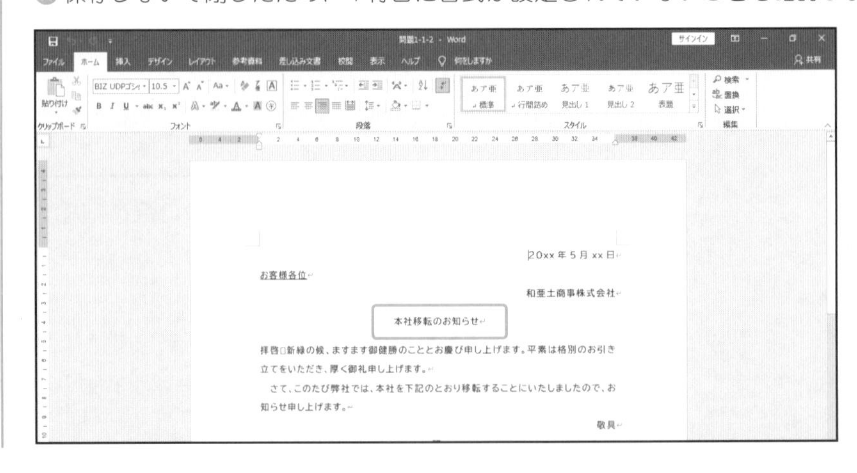

ヒント

自動保存のバージョン

自動保存が実行されると新しいバージョンが次々と作成されます。複数のバージョンが表示された場合はどの時点に復元するかを選択できます。

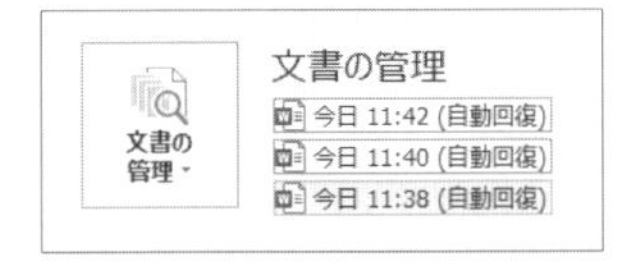

ヒント

自動保存されたバージョンの削除

自動保存されたバージョンを削除する場合は、［今日○：○（自動回復）］を右クリックして、［このバージョンを削除］をクリックします。

⑱［ファイル］タブをクリックします。

⑲［情報］をクリックします。

⑳［情報］画面の［文書の管理］の［今日○：○（保存しないで終了）］をクリックします。

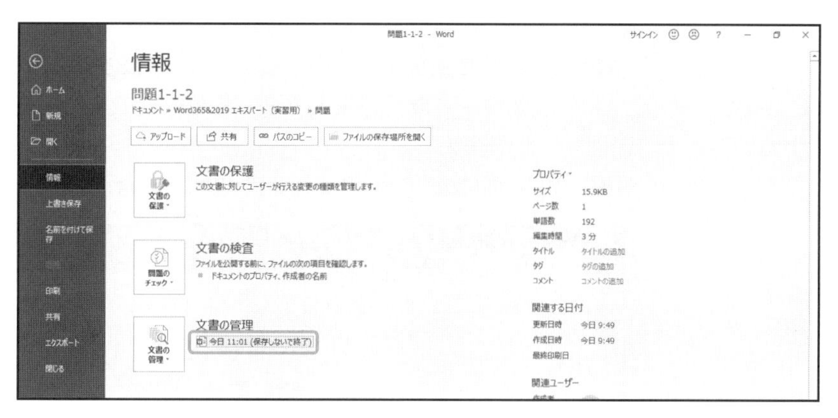

㉑自動回復用データが別のウィンドウで開かれ、メッセージバーが表示されます。

㉒メッセージバーの［復元］をクリックします。

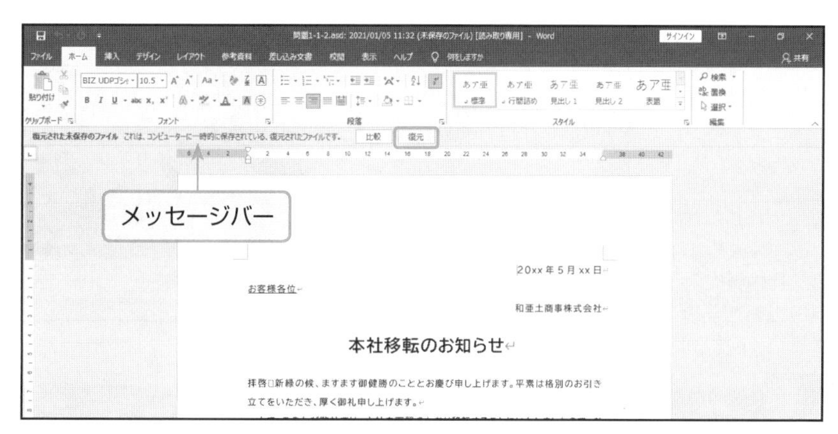

ヒント
両者の違いを確認したい場合
元の文書と自動保存されたバージョンとの内容を比較したい場合は、メッセージバーの［比較］をクリックします。比較の機能が実行され、新規文書に２つの文書の違いが変更履歴で表示されます。

㉓自動保存のデータで文書を上書きするための確認メッセージが表示されます。

㉔［OK］をクリックします。

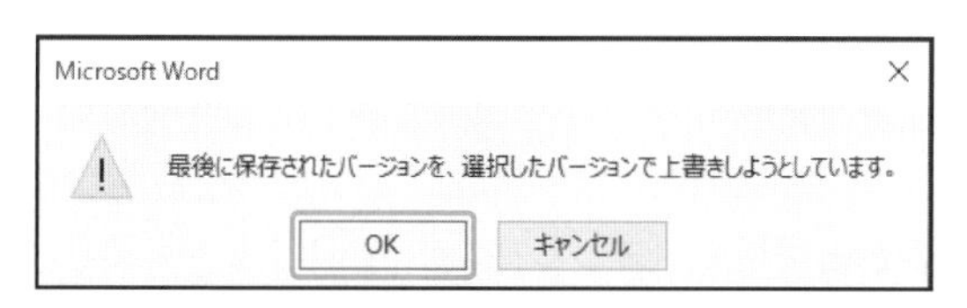

㉕自動保存のデータで上書きされ、４行目に書式が設定されたことを確認します。

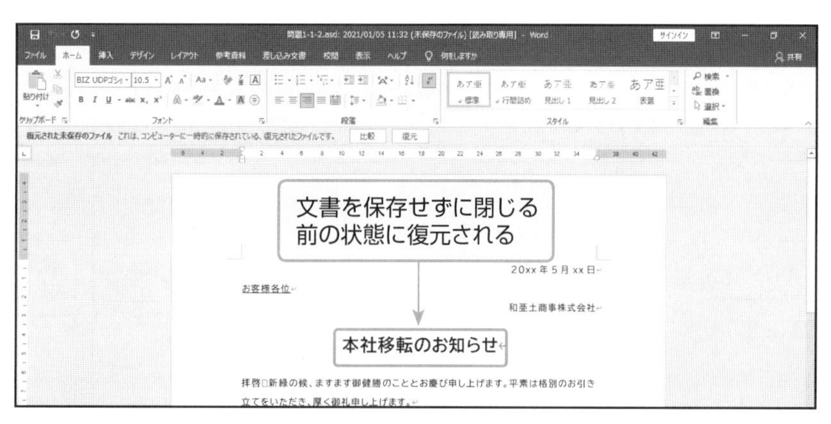

※ 解答操作が終了したら、［Word のオプション］ダイアログボックスの自動保存の設定を元に戻します。

1-1-3 複数の文書を比較する

練習問題

問題フォルダー
└問題 1-1-3.docx

Word365&2019 エキスパート(実習用)フォルダー
└問題 1-1-3(青木).docx

解答フォルダー
└解答 1-1-3.docx

解答ファイルは比較結果の変更履歴が記録された新規文書を保存したものです。

【操作 1】この文書を元の文書として、[Word365&2019 エキスパート(実習用)]フォルダー内の「問題 1-1-3(青木)」と比較し、変更内容を「新しい文書」に表示します。

【操作 2】右側のウィンドウに元の文書だけを表示します。

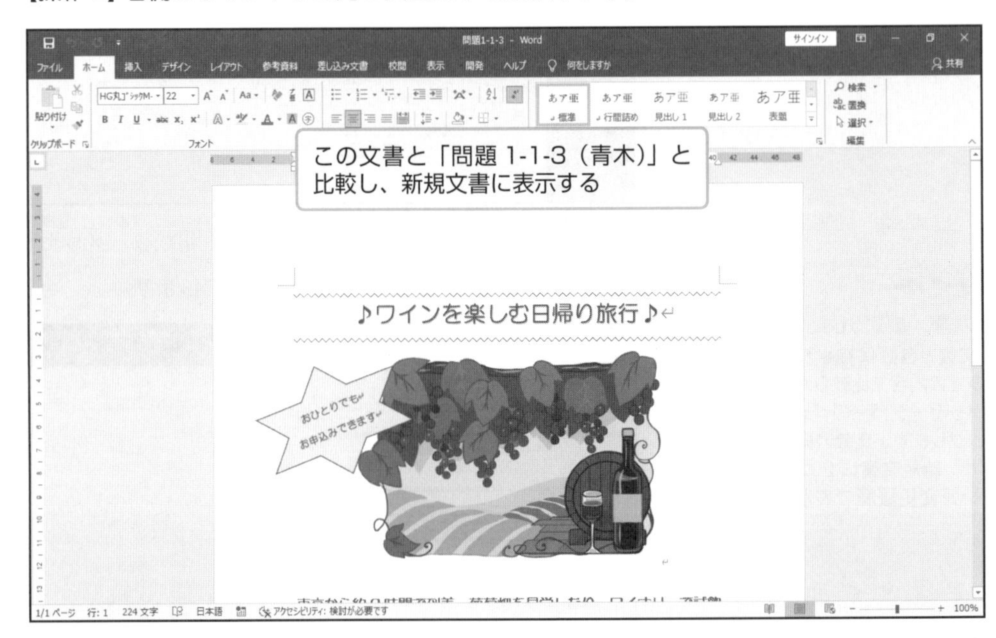

機能の解説

□ 比較
□ [文書の比較]ダイアログボックス
□ 変更履歴

元の文書とそれを変更した文書のように 2 つの異なる版の内容の違いを確認するには、比較の機能を使用すると便利です。比較結果の文書が表示され、2 つの文書の違いが変更履歴として表示されます。文書の相違点を確認するだけでなく、比較結果の文書の変更履歴から、変更を承認する、または元に戻して変更前の内容にするという選択ができます。比較には、[文書の比較]ダイアログボックスを使用します。元の文書と変更された文書のそれぞれを指定して[オプション]をクリックすると、ダイアログボックスが拡張表示されるので、比較する内容と比較結果の表示先を指定して比較します。

[文書の比較]ダイアログボックス

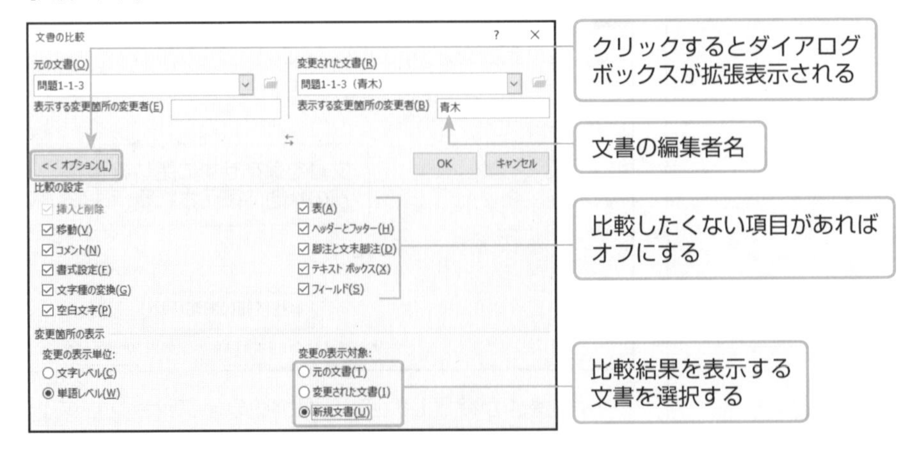

比較は変更履歴を記録していない文書どうしの違いを確認したい場合に使用します。変更履歴を記録した文書を比較することもできますが、その場合は変更箇所が反映されてから比較されるため、変更履歴は残らなくなります。変更履歴を記録した文書の場合は組み込み（「1-1-4 複数の文書を組み込む」参照）の機能を利用します。

●比較結果の表示

比較を実行すると、初期設定では左から［変更履歴］ウィンドウ、比較結果を表示した文書、元の文書と変更された文書が表示されます。右側の領域は、［校閲］タブの［比較］ボタンの［元の文書を表示］をポイントして一覧から非表示にすることや、どちらか一方の文書のみを表示することができます。

操作手順

> **ヒント**
> **比較の機能**
> 比較は［文書の比較］ダイアログボックスでファイルを指定するので、事前に文書を開いておかなくても操作できます。

> **ポイント**
> **最近使用したファイルから選ぶ**
> ［元の文書］ボックスと［変更された文書］ボックスの▼をクリックすると、最近使用したファイルの一覧が表示され、ファイルを選択できます。

【操作 1】

❶［校閲］の［比較］ボタンをクリックします。

❷［比較］をクリックします。

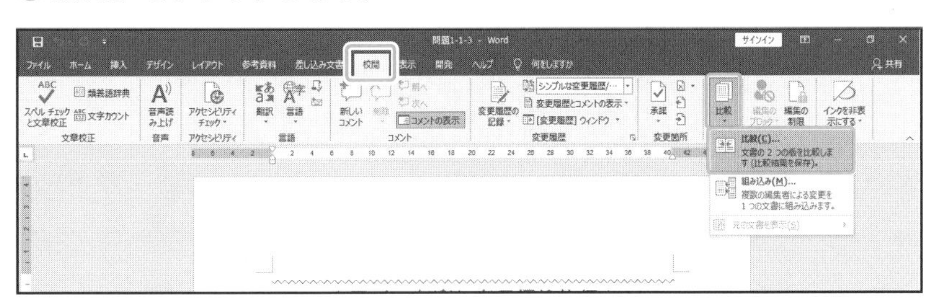

❸［文書の比較］ダイアログボックスが表示されます。

❹［元の文書］ボックスの▼をクリックし、［問題 1-1-3］をクリックします。

❺［変更された文書］ボックスの右側の をクリックします。

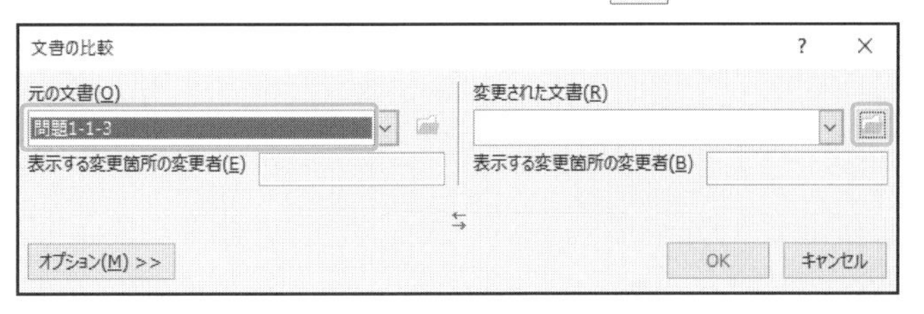

❻［ファイルを開く］ダイアログボックスが表示されます。

❼左側の一覧の［ドキュメント］をクリックします。

❽一覧から［Word365&2019 エキスパート（実習用）］をダブルクリックします。

❾一覧から「問題 1-1-3（青木）」をクリックし、［開く］をクリックします。

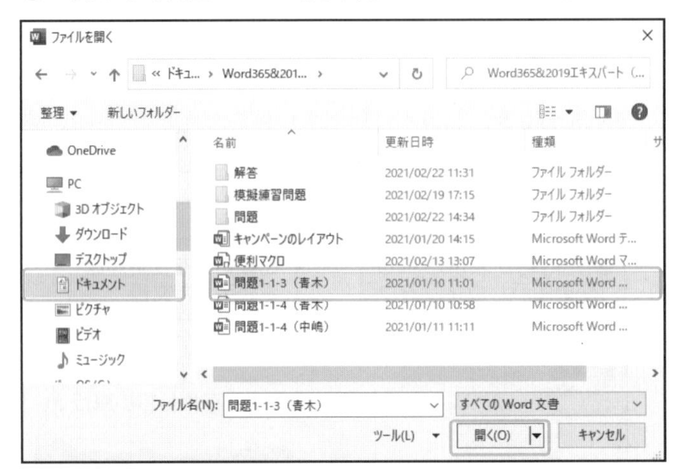

❿［変更された文書］ボックスに［問題 1-1-3（青木）］と表示されます。

⓫［オプション］をクリックします。

ダイアログボックスの拡張表示

［オプション］をクリックして［文書の比較］ダイアログボックスを拡張表示すると、次回も拡張表示された状態でダイアログボックスが表示されます。

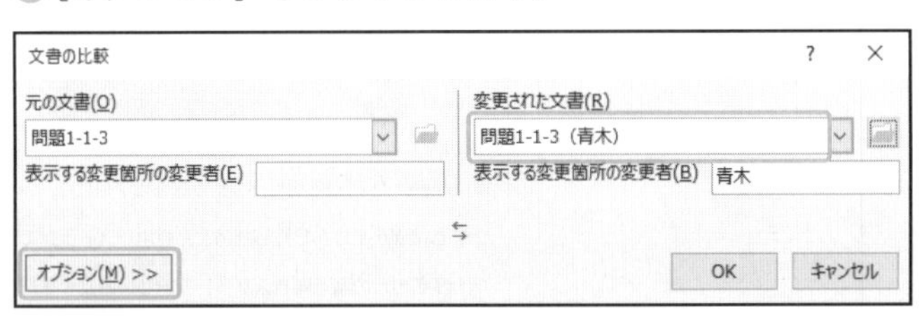

⓬ダイアログボックスが拡張表示されます。

⓭［比較の設定］のすべてのチェックボックスがオンになっていることを確認します。

⓮［変更の表示対象］の［新規文書］をクリックします。

⓯［OK］をクリックします。

ヒント

［変更の表示対象］

［変更の表示対象］は、比較の結果を表示する文書を選択します。ここで設定した内容は、次に文書の比較をする際にそのまま既定値として使用されます。

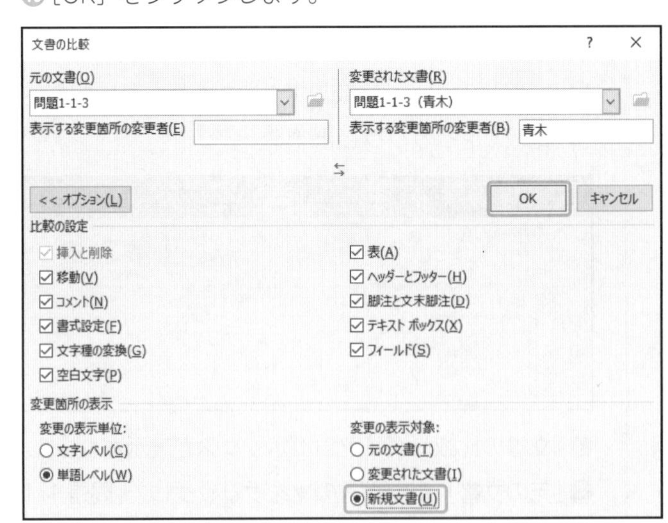

⑯ 新規文書に比較結果が表示され、変更箇所が変更履歴として表示されていることを確認します。

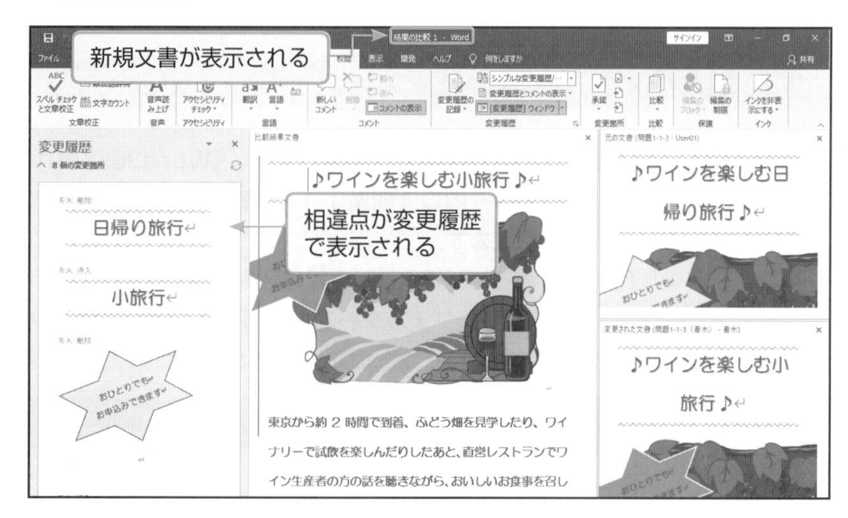

【操作 2】

⑰［校閲］タブの［比較］ボタンをクリックします。

⑱［元の文書を表示］をポイントし、［元の文書の表示］をクリックします。

⑲ 右側に元の文書のウィンドウだけが表示されます。

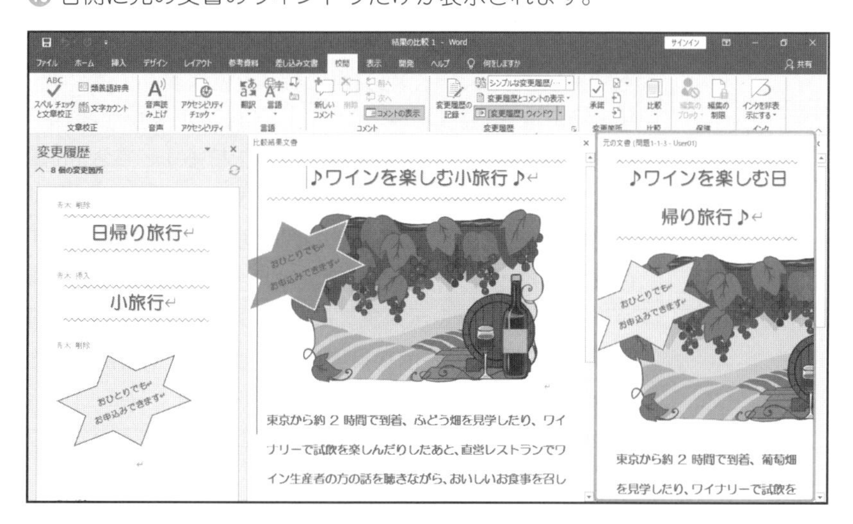

※ 解答操作が終了したら［両方の文書を表示］の設定に戻します。

ヒント

元の文書が表示されない場合

［比較］ボタンの［元の文書を表示］から［両方の文書を表示］をクリックすると元の文書と変更された文書が表示されます。

ヒント

比較の結果

どちらの文書にも相違点がない場合は、［2 つの文書には違いがありません。］と表示されます。

ヒント

文書のスクロール

いずれかのウィンドウをスクロールすると、同時にほかのウィンドウもスクロールされます。

ヒント

［変更履歴］ウィンドウ

左側の［変更履歴］ウィンドウは、［校閲］タブの［変更履歴］ウィンドウ］ボタンから表示 / 非表示の切り替えやウィンドウの位置の変更ができます。

1-1-4 複数の文書を組み込む

練習問題

問題フォルダー
└問題 1-1-4.docx

Word365&2019 エキスパート(実習用)フォルダー
├問題 1-1-4(青木).docx
└問題 1-1-4(中嶋).docx

解答フォルダー
└解答 1-1-4.docx
解答ファイルは組み込み結果の変更履歴が記録された文書を保存したものです。

【操作 1】この文書を元の文書として、[Word365&2019 エキスパート(実習用)]フォルダー内の「問題 1-1-4(青木)」を組み込んで、変更内容を「元の文書」に表示します。

【操作 2】さらに、【操作 1】の組み込み結果の文書に[Word365&2019 エキスパート(実習用)]フォルダー内の「問題 1-1-4(中嶋)」を組み込みます。

【操作 3】右側のウィンドウには文書は表示せず、組み込み後の結果文書だけを表示します。

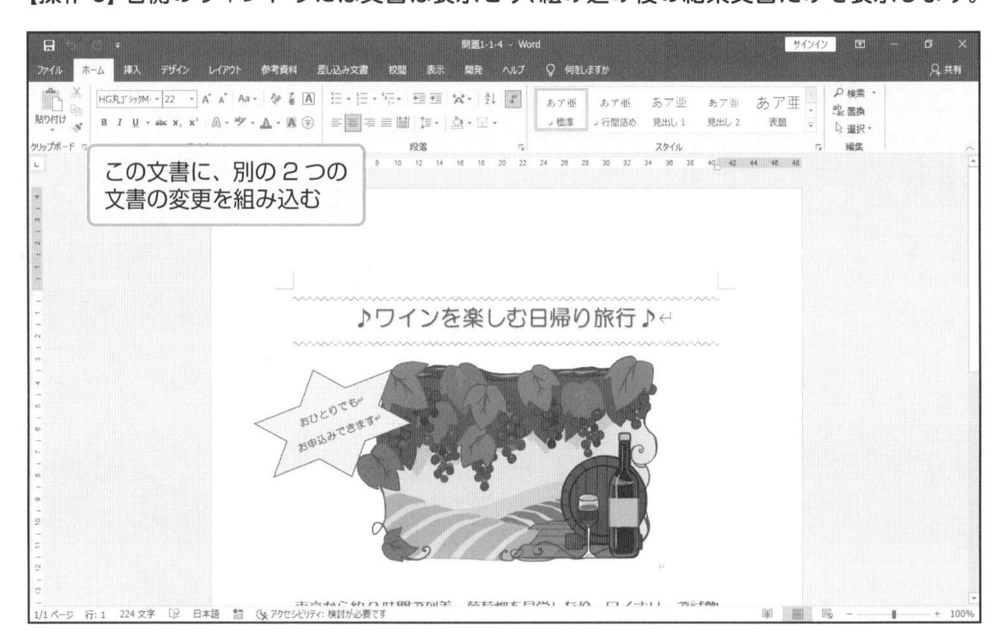

機能の解説

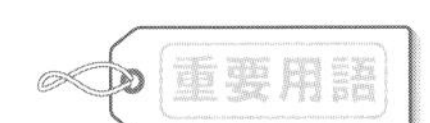

- 組み込み
- [文書の組み込み] ダイアログボックス

元の文書から変更された複数の文書の変更箇所を確認したい場合は、組み込みを利用します。比較は 1 つの文書のみですが、組み込みは複数の文書の変更を組み込むことができます。また、変更履歴のある文書も利用可能で、各校閲者が記録した変更履歴やコメントを維持しながら、1 つの文書に統合できます。

組み込みは、[校閲] タブの [比較] ボタンから [組み込み] をクリックし、[文書の組み込み] ダイアログボックスで設定します。基本的な設定は [文書の比較] ダイアログボックスと同じです。組み込みたい文書の数だけ、[文書の組み込み] ダイアログボックスの操作を繰り返します。この問題のように変更内容を「元の文書」に表示する場合は、[元の文書] ボックスに現在のファイル名、[変更された文書] ボックスに新しく組み込むファイル名、[変更表示対象] に [元の文書] を指定して組み込みを実行します。変更内容を「新規文書」に表示する場合は、組み込みの結果が「結果の組み込み 1」(数字は連番) というタイトルの新規文書に表示されます。2 つ目以降の組み込み時には、[元の文書] ボックスの▼をクリックして、現在の文書である「結果の組み込み 1」を選択します。

［文書の組み込み］ダイアログボックス

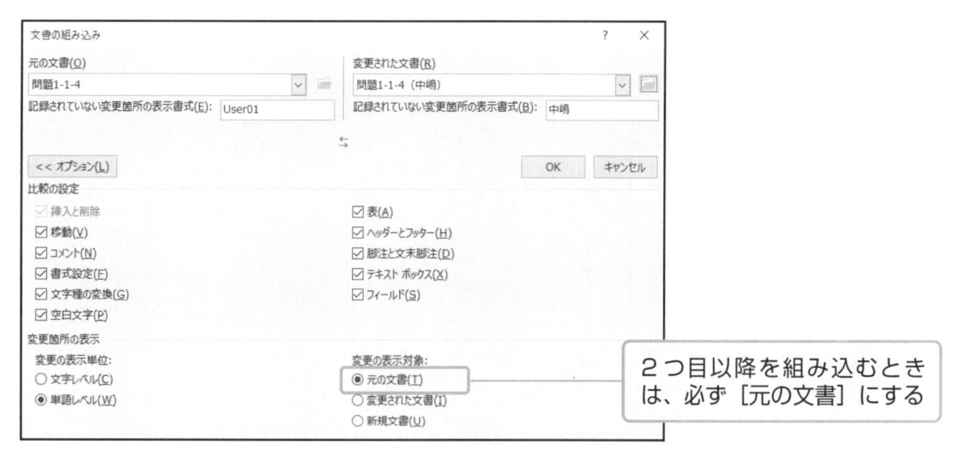

操作手順

【操作 1】

❶［校閲］タブの［比較］ボタンをクリックします。

❷［組み込み］をクリックします。

❸［文書の組み込み］ダイアログボックスが表示されます。

❹［元の文書］ボックスの▼をクリックし、［問題 1-1-4］をクリックします。

❺［変更された文書］ボックスの右側の をクリックします。

❻［ファイルを開く］ダイアログボックスが表示されます。

❼［ドキュメント］の［Word365&2019 エキスパート（実習用）］の一覧から「問題 1-1-4（青木）」をクリックし、［開く］をクリックします。

❽［変更された文書］ボックスに［問題 1-1-4（青木）］と表示されます。

❾［変更の表示対象］の［元の文書］をクリックします。

❿［OK］をクリックします。

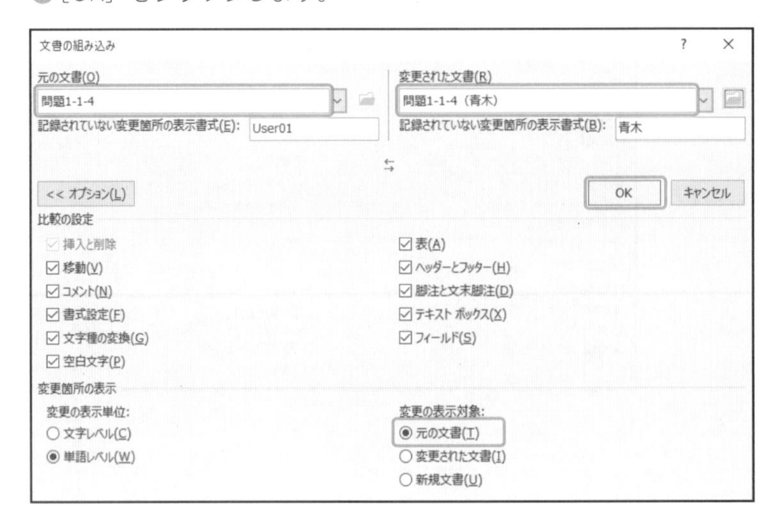

ヒント

変更内容の組み込み先

ここでは［変更の表示対象］に［元の文書］を指定したことで、変更箇所が元の文書に組み込まれます。元の文書を組み込みする前の状態で残しておきたい場合は、［変更の表示対象］を［新規文書］にします。

⓫元の文書（問題 1-1-4）に組み込み結果が表示され、変更箇所が変更履歴として表示されます。

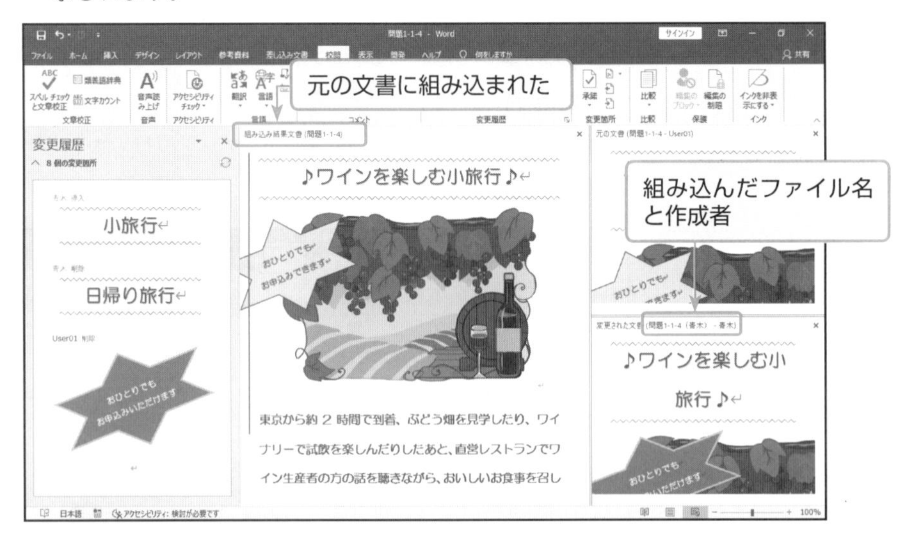

ヒント

変更された文書が表示されていない場合

組み込み後に、右側に［変更された文書］ウィンドウが表示されていない場合は、［校閲］タブの［比較］ボタンをクリックし、［元の文書を表示］をポイントして［両方の文書を表示］をクリックします。

【操作 2】

⓬［校閲］タブの ［比較］ボタンをクリックします。

⓭［組み込み］をクリックします。

⑭［文書の組み込み］ダイアログボックスが表示されます。

⑮［元の文書］ボックスの▼をクリックし、［問題 1-1-4］をクリックします。

⑯［変更された文書］ボックスの右側の をクリックします。

⑰［ファイルを開く］ダイアログボックスが表示されます。

⑱［ドキュメント］の［Word365&2019 エキスパート（実習用］の一覧から「問題 1-1-4（中嶋）」をクリックし、［開く］をクリックします。

⑲［変更された文書］ボックスに［問題 1-1-4（中嶋）］と表示されます。

⑳［変更の表示対象］の［元の文書］をクリックします。

㉑［OK］をクリックします。

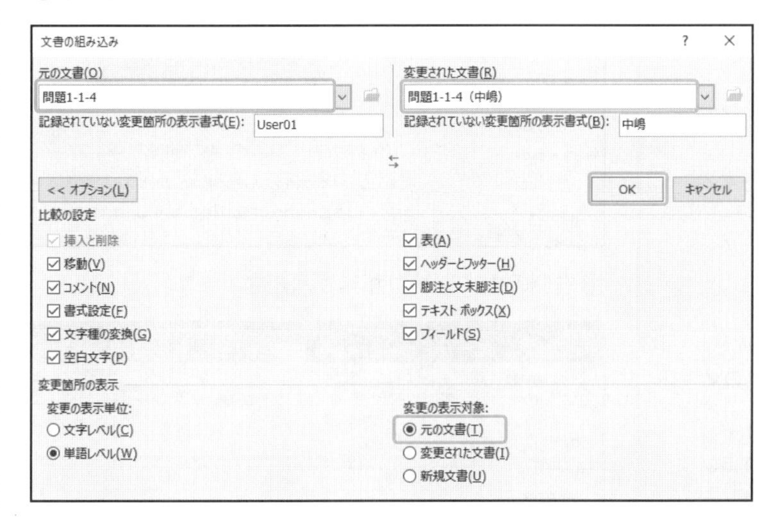

㉒元の文書にさらに「問題 1-1-4（中嶋）」が組み込まれ、変更内容が表示されます。

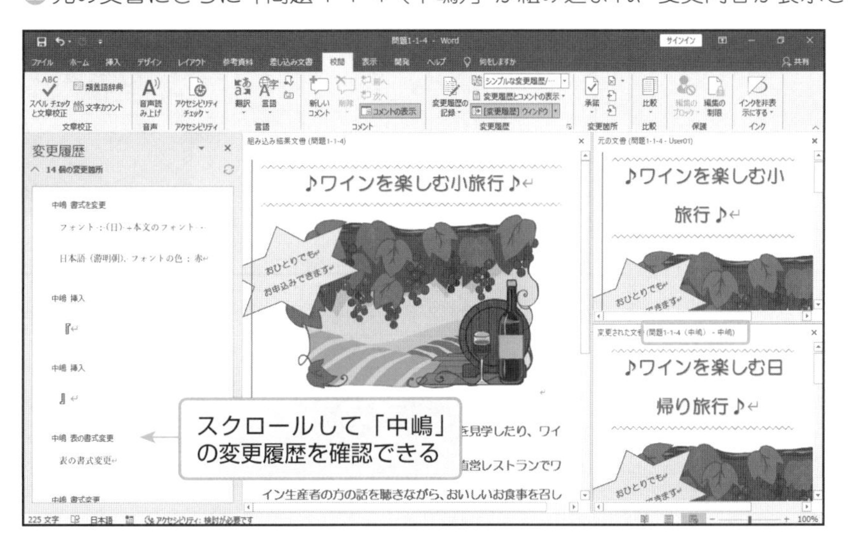

ヒント

コメント

組み込みや比較では、文書に付けたコメントも一緒に表示されます。コメントをクリックすると挿入箇所に色が付いて表示され、［変更履歴］ウィンドウにも表示されます。文書を組み込み後にコメントを確認しながら、反映したり元に戻したりして文書を完成させることができます。

【操作 3】

㉓［校閲］タブの ［比較］ボタンをクリックします。

㉔［元の文書を表示］をポイントし、［比較元の文書を表示しない］をクリックします。

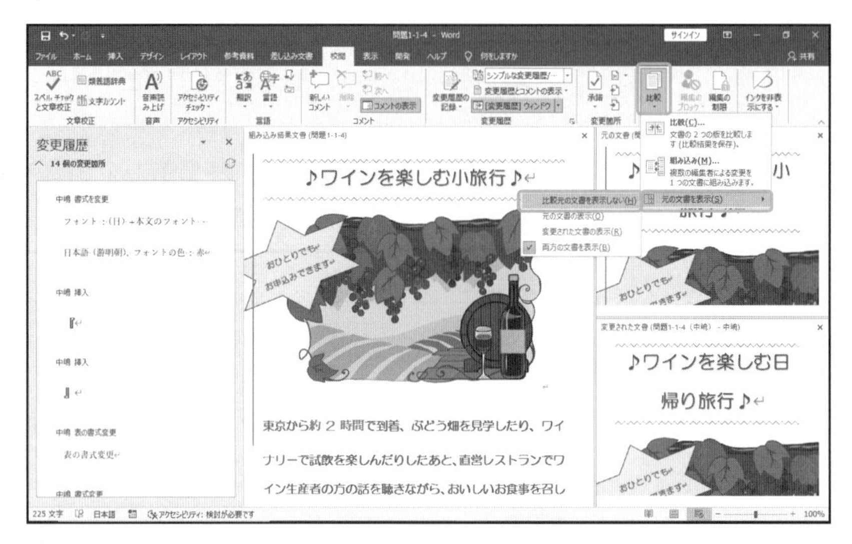

㉕右側のウィンドウが非表示になります。

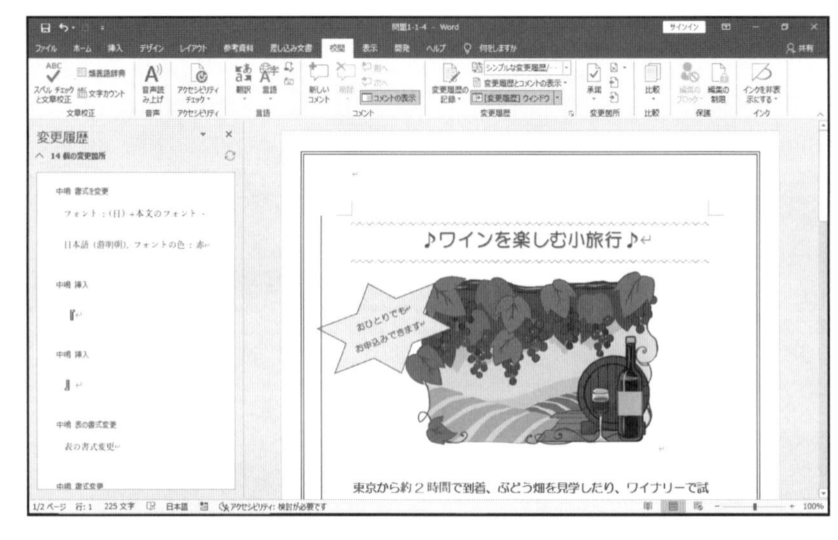

※ 解答操作が終了したら［両方の文書を表示］の設定に戻します。

ヒント

書式変更の確認

［校閲］タブの ［シンプルな変更履歴/…］［変更内容の表示］ボックスの▼から［すべての変更履歴 / コメント］を選択して表示を変更すると、書式変更した箇所が吹き出しで表示され、確認しやすくなります。

1-1-5 外部コンテンツにリンクする

練習問題

問題フォルダー
└問題 1-1-5.docx
Word365&2019 エキスパート(実習用)フォルダー
└入館者数集計 .xlsx
解答フォルダー
├解答 1-1-5.docx
└入館者数集計(完成).xlsx

【操作 1】8 行目「●年間入館者数」の下の行に、[Word365&2019 エキスパート(実習用)]フォルダー内の Excel ファイル「入館者数集計 .xlsx」を挿入します。「入館者数集計 .xlsx」を変更すると、この文書にも反映されるようにします。
【操作 2】「入館者数集計 .xlsx」の表の「3 月」のデータを上から「45」「60」「70」と入力し、Word 文書に反映されることを確認します。

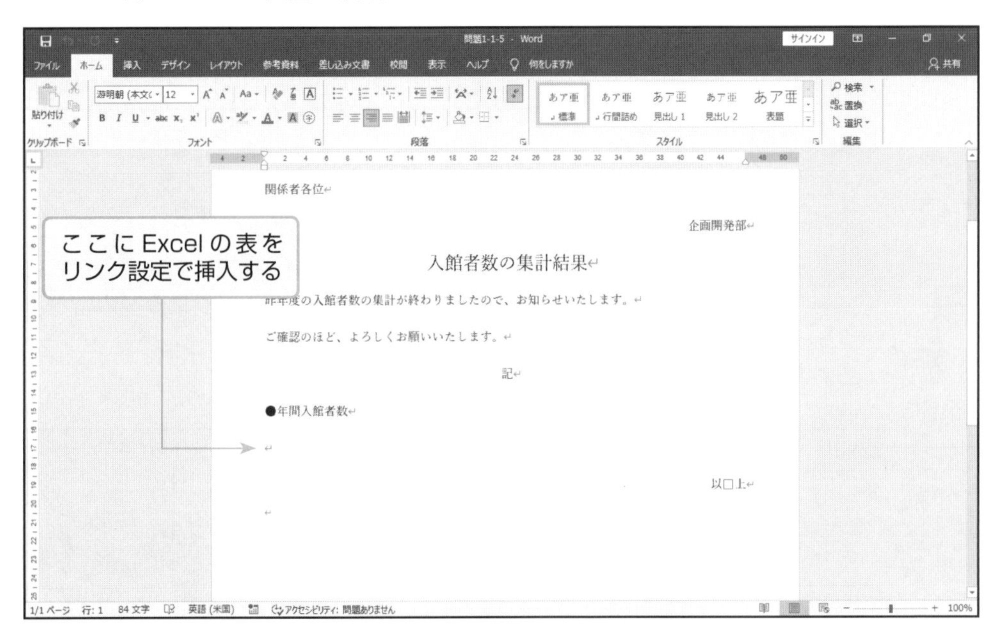

機能の解説

- 他のアプリケーションのデータ
- [オブジェクトの挿入]ダイアログボックス
- リンク
- [リンク先の更新]

文書内に他のアプリケーションのデータをファイル単位で挿入することができます。Word でも表やグラフ、図形などを作成することはできますが、すでに他のアプリケーションで作成したデータがあればそれらを利用したほうが効率よく文書を作成でき、またデータの管理もしやすくなります。
他のアプリケーションのデータを挿入するには、[オブジェクトの挿入] ダイアログボックスを使用します。挿入したデータは、後からファイルの作成元のアプリケーションを開いて編集することができます。また、リンクの設定にしておくと、挿入元のファイルが変更された場合に Word の文書に反映させることができます。

［オブジェクトの挿入］ダイアログボックス

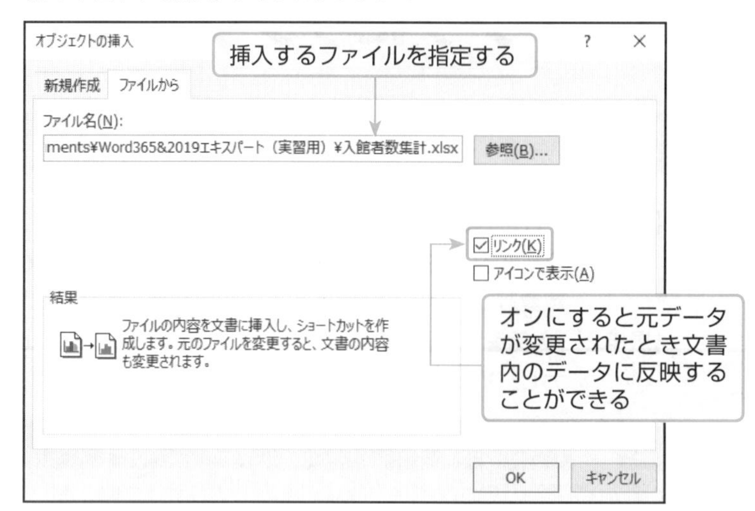

●リンクの更新

［オブジェクトの挿入］ダイアログボックスの［リンク］チェックボックスをオンにして挿入しても、Word 文書を開いている場合はデータの自動更新はされません。リンクの更新の操作が必要になります。Word のデータに変更内容を反映させるには、挿入したデータを右クリックして、ショートカットメニューの［リンク先の更新］をクリックします。データが最新の内容に更新されます。

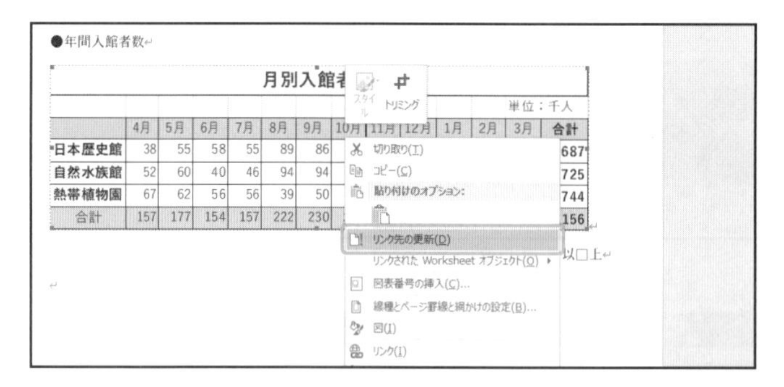

なお、リンク設定がされているファイルでは、Word 文書を開くときにリンクの更新を確認する次のようなメッセージが表示されます。最新の状態で文書を開くには［はい］をクリックします。

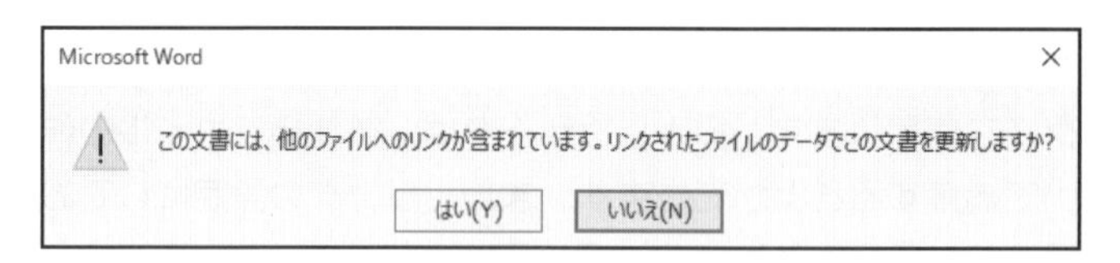

操作手順

【操作 1】

❶ 9 行目にカーソルを移動します。

❷［挿入］タブの [ボタン] ［オブジェクト］ボタンをクリックします。

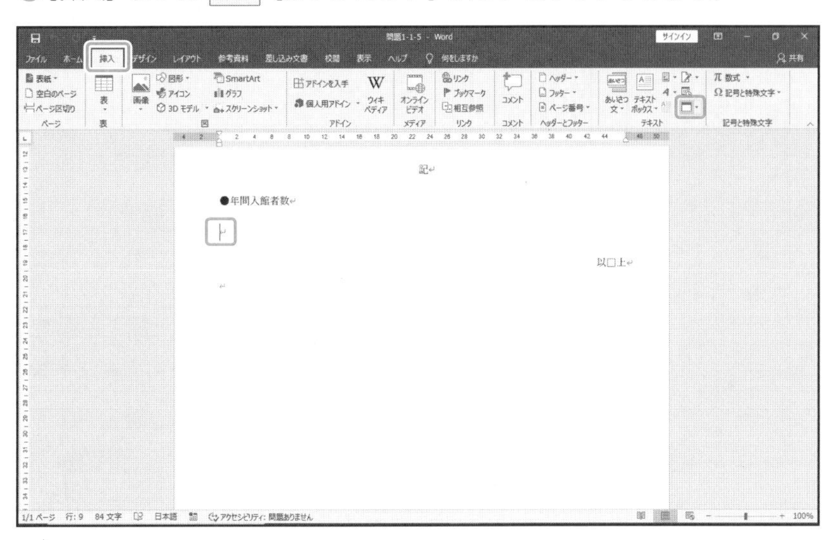

❸［オブジェクトの挿入］ダイアログボックスが表示されます。

❹［ファイルから］タブをクリックします。

❺［参照］をクリックします。

⑥［オブジェクトの挿入］ダイアログボックスが表示されます。

⑦左側の一覧の［ドキュメント］をクリックします。

⑧一覧から［Word365&2019 エキスパート（実習用）］をダブルクリックします。

⑨一覧から［入館者数集計］をクリックし、［挿入］をクリックします。

⑩［ファイル名］ボックスに挿入するファイル名が表示されます。

⑪［リンク］チェックボックスをオンにします。

⑫［OK］をクリックします。

⑬カーソルの位置にファイルがリンクの設定で挿入されます。

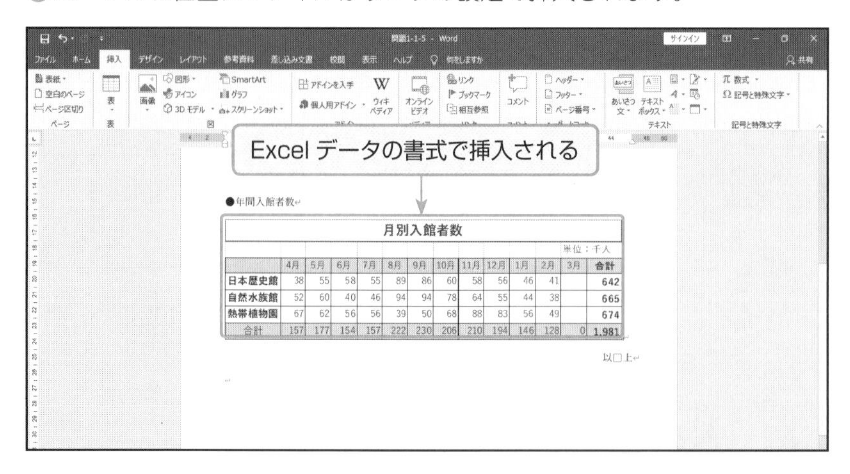

月別入館者数

単位：千人

	4月	5月	6月	7月	8月	9月	10月	11月	12月	1月	2月	3月	合計
日本歴史館	38	55	58	55	89	86	60	58	56	46	41		642
自然水族館	52	60	40	46	94	94	78	64	55	44	38		665
熱帯植物園	67	62	56	56	39	50	68	88	83	56	49		674
合計	157	177	154	157	222	230	206	210	194	146	128	0	1,981

以□上

【操作 2】

⑭表内をダブルクリックします。

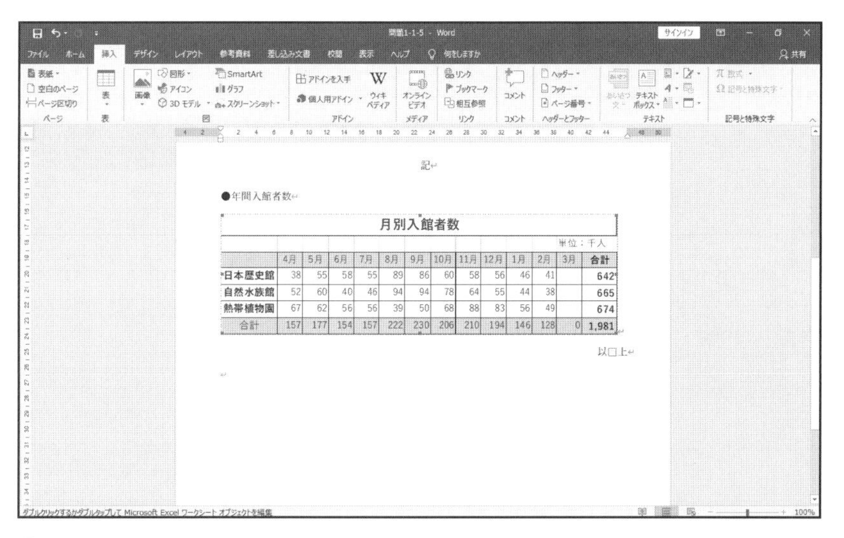

⑮Excel が起動してブック「入館者数集計」の［Sheet1］シートが表示されます。

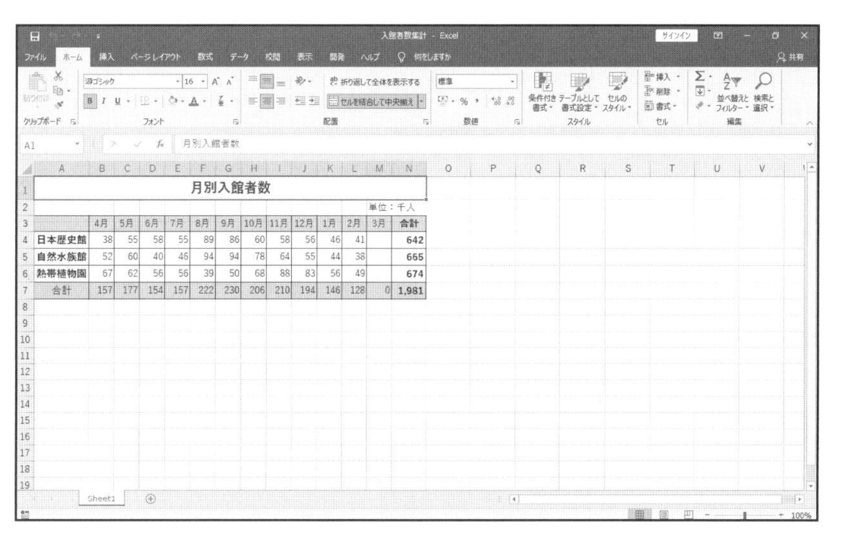

⑯「3 月」のセルを上から「45」「60」「70」と入力します。

⑰クイックアクセスツールバーの［上書き保存］をクリックします。

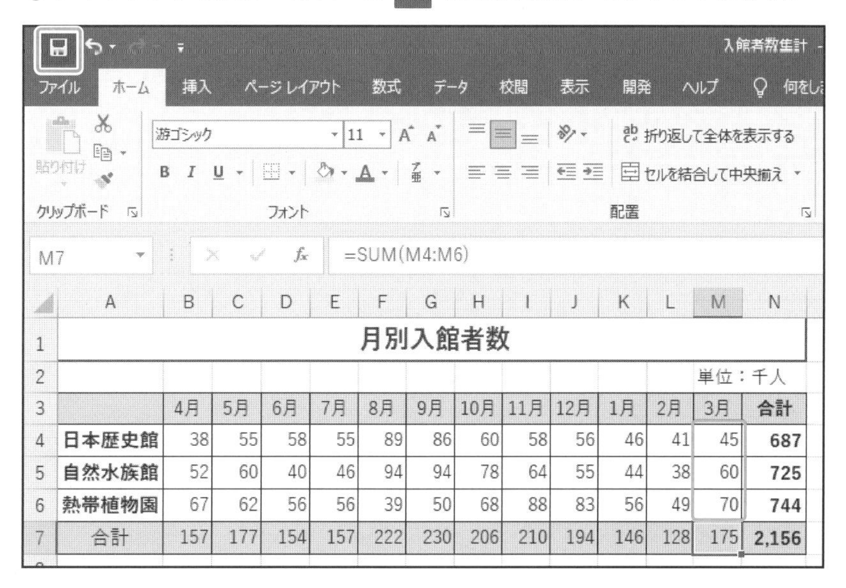

⑱ Excel の閉じるボタンをクリックします。

⑲ Word 文書の表の値が変わっていないことを確認します。

⑳ 表内を右クリックします。

㉑ ショートカットメニューの［リンク先の更新］をクリックします。

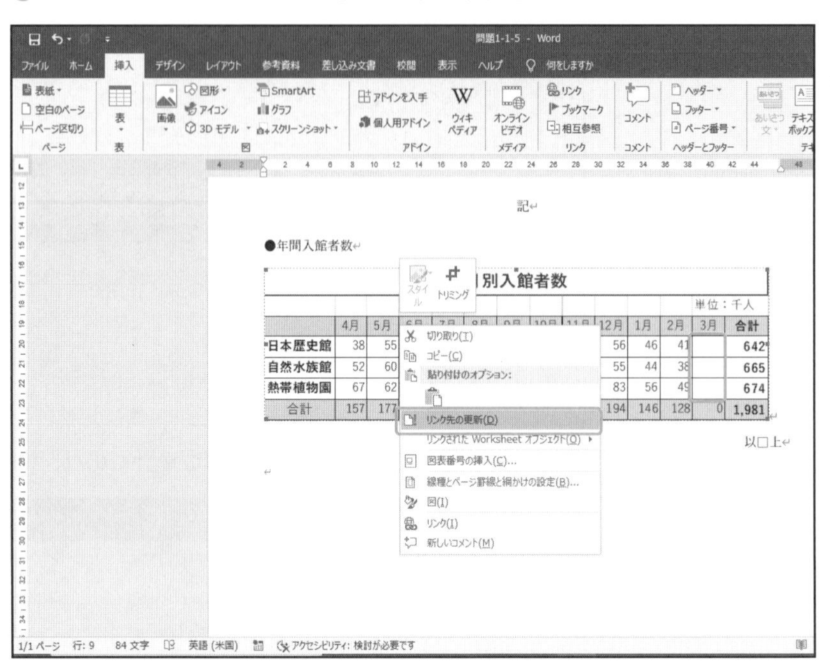

㉒ 元データの Excel の値が反映され、表の数値が変更されます。

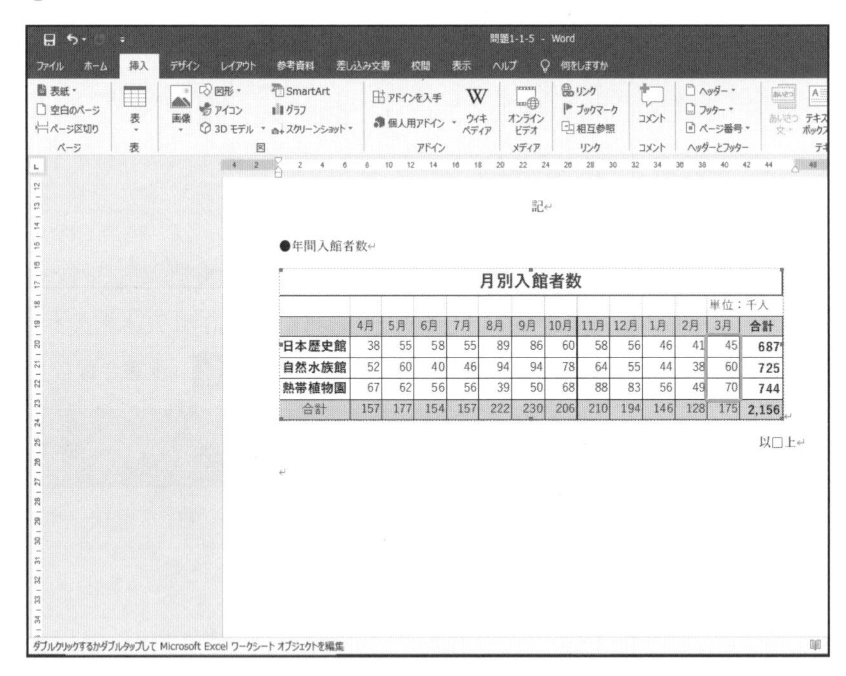

1-1-6 非表示のリボンタブを表示する

練習問題

問題ファイルはありません。新規に作成してください。

解答ファイルはありません。本書に掲載した画面を参照してください。

非表示の［開発］タブを表示します。

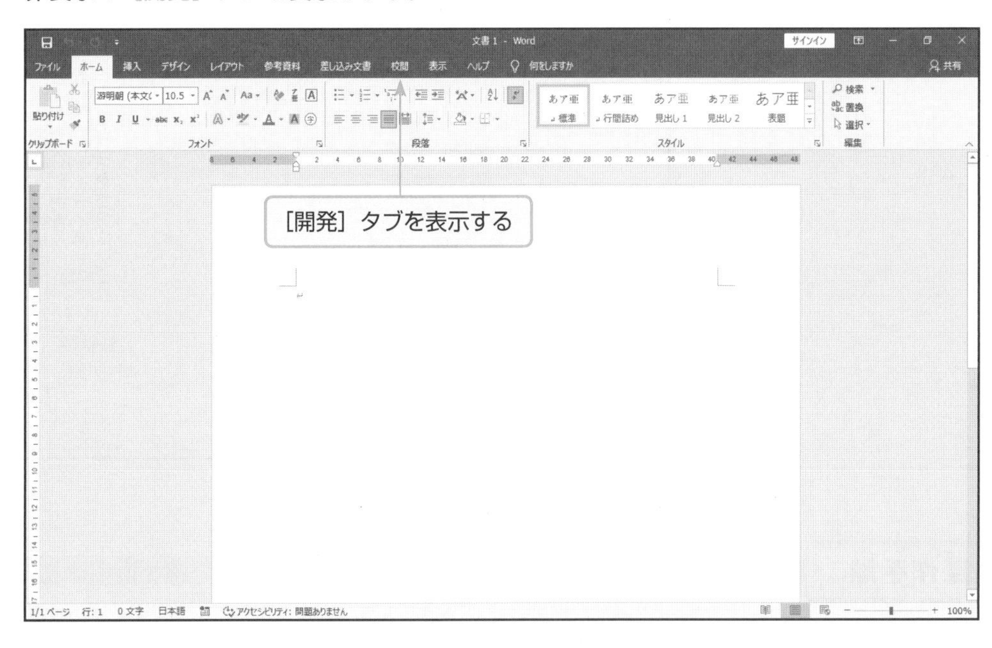

機能の解説

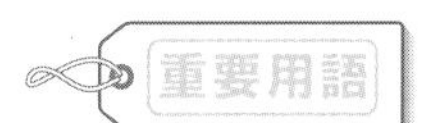

- リボンのタブ
- ［Word のオプション］ダイアログボックスの［リボンのユーザー設定］
- ［開発］タブ

画面上部に表示されるリボンには、初期設定では、よく使用するメインのタブだけが表示されています。必要に応じて、非表示のタブを表示したり、不要なタブを非表示にしたりすることができます。

リボンのタブの表示 / 非表示を切り替えるには、リボン内を右クリックし、ショートカットメニューの［リボンのユーザー設定］をクリックします。［Word のオプション］ダイアログボックスの［リボンのユーザー設定］画面が表示されるので、［リボンのユーザー設定］の一覧からタブ名のチェックボックスをオンにすると表示され、オフにすると非表示になります。

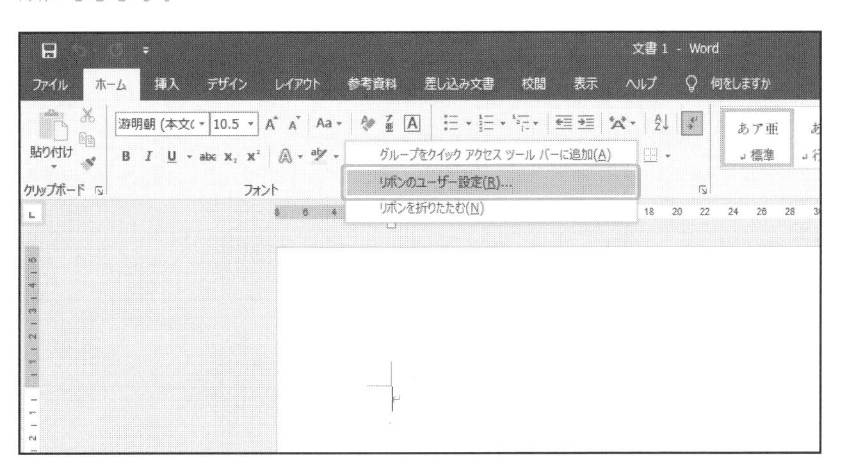

［Word のオプション］ダイアログボックスの［リボンのユーザー設定］

操作手順

その他の操作方法

［Word のオプション］ダイアログボックスの［リボンのユーザー設定］

［ファイル］タブの［オプション］をクリックして［Word のオプション］ダイアログボックスを表示し、左側の一覧から［リボンのユーザー設定］をクリックしても同じ画面を表示できます。

❶ リボン内を右クリックします。

❷［リボンのユーザー設定］をクリックします。

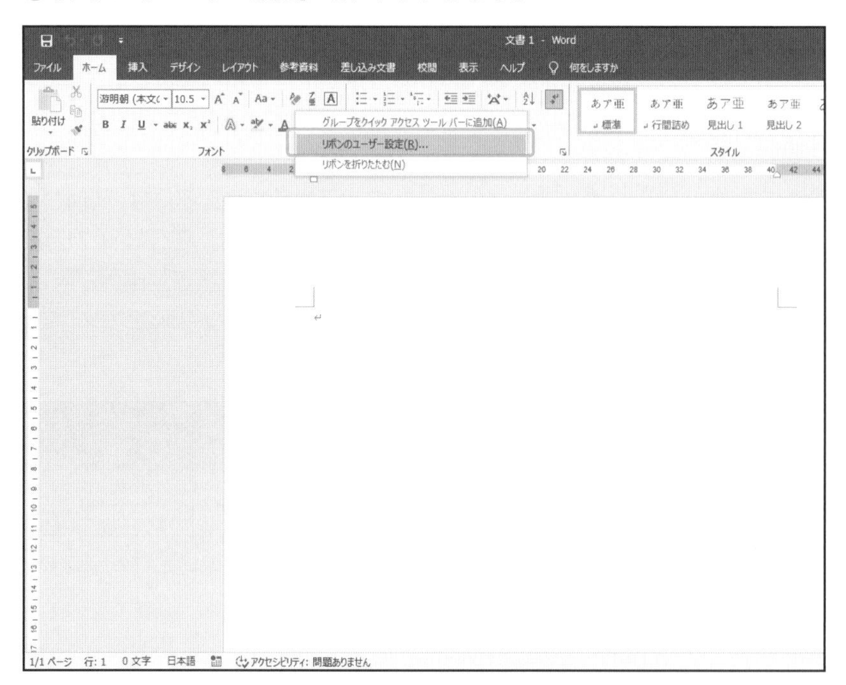

❸［Word のオプション］ダイアログボックスの［リボンのユーザー設定］が表示されます。

❹［リボンのユーザー設定］ボックスに［メインタブ］と表示されていることを確認します。

❺その下の［メインタブ］の一覧の［開発］チェックボックスをオンにします。

❻［OK］をクリックします。

❼リボンに［開発］タブが表示されます。

ヒント

［リボンのユーザー設定］ボックス

［リボンのユーザー設定］ボックスの▼から［すべてのタブ］、［ツールタブ］を選択するとタブの種類を切り替えることができます。また、環境によっては、［リボンのユーザー設定］ボックスの［メインタブ］に表示されるタブの種類が右図とは異なることがあります。

1-1-7 文書中のマクロを有効にする

練習問題

問題フォルダー
└問題 1-1-7.docm

解答ファイルはありません。本書に掲載した画面を参照してください。

Word を起動した状態で、マクロのセキュリティの設定を確認します。次にマクロを含む文書「問題 1-1-7」を開き、マクロを有効にします。

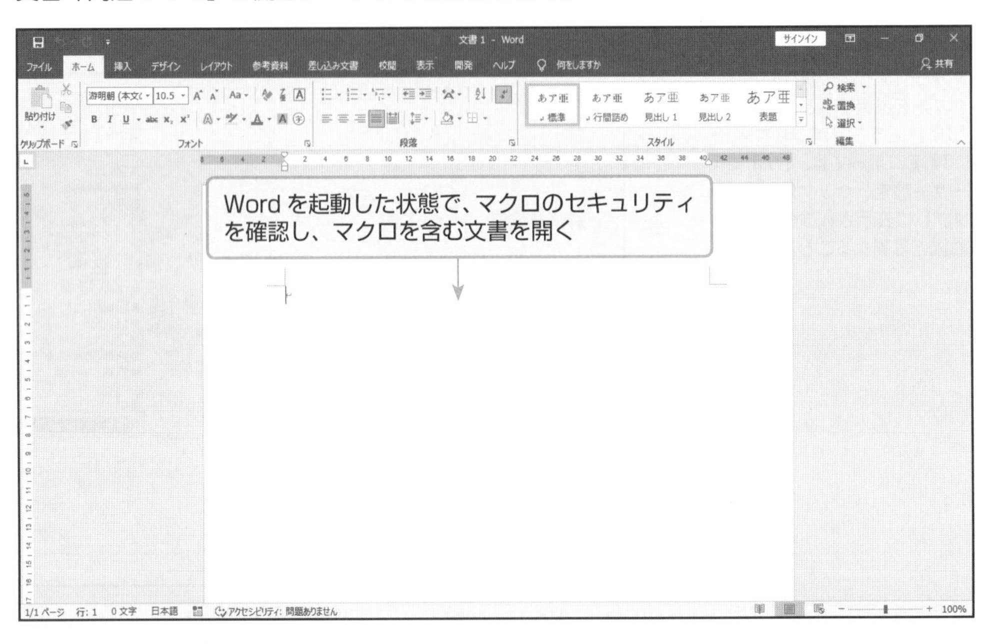

機能の解説

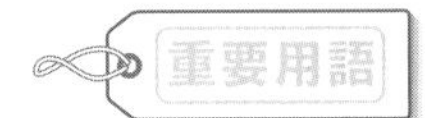

- マクロのセキュリティ
- VBA
- ［トラストセンター］ダイアログボックス
- メッセージバー

マクロの実体であるVBA(Visual Basic for Applications)は高度な処理も可能なプログラミング言語であり、マクロウイルスと呼ばれる悪意あるプログラムも作成できます。そのため、出所不明の文書に含まれるマクロを無条件で実行してしまうことは非常に危険です。Wordでは、こうした危険からコンピューターを守るため、初期設定では文書に組み込まれたマクロを実行できないようになっています。マクロを含む文書を開くと警告のメッセージバーが表示され、マクロが実行できないよう無効にされたことが通知されます。

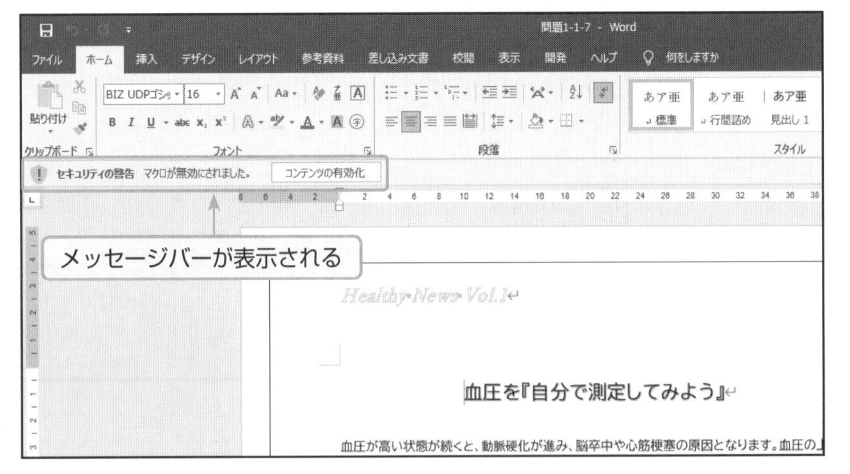

文書が信頼できる発行元から提供された文書でマクロを実行しても問題がない場合は、メッセージバーの［コンテンツの有効化］をクリックしてマクロを有効にします。
一度［コンテンツの有効化］をクリックした文書は［信頼済みドキュメント］として登録され、これ以後は保存場所やファイル名を変更しない限りマクロが有効になります。

●マクロのセキュリティ設定

メッセージバーの［コンテンツの有効化］をクリックする操作は簡単なので、危険なマクロをうっかり有効にしてしまう可能性がないとは言えません。Wordでは、不慣れな人が間違えてマクロを実行してしまうことのないようにセキュリティのレベルを引き上げておくことや、必要に応じてマクロのセキュリティレベルを変更することができます。

マクロのセキュリティは、［トラストセンター］ダイアログボックスの［マクロの設定］から選択します。以下の4レベルがあります。初期設定では［警告を表示してすべてのマクロを無効にする］が選択されています。

セキュリティレベル	内容
警告を表示せずにすべてのマクロを無効にする	すべての文書のマクロを無効にする。警告は表示されない。
警告を表示してすべてのマクロを無効にする	既定の設定。すべての文書のマクロは無効になるが、メッセージバーからマクロを有効にすることもできる。
デジタル署名されたマクロを除き、すべてのマクロを無効にする	信頼できる発行元のデジタル署名のある文書のみマクロが有効になる。それ以外のマクロはすべて無効になる。
すべてのマクロを有効にする	すべての文書のマクロを実行できる。悪意のあるマクロが実行される可能性もあるため、推奨しない。

ヒント

特定の文書のマクロを有効にするには

信頼できる発行元のマクロ有効文書の場合に、あらかじめ「信頼できる場所」に保存しておけば、セキュリティのレベルにかかわらずマクロを有効にできます。「信頼できる場所」とは、［トラストセンター］ダイアログボックスの左側の一覧の［信頼できる場所］の［信頼できる場所］に表示されるフォルダーのことで、［新しい場所の追加］をクリックしてフォルダーを追加することもできます。

操作手順

その他の操作方法

［トラストセンター］ダイアログボックスの表示

［ファイル］タブの［オプション］から［Wordのオプション］ダイアログボックスを表示し、左側の［トラストセンター］を選択して、［トラストセンターの設定］をクリックしても［トラストセンター］ダイアログボックスを表示できます。

❶Wordを起動して、任意の文書または白紙の文書を開いた状態で、［開発］タブの ［マクロのセキュリティ］ボタンをクリックします。

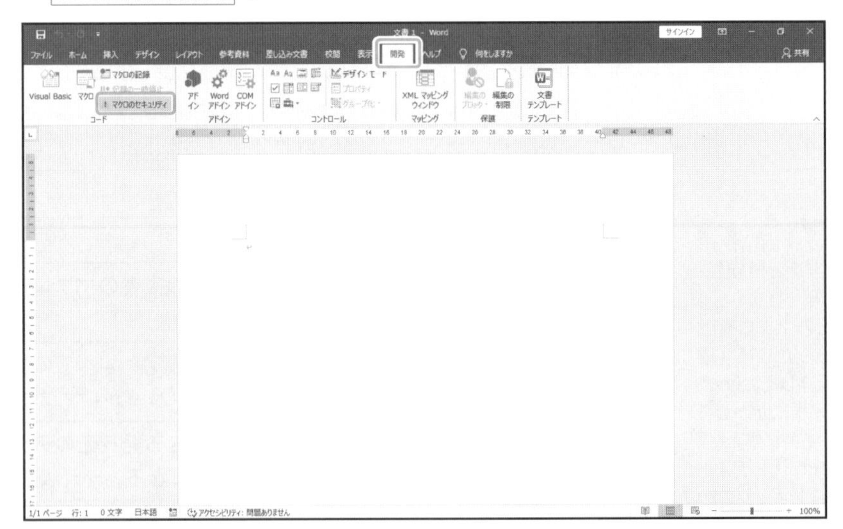

❷［トラストセンター］ダイアログボックスが表示されます。

❸［マクロの設定］の［警告を表示してすべてのマクロを無効にする］が選択されていることを確認します。

❹［キャンセル］をクリックします。

❺［ファイル］タブの［開く］をクリックします。

❻［参照］をクリックします。

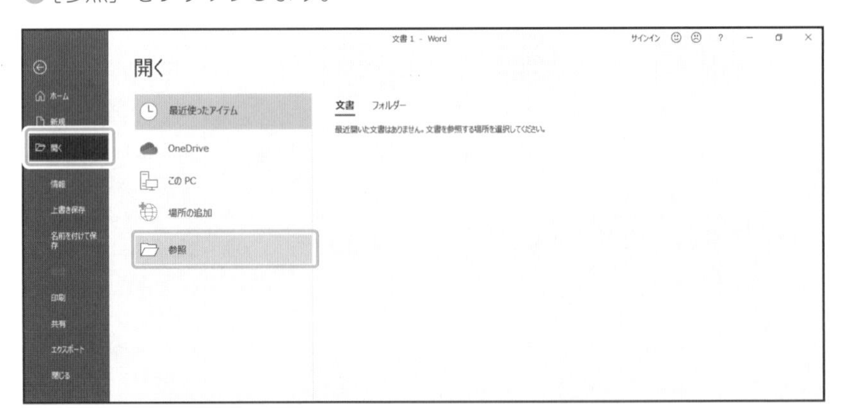

❼［ファイルを開く］ダイアログボックスが表示されます。

❽左側の一覧の［ドキュメント］をクリックします。

❾［Word365&2019 エキスパート（実習用）］フォルダーをダブルクリックし、さらに［問題］フォルダーをダブルクリックします。

ヒント
マクロ有効文書
マクロを含む文書は、通常の「Word文書」の形式でなく「マクロ有効文書」の形式で保存されます。拡張子は「.docm」です。

❿一覧から「問題 1-1-7」をクリックし、［開く］をクリックします。

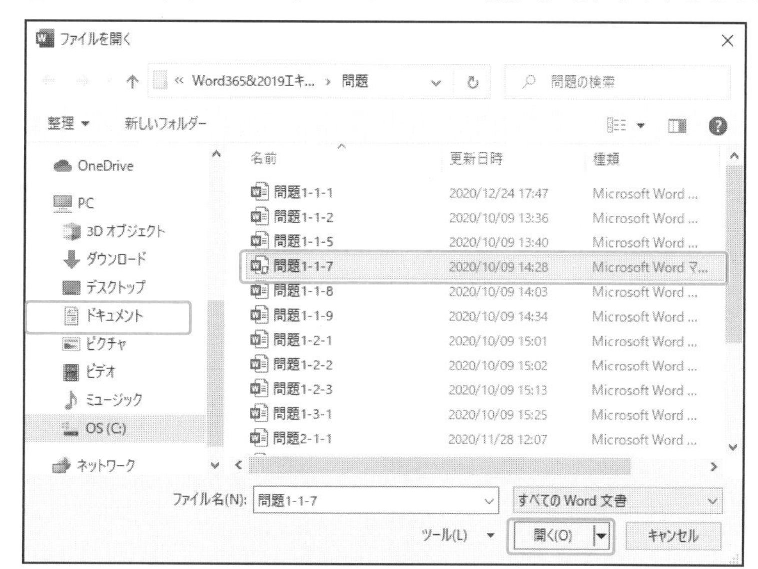

⓫マクロが無効された状態で「問題 1-1-7」が開かれます。

⓬メッセージバーの［コンテンツの有効化］をクリックします。

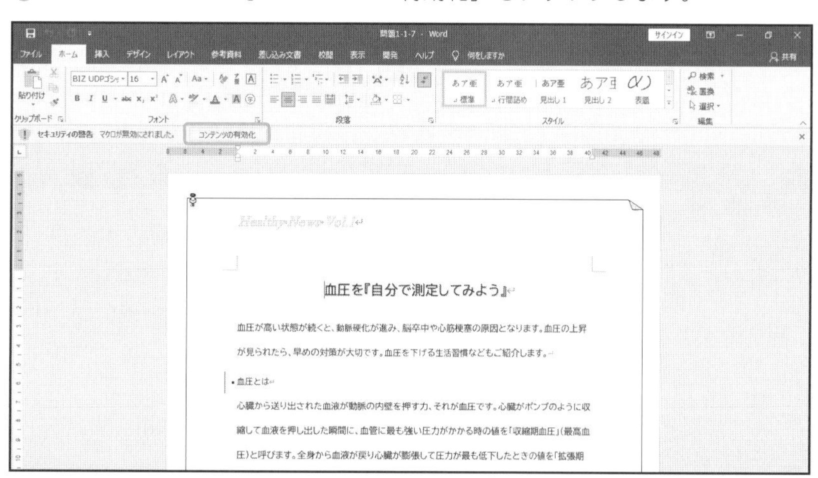

⓭メッセージバーが非表示になり、文書に含まれるマクロが有効になります。

ヒント
この文書のマクロ
「問題 1-1-7」には、2 つのマクロが含まれています。マクロの実行や確認は、「4-2-1 簡単なマクロを記録する」を参照してください。

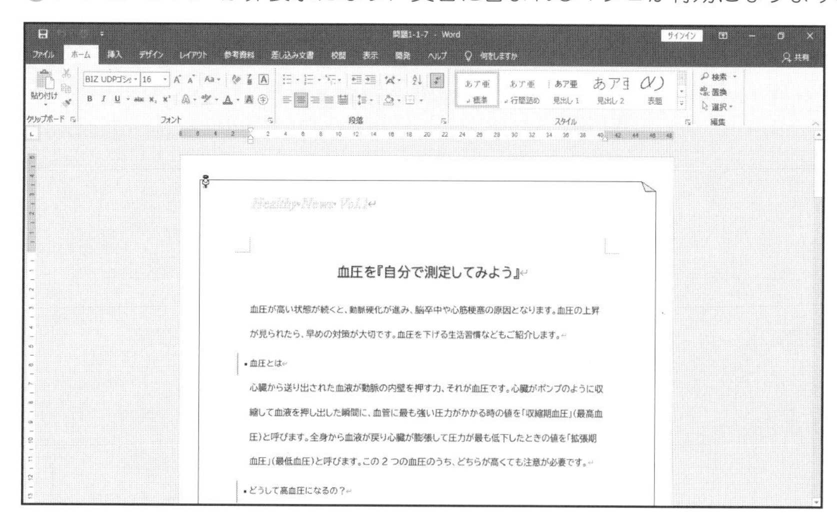

1-1-8 クイックアクセスツールバーをカスタマイズする

練習問題

問題フォルダー
└問題 1-1-8.docx
解答フォルダー
└解答 1-1-8.docx

クイックアクセスツールバーにファイルタブのコマンドの［PDF または XPS 形式で発行］ボタンを追加します。この文書を開いたときだけクイックアクセスツールバーに表示されるようにします。

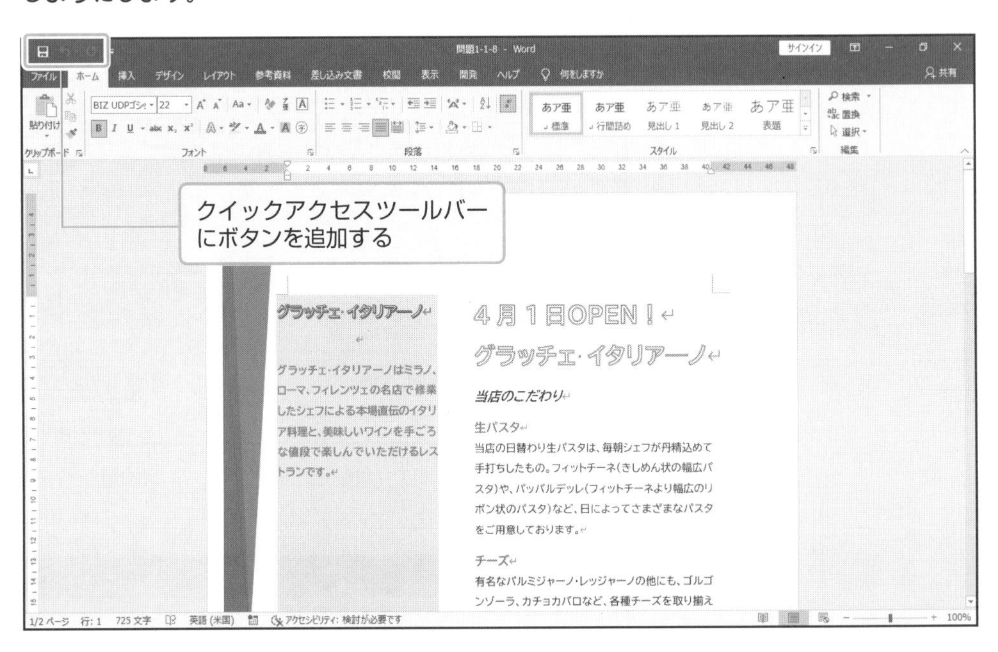

機能の解説

重要用語

- クイックアクセスツールバー
- ［クイックアクセスツールバーのユーザー設定］ボタン
- ［Word のオプション］ダイアログボックスの［クイックアクセスツールバー］

タイトルバーの左側に表示されているクイックアクセスツールバーには、初期値では、［上書き保存］、［元に戻す］、［繰り返し］（または［やり直し］）の３種類のボタンが表示されています。ここには別のコマンドのボタンを表示させることもできます。クイックアクセスツールバーはどの文書でも常に表示されているので、よく使用するコマンドを登録しておくと便利です。
クイックアクセスツールバーにボタンを追加するには、［クイックアクセスツールバーのユーザー設定］ボタンをクリックして一覧から選択します。また、［その他のコマンド］をクリックすると、［Word のオプション］ダイアログボックスの［クイックアクセスツールバー］が表示され、任意のコマンドのボタンを登録できます。

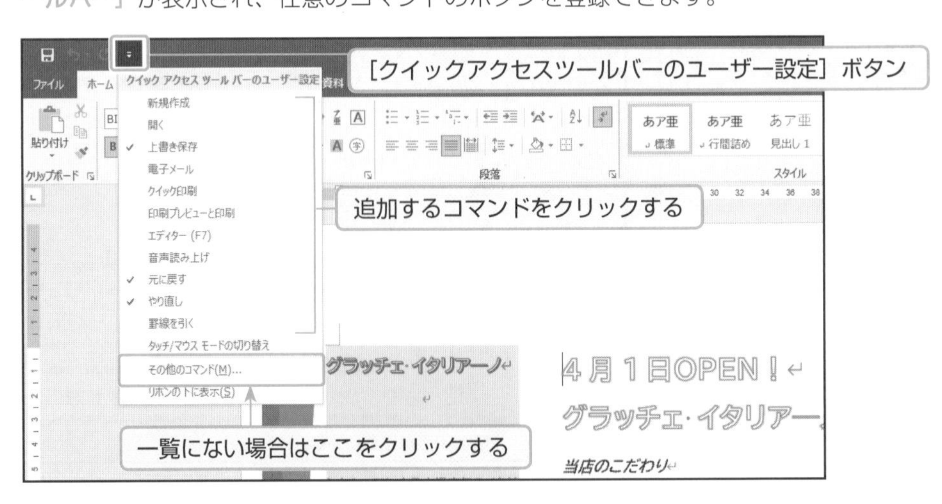

ヒント
リボンの下に表示する
［クイックアクセスツールバーのユーザー設定］ボタンをクリックして表示される一覧の［リボンの下に表示］をクリックすると、クイックアクセスツールバーがリボンの下に配置されます。

操作手順

❶ クイックアクセスツールバーの［クイックアクセスツールバーのユーザー設定］ボタンをクリックします。

❷ 一覧から［その他のコマンド］をクリックします。

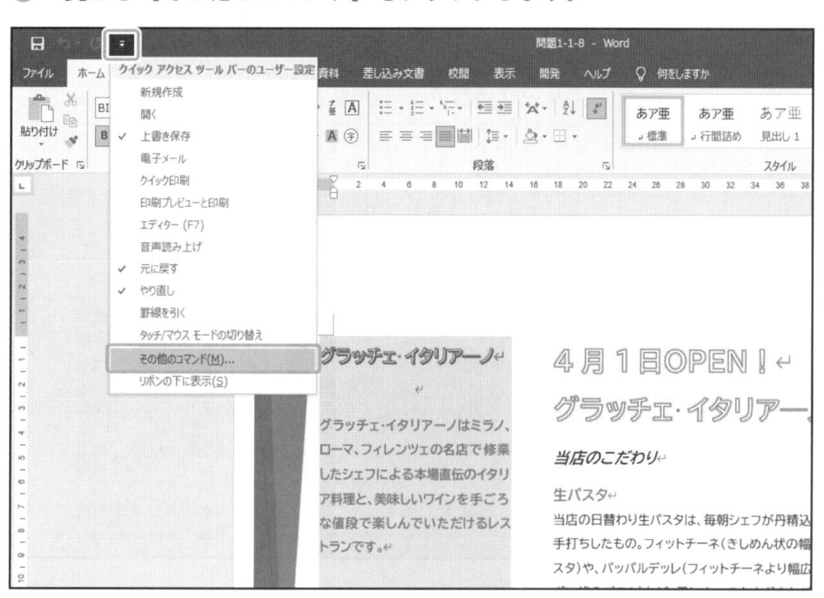

❸［Word のオプション］ダイアログボックスの［クイックアクセスツールバー］が表示されます。

❹［コマンドの選択］ボックスの▼をクリックし、［ファイルタブ］をクリックします。

❺ 下側のボックスの一覧から［PDF または XPS 形式で発行］をクリックします。

❻［クイックアクセスツールバーのユーザー設定］ボックスの▼をクリックし、［問題 1-8-1 に適用］をクリックします。

❼［追加］をクリックします。

❽ 右側のボックスに［PDF または XPS 形式で発行］が追加されます。

❾［OK］をクリックします。

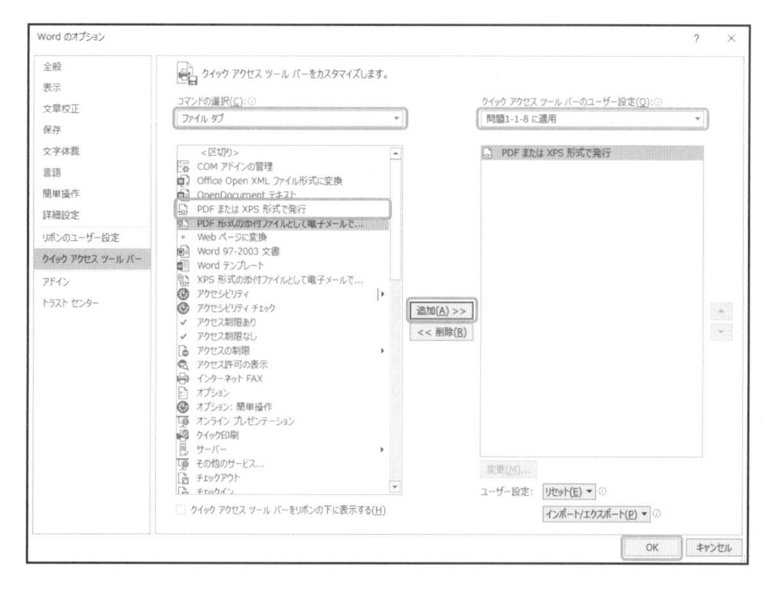

ポイント

この文書だけにボタンを追加する

［クイックアクセスツールバーのユーザー設定］ボックスは既定では［すべてのドキュメントに適用（既定）］となっているので、追加したボタンはすべての文書に表示されます。現在の文書を開いた時だけ表示されるようにするには、▼から［(ファイル名) に適用］をクリックしてから、ボタンの追加の操作を行います。

その他の操作方法

クイックアクセスツールバーのボタンの追加

リボンにあるコマンドを追加する場合は、リボンのボタンを右クリックし、［クイックアクセスツールバーに追加］をクリックします。

ヒント

クイックアクセスツールバーのボタンの削除

クイックアクセスツールバーから削除したいボタンを右クリックし、ショートカットキーの［クイックアクセスツールバーから削除］をクリックします。

⑩クイックアクセスツールバーに ［PDF または XPS 形式で発行］ボタンが追加されます。

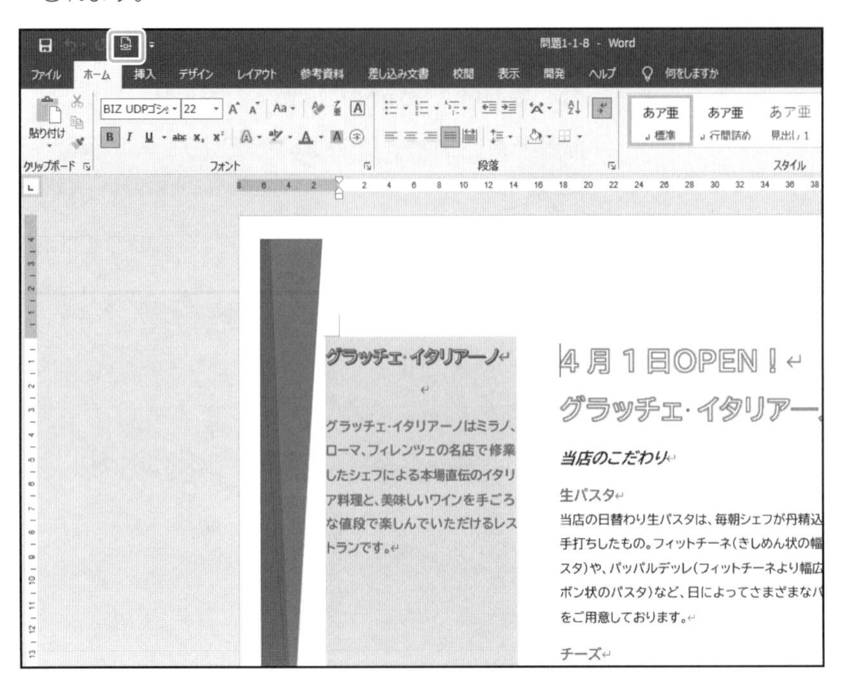

1-1-9 Normalテンプレートの既定のフォントを変更する

練習問題

問題フォルダー
└問題 1-1-9.docx

解答フォルダー
└解答 1-1-9.docx

この文書の既定のフォントの日本語用と英数字用のフォントを「HGP 創英角ポップ体」、フォントサイズを「13pt」に変更します。

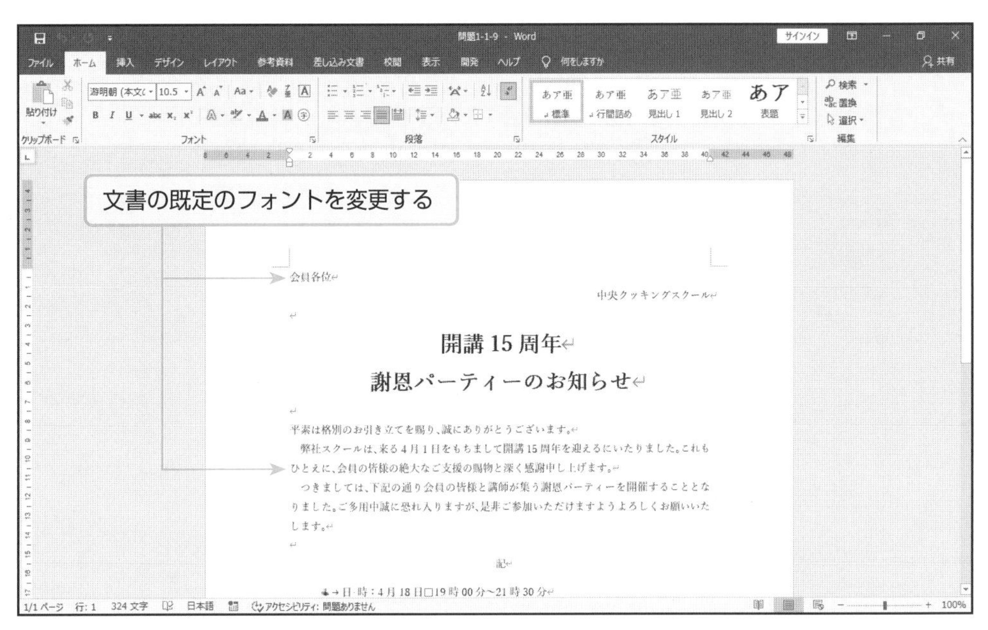

機能の解説

重要用語

- 既定のフォント
- 標準フォント
- [フォント] ダイアログボックス
- [既定に設定]

新規に文書を作成するときに使用されるフォントは、標準フォントとして設定されています。Word で新規に文書を作成する場合、既定では Normal テンプレートが使用され、標準のフォントは「游明朝」、フォントサイズは「10.5pt」です。これとは別のフォントを使用して文書を作成したい場合は、既定のフォントを変更します。すると、標準フォントが変更され、指定したフォントで入力ができます。
既定のフォントを変更するには、[フォント] ダイアログボックスを表示して設定内容を指定し、[既定に設定] をクリックします。

[フォント] ダイアログボックス

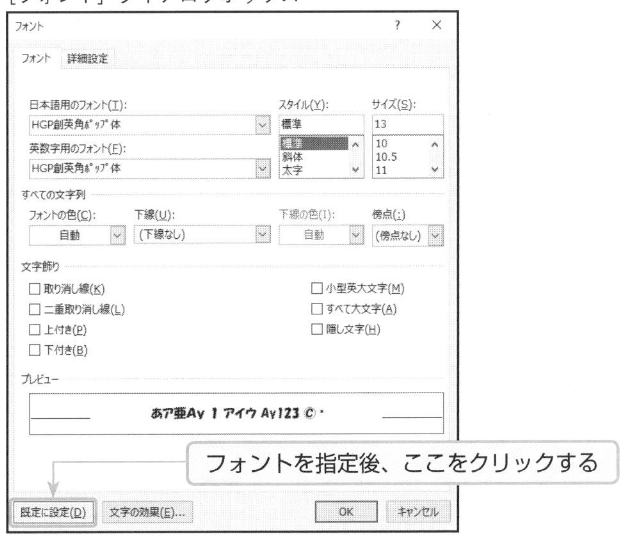

次に表示されるウィンドウで、設定の範囲を選択します。[この文書だけ] を選択すると、現在の文書だけに既定のフォントが適用されます。[Normal テンプレートを使用したすべての文書] を選択すると、現在のテンプレート（既定では Normal テンプレート）を基に作成するすべての新規文書に適用されます。

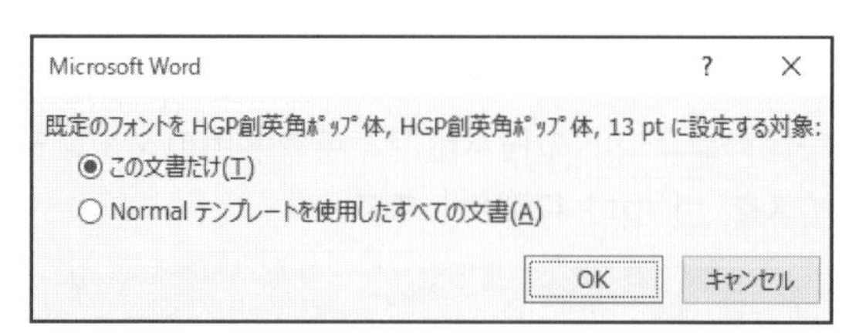

●既定の段落書式の変更

文書全体のインデントや行間などの段落書式も既定の設定を変更することができます。[段落] ダイアログボックスで設定内容を指定し、[既定に設定] をクリックします。

[段落] ダイアログボックス

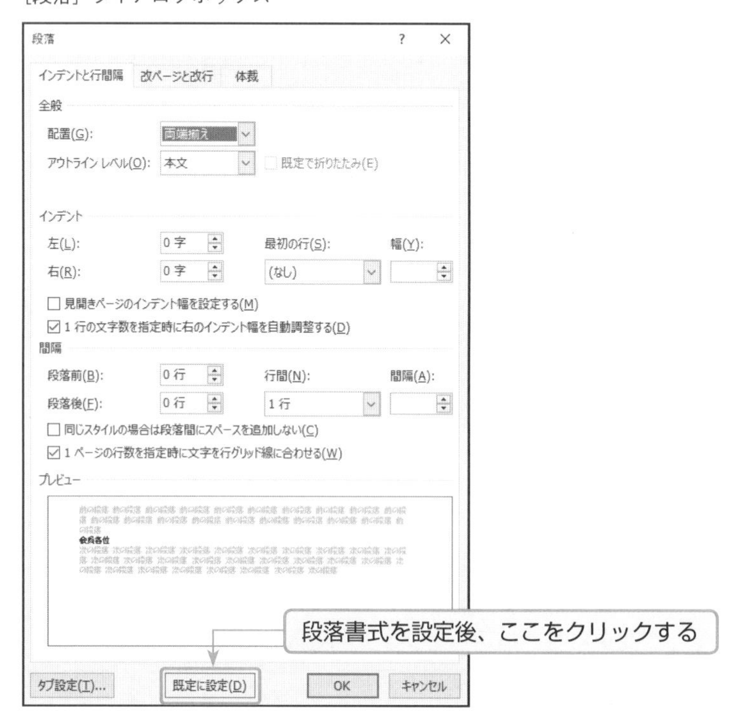

操作手順

❶1 行目（標準スタイルの行）にカーソルがあることを確認し、[ホーム] タブの [フォント] グループ右下の [フォント] ボタンをクリックします。

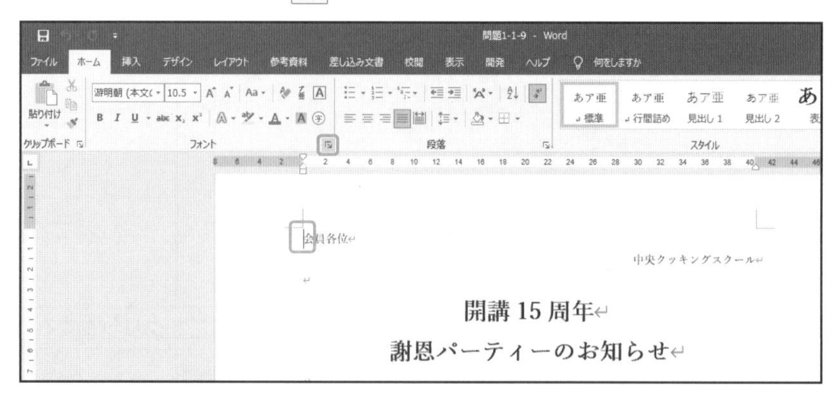

❷［フォント］ダイアログボックスが表示されます。

❸［フォント］タブをクリックします。

❹［日本語用のフォント］ボックスの▼をクリックし、［HGP 創英角ポップ体］をクリックします。

❺［英数字用のフォント］ボックスの▼をクリックし、［HGP 創英角ポップ体］をクリックします。

❻［フォントサイズ］ボックスの一覧に「13」がないことを確認し、「13」と入力します。

❼［既定に設定］をクリックします。

❽既定のフォントの適用範囲を選択するウィンドウが表示されます。

❾［この文書だけ］が選択されていることを確認します。

❿［OK］をクリックします。

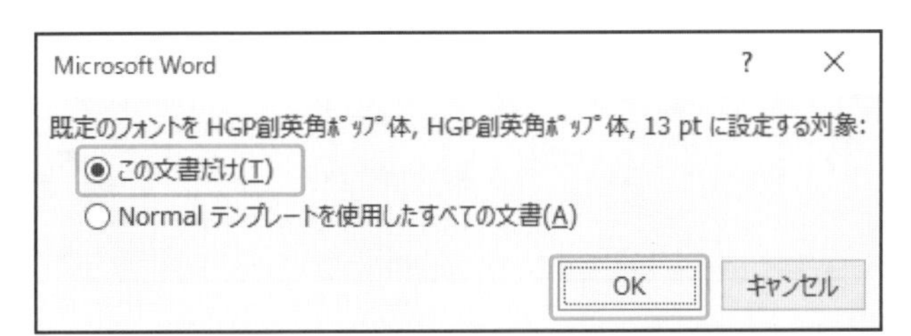

⓫文書の既定のフォントが変更され、「標準」スタイルのフォントも変更されたことを確認します。

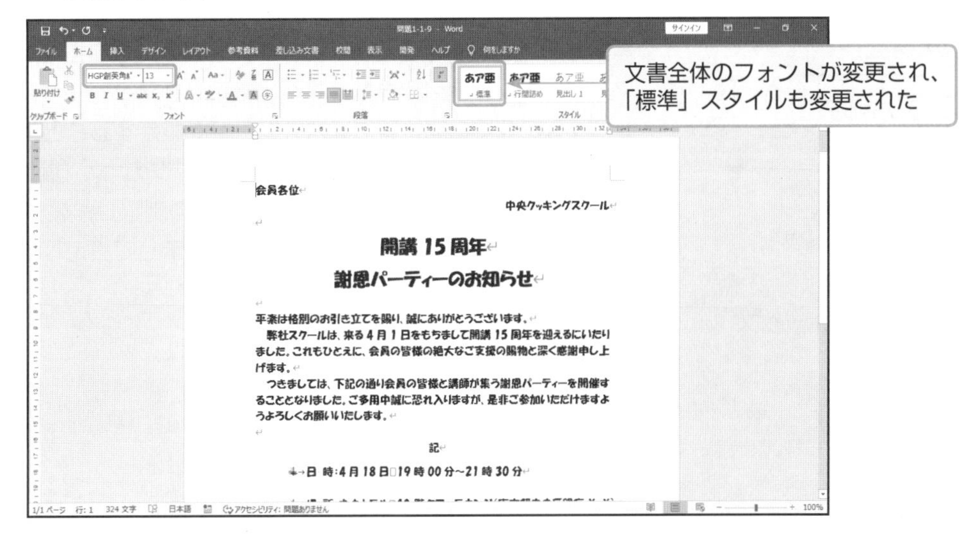

ヒント

英数字用のフォントの設定

英数字用のフォントが日本語用のフォントと同じ場合は、▼の一覧から［(日本語用と同じフォント)］を選択しても設定できます。

1-2 共同作業用に文書を準備する

ここでは、校閲用の文書を準備するための機能を学習します。文書の予期せぬ書き換えや内容の漏えいを防ぐために書式や編集の制限、文書の保護、最終版の設定などの機能が用意されています。それぞれの機能の特徴と設定方法を理解しましょう。

1-2-1 書式を制限する

練習問題

問題フォルダー
└問題 1-2-1.docx

解答フォルダー
└解答 1-2-1.docx

【操作 1】書式の制限を設定し、利用可能なスタイルは最小限にして、テーマおよびパターンの切り替えを許可しないようにします。

【操作 2】パスワードを「121」に設定して、文書の保護を開始します。なお、メッセージが表示された場合は［いいえ］をクリックして文書の書式はクリアせずに保持します。

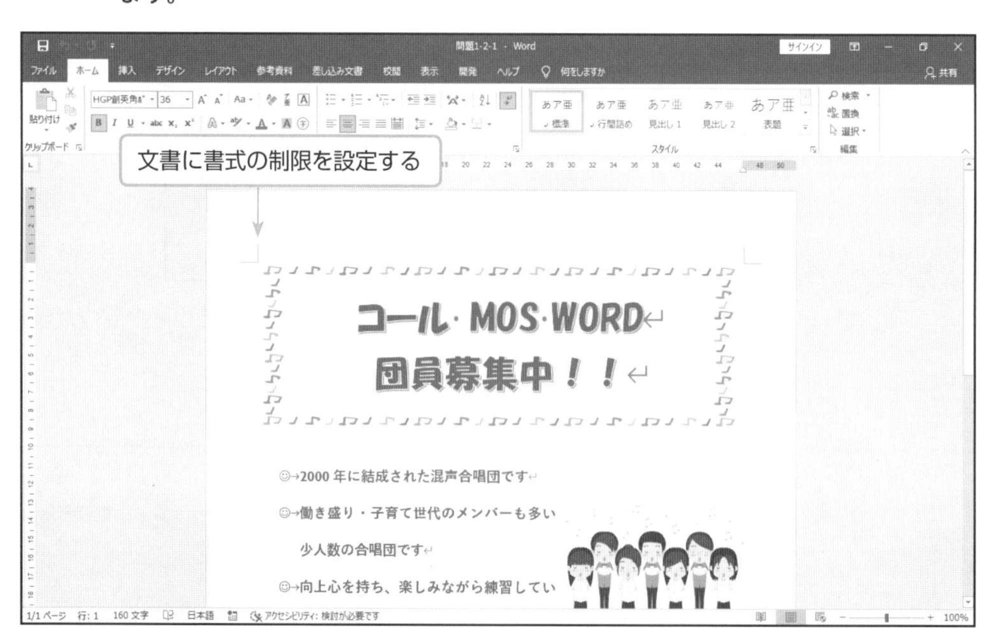

機能の解説

- 書式の制限
- 文書の保護
- ［編集の制限］作業ウィンドウ
- ［書式の制限］ダイアログボックス

［編集の制限］作業ウィンドウを使用して文書を保護すると、文書内で使用できる書式や編集方法を制限することができます。書式の制限を指定すると、文字書式や段落書式のコマンドボタンが使用できなくなり、指定したスタイルや書式設定だけが利用可能になります。文書の保護の開始時にはパスワードを設定することができます。
［編集の制限］作業ウィンドウは［校閲］タブの ［編集の制限］ボタンをクリックして表示します。また、書式の制限は、［編集の制限］作業ウィンドウの［1. 書式の制限］から［書式の制限］ダイアログボックスを表示して設定します。

［編集の制限］作業ウィンドウから書式を制限する

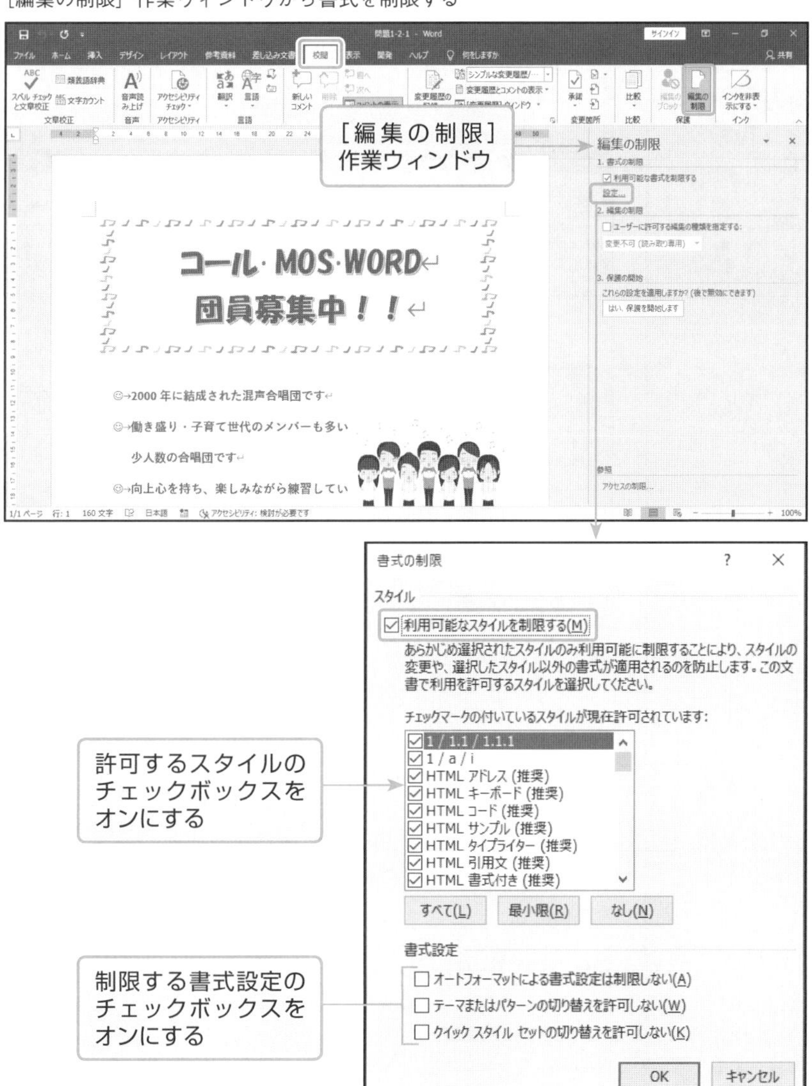

操作手順

【操作 1】

❶［校閲］タブの［編集の制限］ボタンをクリックします。

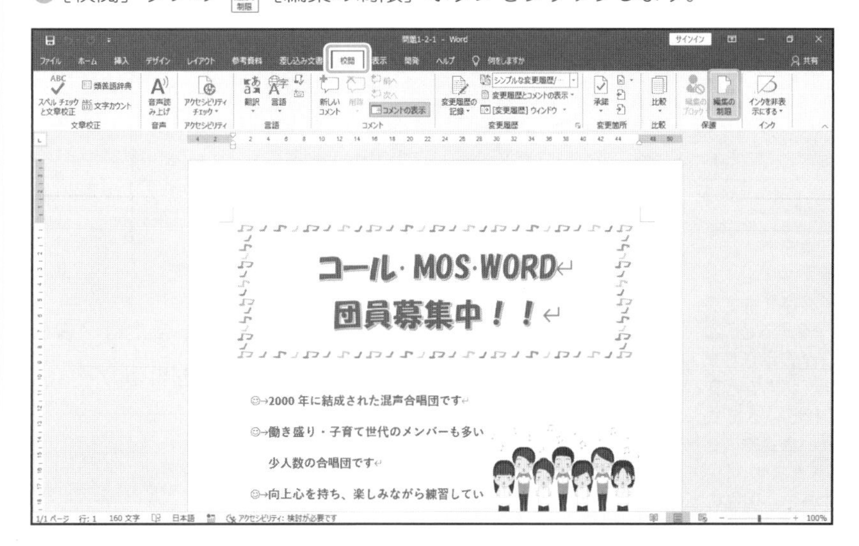

❷［編集の制限］作業ウィンドウが表示されます。

❸［1. 書式の制限］の［利用可能な書式を制限する］チェックボックスをオンにします。

❹［設定］をクリックします。

その他の操作方法

［編集の制限］作業ウィンドウ

［開発］タブの［編集の制限］ボタンをクリックします。または、［ファイル］タブの［情報］画面の［文書の保護］をクリックし、［編集の制限］をクリックしても［編集の制限］作業ウィンドウを表示できます。

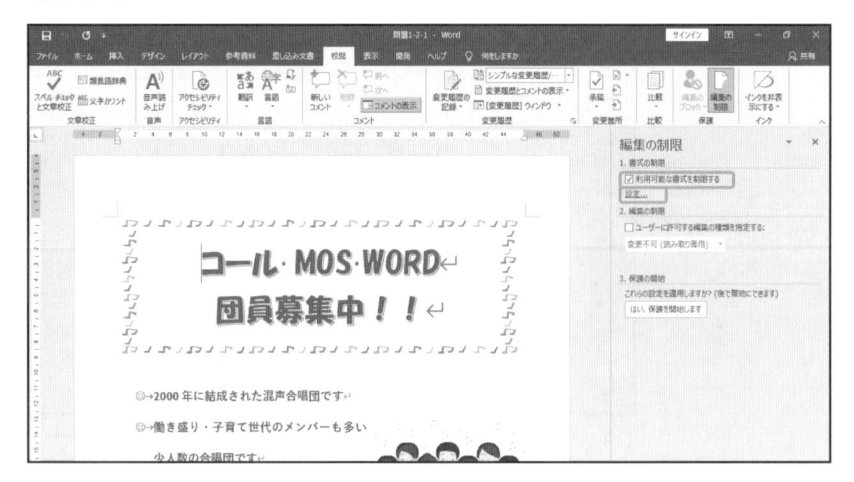

❺［書式の制限］ダイアログボックスが表示されます。

❻［利用可能なスタイルを制限する］チェックボックスがオンになっていることを確認します。

❼［最小限］をクリックします。

❽［チェックマークの付いているスタイルが現在許可されています］の一覧の特定のスタイルのみチェックボックスがオンになります。

❾［テーマまたはパターンの切り替えを許可しない］チェックボックスをオンにします。

❿［OK］をクリックします。

ヒント

スタイルの制限

［利用可能なスタイルを制限する］の下の［最小限］をクリックすると推奨スタイルだけがオンになります。特定のスタイルだけを許可する場合は［なし］をクリックし、すべてのスタイルをオフにしてから選択します。

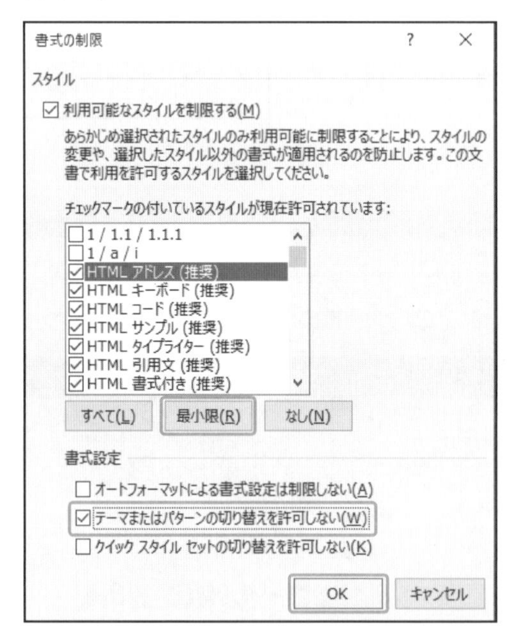

⓫「この文書には許可されていない書式またはスタイルが含まれている可能性があります。…」というメッセージが表示されるので、［いいえ］をクリックします。

ヒント

文書の書式を保持する

［書式の制限］ダイアログボックスで［OK］をクリックすると、このようなメッセージが表示されます。［はい］をクリックすると文書にすでに設定されている書式で、許可されていない書式やスタイルはすべて解除されます。［いいえ］をクリックすると、現在の文書の書式は保持されたままになります。

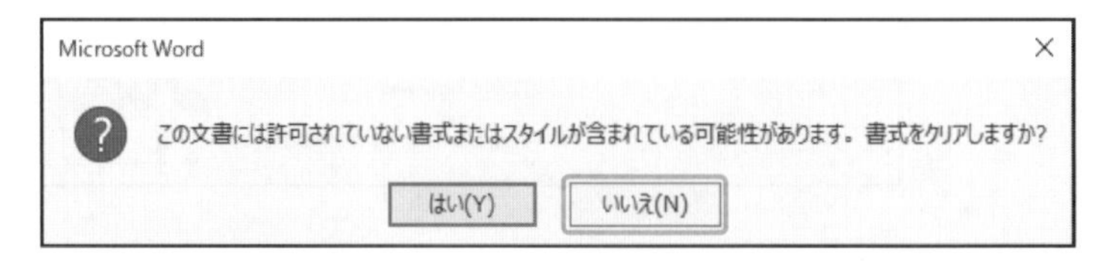

【操作 2】

⑫［編集の制限］作業ウィンドウの［はい、保護を開始します］をクリックします。

⑬［保護の開始］ダイアログボックスが表示されます。

⑭［新しいパスワードの入力］ボックスに「121」と入力します。

⑮［パスワードの確認入力］ボックスに「121」と入力します。

⑯［OK］をクリックします。

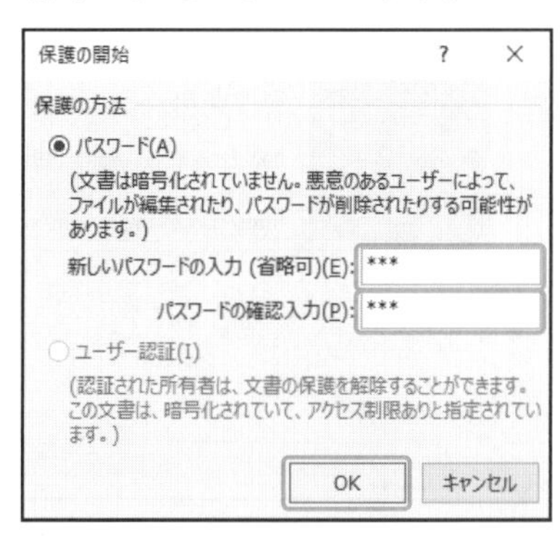

⑰文書に書式の制限が設定され、文書が保護されます。

⑱［ホーム］タブに切り替えて確認します。

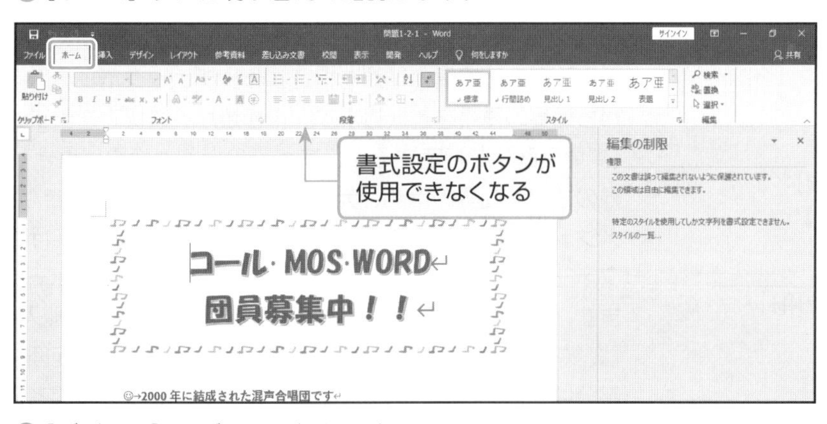

⑲［デザイン］タブに切り替えて確認します。

⑳［編集の制限］作業ウィンドウの閉じるボタンをクリックします。

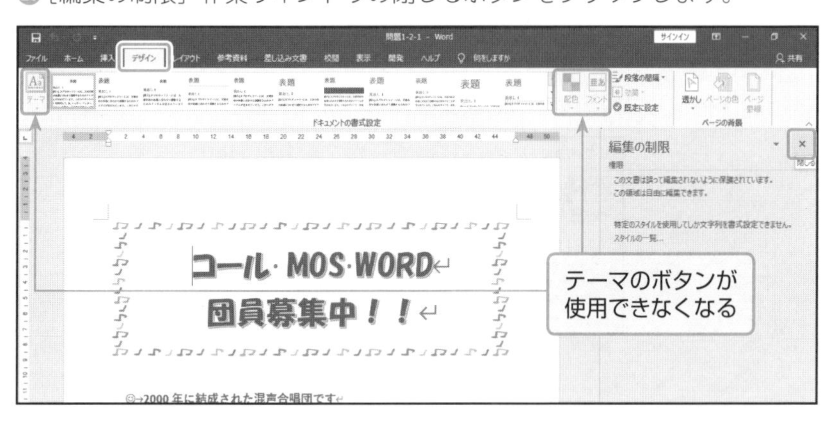

ヒント

文書の保護の解除

文書の保護の解除を解除するには、［編集の制限］作業ウィンドウの［保護の中止］をクリックします。パスワードを設定している場合は、［文書保護の解除］ダイアログボックスが表示されるので、パスワードを入力して［OK］をクリックします。

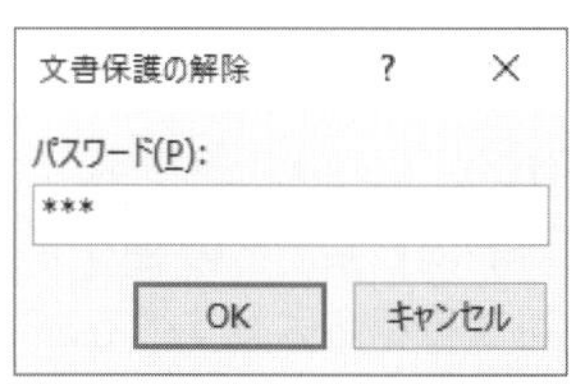

1-2-2 編集を制限する

練習問題

問題フォルダー
└問題 1-2-2.docx

解答フォルダー
└解答 1-2-2.docx

編集の制限を設定し、表の 2 列目以外は変更できないように文書を保護します。パスワードは設定しません。

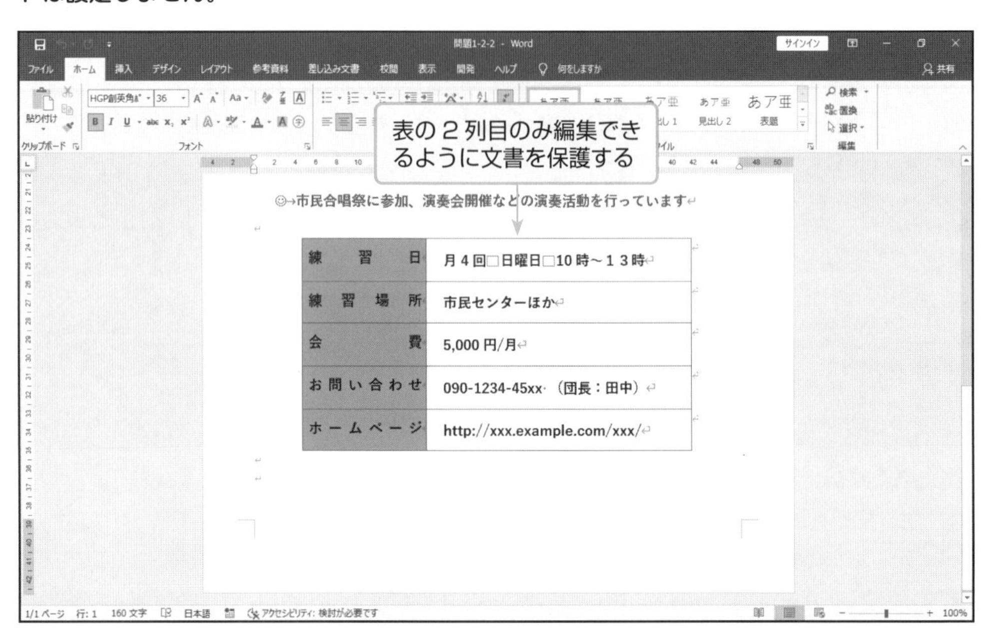

機能の解説

□ 編集の制限
□ [編集の制限] 作業ウィンドウ
□ [変更不可(読み取り専用)]

[編集の制限] 作業ウィンドウで編集方法を制限するには、[2. 編集の制限] の [ユーザーに許可する編集の種類を指定する] チェックボックスをオンにして、その下のボックスから編集の種類を選択します。4 種類から選択できます。
[変更履歴] を指定すると、すべての操作が変更履歴として記録されます。変更履歴の記録のオフ、変更の承諾、元に戻すといった操作はできなくなります。[コメント] は、コメントの挿入や削除などコメントに関する操作のみ実行できます。[フォームへの入力]は、フォームフィールドを挿入している文書の場合にフォームフィールドのみ入力可能になります（「4-1-3　標準的なコンテンツコントロールを挿入する」参照）。
[変更不可（読み取り専用)] を指定すると、特定の範囲だけを編集可能にして、その他の部分は変更できないよう設定できます。すべての校閲者に編集を許可する場合は [すべてのユーザー] チェックボックスをオンにします。特定の校閲者だけに編集を許可する場合は、[その他のユーザー] をクリックして [ユーザーの追加] ダイアログボックスで校閲者のユーザー名やメールアドレスを入力します。

[ユーザーの追加] ダイアログボックス

［変更不可（読み取り専用）］の保護を設定した状態

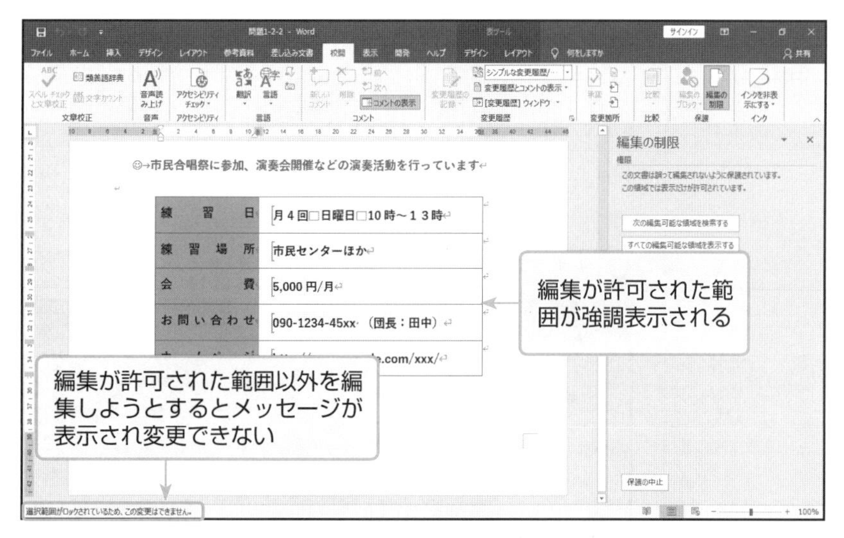

操作手順

ヒント

表の列の選択

列の一番上の線にマウスをポイントし、⬇の形状でクリックすると列全体が選択されます。

❶表の２列目を選択します。

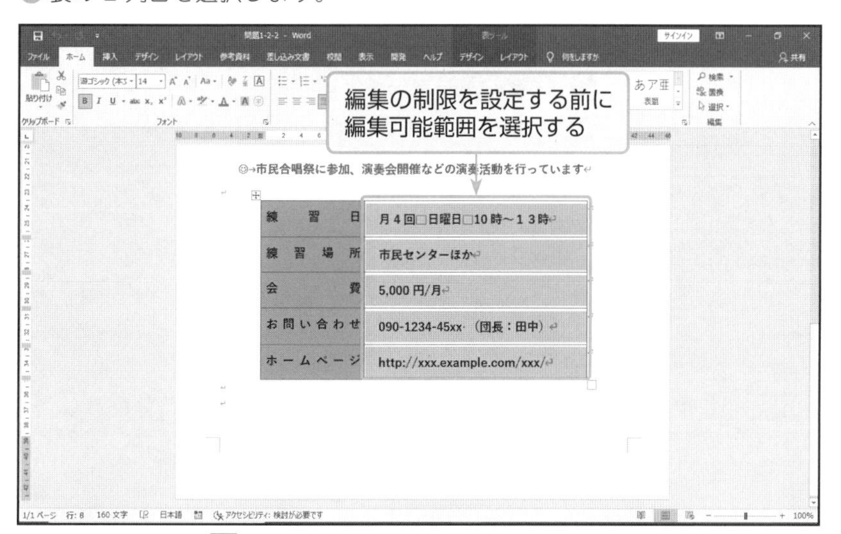

❷［校閲］タブの［編集の制限］ボタンをクリックします。

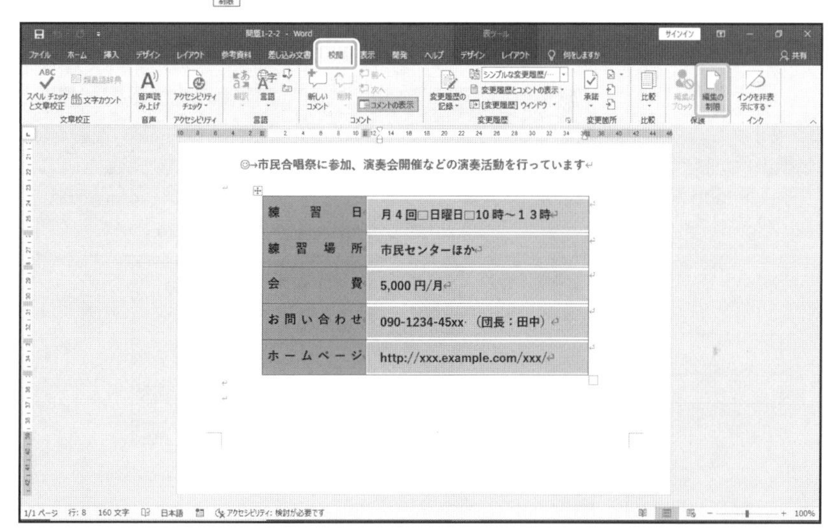

③［編集の制限］作業ウィンドウが表示されます。

④［2. 編集の制限］の［ユーザーに許可する編集の種類を指定する］チェックボックスをオンにします。

⑤すぐ下のボックスの▼をクリックします。

⑥［変更不可（読み取り専用）］をクリックします。

⑦［例外処理（オプション）］の［すべてのユーザー］チェックボックスをオンにします。

⑧［3. 保存の開始］の［はい、保護を開始します］をクリックします。

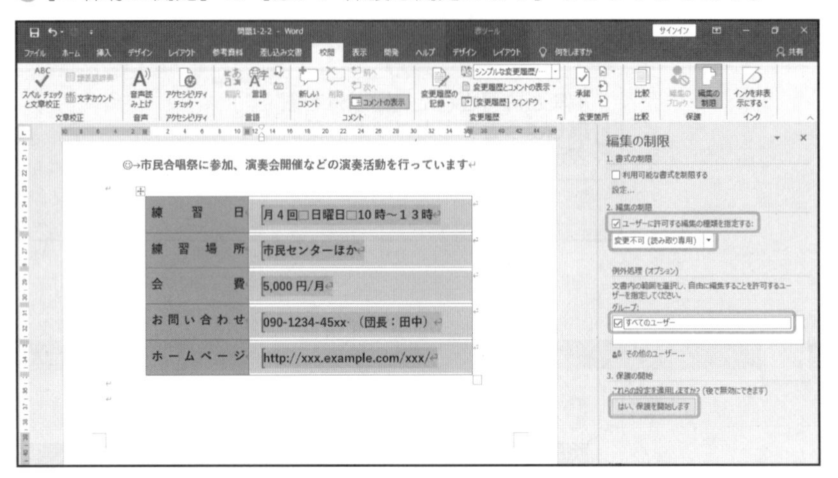

⑨［保護の開始］ダイアログボックスが表示されます。

⑩パスワードは入力せずに［OK］をクリックします。

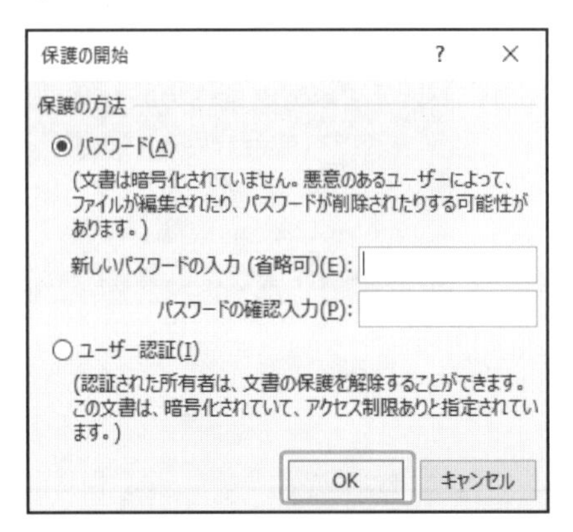

ヒント

編集可能範囲の強調表示

［編集の制限］作業ウィンドウの［編集可能な領域を強調表示する］チェックボックスをオフにすると、編集範囲の強調表示が非表示になります。

⑪文書に編集の制限が設定され、編集が許可された範囲が確認できます。

⑫［編集の制限］作業ウィンドウの閉じるボタンをクリックします。

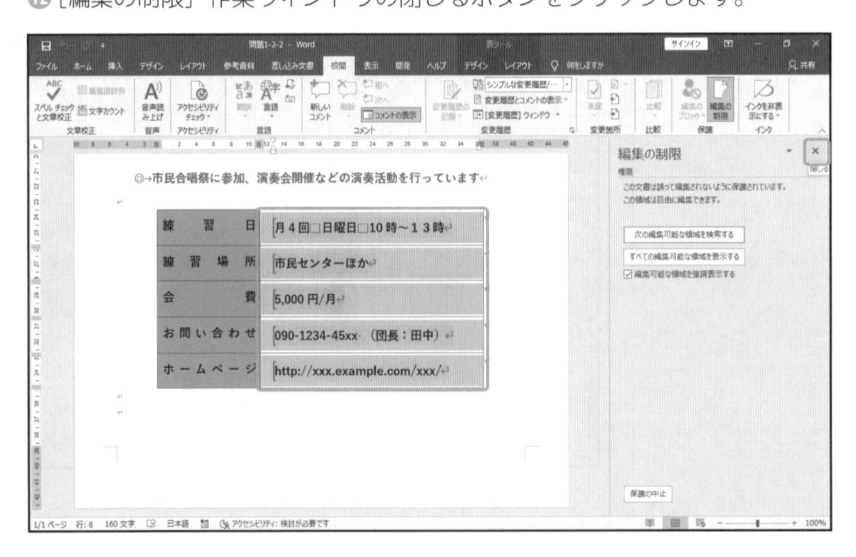

1-2-3 変更履歴をロックして文書を保護する

練習問題

問題フォルダー
└問題 1-2-3.docx
解答フォルダー
└解答 1-2-3.docx

【操作 1】文書に変更履歴を強制的に記録するように編集の制限を設定します。変更履歴の記録を解除するパスワードは「123」にします。
【操作 2】1 行目の日付を「20xx 年 6 月 xx 日」に修正し、変更履歴が設定されることを確認します。

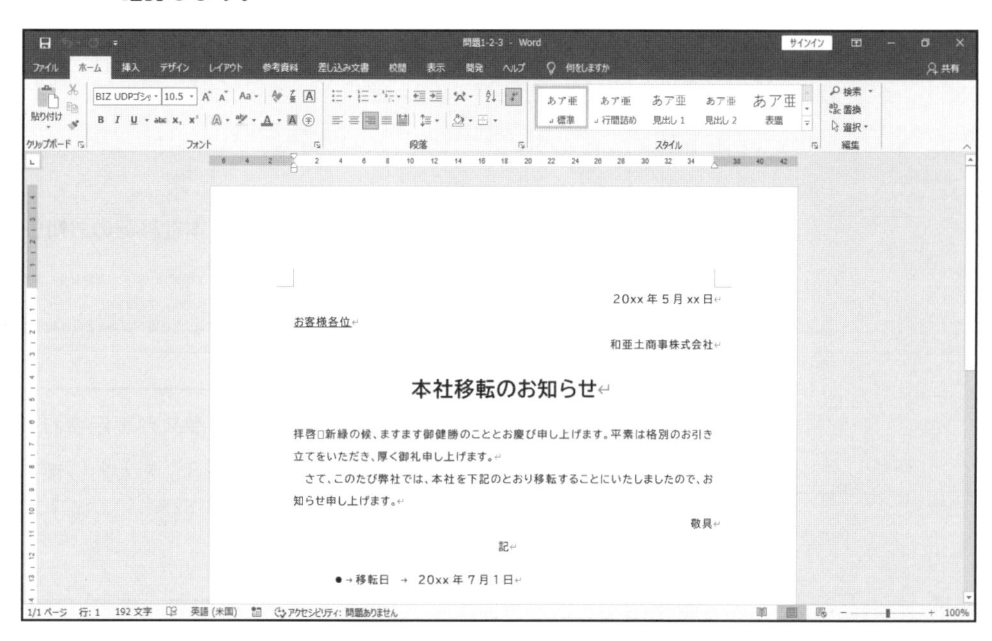

機能の解説

- 変更履歴のロック
- [変更履歴の記録] ボタン
- [変更履歴のロック] ダイアログボックス

文書の編集時に強制的に変更履歴を記録するように編集の制限を設定できます。この設定を行うと、他のユーザーが文書を編集した場合にすぐに反映されずに変更履歴が記録されます。変更内容を確認して、あとから文書に反映したり、破棄したりすることができます。操作は、[校閲] タブの [変更履歴の記録] ボタンの▼から [変更履歴のロック] を選択します。[変更履歴のロック] ダイアログボックスが表示されるので、変更履歴を解除する際のパスワードを入力して設定します。

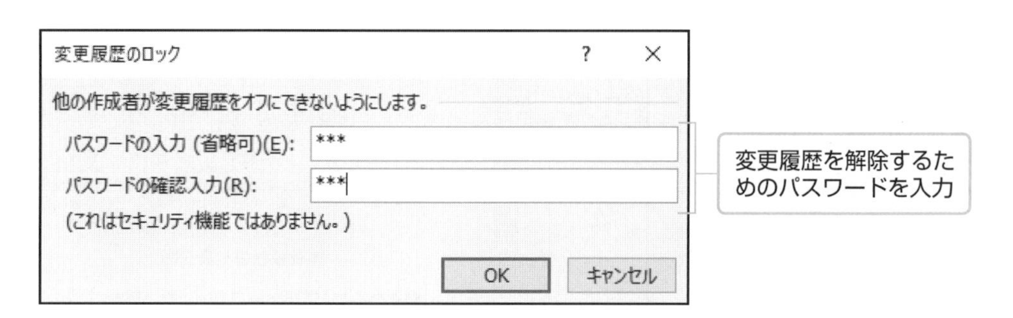

操作手順

【操作 1】

❶［校閲］タブの［変更履歴の記録］ボタンの▼をクリックします。

❷一覧から［変更履歴のロック］をクリックします。

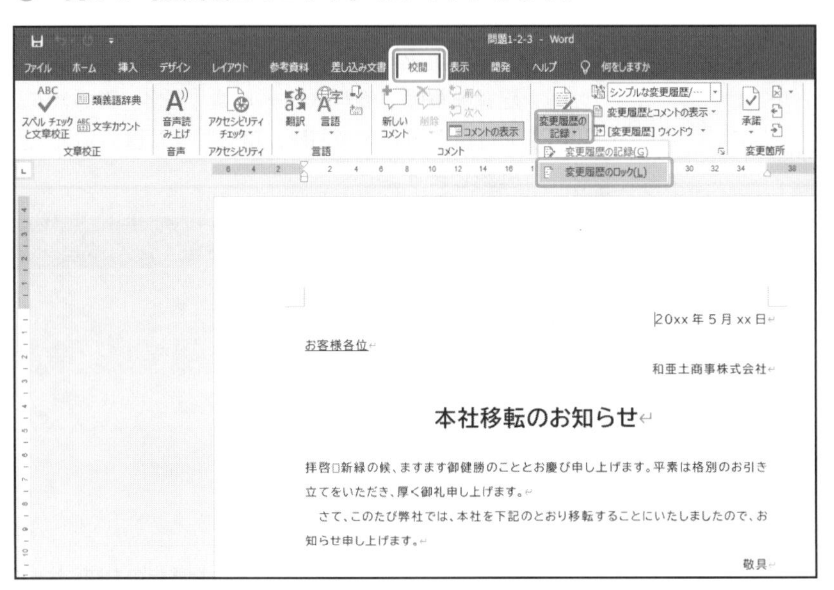

❸［変更履歴のロック］ダイアログボックスが表示されます。

❹［パスワードの入力］ボックスに「123」を入力します。

❺［パスワードの確認入力］ボックスに「123」と入力します。

❻［OK］をクリックします。

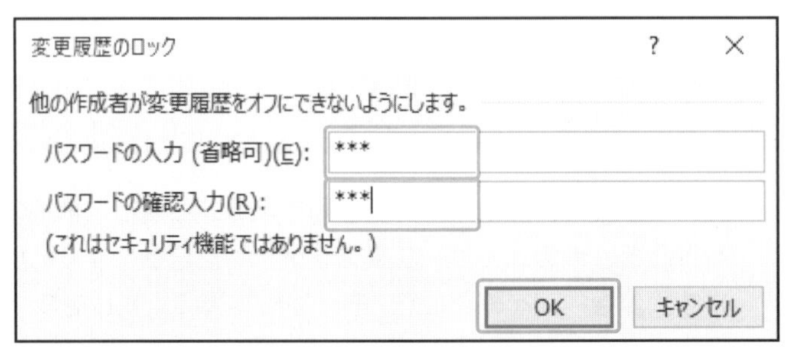

❼文書に変更履歴のロックが設定されます。

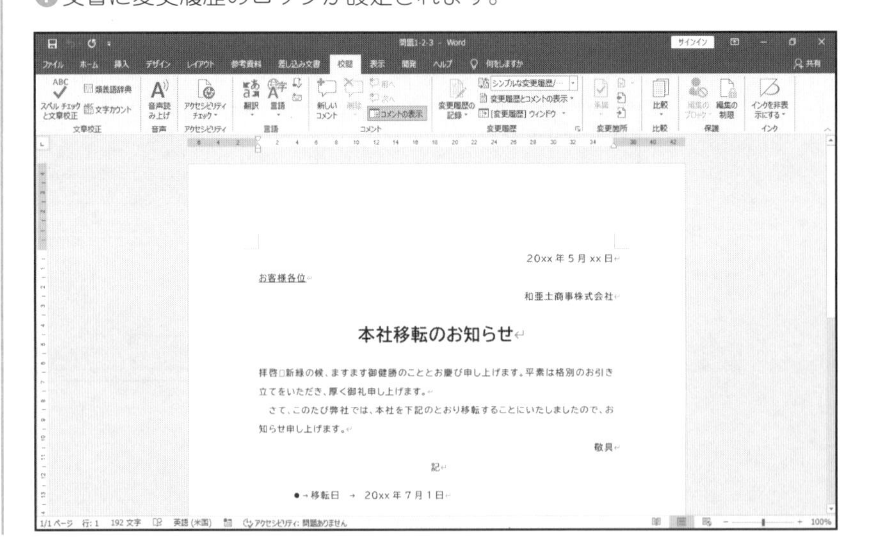

その他の操作方法

変更履歴のロック

変更履歴のロックは、［校閲］タブの［編集の制限］ボタンから［編集の制限］作業ウィンドウを表示し、［2. 編集の制限］の［変更履歴］を選択して文書の保護を開始する操作でも同様に設定されます。

【操作 2】

❽ 1 行目の日付の「5 月」を「6 月」に修正します。

❾ 変更履歴が記録され、1 行目の左余白に変更履歴を表す赤色の縦線が表示されます。

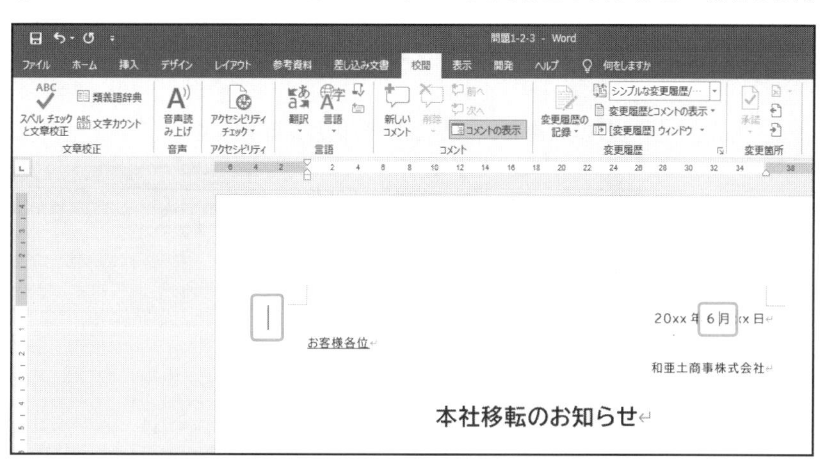

❿ [校閲] タブの [シンプルな変更履歴/…] [変更内容の表示] ボックスの▼をクリックして [すべての変更履歴 / コメント] をクリックします。

⓫ 文書内に削除と挿入の変更履歴の内容が表示されます。

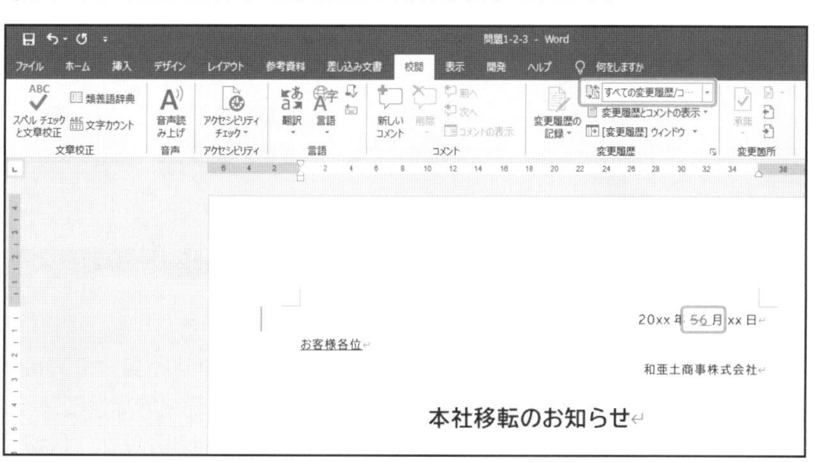

※ 解答操作が終了したら、[変更内容の表示] ボックスを [シンプルな変更履歴 / コメント] の設定に戻します。

ヒント

変更履歴のロックを解除する

[校閲] タブの [変更履歴の記録] ボタンの▼から [変更履歴のロック] をクリックします。[変更履歴のロック解除] ダイアログボックスが表示されるのでパスワードを入力して [OK] をクリックします。変更履歴のロックがオフになります。

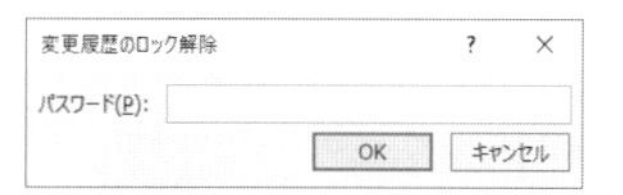

1-2-4 文書を最終版にする

練習問題

問題フォルダー
└問題 1-2-4.docx

解答フォルダー
└解答 1-2-4.docx

この文書を最終版として設定します。

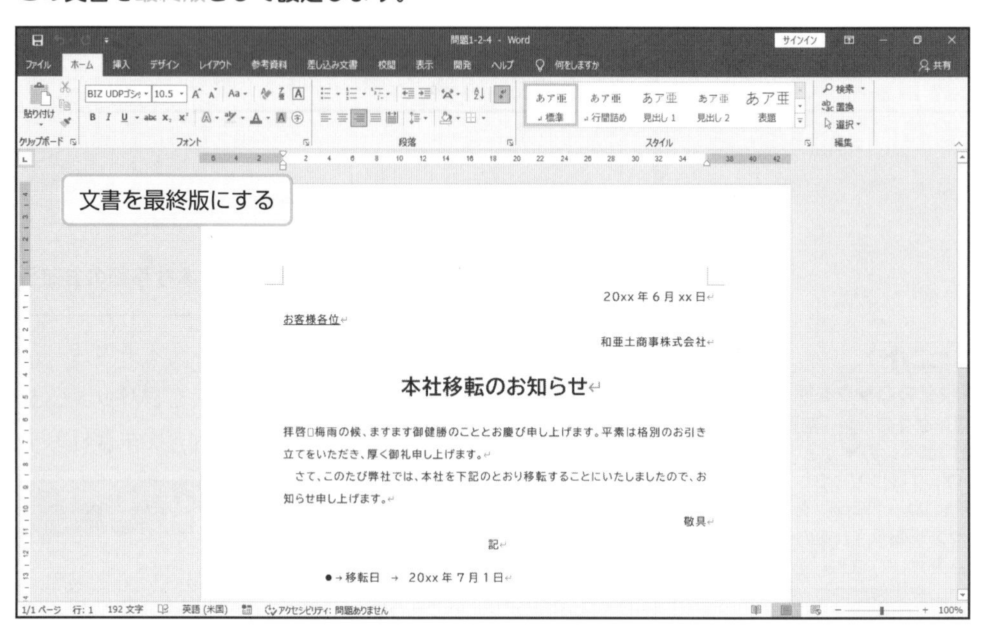

機能の解説

□ 最終版

□ メッセージバー

最終版に設定すると、入力や編集ができない読み取り専用の文書になります。最終版は、完成した文書を配布したり公開したりする場合に文書が最終の完成版であることを示して、不要な変更が加えられるのを防ぐ簡易的な保護機能です。

最終版で保存された文書を開くとタイトルバーに［読み取り専用］と表示され、リボンが非表示の状態で開かれます。また、ウィンドウ上部に最終版の状態を表すメッセージバーが表示されます。

最終版に設定された文書を開いた状態

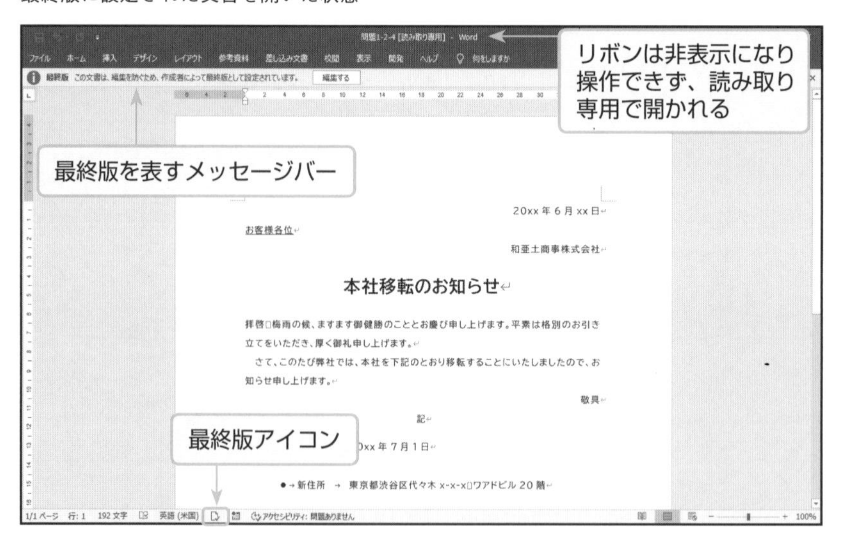

操作手順

❶［ファイル］タブをクリックします。

❷［情報］をクリックします。

❸［文書の保護］をクリックします。

❹［最終版にする］をクリックします。

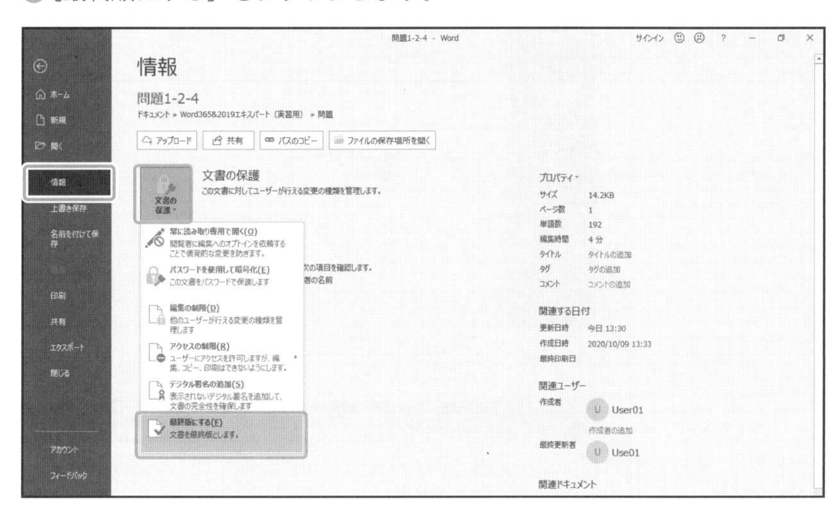

❺「この文書は、最終版として設定されてから保存されます。」というメッセージが表示されるので、［OK］をクリックします。

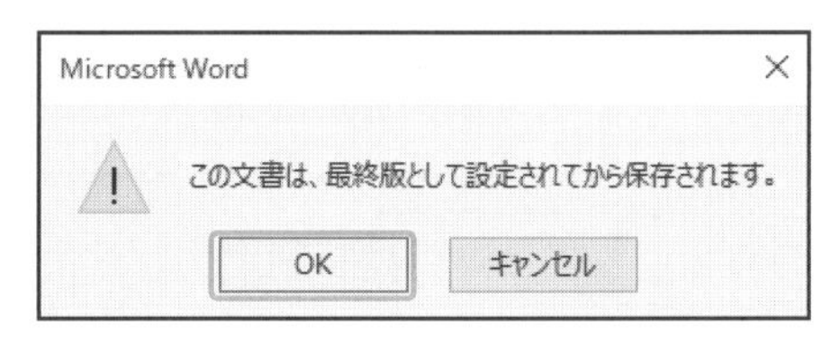

❻「このドキュメントは、編集が完了した最終版として設定されました。」と表示された場合は［OK］をクリックします。

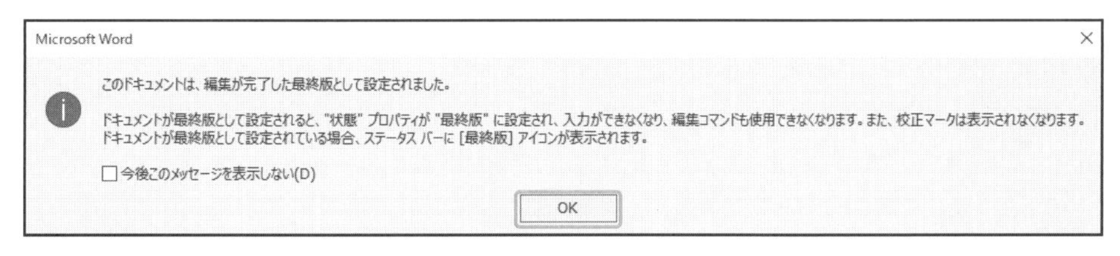

ヒント
次回からメッセージを表示しない
［今後このメッセージを表示しない］チェックボックスをオンにすると、次回の操作からこのメッセージが表示されなくなります。

❼最終版に設定されたことを確認します。

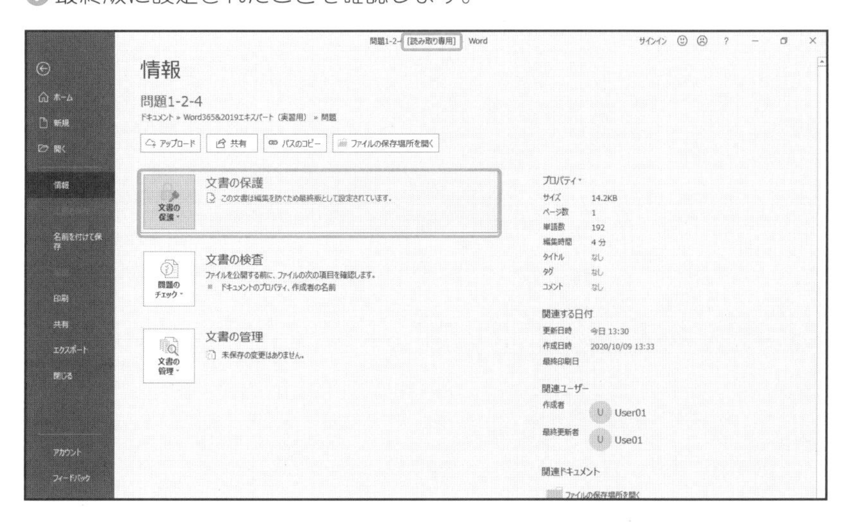

❽［ホーム］タブに切り替えます。

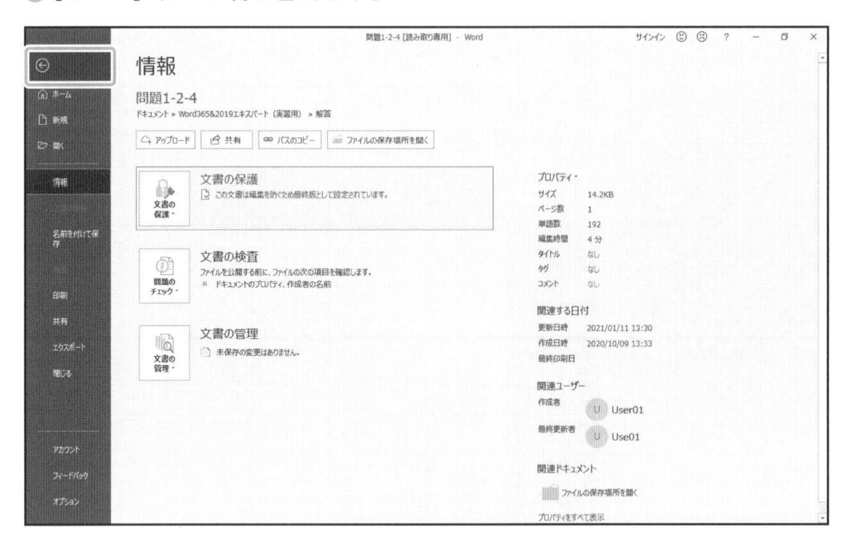

❾リボンが非表示になっていることを確認します。

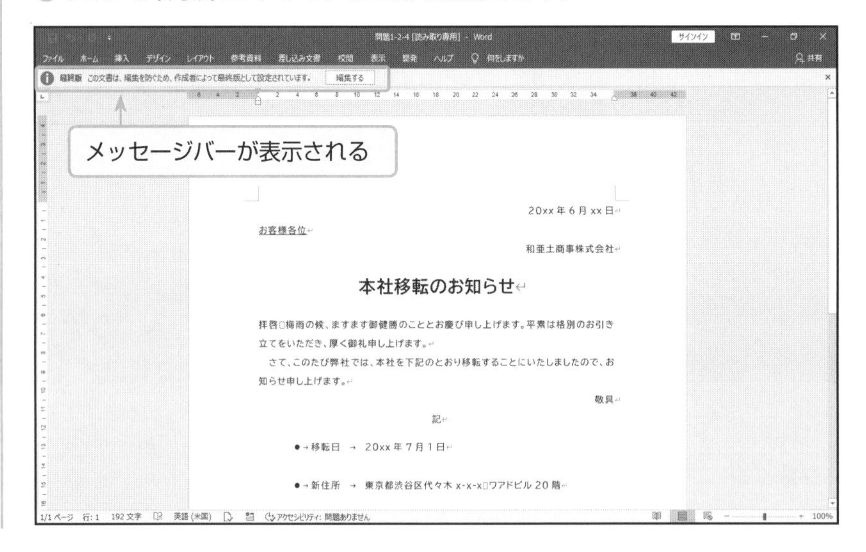

ポイント

最終版を解除する

最終版を解除するには、ウィンドウの上部に表示されているメッセージバーの［編集する］をクリックします。最終版が解除されて文書を編集できるようになります。

1-2-5 パスワードを使用して文書を保護する

練習問題

問題フォルダー
└問題 1-2-5.docx

解答フォルダー
└解答 1-2-5.docx

パスワード「125hogo」を使用して文書を暗号化します。

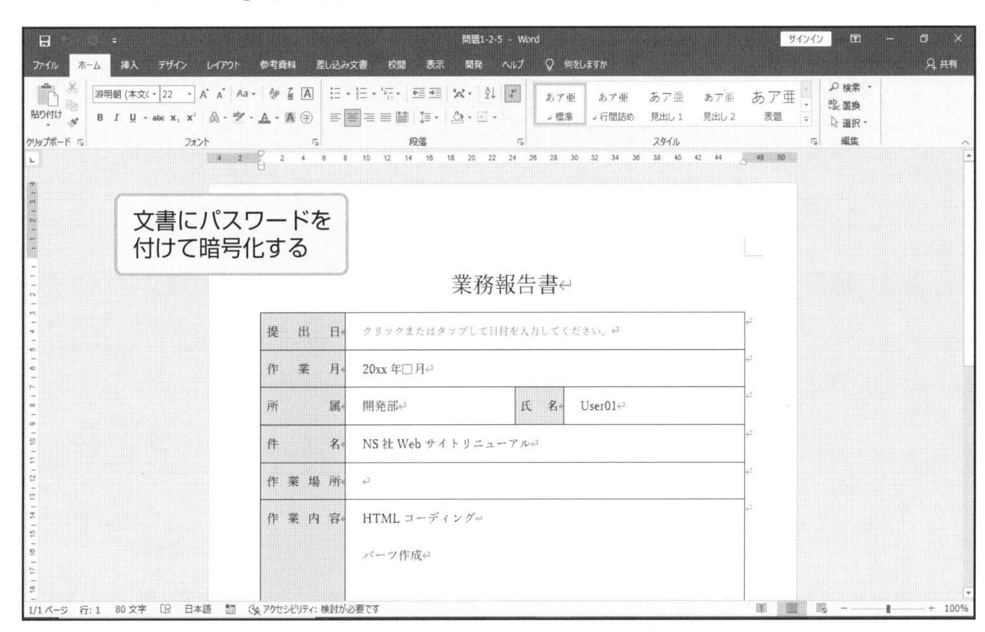

機能の解説

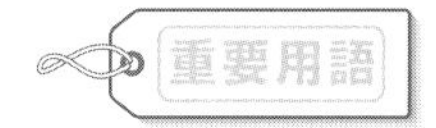

- □ 暗号化
- □ パスワード
- □ [ドキュメントの暗号化] ダイアログボックス
- □ 読み取りパスワード
- □ 書き込みパスワード

文書にパスワードを設定して保護する方法は大きく分けて 2 種類あります。文書を暗号化する方法と、読み取りまたは書き込みパスワードを設定する方法です。

文書を暗号化するには、[ドキュメントの暗号化] ダイアログボックスを使用します。文書を開くときにパスワードを入力するダイアログボックスが表示され、正しいパスワードを入力しない限り文書を開けなくなります。文書を第三者の不正なアクセスから保護できます。また、文書全体が暗号化されるので、ネットワーク経由で文書をやり取りする際などに途中で文書の内容を見られたり、改ざんされたりすることを防げます。

パスワードを設定したファイルを開くときに表示されるダイアログボックス

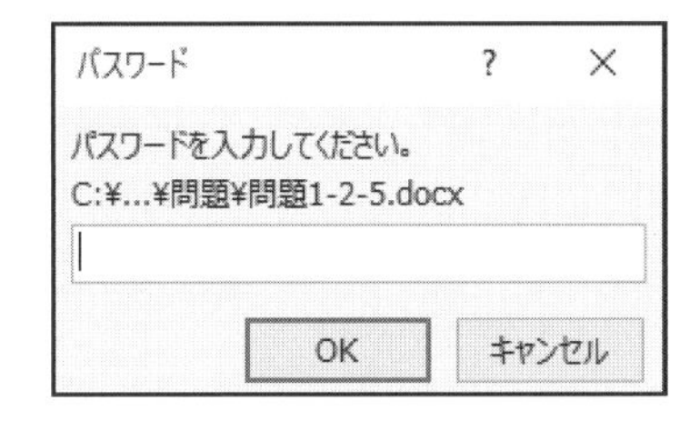

●読み取りパスワードと書き込みパスワード

文書を開くときや、上書き保存するときにそれぞれパスワードを入力するように設定することができます。文書を開くときのパスワードを読み取りパスワード、上書き保存できるようにするパスワードを書き込みパスワードといいます。

［名前を付けて保存］ダイアログボックスの［ツール］をクリックして［全般オプション］をクリックすると［全般オプション］ダイアログボックスが表示されるので、［読み取りパスワード］ボックスまたは［書き込みパスワード］ボックスにパスワードを入力します。

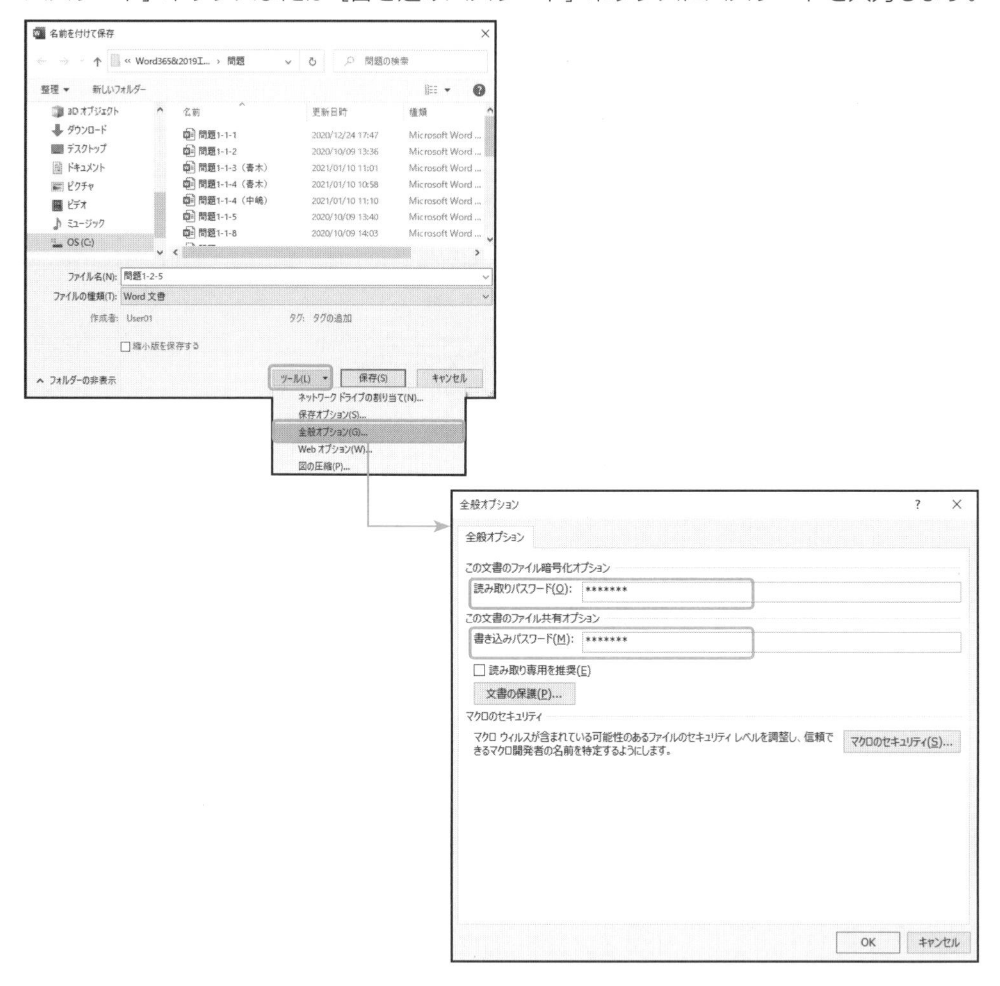

操作手順

❶［ファイル］タブをクリックします。

❷［情報］をクリックします。

❸［文書の保護］をクリックします。

❹［パスワードを使用して暗号化］をクリックします。

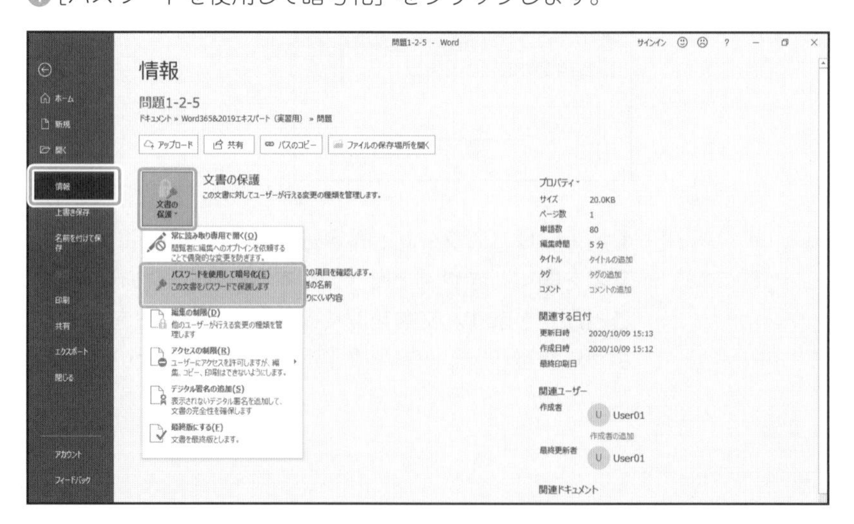

❺［ドキュメントの暗号化］ダイアログボックスが表示されます。

❻［パスワード］ボックスに半角で「125hogo」と入力します。

❼［OK］をクリックします。

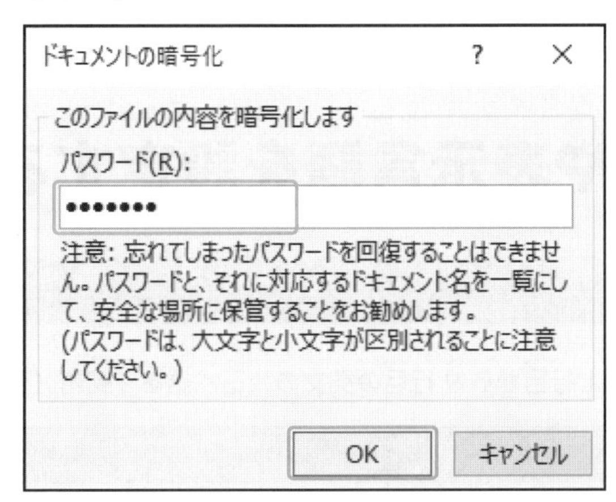

❽［パスワードの確認］ダイアログボックスが表示されます。

❾［パスワード再入力］ボックスに半角で「125hogo」と入力します。

❿［OK］をクリックします。

ヒント

パスワードの解除

暗号化した文書のパスワードを解除するには、パスワードを入力して文書を開き、［ドキュメントの暗号化］ダイアログボックスを表示します。［パスワード］ボックスの●●●を削除して、［OK］をクリックします。

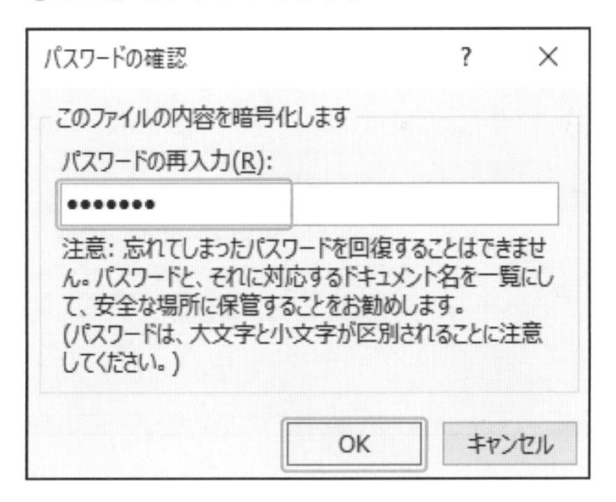

⓫文書にパスワードが設定されたことを確認します。

⓬［上書き保存］をクリックします。

ポイント

上書き保存

パスワードを設定したら、上書き保存します。文書を保存しないとパスワードが有効になりません。

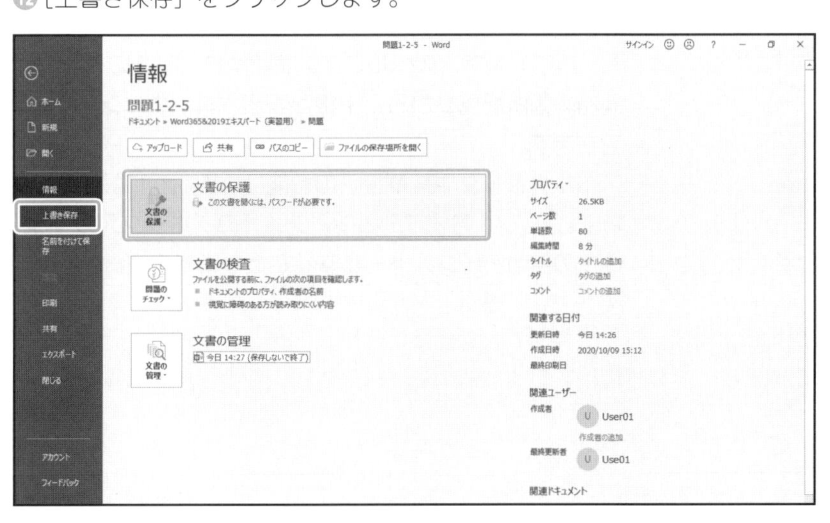

⓭文書が暗号化されます。

1-3 言語オプションを使用する、設定する

ここでは、画面表示に使用する言語と文書の編集や校正に使われる言語を設定する方法と、ふりがなや文字飾りなどの日本語特有の書式機能を学習します。

1-3-1 編集言語や表示言語を設定する

練習問題

問題フォルダー
└問題 1-3-1.docx

解答フォルダー
└解答 1-3-1.docx

【操作 1】1 行目から 9 行目の英文の校正言語を「英語（英国）」に変更します。

機能の解説

- 校正言語
- 編集言語
- [言語の選択] ダイアログボックス

Word の初期設定では、文書に対してスペルチェックと文章校正の機能が自動的に実行され、誤字や脱字、スペルミス、表記ゆれ、不適切な言い回しなどをチェックしてくれます。問題の箇所が見つかると下線が表示され、ウィンドウに表示される一覧から修正や確認ができます。

スペルチェックや文章校正の機能は、Word に設定されている編集言語に基づいて行われます。[Word のオプション] ダイアログボックスの [言語] 画面で編集言語を確認したり、ほかの言語をインストールすることができます。

その他の操作方法

［言語］画面の表示

［校閲］タブの［言語］ボタンから［言語の設定］をクリックしても［Word のオプション］ダイアログボックスの［言語］画面を表示できます。

［言語］ボタン

［Word のオプション］ダイアログボックスの［言語］画面

［言語］画面の［Office の表示言語］では、リボンやダイアログボックスなどの Word の画面表示で使用する言語を設定します。［Office.com から追加の表示言語をインストール］をクリックすると、別の言語を追加することができます。

［Office の編集言語と校正機能］では、文字のレイアウトやスペルチェック、文章校正を行う言語を設定します。［言語を追加］ボタンをクリックすると［編集言語の追加］ダイアログボックスが表示され、ほかの言語を選択して追加できます。編集言語を変更した場合は、Word を再起動して有効にします。

文書内に編集言語ではない言語の文章を入力する場合には、その範囲を選択して［言語の選択］ダイアログボックスを使用すると、指定した言語を校正言語として設定することができます。選択した範囲のみ別の言語を使って文章校正が行われます。

［言語の選択］ダイアログボックス

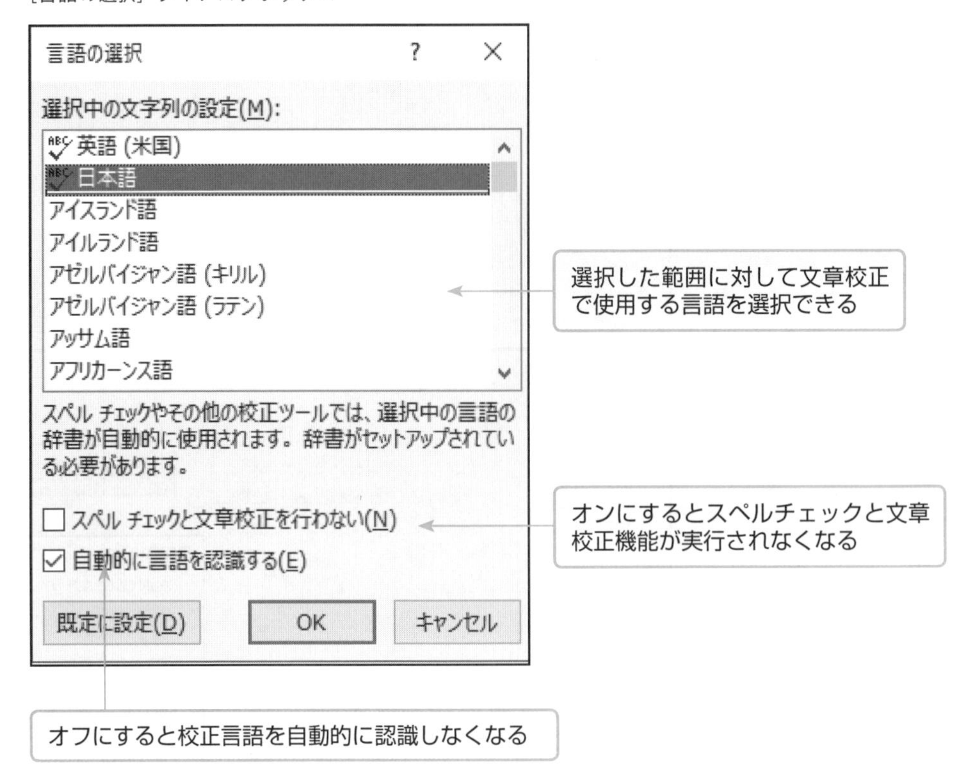

操作手順

❶ 1 行目から 9 行目の英文を選択します。

❷ ステータスバーで校正言語を確認します。

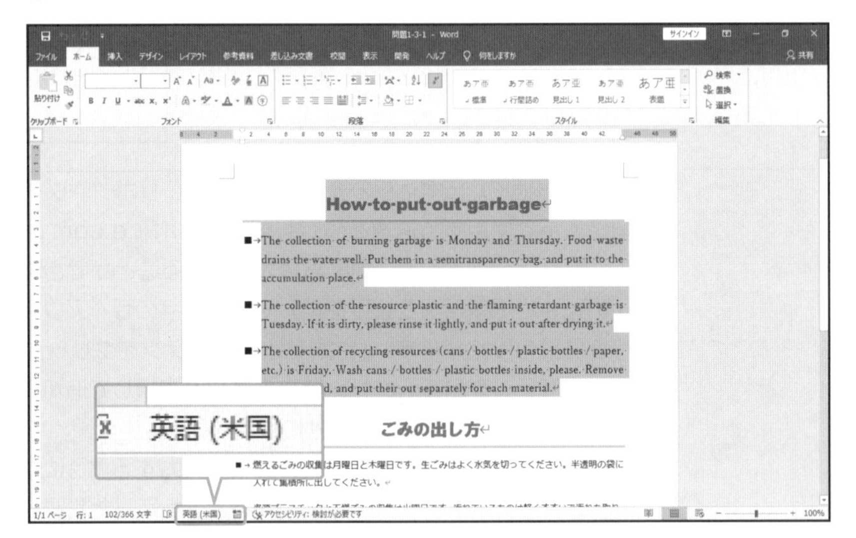

ポイント

文書の校正言語

選択箇所の校正言語はステータスバーで確認できます。

ヒント

校正言語に関するメッセージ

環境によっては校正言語の設定時にメッセージが表示されることがあります。メッセージはそのまま閉じて操作を進めてください。

その他の操作方法

［言語の選択］ダイアログボックス

ステータスバーの「英語（米国）」などのように表示されている校正言語の部分をクリックしても［言語の選択］ダイアログボックスを表示できます。

❸［校閲］タブの［言語］ボタンをクリックします。

❹［校正言語の設定］をクリックします。

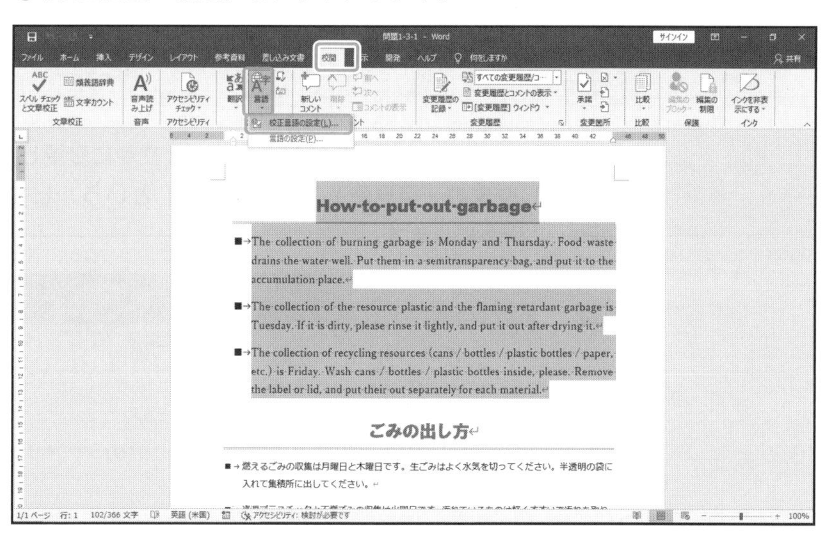

❺［言語の選択］ダイアログボックスが表示されます。

❻［選択中の文字列の設定］の一覧から［英語（英国）］をクリックします。

❼［OK］をクリックします。

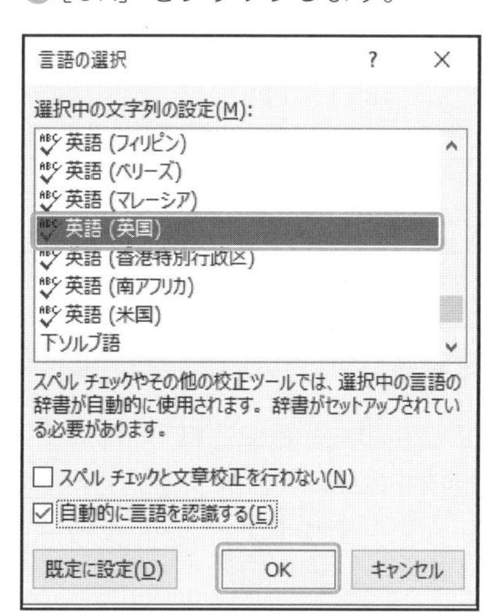

❽選択箇所の校正言語が英語（英国）に設定されます。

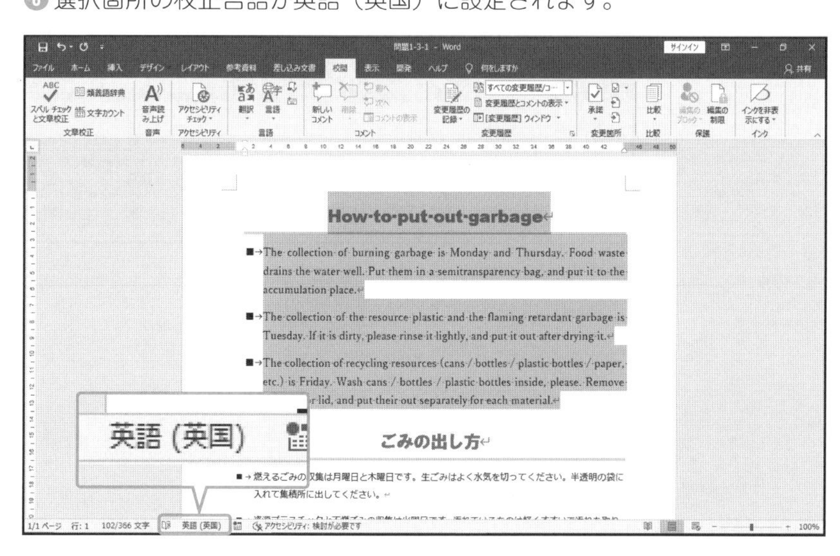

第1章 文書のオプションと設定の管理

1-3-2 言語（日本語）に特有の機能を使用する

練習問題

問題フォルダー
└問題 1-3-2.docx

解答フォルダー
└解答 1-3-2.docx

【操作 1】4 行目の『 』内の語句を小型英大文字に変更します。

【操作 2】文末の「月見里」に「やまなし」というルビを設定します。ルビのフォントは 9pt にします。

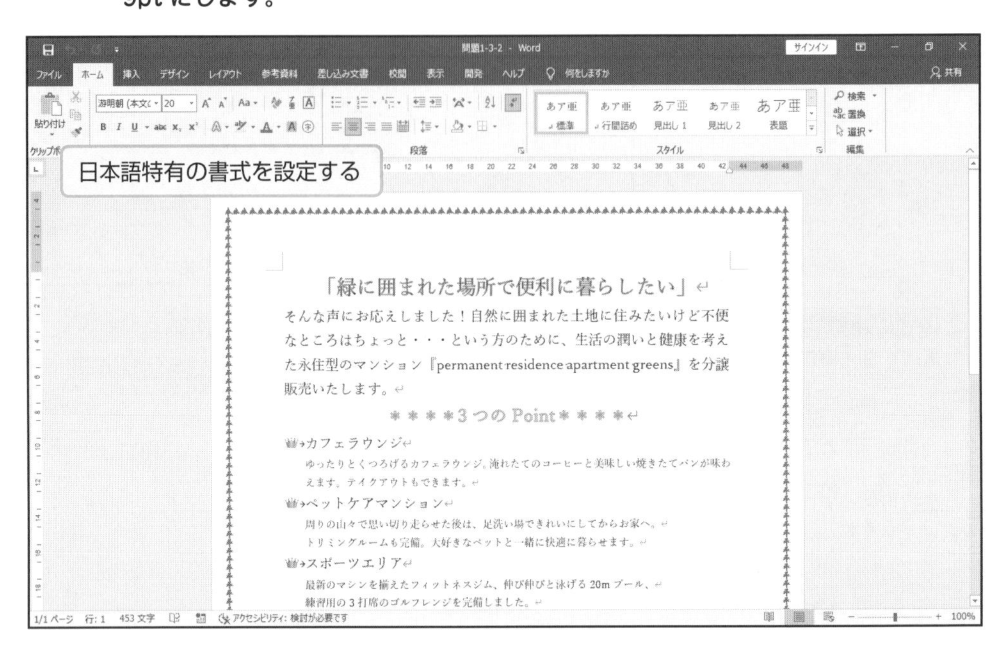

機能の解説

- ルビ
- 囲み線
- 囲い文字
- 文字の網かけ
- 小型英大文字

Word には日本語特有の文字書式が用意されています。語句のふりがなを表示するルビ、文字の周りに線や図形で枠を付ける囲み線や囲い文字、文字の背景に色を付ける文字の網かけなどの機能は［ホーム］タブの［フォント］グループにあるボタンで設定できます。

［ホーム］タブの［フォント］グループ

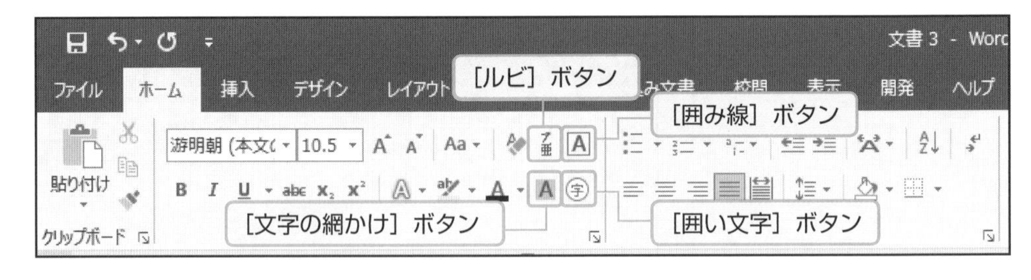

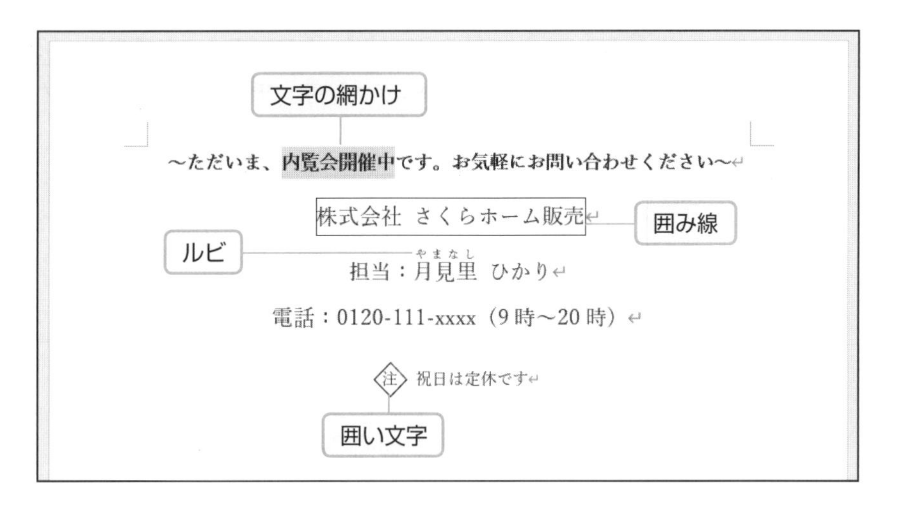

また、[フォント] ダイアログボックスの [文字飾り] では英字に関しての設定ができます。[すべて大文字] は選択した英字を大文字に変換する機能です。[小型英大文字] は通常の大文字よりも少し小さいサイズの大文字に変更します。いずれも小文字のみに有効な設定です。

大文字と小型英大文字の違い

操作手順

【操作 1】

❶ 4 行目の「permanent residence apartments greens」を選択します。

❷ [ホーム] タブの [フォント] グループ右下の [フォント] ボタンをクリックします。

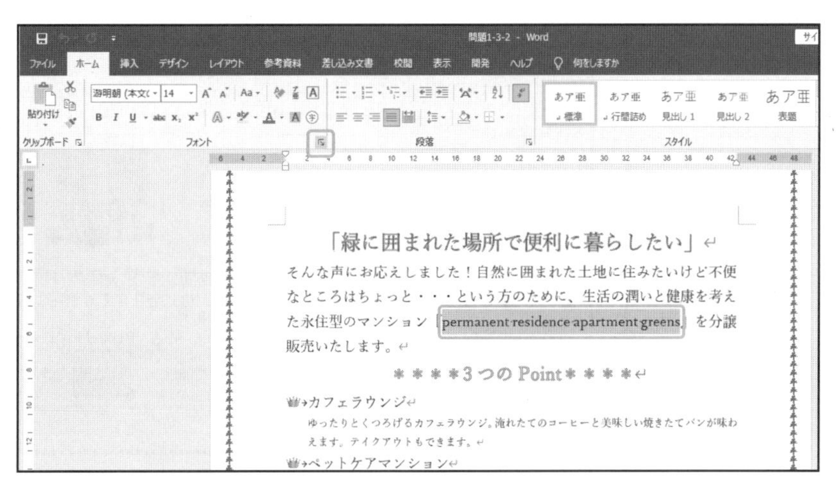

❸［フォント］ダイアログボックスが表示されるので、［フォント］タブを選択します。

❹［文字飾り］の［小型英大文字］チェックボックスをオンにします。

❺［OK］をクリックします。

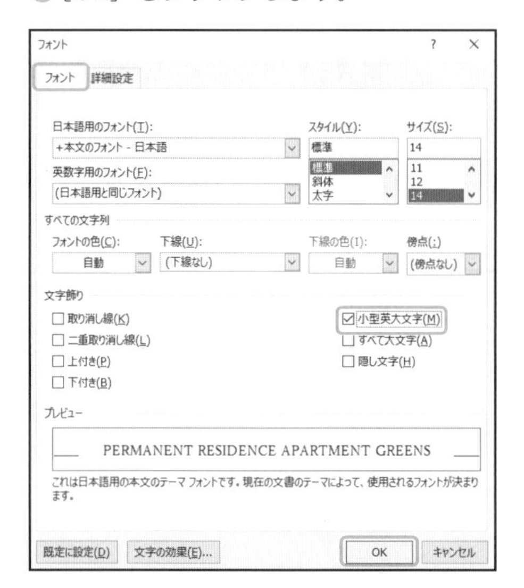

❻選択した文字列が小型英大文字に変更されます。

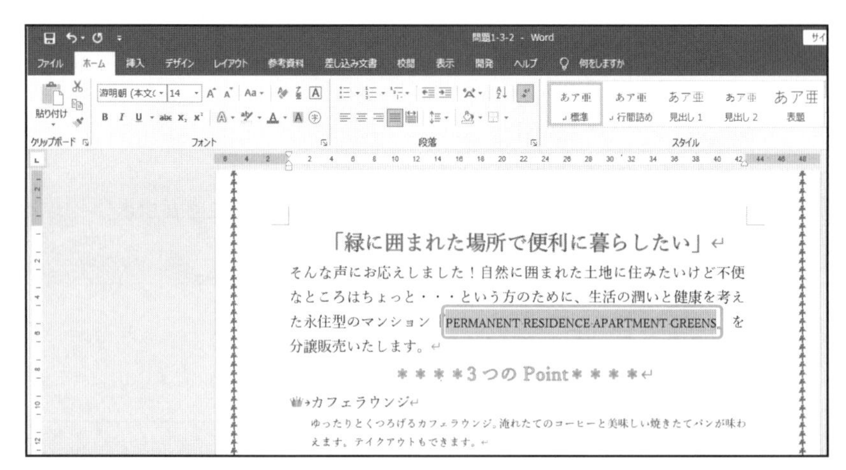

【操作 2】

❼文末の「月見里」を選択します。

❽［ホーム］タブの［ルビ］ボタンをクリックします。

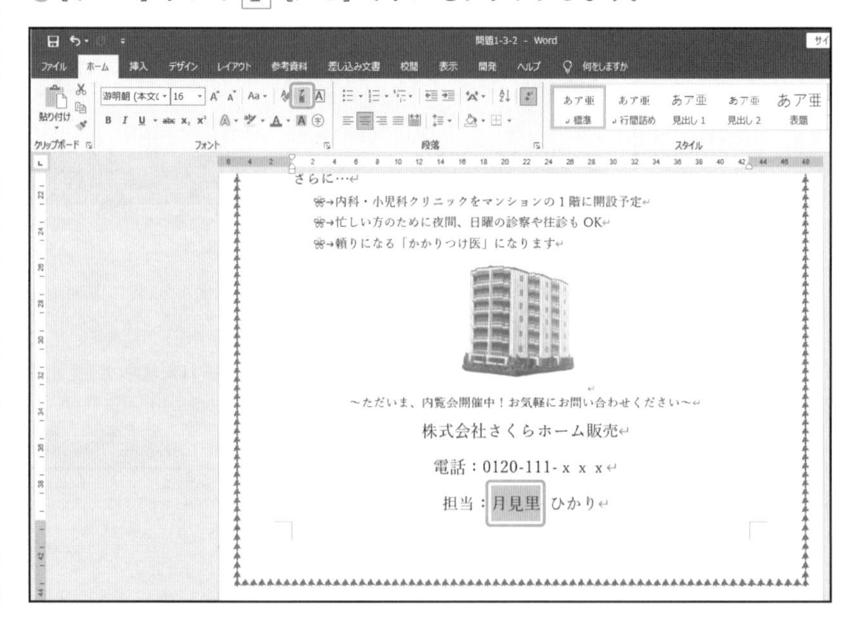

❾［ルビ］ダイアログボックスが表示されます。

❿［対象文字列］ボックスに選択した文字列が表示され、［ルビ］ボックスにふりがなが表示されていることを確認します。

⓫［文字列全体］をクリックします。

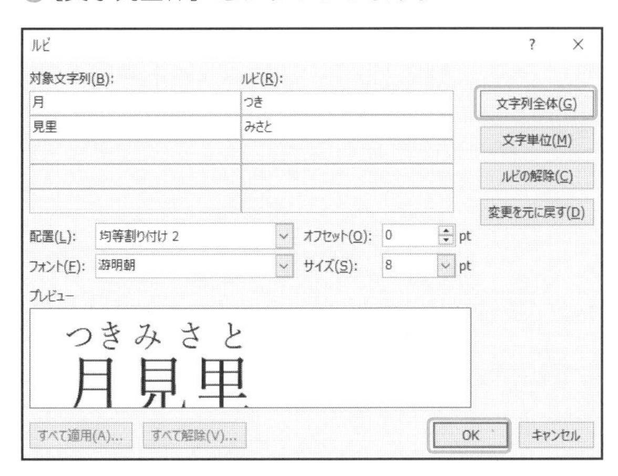

⓬対象文字列が結合され、［ルビ］ボックスに「つきみさと」と表示されます。

⓭［ルビ］ボックスを「やまなし」に修正します。

⓮［サイズ］ボックスの▼をクリックし、「9」を選択します。

⓯［OK］をクリックします。

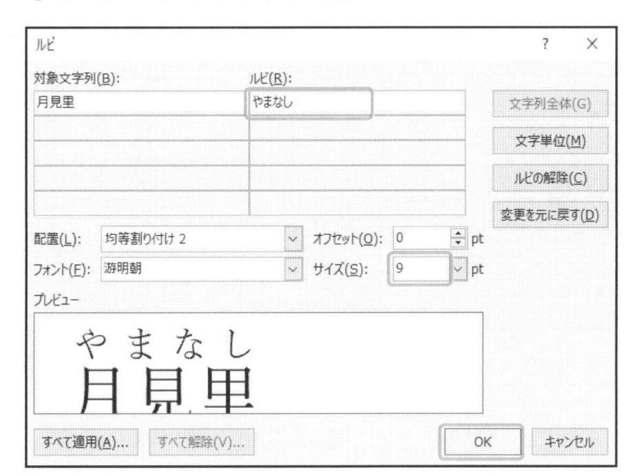

⓰選択した文字列にルビが追加されます。

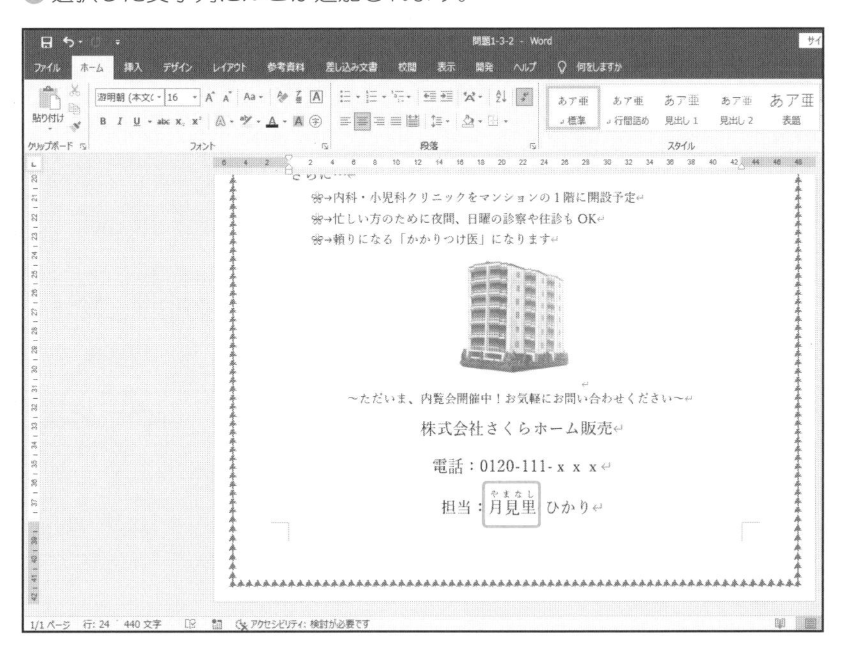

ヒント
ルビの設定
［文字列全体］をクリックすると、選択した文字列全体が［対象文字列］ボックスに表示されます。［文字単位］をクリックすると、一文字ずつに分けてルビを設定します。

ヒント
ルビの削除
設定したルビを削除するには、［ルビ］ダイアログボックスの［ルビの解除］をクリックします。

Chapter 2

高度な編集機能や書式設定機能の利用

本章で学習する項目

- □ 文書のコンテンツを検索する、置換する、貼り付ける
- □ 段落レイアウトのオプションを設定する
- □ スタイルを作成する、管理する

2-1 文書のコンテンツを検索する、置換する、貼り付ける

ここでは、文書内の情報を効率よく書き換える方法を学習します。具体的には、置換機能で任意の文字の代用をするワイルドカードや通常の文字とは区別される特殊文字や編集記号を指定する方法、特定の文字列を別の場所に移動したりコピーして使う場合に便利な貼り付けのオプションの選択方法を説明します。

2-1-1 ワイルドカードや特殊文字を使って文字列を検索する、置換する

練習問題

問題フォルダー
└問題 2-1-1.docx

解答フォルダー
└解答 2-1-1.docx

【操作 1】「　」で囲まれた語句を検索し、「　」と共に太字に置換します。
【操作 2】文書内の「任意指定の行区切り」を検索し、すべて「3 点リーダー」に置換します。

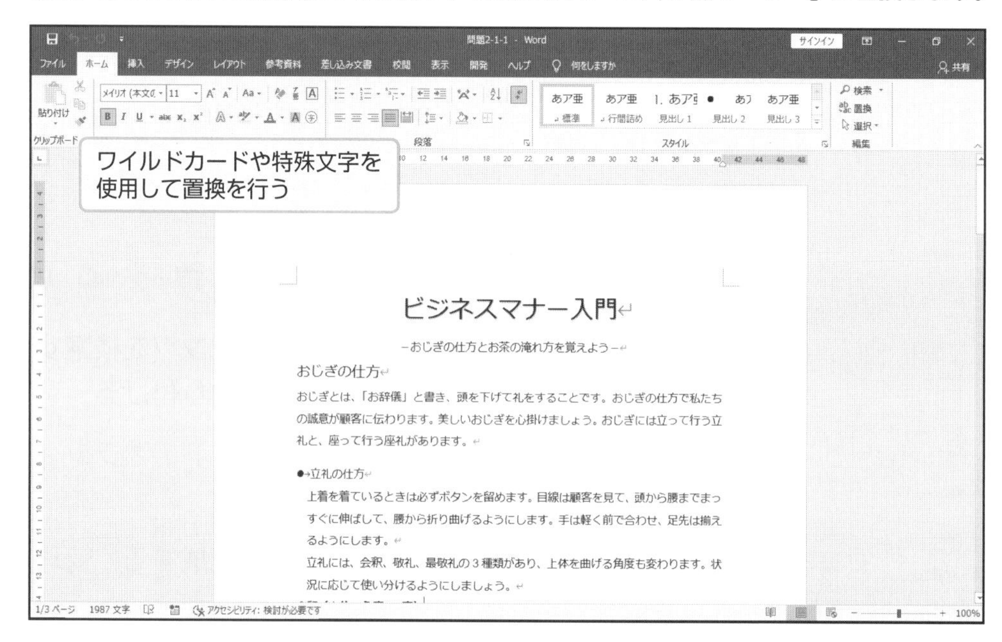

機能の解説

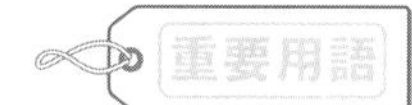

- 検索
- 置換
- ワイルドカード
- 特殊文字
- [検索と置換] ダイアログボックス

文書内の文字列を検索したり別の文字列に置き換えたりするには、[検索と置換] ダイアログボックスの [検索] タブ、または [置換] タブを使用します。文字列の代用をするワイルドカードや文字列以外の特殊文字を使用した検索もできます。

ワイルドカードとは、任意の文字を指定するための特殊な記号のことです。検索や置換を実行するときに [検索する文字列] ボックス内で文字列と組み合わせて使用します。ワイルドカードを使用すると、任意の文字を指定したり、特定の種類の文字列だけを検索するなどの詳細な検索や置換ができます。ワイルドカードには次のような種類があります。ワイルドカードはすべて半角で入力します。

種　類	意　味	使用例
?	任意の１文字の代用	「お？ぎ」とすると「おじぎ」などが検索される
*	任意の複数の文字の代用	「お＊方」とすると､「おじぎの仕方」「お茶の淹れ方」「お茶の運び方」などが検索される
[ ]	指定した文字のいずれか１文字を含む	「お［茶湯］を」とすると「お茶を」「お湯を」が検索される
[n-n]	指定した文字の種類の範囲内の任意の１文字を検索	[a-cA-C] とすると半角英字、[ａ-ｃＡ-Ｃ] とすると全角英字の「abc」または「ABC」の任意の１文字が検索される [0-3] とすると半角数字の０～３、[０-３] とすると全角数字の０～３の任意の１文字が検索される [ぁ-ん] とするとひらがなのみが検索される（※小さい「ぁ」なので注意）
[!n-n]	指定した文字の種類以外の任意の１文字を検索	[!0-9] とすると半角数字以外の任意の１文字が検索される

ワイルドカードを使用して検索するには、［ホーム］タブの 検索 ［検索］ボタンの▼から［高度な検索］をクリックして［検索と置換］ダイアログボックスを表示します。ダイアログボックスを拡張表示して［ワイルドカードを使用する］チェックボックスをオンにして、［検索する文字列］ボックスに入力します。

ヒント

検索方法

［検索する文字列］ボックスに入力後、［次を検索］をクリックすると、該当箇所が順に選択されます。［検索された項目の強調表示］の［すべて強調表示］をクリックすると、すべての該当箇所がハイライト表示されます。

［検索と置換］ダイアログボックスの［検索］タブ

第2章 高度な編集機能や書式設定機能の利用

特殊文字とは、段落記号や強制改行、タブなどの制御用の特殊な文字のことです。[検索と置換] ダイアログボックスの [特殊文字] の一覧から選択すると、検索や置換の対象として特殊文字を指定することができます。検索対象を入力する [検索する文字列] ボックス、置換後の内容を入力する [置換後の文字列] ボックス内をそれぞれクリックしてから、特殊文字を指定します。

[検索と置換] ダイアログボックスの [置換] タブの [特殊文字]

段落記号(P)
タブ文字(T)
キャレット(R)
§ セクションの文字(A)
¶ 段落の文字(A)
クリップボードの内容(C)
段区切り(U)
省略記号(E)
3 点リーダー(F)
全角ダッシュ(M)
1/4 スペース(4)
半角ダッシュ(N)
検索する文字列(F)
任意指定の改行(O)
任意指定の行区切り(L)
任意指定のページ区切り(K)
改行なし(W)
改行をしないハイフン(H)
改行をしないスペース(S)
任意指定のハイフン(O)

一覧から指定する特殊文字を選択する

操作手順

その他の操作方法
ショートカットキー
Ctrl ＋ H キー
([検索と置換] ダイアログボックスの [置換] タブの表示)

【操作 1】

❶ [ホーム] タブの [置換] ボタンをクリックします。

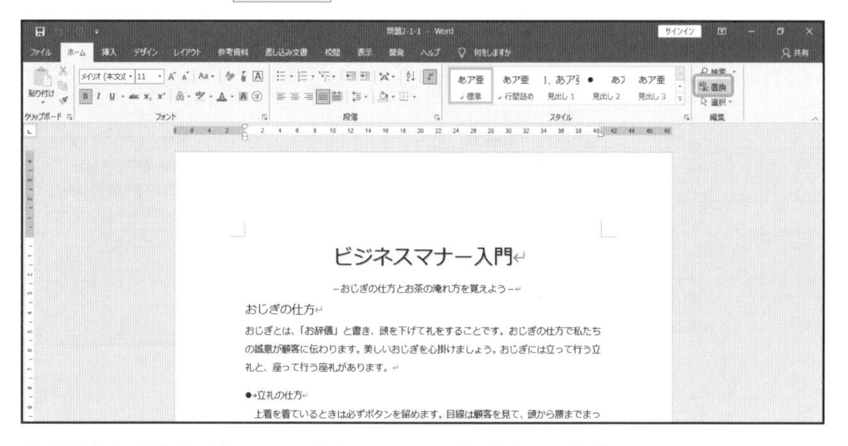

❷ [検索と置換] ダイアログボックスの [置換] タブが表示されます。

❸ [オプション] をクリックします。

ヒント

あいまい検索

［ワイルドカードを使用する］チェックボックスをオンにすると［あいまい検索］チェックボックスは自動でオフになります。

❹ダイアログボックスが拡張表示されます。

❺［検索オプション］の［ワイルドカードを使用する］チェックボックスをオンにします。

❻［検索する文字列］ボックスの下に［ワイルドカード］と表示されます。

❼［検索する文字列］ボックスに「「*」」と入力します。

※「」は全角、* は半角で入力します。

❽［置換後の文字列］ボックス内をクリックします。

❾［書式］をクリックし、一覧から［フォント］をクリックします。

ポイント

［置換後の文字列］ボックス

検索した文字列に書式だけを設定する場合は、［置換後の文字列］ボックスは空白のままで書式を指定します。検索した文字列を別の文字列に置換する場合は、［置換後の文字列］ボックスにその文字列を入力します。

⑩［置換後の文字］ダイアログボックスが表示されます。

⑪［フォント］タブをクリックします。

⑫［スタイル］の［太字］をクリックします。

⑬［OK］をクリックします。

⑭［置換後の文字列］ボックスの下に「フォント：太字」と表示されます。

⑮［すべて置換］をクリックします。

⑯置換が実行され、結果の項目数が表示されます。

⑰［OK］をクリックします。

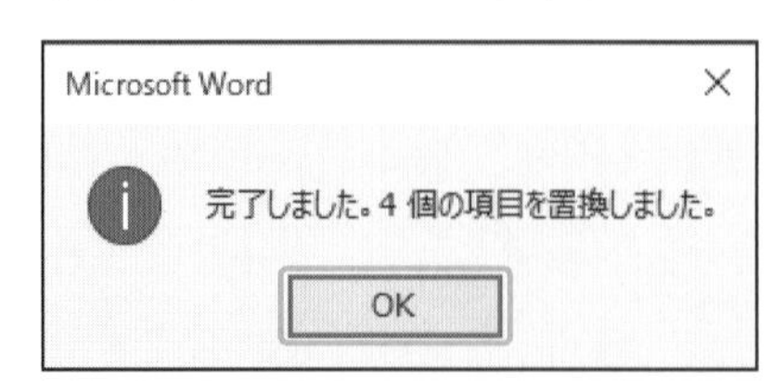

⑱［検索と置換］ダイアログボックスの［閉じる］をクリックします。

⑲「　」とその中の文字列が太字に置換されていることを確認します。

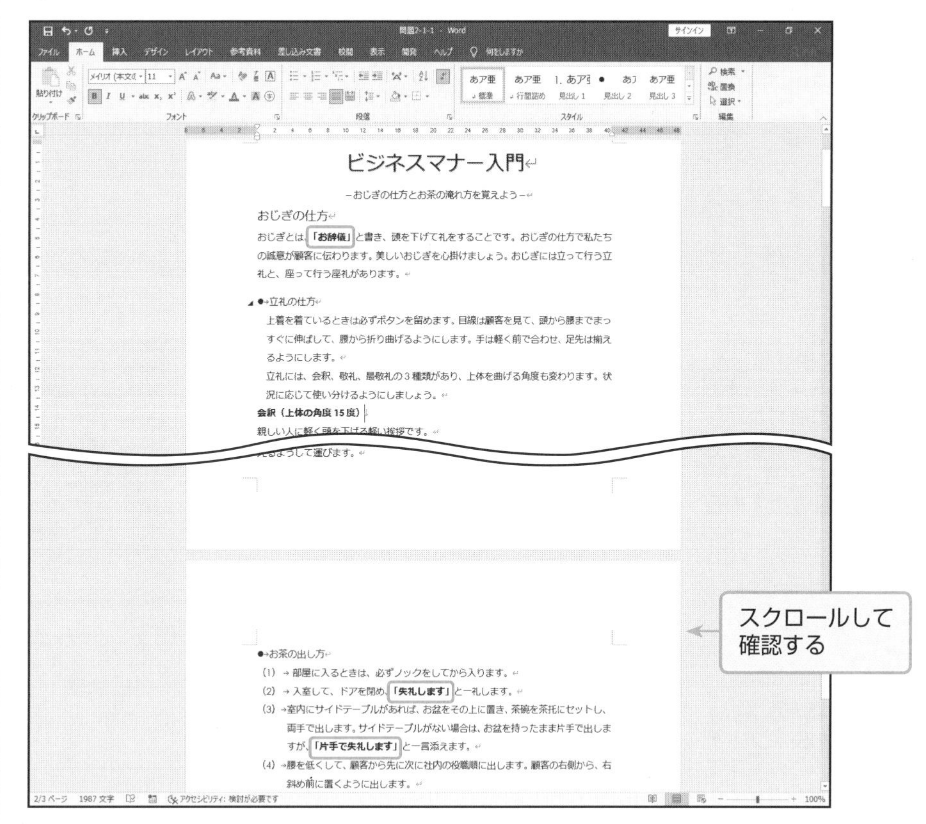

【操作 2】

⑳［ホーム］タブの［置換］ボタンをクリックします。

㉑［検索と置換］ダイアログボックスの［置換］タブが表示されます。

㉒［検索する文字列］ボックス内を削除し、カーソルを表示します。

㉓［検索オプション］の［ワイルドカードを使用する］チェックボックスをオフにします。

㉔［検索する文字列］ボックスの下の「ワイルドカード」の表示が非表示になります。

ヒント

[特殊文字]

特殊文字は、「あいまい検索」がオンの場合は使用できません。[特殊文字] が選択できない場合は、[あいまい検索 (日)] または [あいまい検索 (英)] チェックボックスをオフにします。

ヒント

任意指定の行区切り

「任意指定の行区切り」とは、**Shift** + **Enter** キーを押すと挿入される段落内改行のことです。↓の編集記号が表示されます。この文書では、1ページと2ページ目の太字の行に挿入されています。

ヒント

特殊文字の入力

[特殊文字] の一覧から選択すると、特殊文字を表す文字列が挿入されます。この文字を覚えて直接キーボードから入力することもできます。

ヒント

書式情報が表示されている場合

[置換後の文字列] ボックスの下に以前に設定した書式の情報が残っている場合は、ダイアログボックスの下方にある [書式の削除] をクリックして削除してから、次の書式を指定します。

㉕ [特殊文字] をクリックし、一覧から [任意指定の行区切り] をクリックします。

㉖ [検索する文字列] ボックスに [^l] と表示されます。

㉗ [置換後の文字列] ボックス内をクリックします。

㉘ [書式の削除] をクリックます。

㉙［置換後の文字列］ボックスの下の表示が削除されます。

㉚［特殊文字］をクリックし、一覧から［3 点リーダー］をクリックします。

㉛［置換後の文字列］ボックスに［^j］と表示されます。

㉜［すべて置換］をクリックします。

㉝置換が実行され、結果の項目数が表示されます。

㉞［OK］をクリックします。

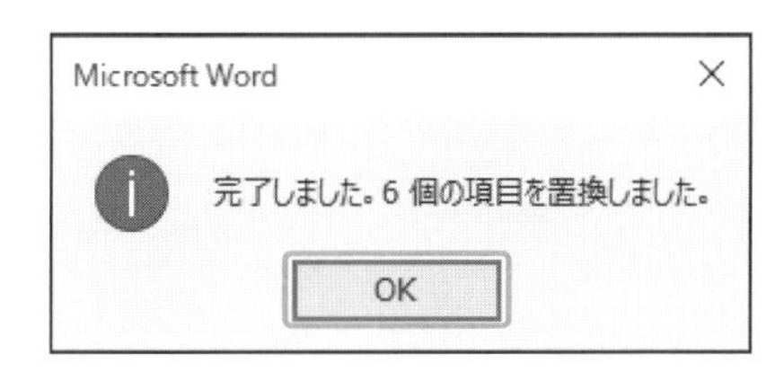

㉟［検索と置換］ダイアログボックスの［閉じる］をクリックします。

㊱1ページから2ページ目の行区切りの箇所が3点リーダーに置換されていることを確認します。

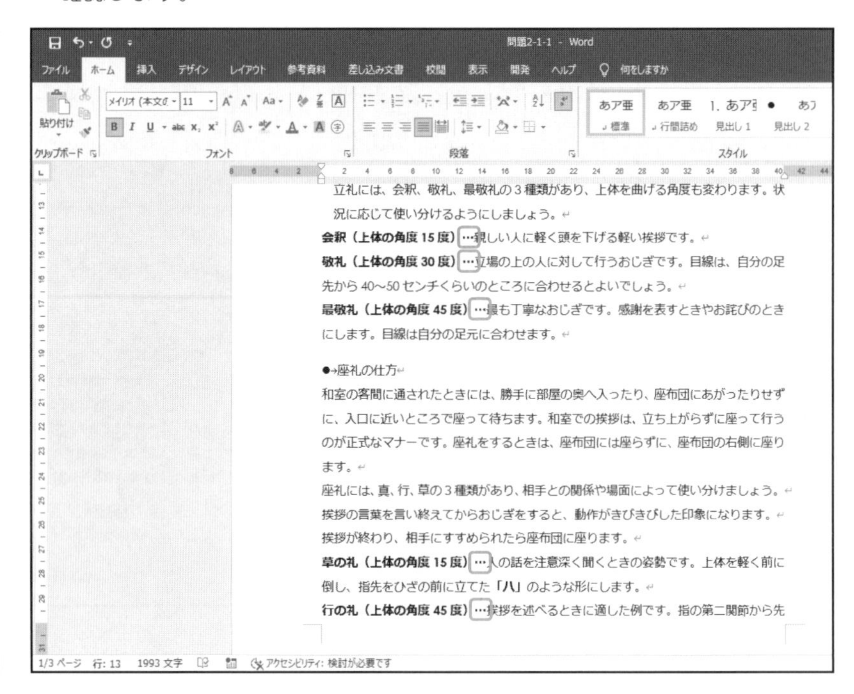

2-1-2 書式設定やスタイルを検索する、置換する

練習問題

問題フォルダー
└問題 2-1-2.docx
解答フォルダー
└解答 2-1-2.docx

【操作 1】文書内のすべてのフォントの色が「赤」の文字列を、フォントの色を「自動」、二重下線の書式に置換します。

【操作 2】文書内の「見出し 3」スタイルの設定されている箇所を、すべて「見出し 2」スタイルに変更します。

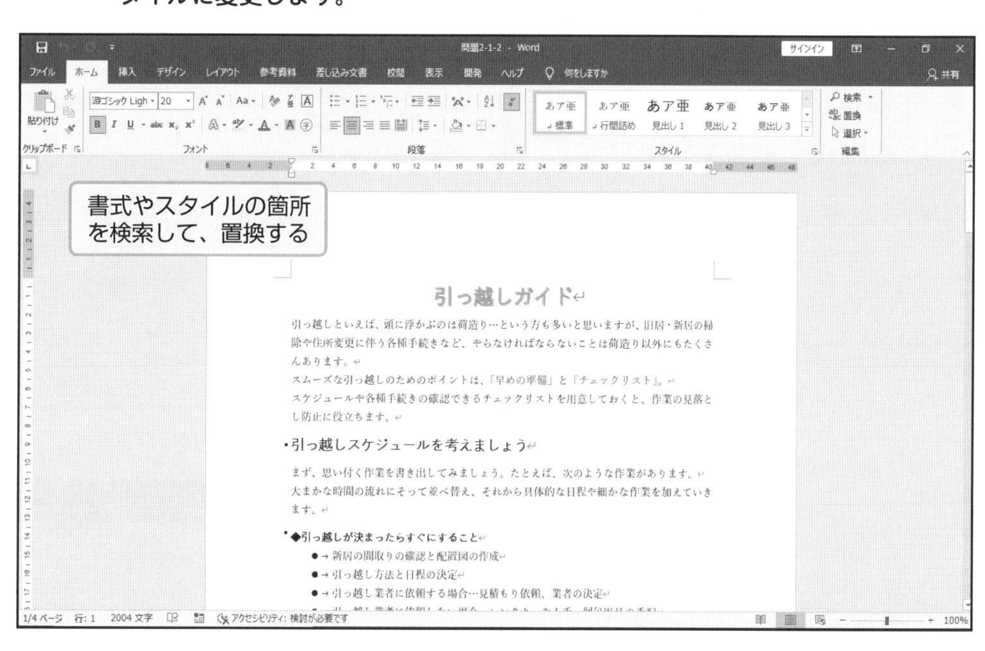

機能の解説

- 書式の置換
- スタイルの置換
- [検索と置換] ダイアログボックス
- スタイルギャラリー

[検索と置換] ダイアログボックスを使用すると、文書内の特定の書式やスタイルの箇所を検索して、別の書式やスタイルに変更することができます。書式を指定するには、[書式] をクリックして表示される一覧で、フォント、段落、タブとリーダー、スタイルなどから選択し、次に表示されるダイアログボックスで指定します。

[検索と置換] ダイアログボックスの [置換] タブの [書式] の一覧

検索と置換
検索 置換 ジャンプ
検索する文字列(N):
オプション： あいまい検索 (日)
置換後の文字列(I):
<< オプション(L) 置換(R) すべて置換(A) 次を検索(F) キャンセル
検索オプション
検索方向(:) 文書全体
フォント(F)...
段落(P)...
タブとリーダー(T)...
言語(L)...
レイアウト枠(M)...
スタイル(S)...
蛍光ペン(H)
書式(O) 特殊文字(E) 書式の削除(T)
接頭辞に一致する(X)
接尾辞に一致する(T)
半角と全角を区別する(M)
句読点を無視する(S)
空白文字を無視する(W)
あいまい検索 (日)(J)
オプション(S)...

検索する書式やスタイルを選択する

●スタイルギャラリーを使用して置換する

スタイルを別のスタイルに置換する場合は、[ホーム]タブのスタイルギャラリーを使用することもできます。スタイルギャラリーの一覧から検索するスタイルを右クリックし、[すべて選択]または[同じ書式を選択：○か所]をクリックします。文書内の指定したスタイルの箇所がすべて選択されるので、選択状態のままスタイルギャラリーの一覧から置換後のスタイルをクリックします。

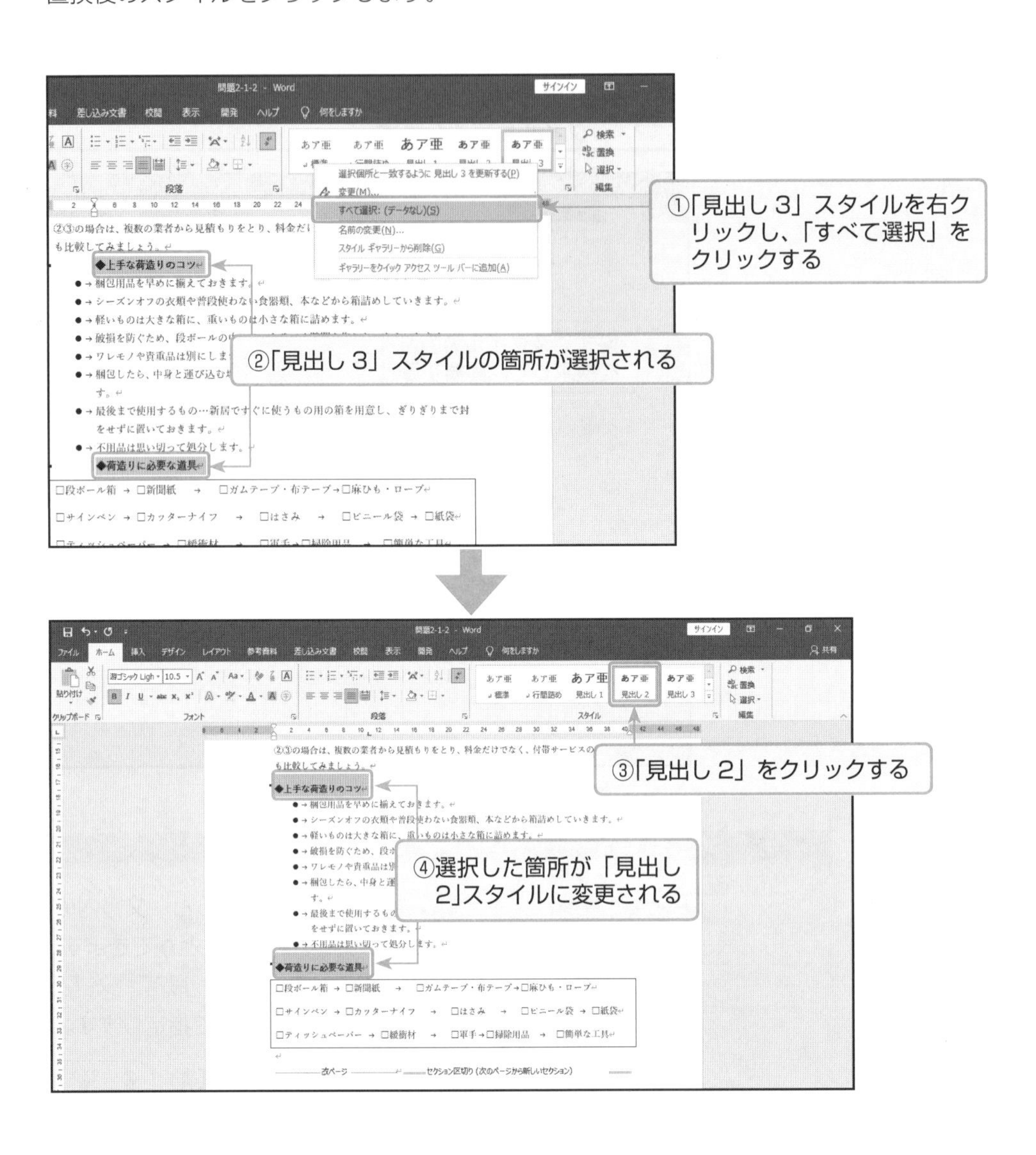

操作手順

【操作 1】

❶［ホーム］タブの［置換］ボタンをクリックします。

❷［検索と置換］ダイアログボックスの［置換］タブが表示されます。

❸［検索する文字列］ボックス内を削除し、カーソルを表示します。

❹［検索する文字列］ボックスの下に以前に設定した書式が残っている場合は［書式の削除］をクリックします。

❺［書式］をクリックし、一覧から［フォント］をクリックします。

❻［検索する文字］ダイアログボックスが表示されます。

❼［フォント］タブを選択します。

❽［フォントの色］ボックスの▼をクリックし、［標準の色］の［赤］をクリックします。

❾［OK］をクリックします。

ヒント

ダイアログボックスの拡張

［検索と置換］ダイアログボックスが右図のように拡張表示されていない場合は、［オプション］をクリックします。

ヒント

該当箇所の確認

この文書のフォントの色が「赤」の箇所は、1 ページと 4 ページに計 4 か所あります。置換する前に確認しておきましょう。

⑩［検索する文字列］ボックスの下に［フォントの色：赤］と表示されます。

⑪［置換後の文字列］ボックス内をクリックします。

⑫［置換後の文字列］ボックスの下に書式の表示が残っている場合は［書式の削除］をクリックます。

⑬［書式］をクリックし、一覧から［フォント］をクリックします。

ヒント

書式の置換

［置換後の文字列］ボックスの下に以前に設定した書式が残っている場合、その書式にさらに指定した書式が追加されて置換されてしまう場合があります。不要な書式は［書式の削除］で削除しておきます。

⑭［置換後の文字］ダイアログボックスの［フォント］タブが表示されます。

⑮［フォントの色］ボックスの▼をクリックし、［自動］をクリックします。

⑯［下線］ボックスの▼をクリックし、二重線をクリックします。

⑰［OK］をクリックします。

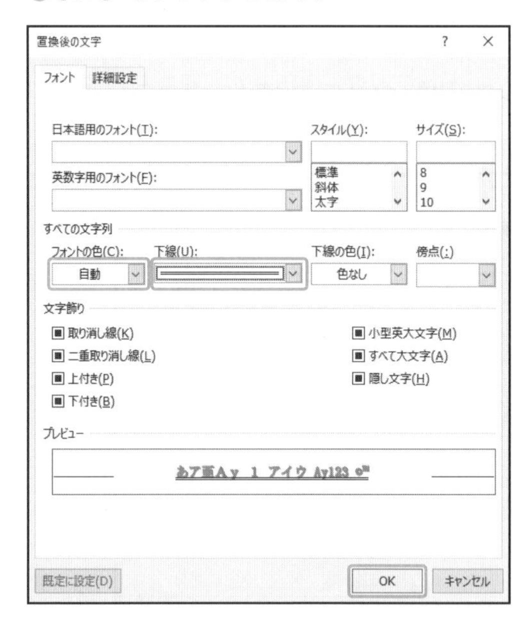

⑱［置換後の文字列］ボックスの下に［二重下線，フォントの色：自動］と表示されます。

⑲［すべて置換］をクリックします。

⑳置換が実行され、結果の項目数が表示されます。

㉑［OK］をクリックします。

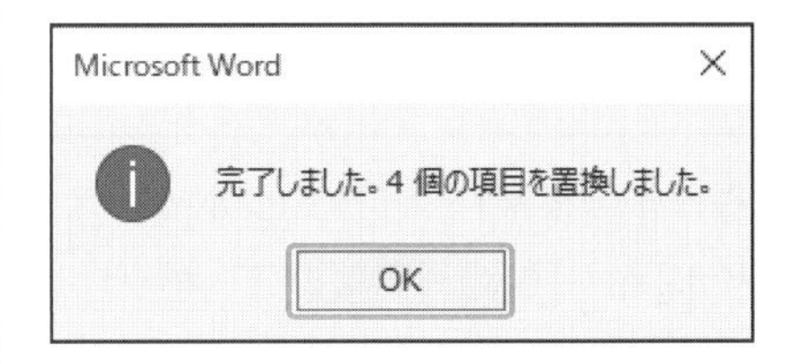

㉒［検索と置換］ダイアログボックスの［閉じる］をクリックします。

㉓フォントの色が赤字の箇所が、フォントの色が自動で二重線の下線が設定されていること確認します。

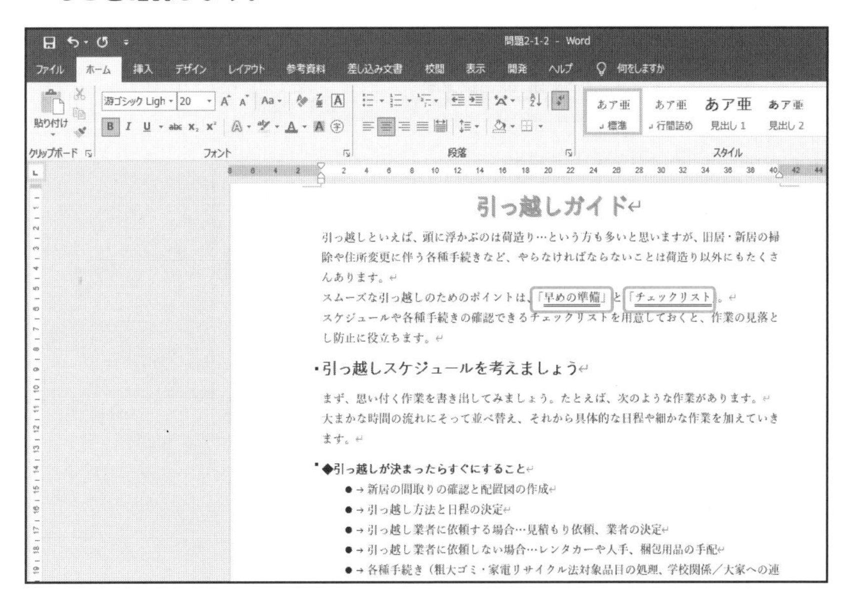

【操作 2】

㉔［ホーム］タブの ab/ac 置換［置換］ボタンをクリックします。

㉕［検索と置換］ダイアログボックスの［置換］タブが表示されます。

㉖［検索する文字列］ボックス内をクリックします。

㉗［検索する文字列］ボックスの下に以前に設定した書式が残っている場合は［書式の削除］をクリックします。

㉘［書式］をクリックし、一覧から［スタイル］をクリックします。

ヒント

該当箇所の確認

この文書内の「見出し 3」スタイルの箇所は、2 ページの 16 行目と 27 行目になります。置換する前に、［検索と置換］ダイアログの［検索］タブを使用するか、または［ホーム］タブのスタイルギャラリーの一覧で［見出し 3］を右クリックし、［同じ書式を選択］をクリックして、「見出し 3」スタイルの箇所を確認しておくとよいでしょう。

㉙［文字 / 段落スタイルの検索］ダイアログボックスが表示されます。

㉚［検索するスタイル］の一覧の［見出し 3］をクリックします。

㉛［OK］をクリックします。

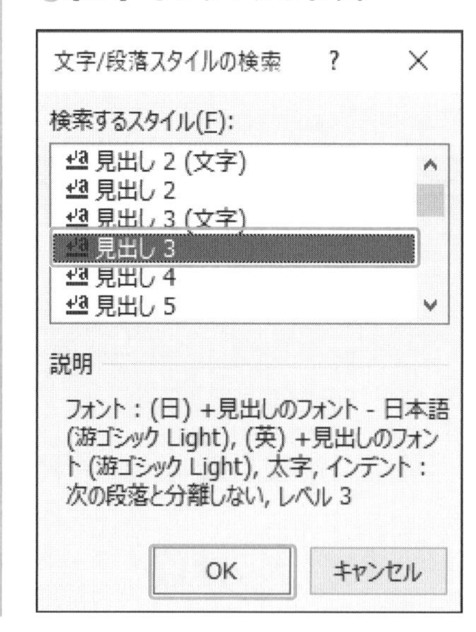

ヒント

検索するスタイル

［検索するスタイル］の一覧には同じスタイルで［見出し 3］と［見出し 3（文字）］のように 2 種類があります。末尾に（文字）が付いているスタイルは、そのスタイルの書式のうち、文字書式のみを指定します。

㉜［検索と置換］ダイアログボックスの［検索する文字列］ボックスの下に［スタイル：見出し 3］と表示されます。

㉝［置換後の文字列］ボックス内をクリックします。

㉞［置換後の文字列］ボックスの下に以前に設定した書式が残っている場合は［書式の削除］をクリックします。

㉟［書式］をクリックし、一覧から［スタイル］をクリックします。

㊱［置換後のスタイル］ダイアログボックスが表示されます。

㊲［置換後のスタイル］の［見出し 2］をクリックします。

㊳［OK］をクリックします。

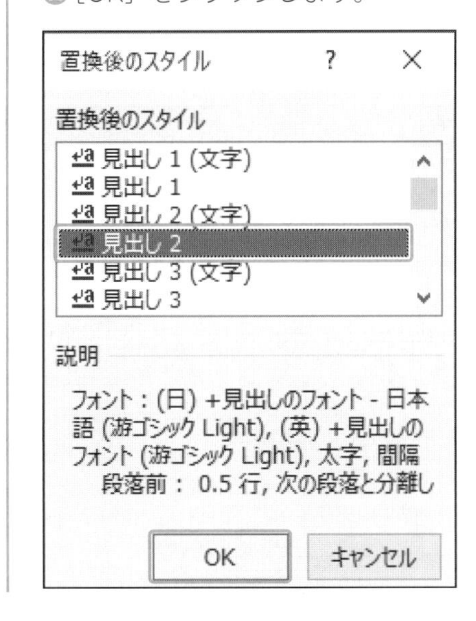

㊴［置換後の文字列］ボックスの下に［スタイル：見出し 2］と表示されます。

㊵［すべて置換］をクリックします。

㊶置換が実行され、結果の項目数が表示されます。

㊷［OK］をクリックします。

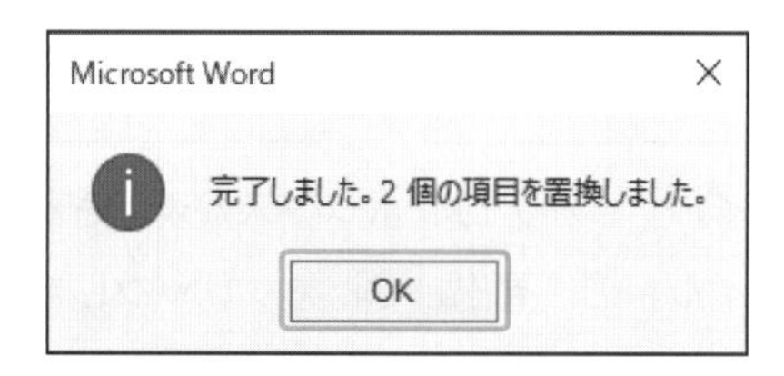

㊸［検索と置換］ダイアログボックスの［閉じる］をクリックします。

㊹「見出し 3」スタイルの箇所が、「見出し 2」スタイルに置換されます。

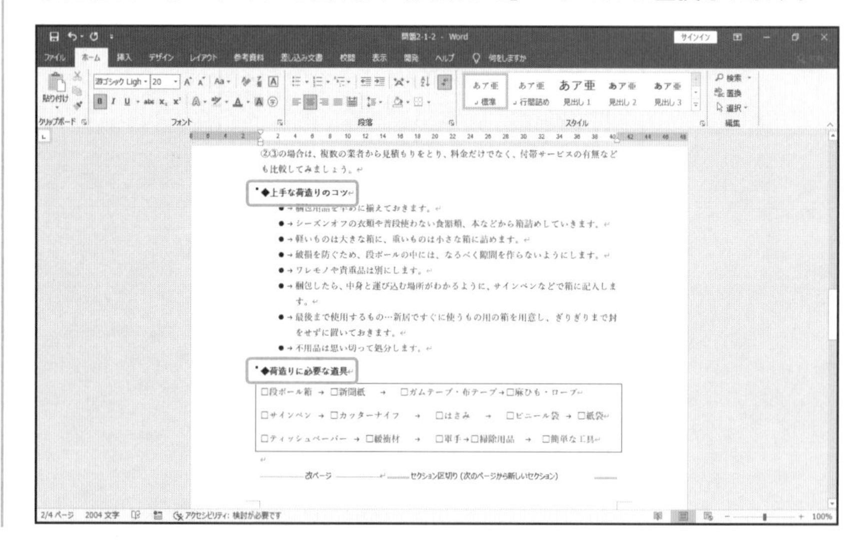

2-1-3 貼り付けのオプションを適用する

練習問題

問題フォルダー
└問題 2-1-3.docx
解答フォルダー
└解答 2-1-3.docx

2 ページ目の「重要文化財（7 城）」の下の「◆松江城（島根県松江市）」の行を､「国宝（5 城）」の下の箇条書きの最後に移動します。ただし、移動先の書式と同じになるように箇条書きの書式を揃え、不要な行は削除します。

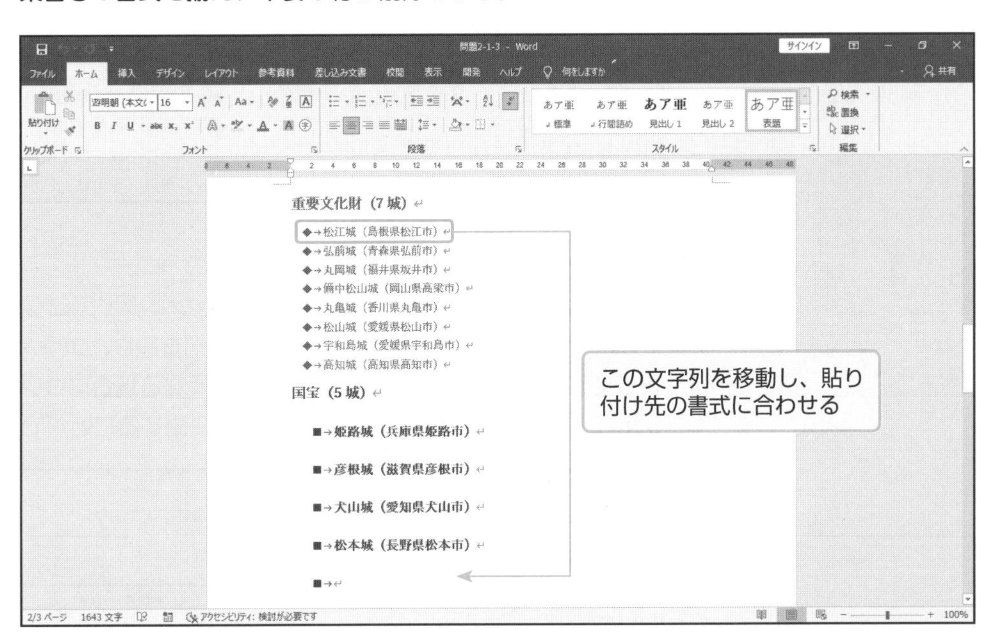

機能の解説

- ［貼り付けのオプション］ボタン
- テキストのみ保持

同じ文書内または別の文書間でデータをコピーまたは移動すると、元の書式と貼り付け先の書式が異なる場合には既定では元の書式の状態で貼り付けられます。ただし、貼り付け先に箇条書きや段落番号が設定されている場合は、両方の書式が結合されて貼り付けられます。貼り付け方法を変更したい場合は、貼り付け直後に表示されるスマートタグの (Ctrl) ［貼り付けのオプション］ボタンを使用します。貼り付け先の書式に合わせるには、［貼り付けのオプション］の一覧から ［テキストのみ保持］を選択します。

貼り付け先がリストの場合の［貼り付けのオプション］ボタン

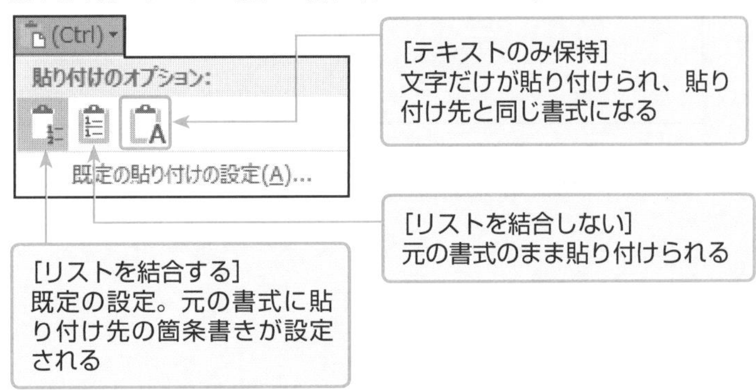

なお、貼り付けのオプションは、［ホーム］タブの ［貼り付け］ボタンの▼をクリックした一覧からも選択できます。

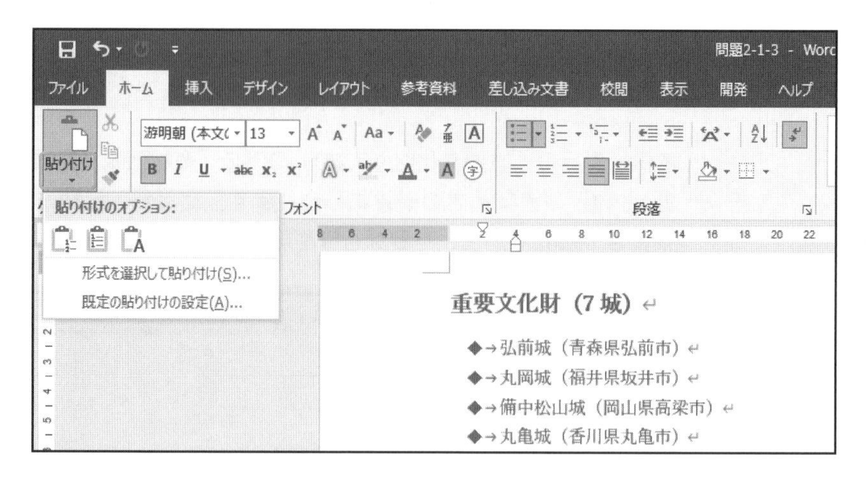

● Wordの初期設定を変更する

既定の貼り付け方法は、［Wordのオプション］ダイアログボックスで確認および変更ができます。左側の［詳細設定］を選択し、［切り取り、コピー、貼り付け］のカテゴリーに、同じ文書内、文書間、文書間でスタイルが異なる場合についてそれぞれの貼り付け方法が表示されています。▼から貼り付け方法を変更することができます。

操作手順

❶2 ページ 2 行目の「◆松江城（島根県松江市）」を行単位で選択します。

❷［ホーム］タブの ［切り取り］ボタンをクリックします。

> **その他の操作方法**
> ショートカットキー
> **Ctrl** ＋ **X** キー
> （切り取り）

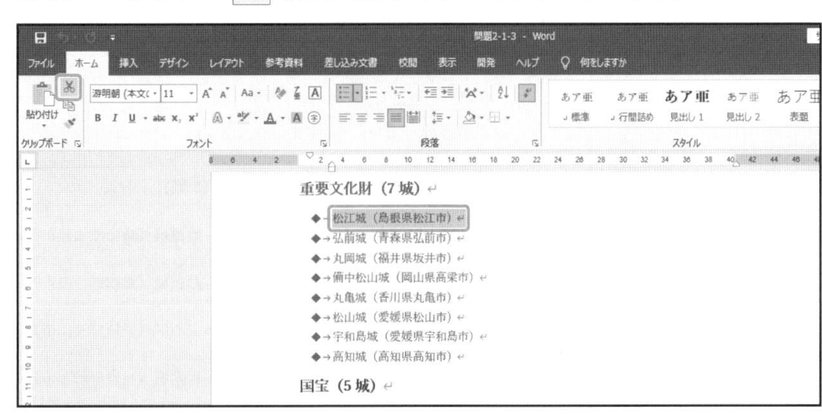

❸2 ページ 14 行目の行頭にカーソルを移動します。

❹［ホーム］タブの ［貼り付け］ボタンをクリックします。

> **その他の操作方法**
> ショートカットキー
> **Ctrl** ＋ **V** キー
> （貼り付け）

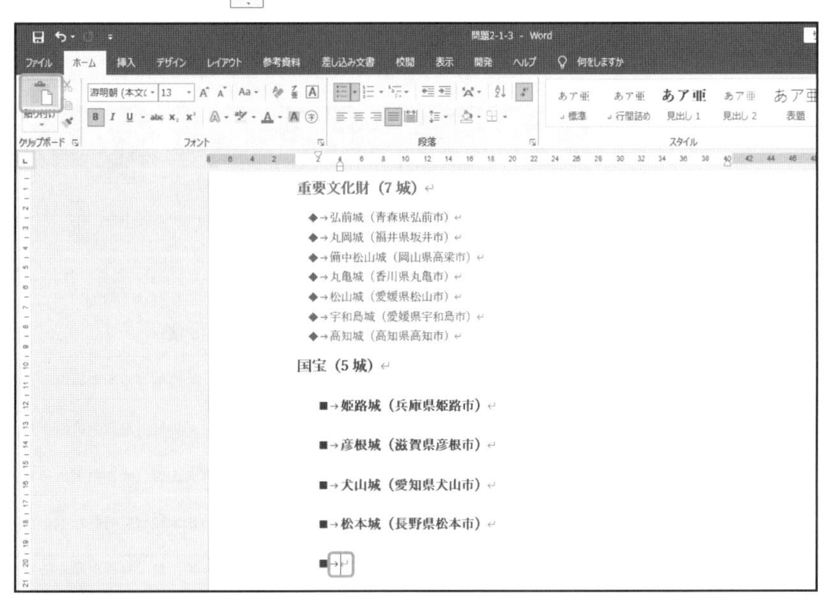

❺書式が結合されて貼り付けられたことを確認します。

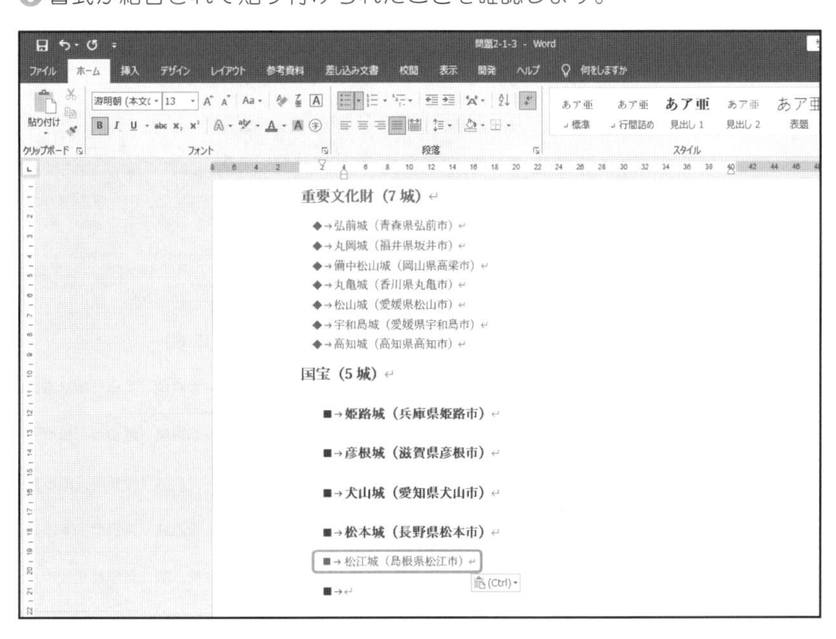

❻ (Ctrl)▾ ［貼り付けのオプション］ボタンをクリックします。

❼ ［テキストのみ保持］をクリックします。

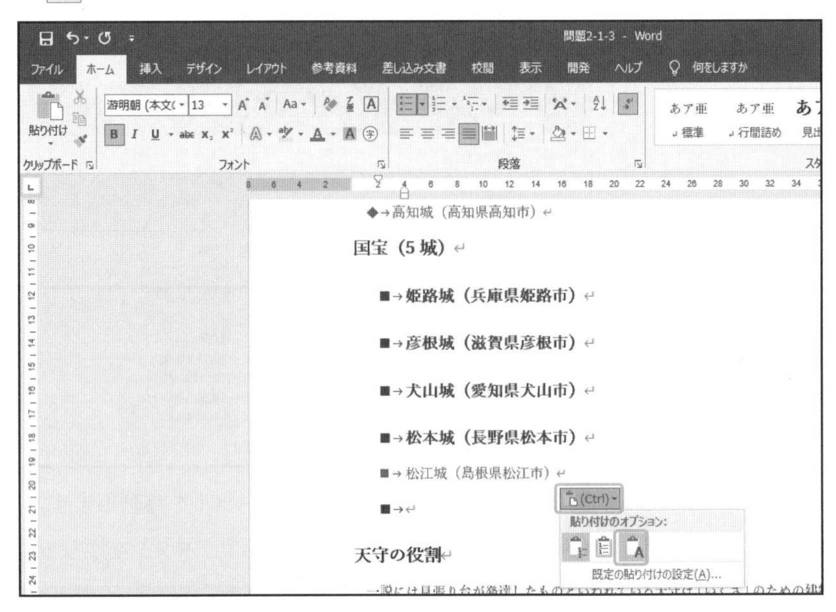

❽ 貼り付け先の書式に変更されます。

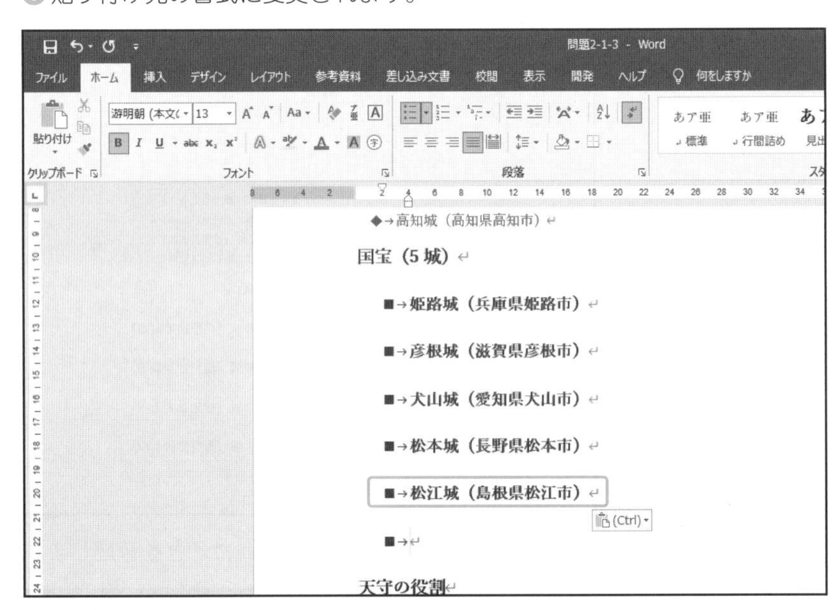

❾ 行が挿入されているので、その行を選択して **Delete** キーを押します。

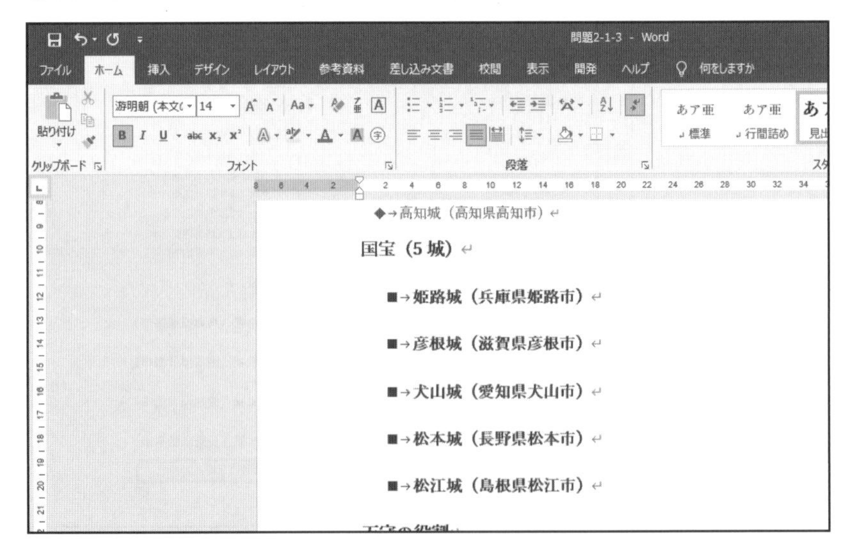

2-2 段落レイアウトのオプションを設定する

ここでは、行の末尾に収まりきらない英単語をハイフンでつなげて改行するハイフネーション、文書の行数を通し番号で表示する行番号、段落がページの終わりに配置されたときの位置を自動修正する設定を学習します。

2-2-1 ハイフネーションや行番号を設定する

練習問題

問題フォルダー
└問題 2-2-1.docx

解答フォルダー
└解答 2-2-1.docx

【操作 1】英文の行末にかかる長い単語の中に自動的にハイフンを入れて、その位置で行を折り返します。

【操作 2】文書にページごとに振り直しされる行番号を表示します。

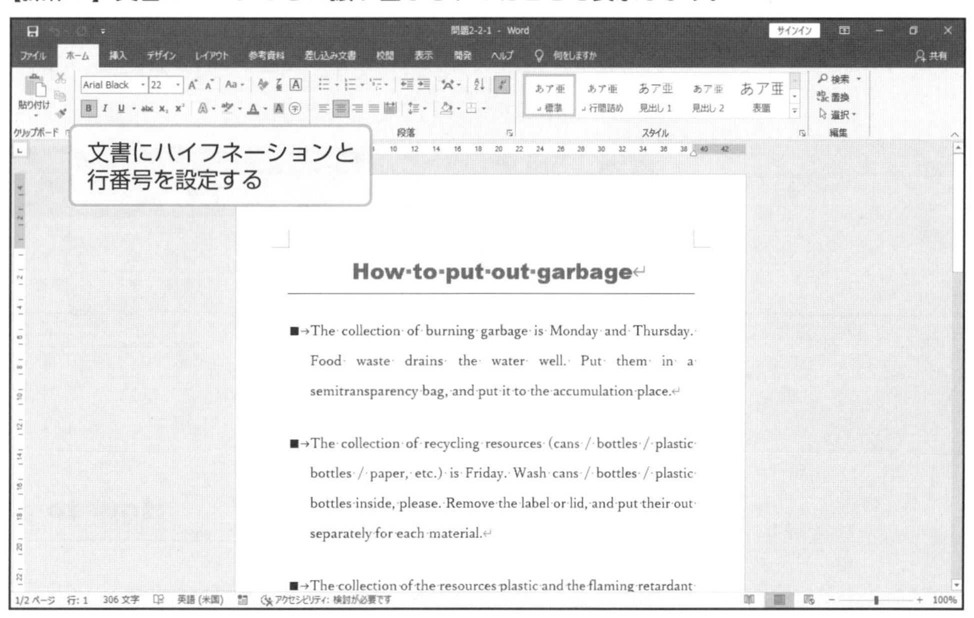

機能の解説

重要用語
- ハイフネーション
- 行番号

ハイフネーションとは、長い英単語が行末にかかった場合、自動的に適切な位置にハイフンを挿入して、その位置で行を折り返して読みやすくする機能です。文書全体にハイフネーションを設定するには、［レイアウト］タブの bc ハイフネーション ［ハイフネーション］ボタンから［自動］をクリックします。［任意指定］にするとそれぞれの英単語に対してハイフンの位置を指定できます。

ハイフネーション「なし」

How·to·put·out·garbage

■→The·collection·of·burning·garbage·is·Monday·and·Thursday.·Food·waste·drains·the·water·well.·Put·them·in·a·semitransparency·bag,·and·put·it·to·the·accumulation·

ハイフネーション「自動」

How·to·put·out·garbage

■→The·collection·of·burning·garbage·is·Monday·and·Thurs-day.·Food·waste·drains·the·water·well.·Put·them·in·a·sem-itransparency·bag,·and·put·it·to·the·accumulation·place.

●ハイフンの位置を指定する

自動挿入されたハイフンの位置を変更したい場合は、英単語を選択して [ハイフネーション] ボタンの [任意指定] をクリックします。[区切り位置の指定] ダイアログボックスが表示されるので、[区切り位置] ボックスでハイフンを挿入する位置を指定します。

[区切り位置の指定] ダイアログボックス

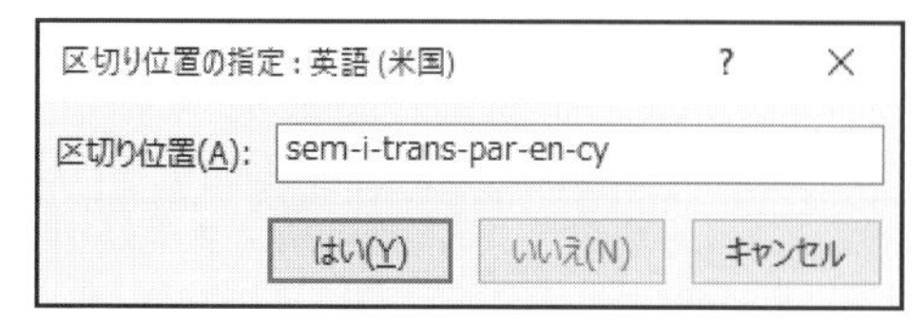

●行番号

行番号とは、左余白に行の通し番号を表示する機能です。行番号を表示すると、選択した範囲の行数や文書全体の行数を確認することができます。[レイアウト]タブの [行番号] ボタンで指定します。ページやセクションごとに振り直したり、行番号を表示しない段落を指定することもできます。

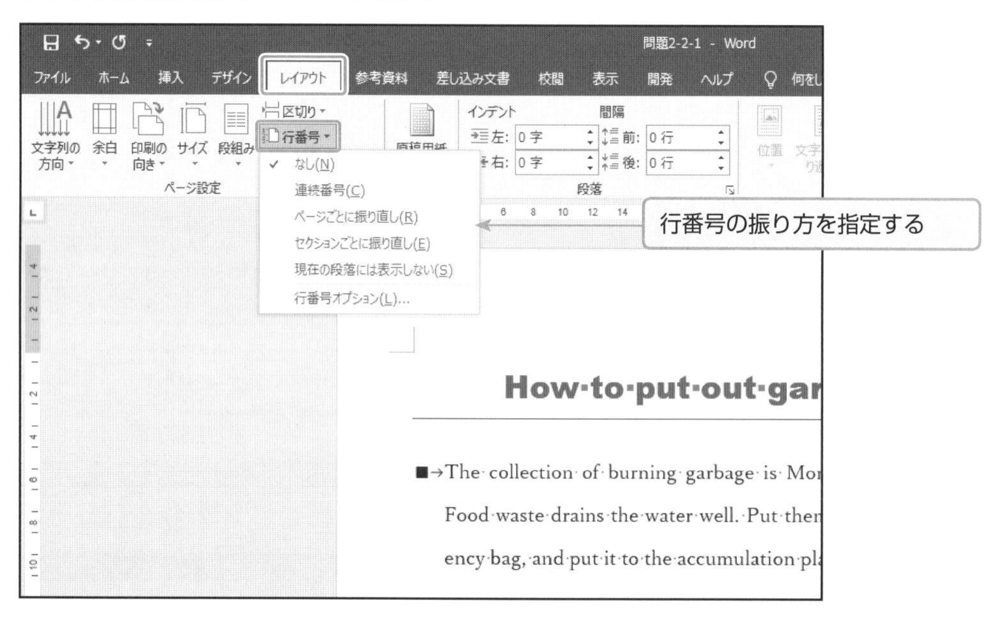

操作手順

ヒント

ハイフネーションの設定

ハイフネーションは文書全体の設定のため、文書内にカーソルがあれば実行できます。

【操作 1】

❶［レイアウト］タブの［ハイフネーション］ボタンをクリックします。

❷一覧から［自動］をクリックします。

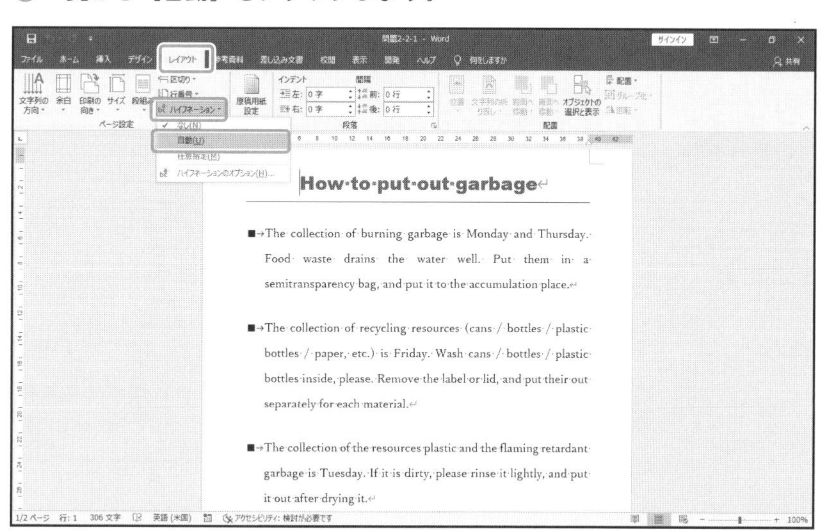

❸行末にかかっている英単語にハイフンが挿入され、その位置で行が折り返されます。

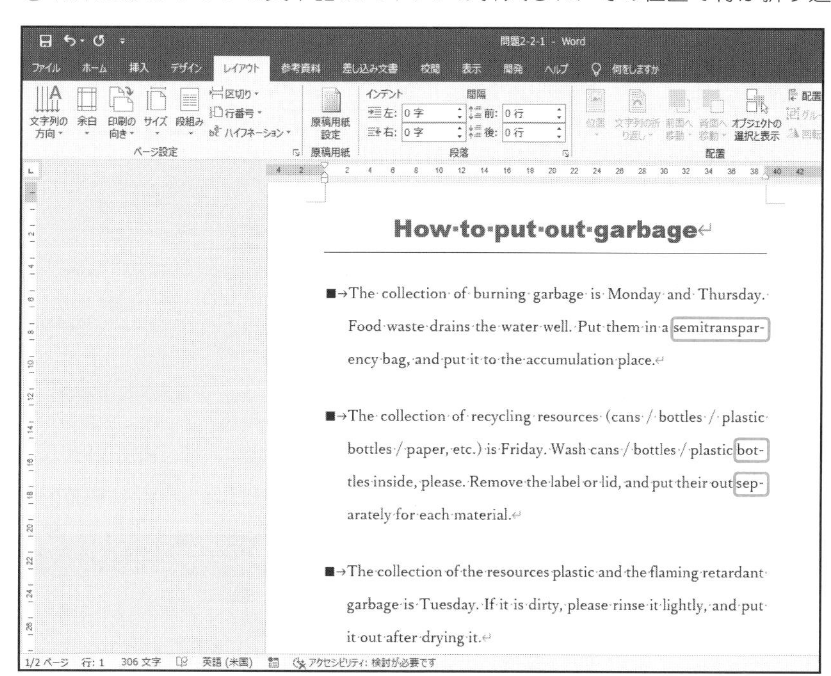

【操作 2】

❹［レイアウト］タブの［行番号▾］［行番号］ボタンをクリックします。

❺一覧から［ページごとに振り直し］をクリックします。

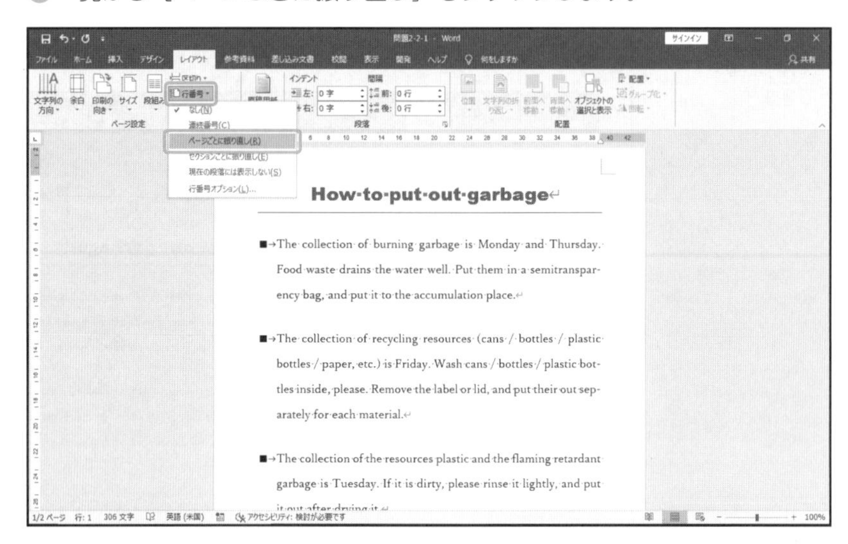

❻行番号が左余白に表示されます。

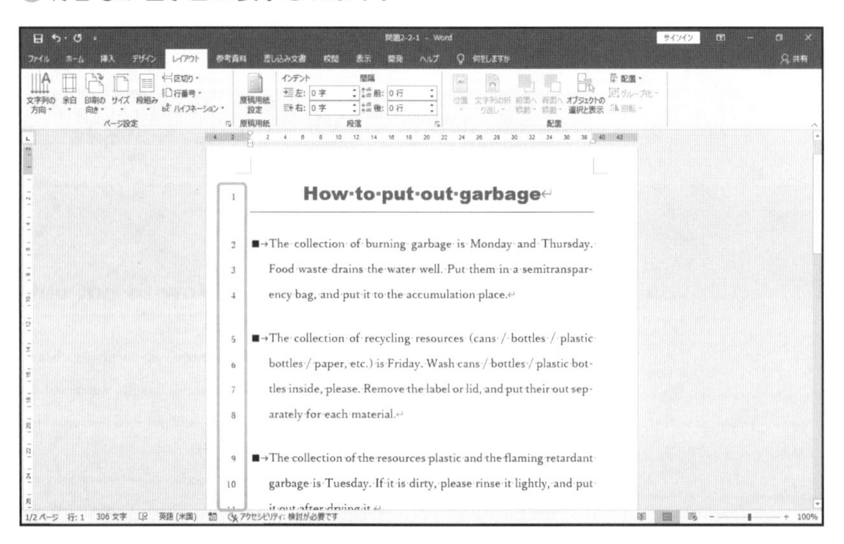

❼画面をスクロールして 2 ページ目の行番号を確認します。

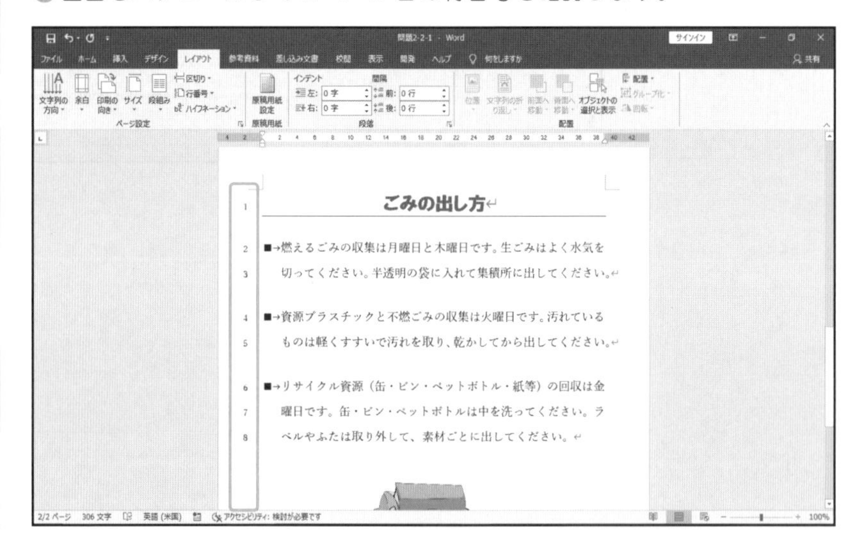

ヒント

行番号の挿入

行番号は選択しているセクションごとの設定になります。初期状態では文書は 1 セクションなのですべてのページに行番号が表示されます。セクションが分かれている場合はそれぞれのセクションごとにカーソルを移動して行番号を表示の操作を行います。

ヒント

行番号の削除

［レイアウト］タブの［行番号▾］［行番号］ボタンの一覧から［なし］をクリックすると、行番号が非表示になります。

2-2-2 改ページ位置の自動修正オプションを設定する

練習問題

問題フォルダー
└問題 2-2-2.docx
解答フォルダー
└解答 2-2-2.docx

【操作 1】文書全体の段落が、1 行残して前後のページに表示されないように設定します。
【操作 2】6 ページ末尾の「下準備」の段落を、次の段落と同じページ内に表示されるように設定します。

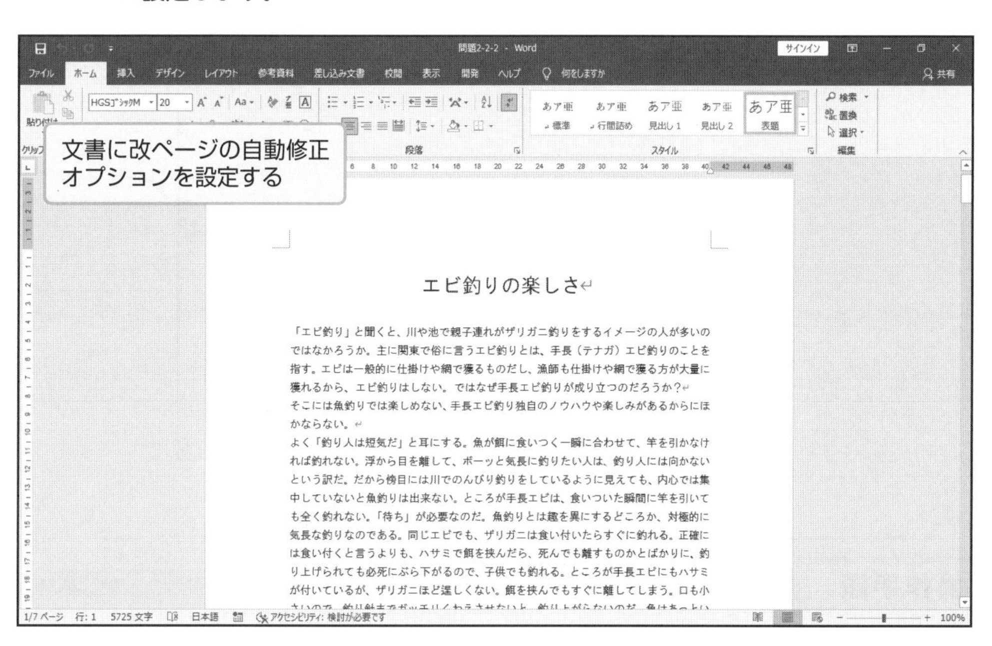

機能の解説

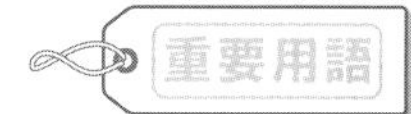

□ 改ページ位置の自動修正
□ [段落]ダイアログボックス

ページの最後まで入力すると、通常は自動的に改ページして次のページに文字が続けて挿入されます。そのため、段落の最後の 1 行だけが次のページに表示されたり、区切りたくない箇所で改ページされたりする場合があります。Word では、段落の 1 行だけが前後のページに表示されるのを防いだり、段落を分割しないようにしたりするなどの改ページの位置を自動修正する機能があります。[段落] ダイアログボックスの [改ページと改行] タブで設定します。改ページ位置の自動修正は 4 種類から選択できます。

改ページ位置の自動修正	設定内容
改ページ時 1 行残して段落を区切らない	段落の先頭または最後の 1 行だけがページ末尾に表示されないように、前後のページに段落を移動する。
次の段落と分離しない	すぐ下の段落と常に同じページ内に表示されるようにする。
段落を分離しない	段落がページをまたいで表示されないように前後どちらかのページに段落全体を表示する。
段落前で改ページする	段落の直前にページ区切りが挿入され、その段落は次のページに移動する。

［段落］ダイアログボックスの［改ページと改行］タブ

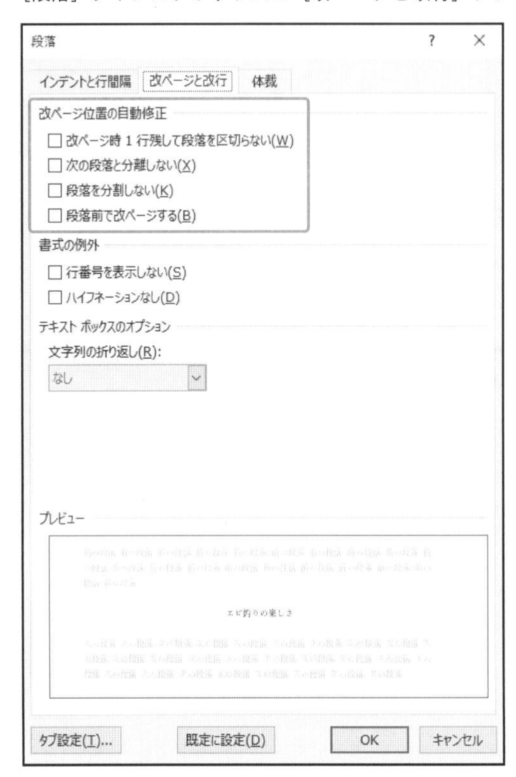

操作手順

ヒント

文書の確認

この文書では、1ページ目以外にも、4ページ、5ページ末尾でも同様に段落の最初または最後の1行が次のページに表示されています。

その他の操作方法

ショートカットキー

Ctrl＋Aキー
（すべて選択）

【操作 1】

❶1ページ目の末尾に段落の先頭行だけが表示されていることを確認します。

❷［ホーム］タブの［選択］ボタンをクリックします。

❸［すべて選択］をクリックします。

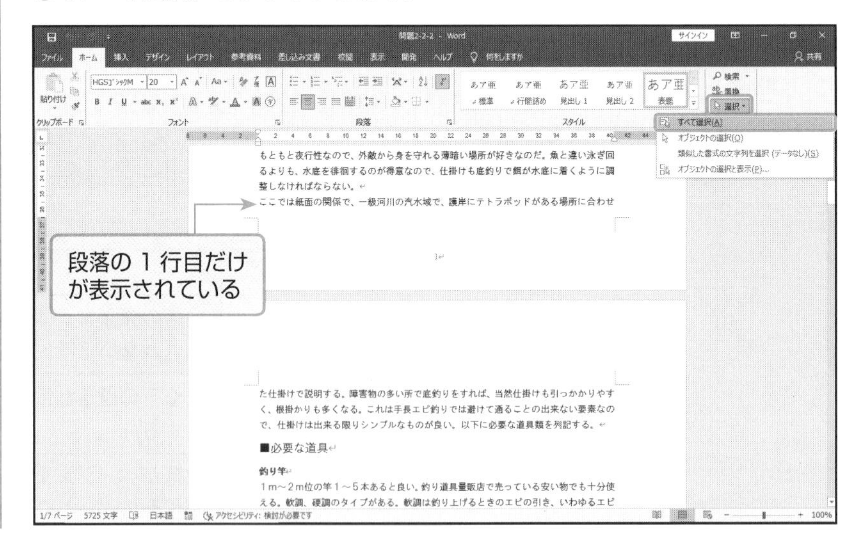

その他の操作方法

［段落］ダイアログボックスの表示

［レイアウト］タブの［段落］グループ右下の ⧅［段落の設定］ボタンをクリックしても［段落］ダイアログボックスを表示できます。

❹ 文書全体が選択されます。

❺［ホーム］タブの［段落］グループ右下の ⧅［段落の設定］ボタンをクリックします。

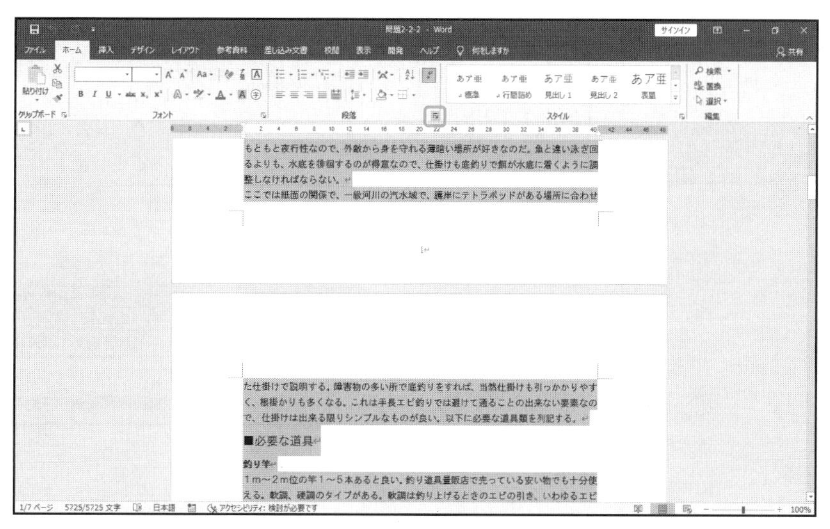

❻［段落］ダイアログボックスが表示されます。

❼［改ページと改行］タブをクリックします。

❽［改ページ位置の自動修正］の［改ページ時 1 行残して段落を区切らない］チェックボックスをオンにします。

❾［OK］をクリックします。

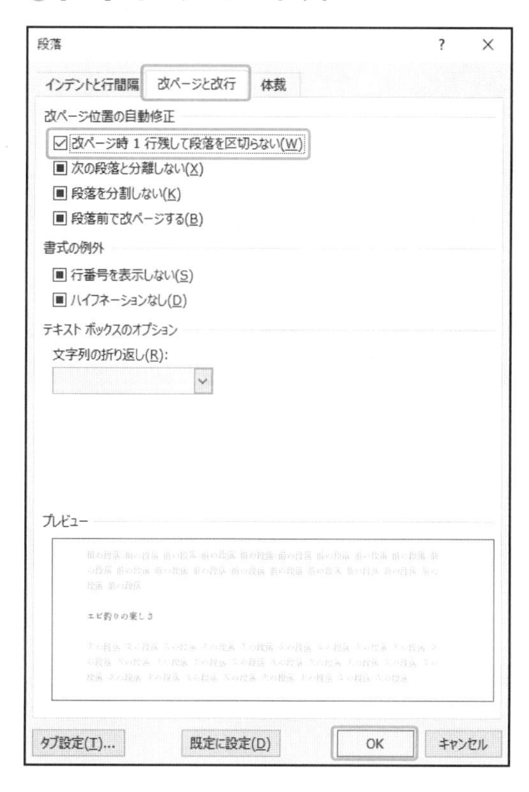

⑩1ページ目に表示されていた段落が2ページ目の先頭に移動したことを確認します。

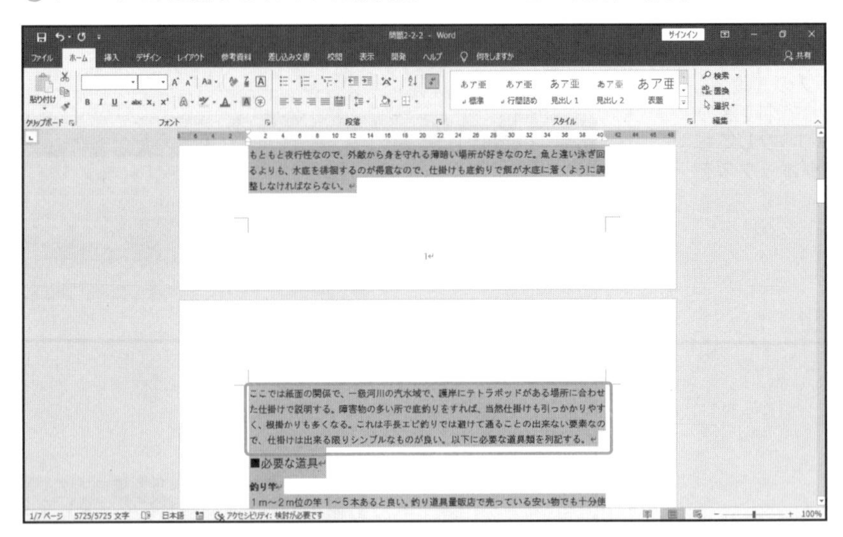

【操作2】

⑪6ページ目の末尾の「下準備」の段落を選択します。

⑫［ホーム］タブの［段落］グループ右下の ［段落の設定］ボタンをクリックします。

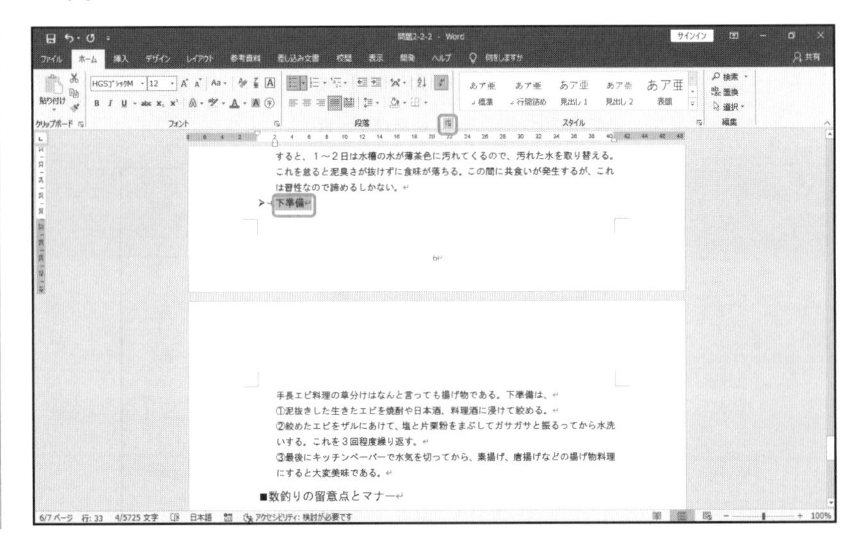

⑬［段落］ダイアログボックスの［改ページと改行］タブが表示されます。

⑭［改ページ位置の自動修正］の［次の段落と分離しない］チェックボックスをオンにします。

⑮［OK］をクリックします。

⑯選択した段落が次のページに移動したことを確認します。

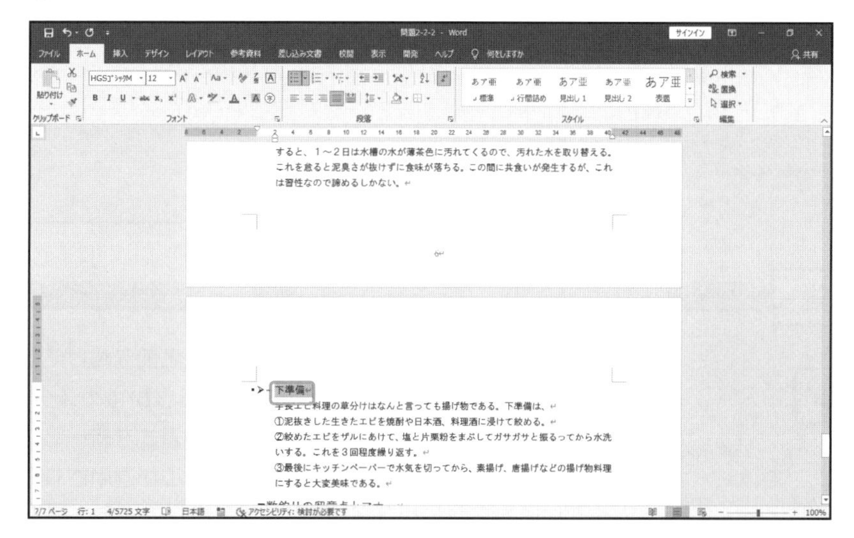

2-3 スタイルを作成する、管理する

ここでは、文字や段落などに書式を設定する「スタイル機能」について学習します。新しいスタイルを作成したり、Wordにあらかじめ用意されているスタイルをカスタマイズしたりする方法を説明します。

2-3-1 段落や文字のスタイルを作成する

練習問題

問題フォルダー
└問題 2-3-1.docx
解答フォルダー
└解答 2-3-1.docx

【操作 1】7 行目「事前に利用申請が必要」の書式を「重要用語」という名前の文字スタイルとして登録します。

【操作 2】「標準」スタイルを基準にして、フォントサイズ 12pt、段落を罫線で囲んだ「小見出し」という名前の段落スタイルを作成します。

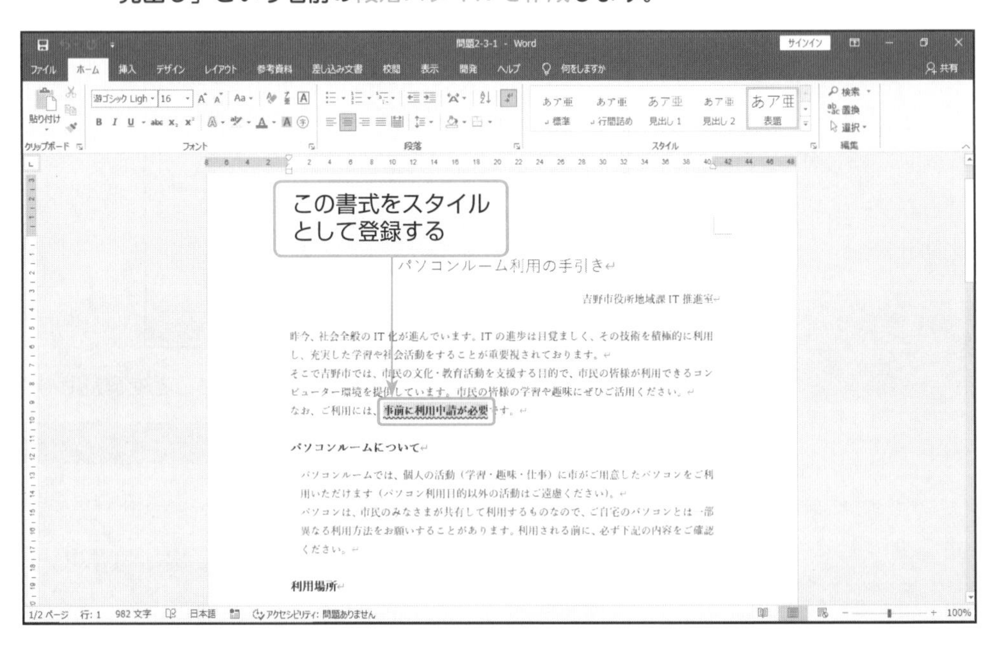

機能の解説

- スタイル
- 組み込みスタイル
- スタイルギャラリー
- [書式から新しいスタイルを作成] ダイアログボックス

スタイルとは、複数の書式の組み合わせに名前を付けて登録したものです。文書の複数の箇所に同じ書式を設定したいときには、あらかじめスタイルを作成しておくと便利です。スタイルを使用すると文書内の複数箇所の書式を統一したり、まとめて変更したりすることができます。文書には通常は標準スタイルが適用されています。

Word にはあらかじめ「見出し 1」「表題」のような組み込みスタイルが用意されていますが、ユーザーが新しいスタイルを作成することもできます。

スタイルの作成方法は、文字列や段落に設定された書式をそのままスタイルとして登録する方法や、既存のスタイルを基に別にスタイルを作成する方法などがあります。どちらの方法でもスタイルを作成するには、[書式から新しいスタイルを作成] ダイアログボックスを使用します。

[書式から新しいスタイルを作成] ダイアログボックス

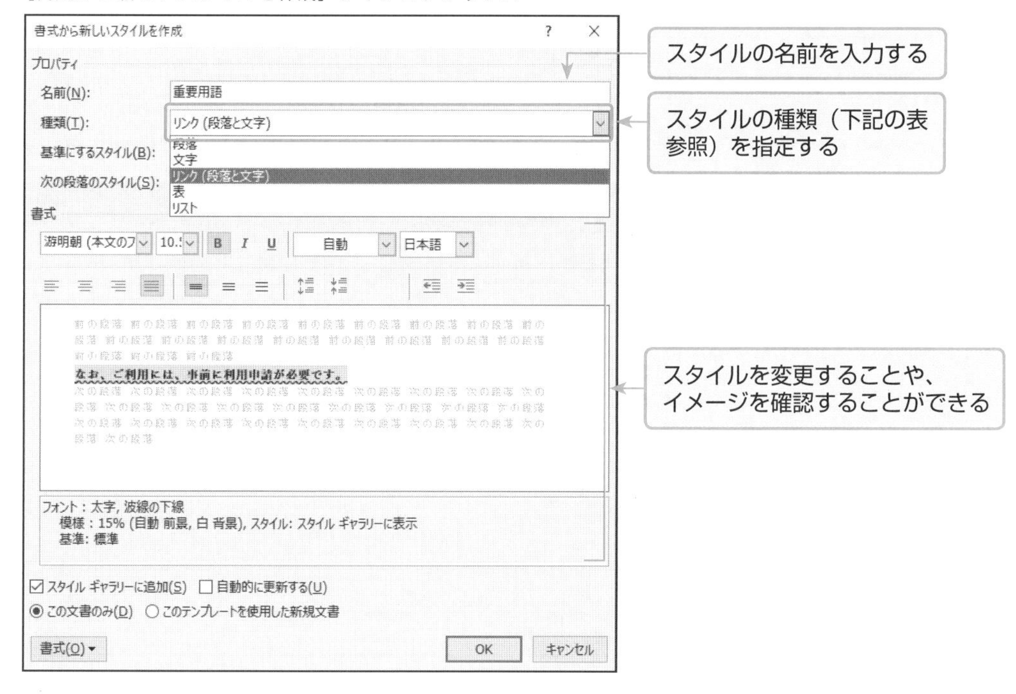

スタイルには次の種類があります。[種類] ボックスで指定します。

文字スタイル	文字列に設定した文字書式を組み合わせたスタイル
段落スタイル	段落の配置、行間隔、タブ、インデントなどの段落書式に文字書式を組み合わせたスタイル
リンクスタイル	文字書式と段落書式をセットで登録したもので、一部の文字列を選択すると文字書式のみ、段落全体を選択すると文字書式と段落書式が適用される
表スタイル	表全体の文字書式、段落書式、罫線や配置を組み合わせたスタイル
リスト	箇条書きに設定された行頭文字、段落番号などの段落書式と文字書式を組み合わせたスタイル

●スタイルの適用

スタイルを適用するには、[ホーム] タブにあるスタイルギャラリーの一覧を利用すると便利です。スタイルギャラリーにはよく使用されるスタイルが表示されており、目的のスタイルをクリックするだけで、選択した箇所に適用することができます。

スタイルギャラリー

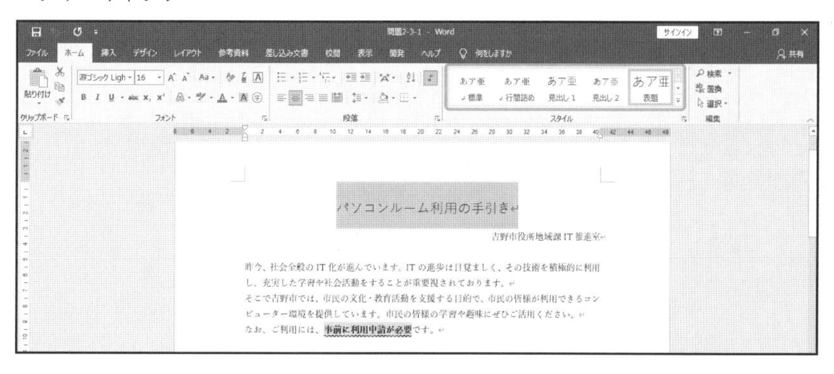

操作手順

【操作 1】

❶ 7 行目「事前に利用申請が必要」を選択します。

❷［ホーム］タブの［スタイル］の ▽［その他］ボタンをクリックします。

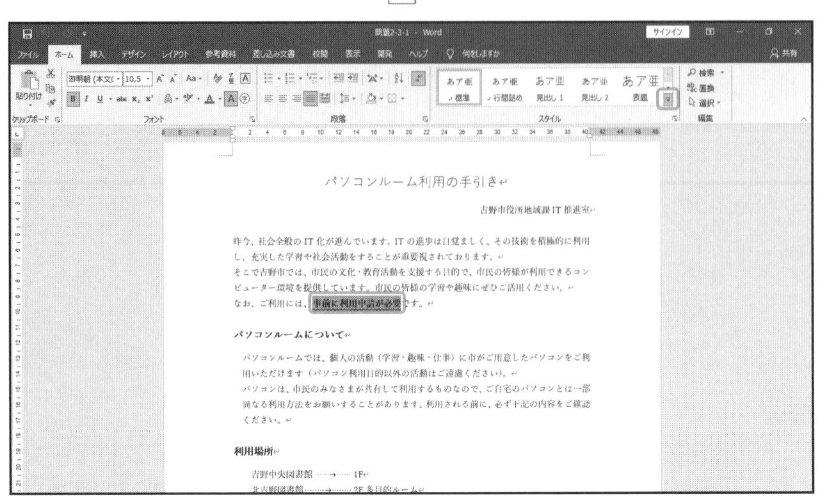

❸ スタイルギャラリーの一覧から［スタイルの作成］をクリックします。

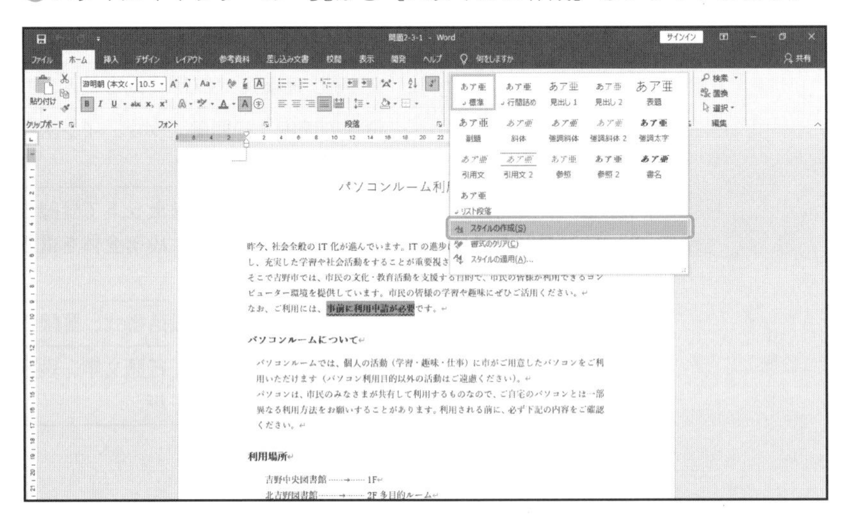

❹［書式から新しいスタイルを作成］ダイアログボックスが表示されます。

❺［名前］ボックスに「重要用語」と入力します。

❻［変更］をクリックします。

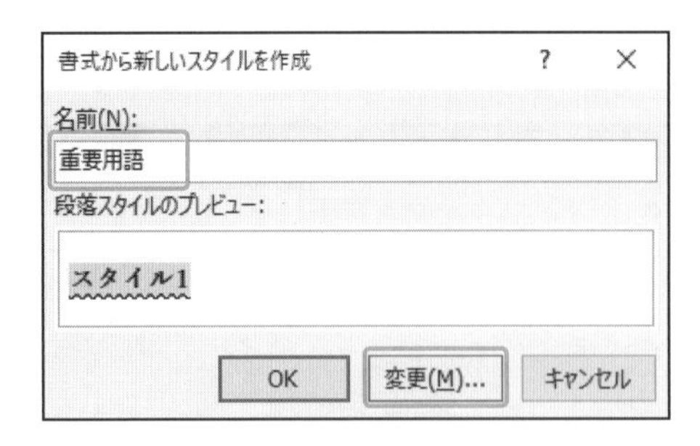

ポイント

書式から新しいスタイルを作成する

選択範囲の書式を基に新しいスタイルを作成するには、［書式から新しいスタイルを作成］ダイアログボックスで［変更］をクリックしてダイアログボックスを拡張表示し、追加や修正する書式を設定します。

❼［書式から新しいスタイルを作成］ダイアログボックスが拡張表示されます。

❽［名前］ボックスに「重要用語」と表示されていることを確認します。

❾［種類］ボックスの▼をクリックし、［文字］をクリックします。

❿［OK］をクリックします。

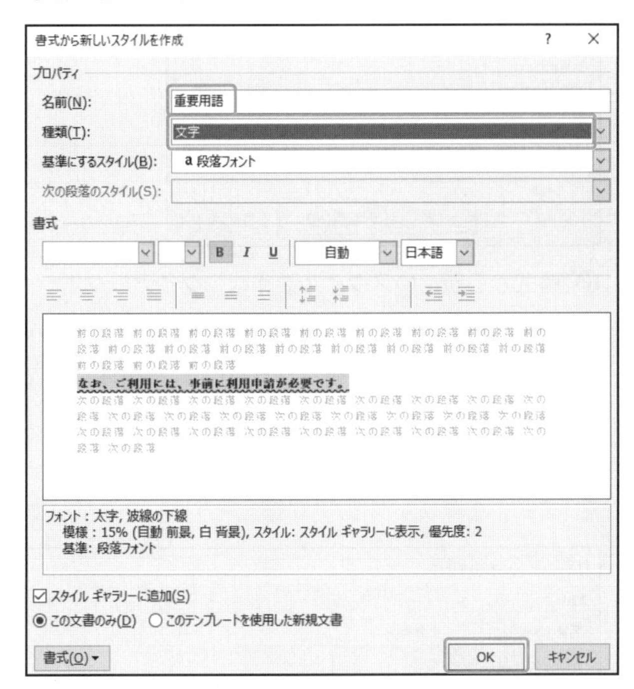

⓫文字スタイル「重要用語」が作成され、スタイルギャラリーに表示されます。

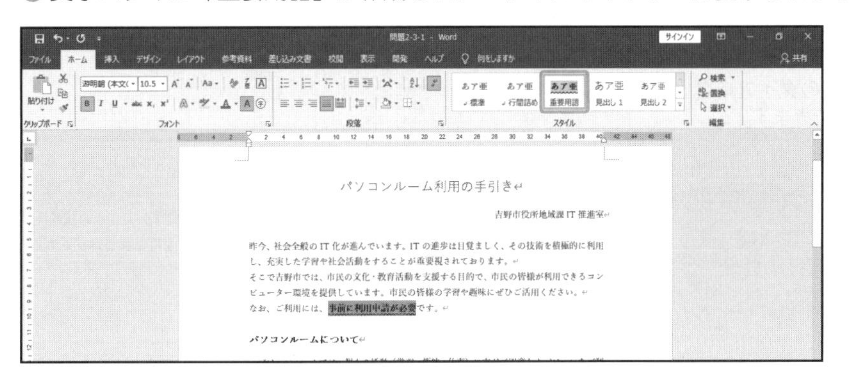

ヒント

「標準」スタイル

この文書では1行目以外は「標準」スタイルが適用されています。文字や段落を選択したときに［ホーム］タブのスタイルギャラリーで選択されているスタイルを確認できます。この問題のように段落スタイルを作成するときは、「標準」スタイルに書式を追加している2行目(右揃え)や8行目(太字、フォントサイズ）などの段落は避けて、3～7行目などを選択して操作します。

【操作 2】

⓬「標準」スタイルのいずれかの箇所にカーソルを移動します。

⓭［ホーム］タブの［スタイル］の［その他］ボタンをクリックします。

⓮［スタイルの作成］をクリックします。

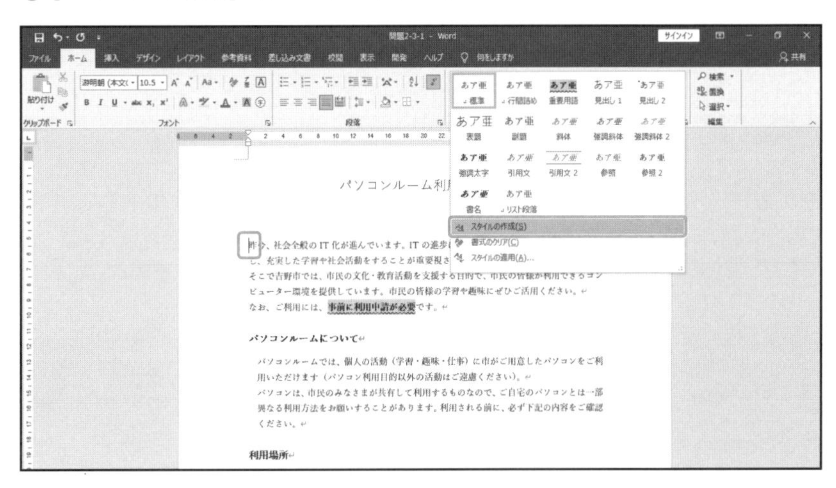

⑮［書式から新しいスタイルの作成］ダイアログボックスが表示されます。

⑯［名前］ボックスに「小見出し」と入力します。

⑰［変更］をクリックします。

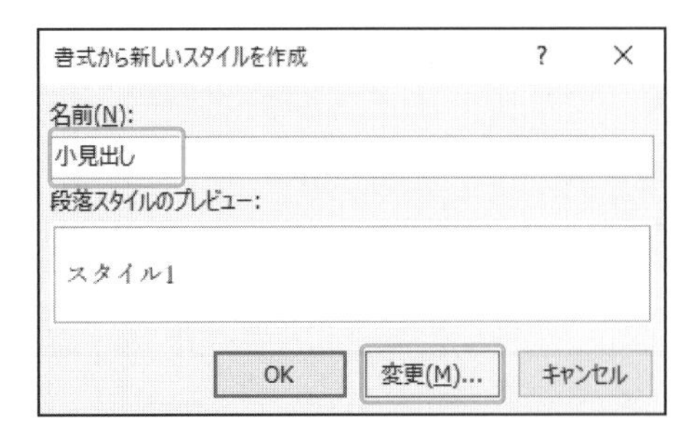

⑱［書式から新しいスタイルを作成］ダイアログボックスが拡張表示されます。

⑲［名前］ボックスに「小見出し」と表示されていることを確認します。

⑳［種類］ボックスの▼をクリックして、［段落］をクリックします。

㉑［基準にするスタイル］ボックスに［標準］と表示されていることを確認します。

㉒［書式］の［フォントサイズ］ボックスの▼をクリックし、［12］をクリックします。

㉓［書式］をクリックし、［罫線と網かけ］をクリックします。

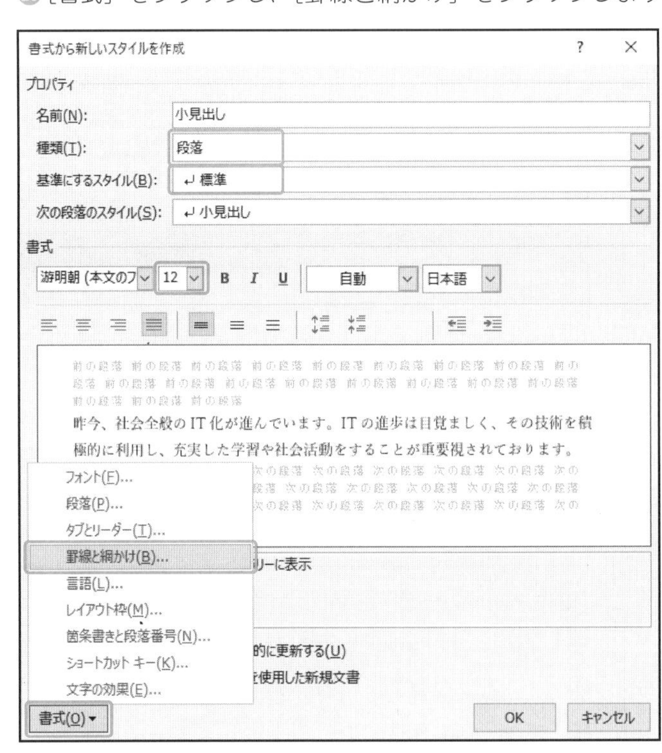

ヒント

スタイルの書式設定

スタイルに書式を加えたり、変更するには、ダイアログボックスの［書式］の下にあるボックスやボタンから設定することができます。ここに表示されていない詳細設定は、下部にある［書式］をクリックして項目を選択して、それぞれの書式設定のダイアログボックスで設定できます。

㉔［線種とページ罫線と網かけの設定］ダイアログボックスが表示されます。

㉕［罫線］タブをクリックします。

㉖［種類］の［囲む］をクリックします。

㉗［OK］をクリックします。

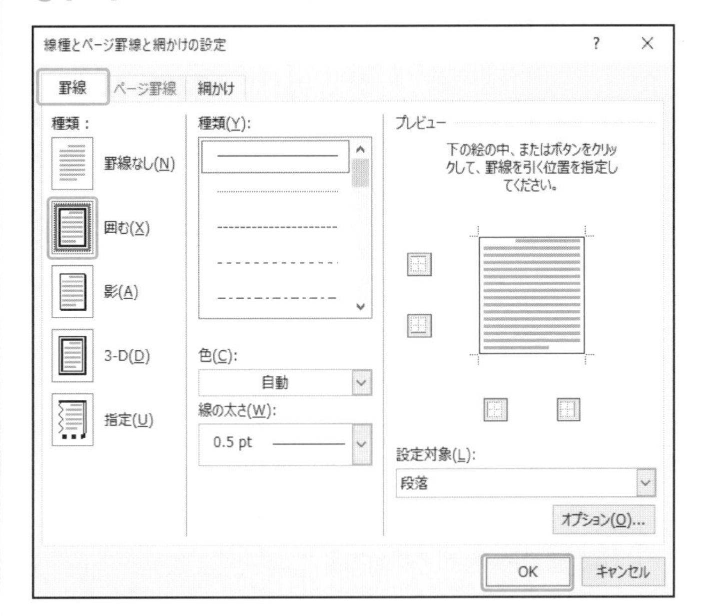

㉘［OK］をクリックします。

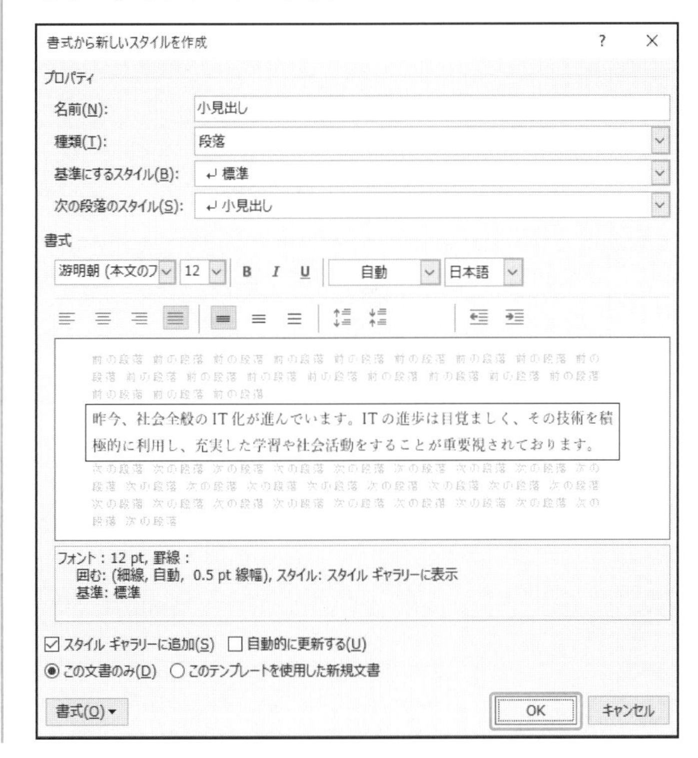

㉙「小見出し」スタイルが作成され、スタイルギャラリーの一覧に表示されます。

㉚選択した箇所にスタイルが適用されていることを確認します。

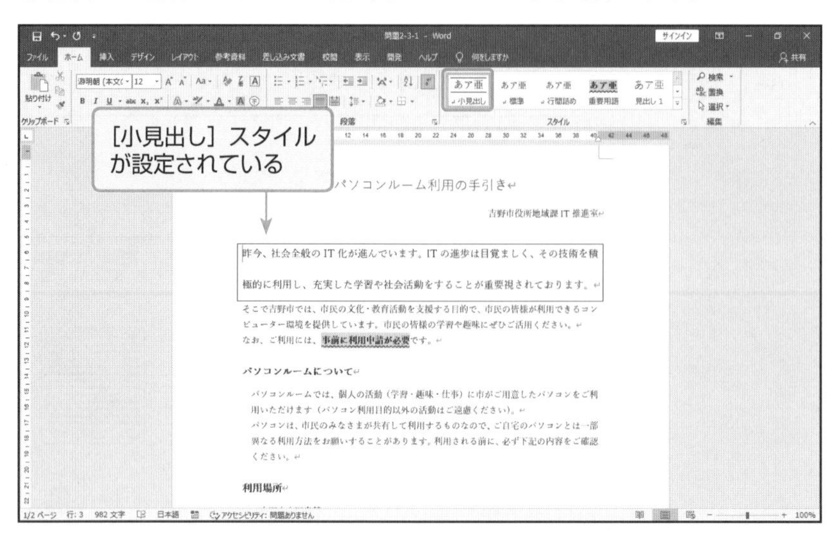

㉛［ホーム］タブのスタイルギャラリーの［標準］をクリックし、標準スタイルに戻します。

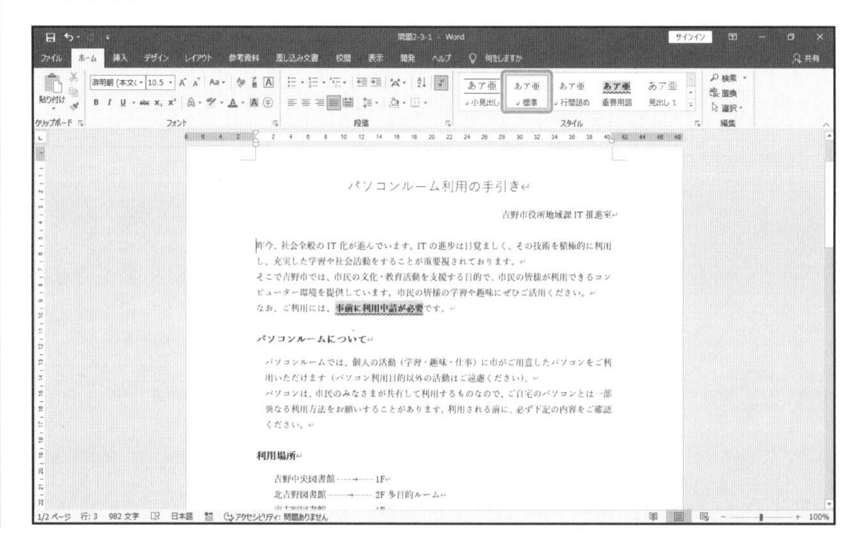

2-3-2 既存のスタイルを変更する

練習問題

問題フォルダー
└問題 2-3-2.docx
解答フォルダー
└解答 2-3-2.docx

【操作 1】スタイル「表題」を、次の段落のスタイル「副題」、フォント「メイリオ」、フォントサイズ 22pt、段落後の間隔「12pt」に変更します。
【操作 2】7 行目の「事前に利用申請が必要」のフォントの色を「濃い赤」に変更し、スタイル「重要用語」を更新します。

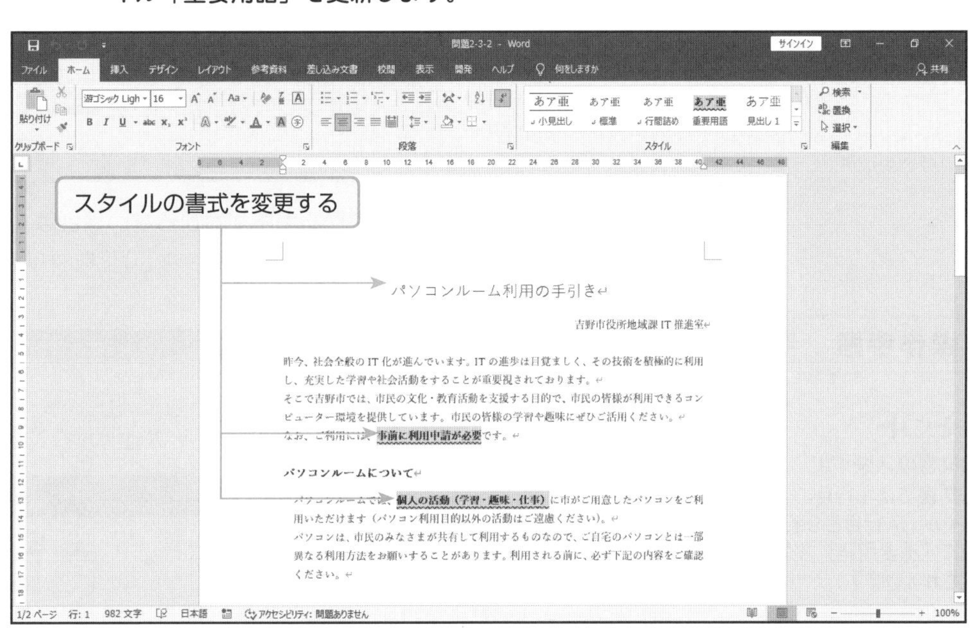

機能の解説

□ [スタイルの変更] ダイアログボックス
□ スタイルの更新

登録済みのスタイルを変更すると、スタイルが設定されているすべての箇所に変更が反映されます。スタイルを変更するには、2 種類の方法があります。[スタイルの変更] ダイアログボックスを使用して書式を変更する方法と、スタイルが設定されている箇所のうちいずれかの書式を変更してからスタイルを更新する方法です。ここではそれぞれの操作手順を解説します。

● [スタイルの変更] ダイアログボックスで変更する

スタイルギャラリーの一覧から変更したいスタイルを右クリックし、ショートカットメニューの [変更] をクリックすると、[スタイルの変更] ダイアログボックスが表示されます。[書式から新しいスタイルを作成] ダイアログボックスと同じ設定方法で、スタイルを変更できます。

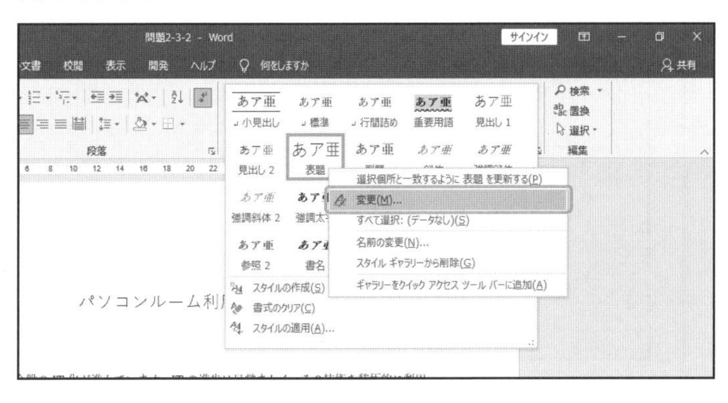

●書式を変更してスタイルを更新する

書式を変更してからスタイルを更新する方法では、目的のスタイルが設定されている範囲を選択して書式を変更した後、スタイルギャラリーのスタイル名を右クリックし、［選択個所と一致するように＜スタイル名＞を更新する］を選択します。

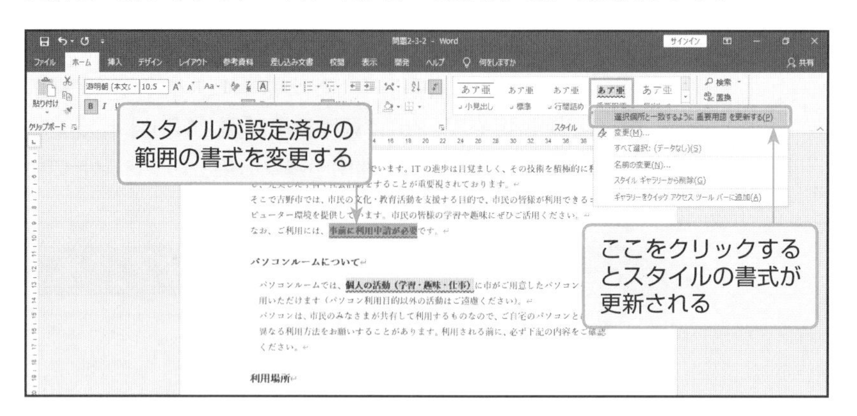

目的のスタイルが設定されている場所がわからない場合は、スタイルギャラリーのスタイル名を右クリックし、［すべて選択：（データなし）］をクリックすると選択できます。

操作手順

ヒント
この文書のスタイル
この文書では1行目に「表題」スタイル、7行目と9行目の文字列に「重要用語」スタイルが設定されています。

ヒント
カーソルの位置
［スタイルの変更］ダイアログボックスを使用するときは、対象のスタイル内にカーソルが表示されていなくても操作できます。

【操作1】

❶［ホーム］タブの［スタイル］の［その他］ボタンをクリックします。

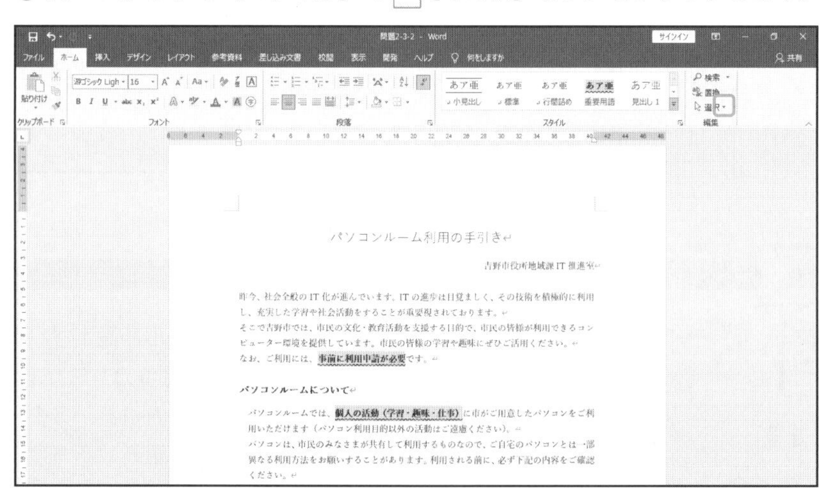

❷スタイルギャラリーの一覧から［表題］を右クリックします。

❸ショートカットメニューの［変更］をクリックします。

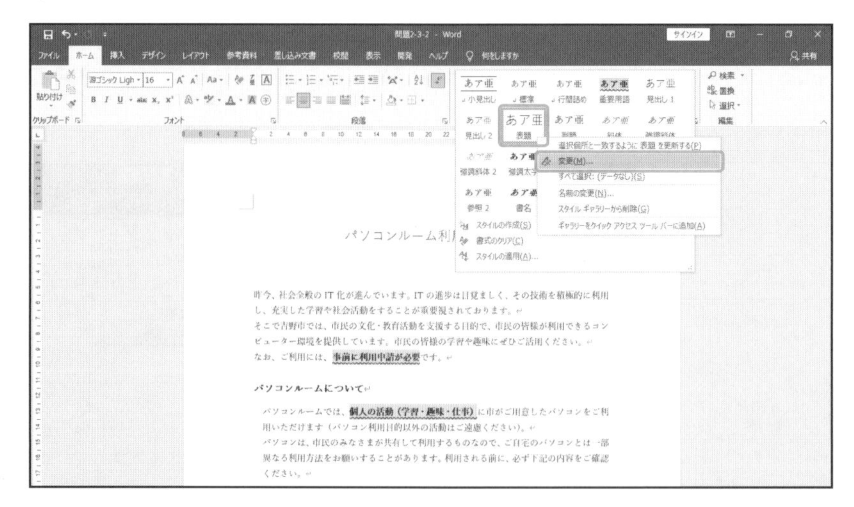

❹［スタイルの変更］ダイアログボックスが表示されます。

❺［次の段落のスタイル］ボックスの▼をクリックして、［副題］をクリックします。

❻［書式］の［フォント］ボックスの▼をクリックして、［メイリオ］をクリックします。

❼［書式］の［フォントサイズ］ボックスの▼をクリックして、［22］をクリックします。

❽［書式］をクリックして、一覧から［段落］をクリックします。

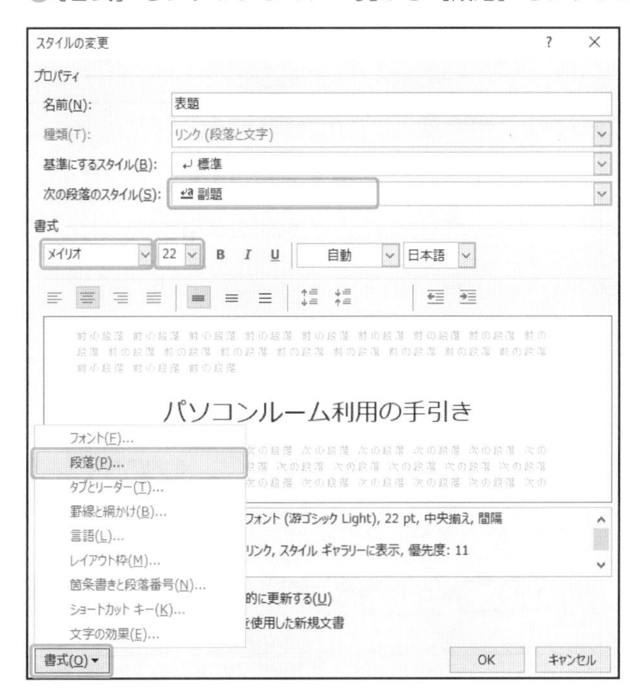

❾［段落］ダイアログボックスが表示されます。

❿［インデントと行間隔］タブをクリックします。

⓫［間隔］の［段落後］ボックスに「12」と入力するか、▲をクリックして［12pt］に設定します。

⓬［OK］をクリックします。

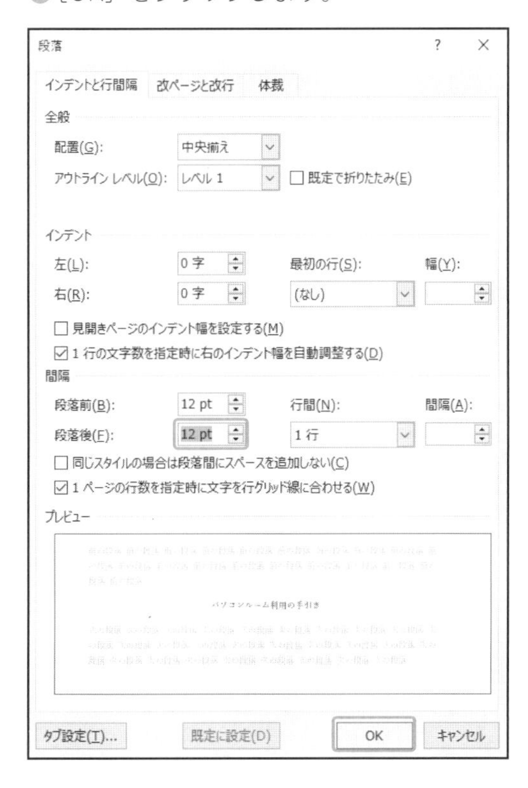

ヒント

［次の段落のスタイル］

［次の段落のスタイル］ボックスに指定するスタイルは、現在のスタイルの後ろに段落を追加したときに自動的に設定されるスタイルです。

その他の操作方法

フォントの設定

［スタイルの変更］ダイアログボックスの［書式］をクリックし、［フォント］をクリックして表示される［フォント］ダイアログボックスからも、フォントサイズや斜体などの設定を変更できます。

ヒント

［段落］ダイアログボックス

［段落］ダイアログボックスの［幅］［段落前］［段落後］の各ボックスは、「6pt」や「5mm」のように他の単位を使用することもできます。その場合は、数値に続けて「pt」や「mm」などの単位を半角で入力します。

⑬［スタイルの変更］ダイアログボックスの［OK］をクリックします。

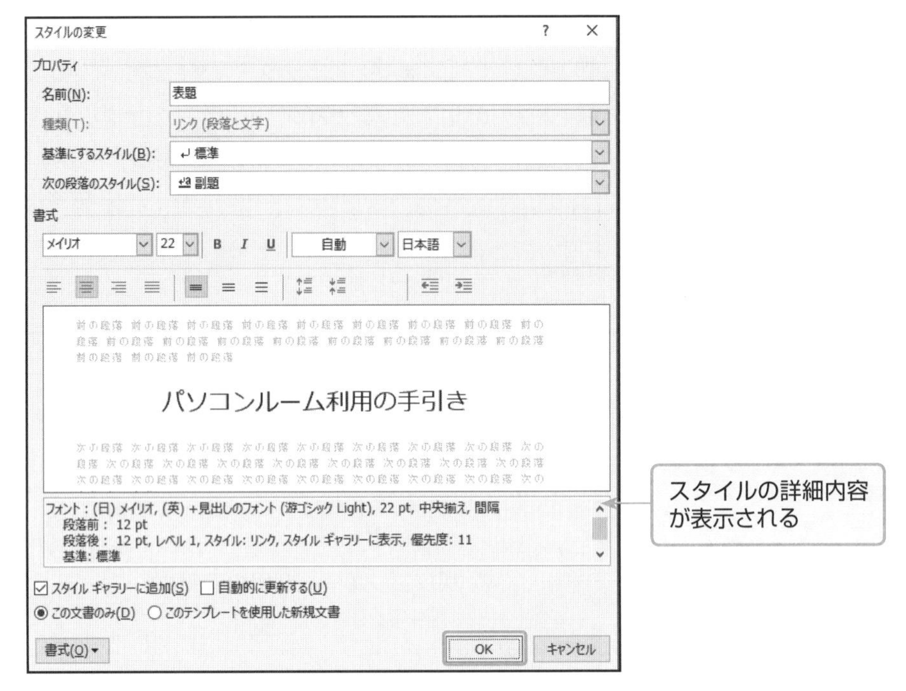

⑭文書内の［表題］スタイルの書式が変更されます。

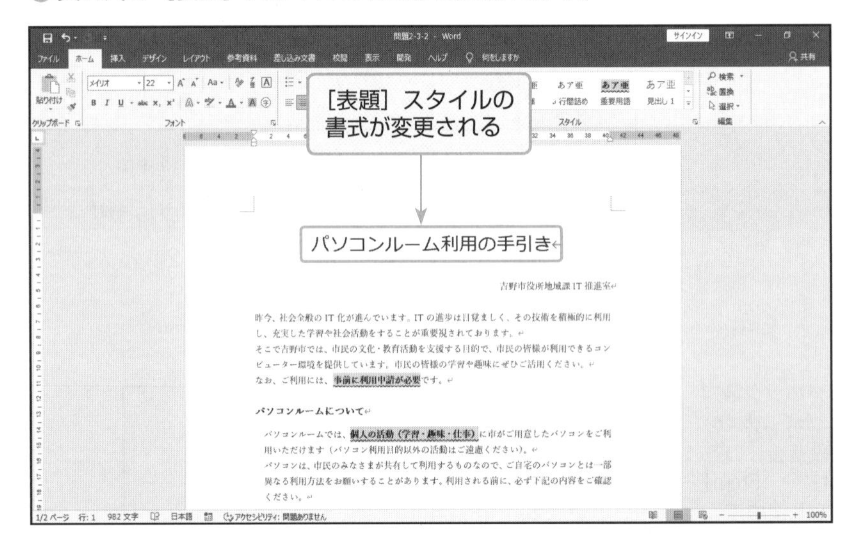

ポイント

スタイルの更新

スタイルを更新すると、文書内の同じスタイルが設定されている部分の書式がすべて自動的に変更されます。この文書では、1行目に「表題」スタイルが設定されています。

【操作 2】

⑮ 7 行目の「事前に利用申請が必要」を選択します。

⑯［ホーム］タブの ［フォントの色］ボタンの▼をクリックします。

⑰［標準の色］の［濃い赤］をクリックします。

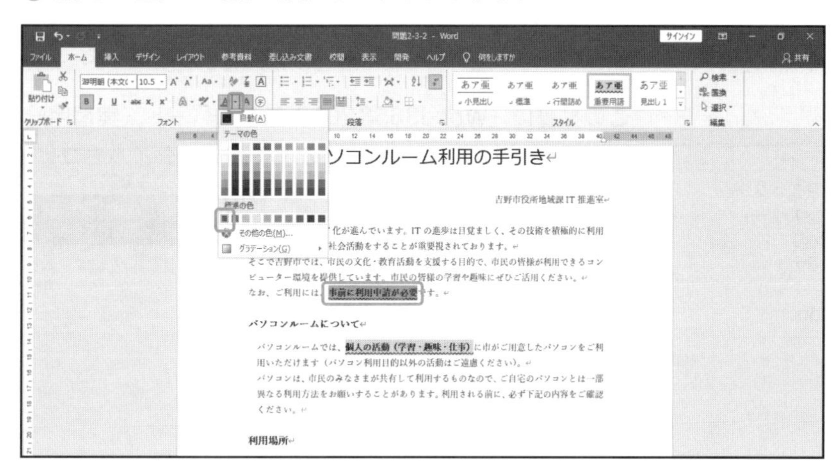

⑱ 選択した文字列のフォントの色が変更されます。

⑲ 文字列を選択した状態のまま、［ホーム］タブのスタイルギャラリーの［重要用語］を右クリックします。

⑳ ショートカットメニューの［選択個所と一致するように重要用語を更新する］をクリックします。

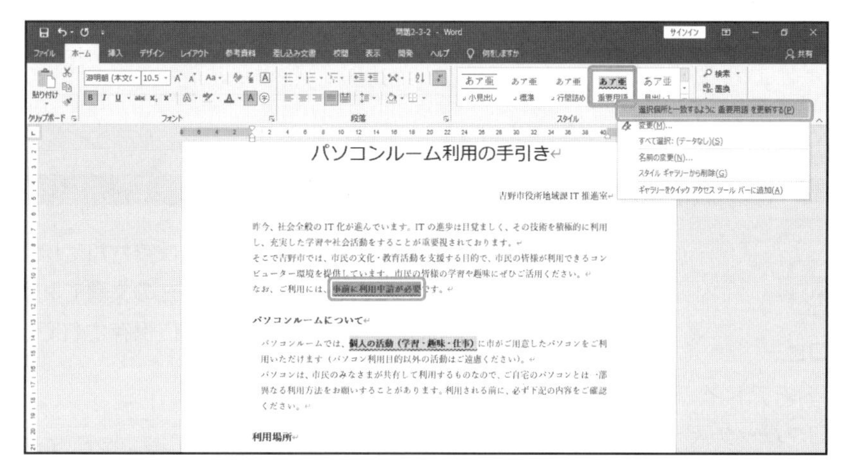

㉑ スタイルが更新され、文書内の「重要用語」スタイルが設定されている文字列の書式が変更されます。

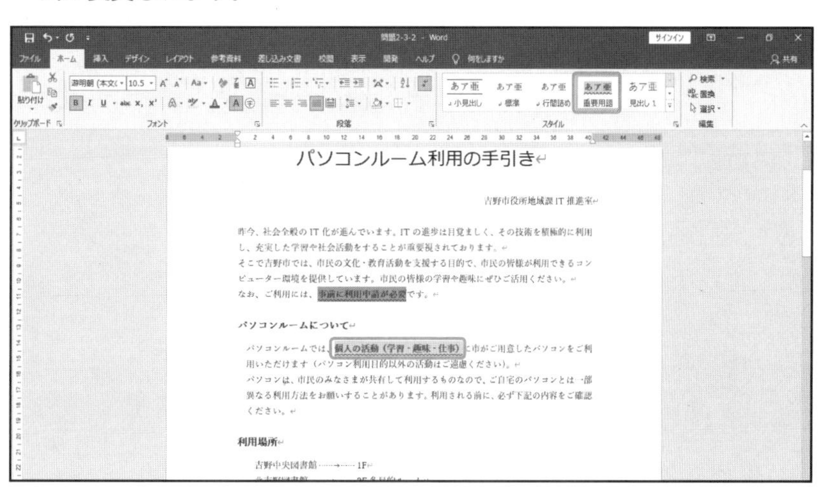

ヒント

［重要用語］スタイルの箇所

この文書では、7 行目以外に 9 行目にも［重要用語］スタイルを設定しています。

2-3-3 スタイルを他の文書やテンプレートにコピーする

練習問題

問題フォルダー
└問題 2-3-3.docx

Word365&2019 エキスパート(実習用)フォルダー
├キャンペーンの
└レイアウト.dotx

解答フォルダー
└解答 2-3-3.docm

この文書に［Word365&2019 エキスパート（実習用)］フォルダー内の「キャンペーンのレイアウト」テンプレートの「表題」スタイルをコピーします。

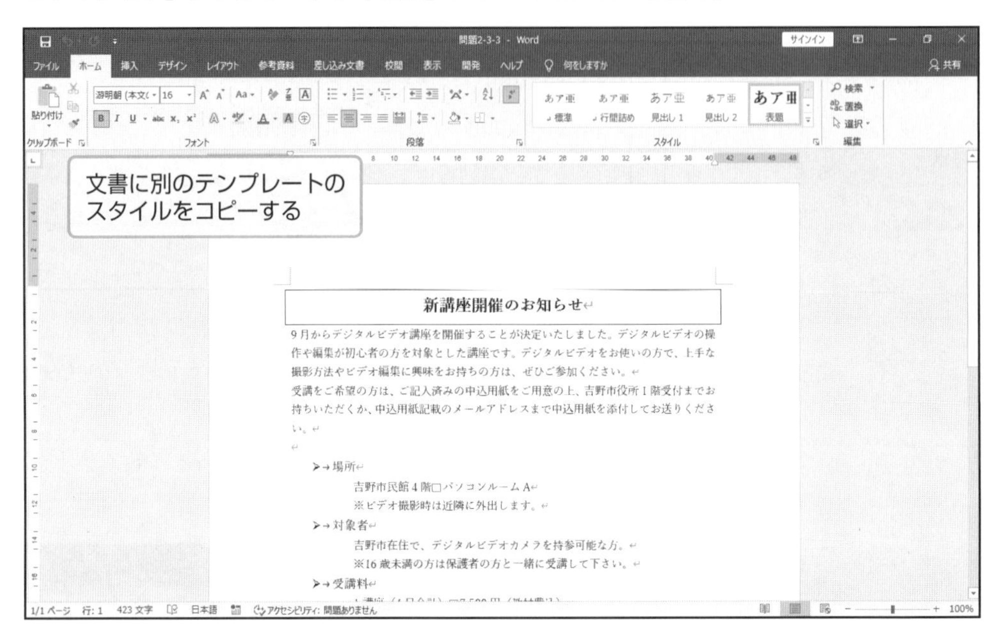

機能の解説

重要用語

- スタイルのコピー
- ［テンプレートとアドイン］ダイアログボックス
- ［構成内容変更］ダイアログボックス

文書で使用できるスタイルは、その文書に保存されているスタイルだけに限られます。他の文書やテンプレートにあるスタイルを現在の文書で利用したい場合は、構成内容変更の機能を使用して、別のテンプレートや文書に保存されているスタイルを現在の文書にコピーします。

スタイルをコピーするには、［テンプレートとアドイン］ダイアログボックスから［構成内容変更］をクリックして［構成内容変更］ダイアログボックスを表示して行います。［構成内容変更］ダイアログボックスを開くと、左側に現在の文書、右側に「Normal.dotm」テンプレートが表示されています。右側の［ファイルを閉じる］をクリックすると表示される［ファイルを開く］をクリックして、コピー元となるファイルを指定します。

［構成内容変更］ダイアログボックスは［スタイル］タブと［マクロプロジェクト］タブで構成されています。スタイルのコピーは［スタイル］タブを使用します。

［構成内容変更］ダイアログボックスの［スタイル］タブ

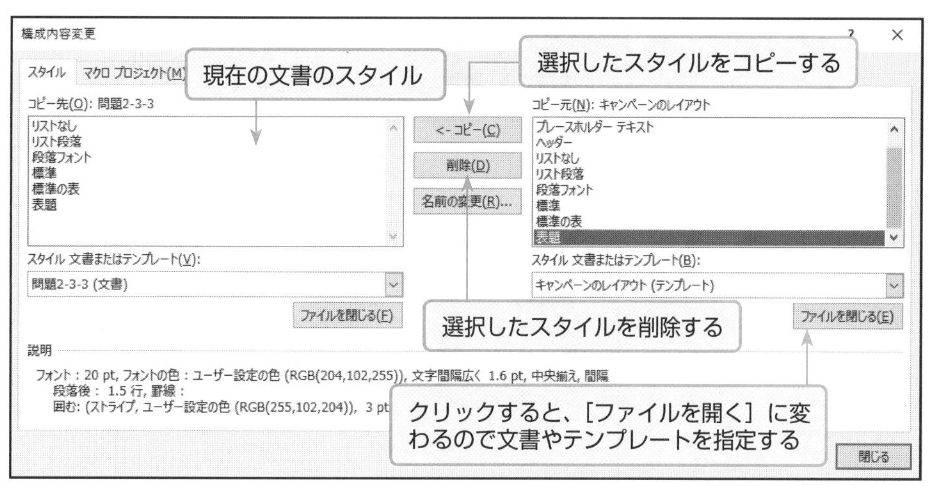

スタイルを削除する場合は、スタイルを選択して［削除］をクリックします。スタイル削除の確認メッセージが表示されるので、［はい］をクリックします。文書やテンプレートからスタイルが完全に削除されます。

操作手順

【操作 1】

❶ 1 行目に［表題］スタイルが設定されていることを確認します。

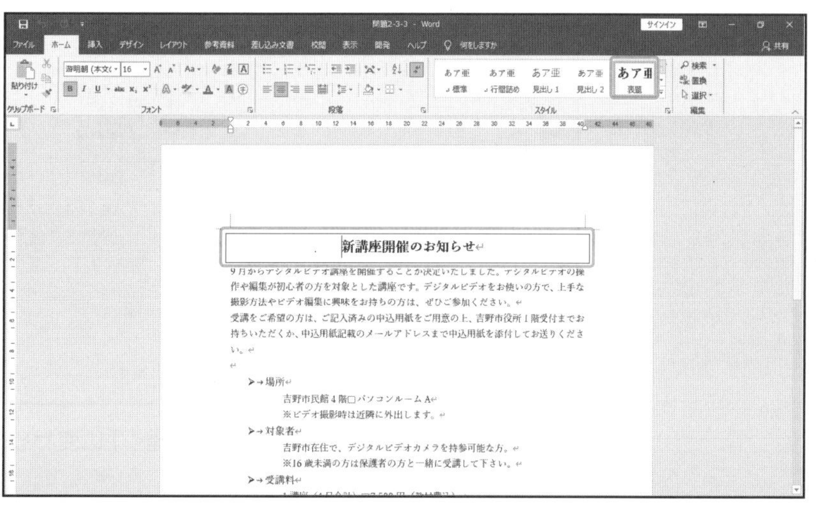

❷［開発］タブの［文書テンプレート］ボタンをクリックします。

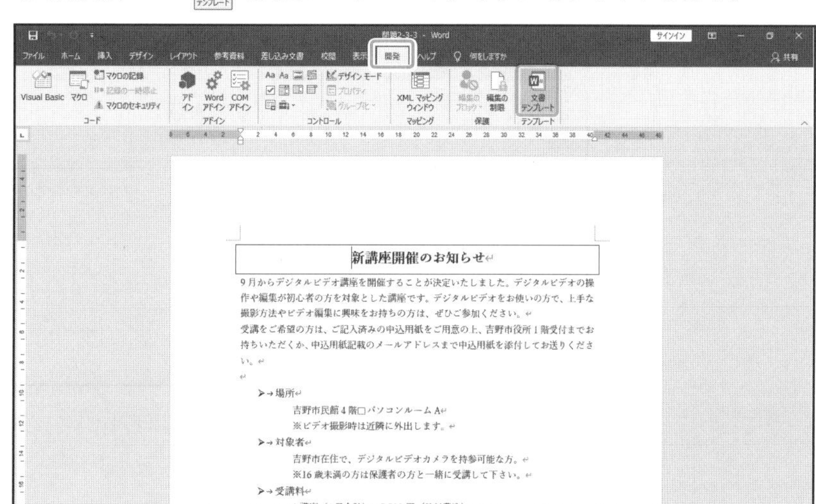

ヒント
［開発］タブの表示
［開発］タブが表示されていない場合は、1-1-6 の解説の操作で表示します。

第2章 高度な編集機能や書式設定機能の利用

❸［テンプレートとアドイン］ダイアログボックスの［テンプレート］タブが表示されます。

❹［構成内容変更］をクリックします。

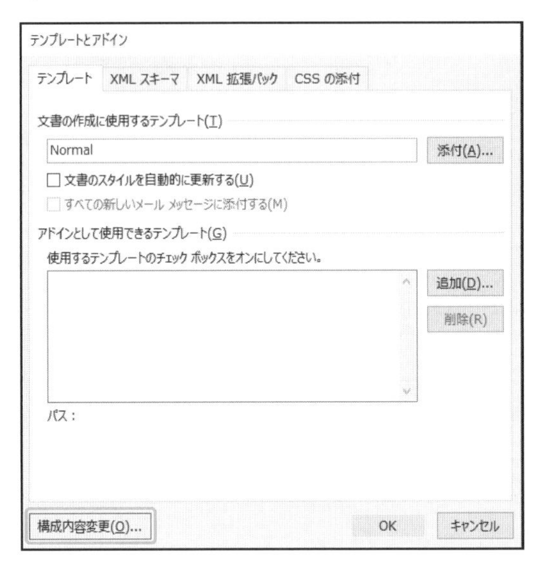

❺［構成内容変更］ダイアログボックスが表示されます。

❻［スタイル］タブをクリックします。

❼右側の［ファイルを閉じる］をクリックします。

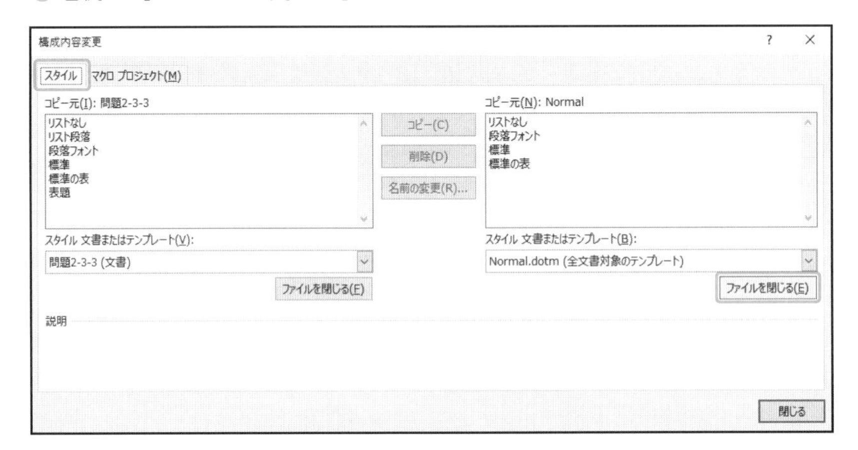

❽［ファイルを閉じる］が［ファイルを開く］に変わるので、［ファイルを開く］をクリックします。

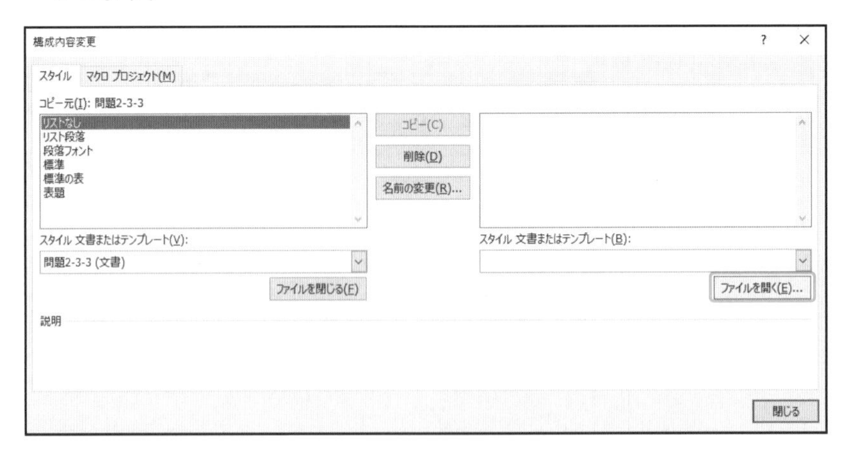

⑨［ファイルを開く］ダイアログボックスが表示されます。

⑩左側の一覧から［ドキュメント］をクリックします。

⑪一覧から［Word365&2019 エキスパート（実習用)］をダブルクリックします。

⑫一覧から［キャンペーンのレイアウト］をクリックし、［開く］をクリックします。

⑬右側の［スタイル文書またはテンプレート］ボックスに［キャンペーンのレイアウト（テンプレート)］と表示されます。

⑭すぐ上の一覧から［表題］をクリックします。

⑮［コピー］をクリックします。

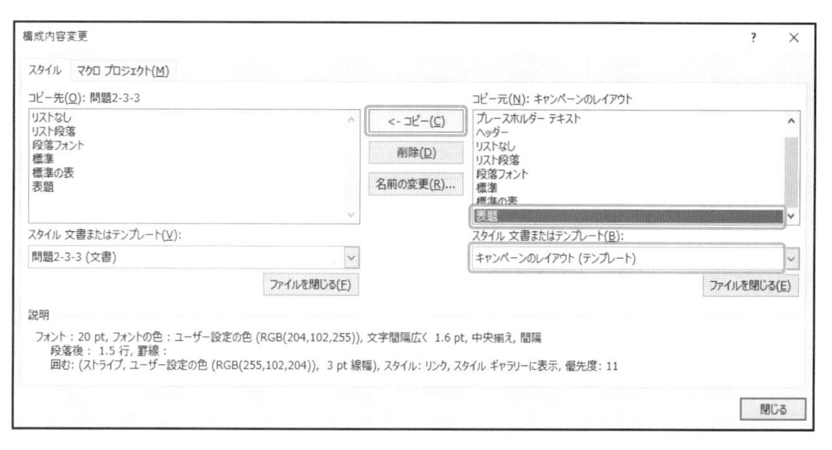

⑯コピー先に同名のスタイルがある場合は、上書きするかどうかの確認メッセージが表示されるので［はい］をクリックします。

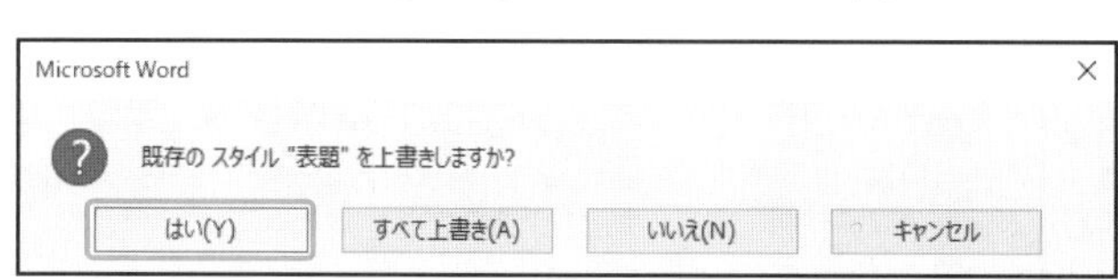

⑰左側の［コピー先：問題 2-3-3］に［表題］スタイルが上書きされます。

ポイント

ファイルの種類

［ファイルを開く］ダイアログボックスのファイルの種類は、既定では［すべての Word テンプレート］になっています。文書を開く場合は、▼をクリックして［Word 文書］に切り替えます。

ヒント

コピー先とコピー元

［構成内容変更］ダイアログボックスの［コピー先］と［コピー元］は、先にスタイルを選択した方が［コピー元］と表示され、もう一方が［コピー先］になります。左右のどちらを先に指定してもかまいません。

ヒント

スタイルの削除

左側または右側の一覧からスタイルを選択後、［削除］をクリックすると、選択したスタイルを削除できます。

⓲［構成内容変更］ダイアログボックスの［閉じる］をクリックします。

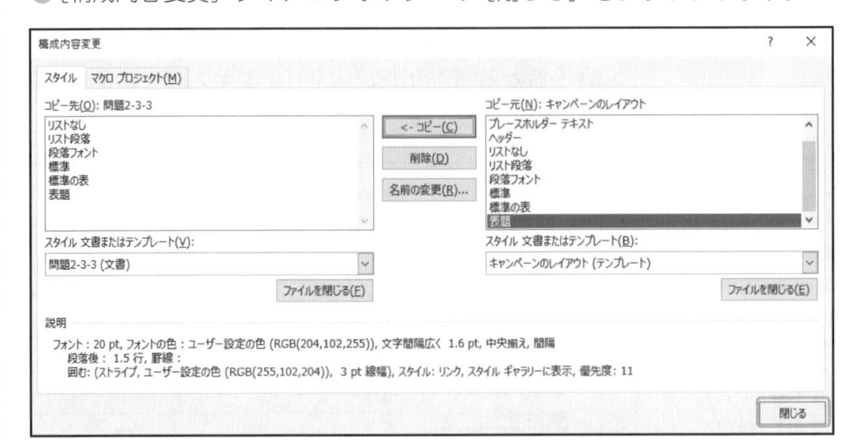

⓳文書に「表題」スタイルがコピーされ、1 行目の書式が変更されます。

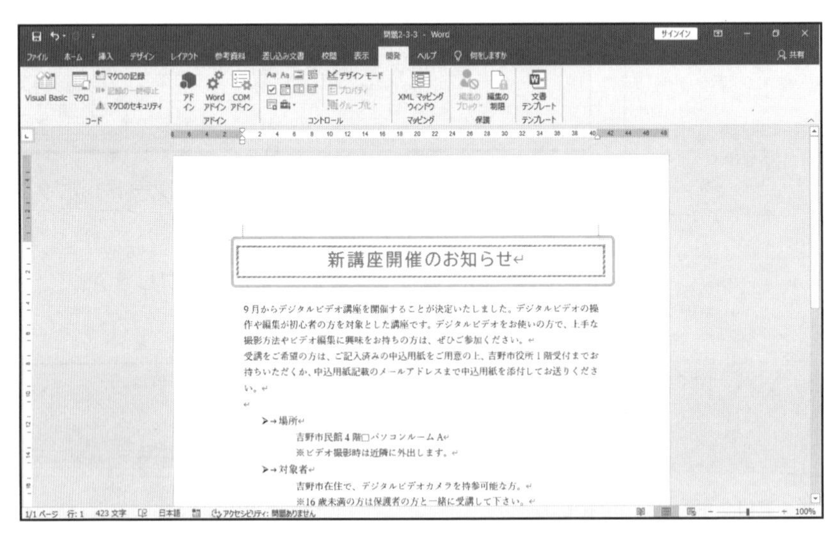

⓴［ホーム］タブに切り替えて、スタイルギャラリーの［表題］スタイルが変更されたことを確認します。

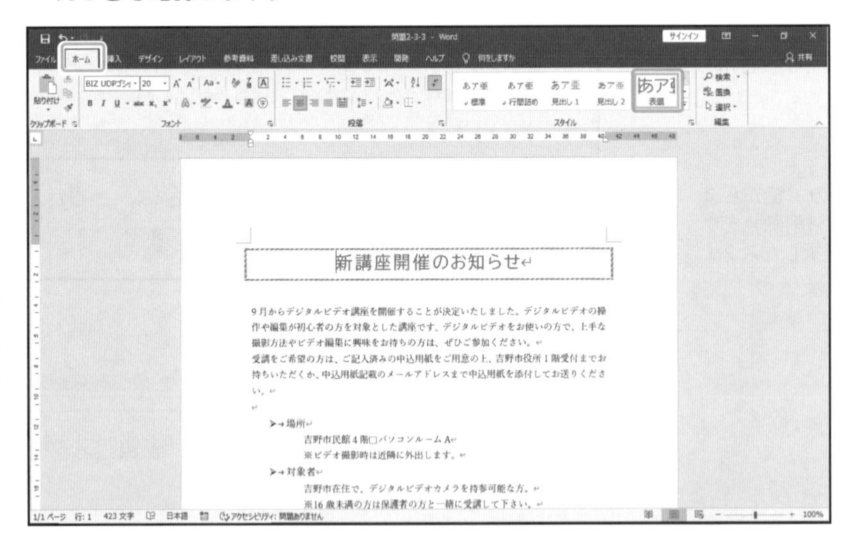

Chapter 3

ユーザー設定のドキュメント要素の作成

本章で学習する項目

- □ 文書パーツを作成する、変更する
- □ ユーザー設定のデザイン要素を作成する
- □ 索引を作成する、管理する
- □ 図表一覧を作成する、管理する

3-1 文書パーツを作成する、変更する

文書パーツとは、文書内で再利用できるツール（部品）のことです。あらかじめ用意されている組み込みの表紙や目次、テキストボックス、ヘッダーやフッターなどを利用するだけでなく、自分で作成したデータを文書パーツとして登録して利用することができます。

3-1-1 文書パーツを作成する

練習問題

問題フォルダー
└問題 3-1-1.docx

解答ファイルはありません。本書に掲載した画面を参照してください。

【操作 1】1 行目と 2 行目の段落を「タイトル」という名前で文書パーツとして登録します。ギャラリーは「クイックパーツ」、分類は新しい分類を作成し、「広報用」にします。

【操作 2】文書パーツを保存して、Word を終了します。次に Word を再起動して新しい白紙の文書を表示し、文書パーツが保存されていることを確認します。

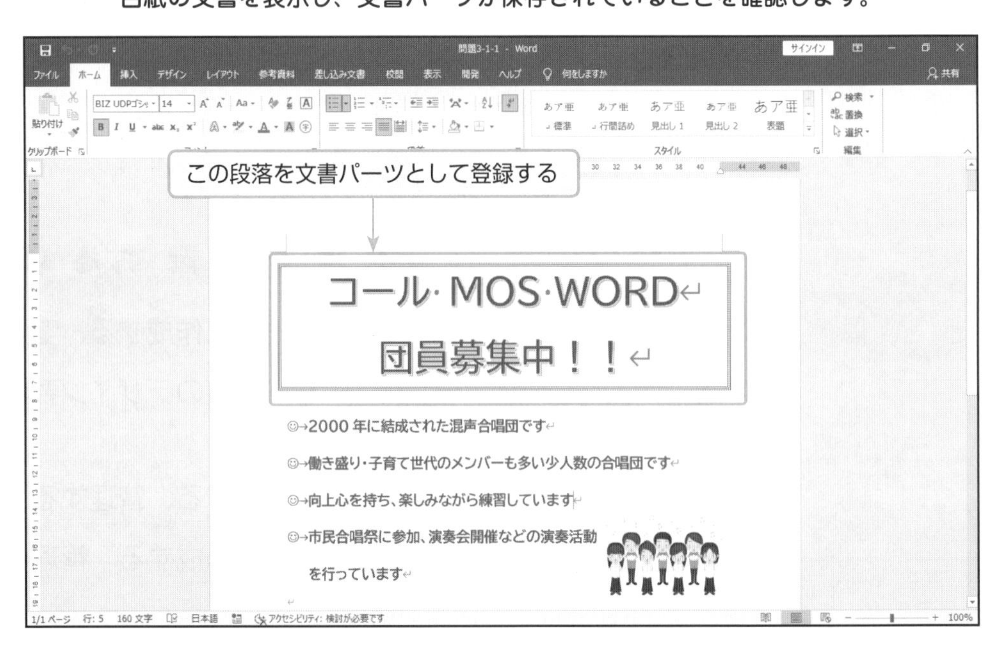

機能の解説

- 文書パーツ
- クイックパーツ
- ギャラリー
- ［新しい文書パーツの作成］ダイアログボックス
- ［新しい分類の作成］ダイアログボックス
- Building Blocks

文書パーツとは、文書の作成時によく使われる文字や画像などの要素を登録したツール（部品）です。文書パーツには、デザインされた表紙や目次、テキストボックス、ヘッダーやフッター、ページ番号などがあり、［挿入］タブの［表紙］［テキストボックス］［ヘッダー］［クイックパーツの表示］などの各ボタンをクリックすると表示されます。この一覧をギャラリーといい、イメージを確認しながら文書に挿入できます。また、ユーザーが作成したデータを文書パーツとして登録することもできます。よく利用する図やテキストボックス、文字列の組み合わせなどの書式が設定されたデータを文書パーツとして登録しておけば、同じ文書内だけでなく別の文書にもすばやく挿入ができて便利です。

ヒント

文書パーツの登録

[表紙] ボタンや [テキストボックス] ボタンの一覧の一番下にある [選択範囲を○○ギャラリーに保存] をクリックしても、文書パーツとしてそれぞれのギャラリーに保存できます。

[表紙] のギャラリー

[テキストボックス] のギャラリー

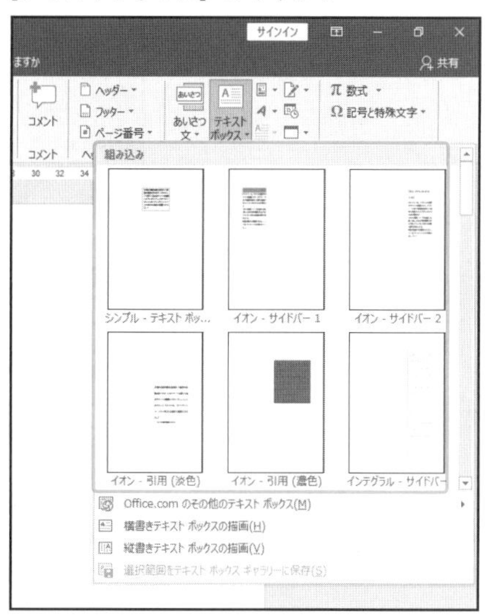

●文書パーツの登録

文書パーツとして登録するには、データを選択して [挿入] タブの [クイックパーツの表示] ボタンをクリックし、[選択範囲をクイックパーツギャラリーに保存] をクリックします。[新しい文書パーツの作成] ダイアログボックスが表示されるので、文書パーツの名前やギャラリーの種類や説明などの情報を入力して保存します。

[新しい文書パーツの作成] ダイアログボックス

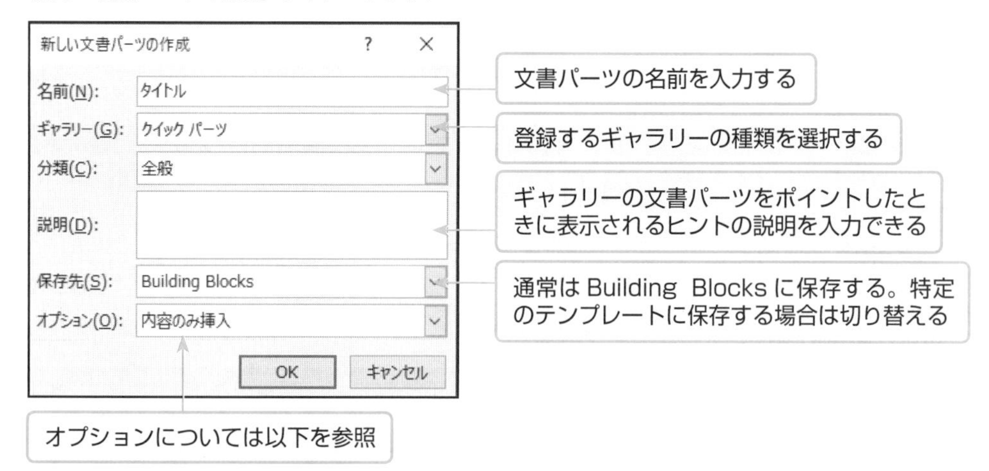

[オプション] ボックスは、文書パーツの挿入方法を指定します。

内容のみ挿入	カーソルの位置に文書パーツがそのまま挿入される
内容を段落のまま挿入	カーソルの位置に文書パーツが段落単位で挿入される
内容をページのまま挿入	カーソルの位置に文書パーツを含む１ページ分が挿入される

●新しい分類の作成

[新しい文書パーツの作成] ダイアログボックスの [分類] ボックスでは文書パーツを登録する分類を指定します。通常は「全般」が表示されていますが、新規に分類を作成することもできます。[分類] ボックスの▼から [新しい分類の作成] をクリックして、次に表示される [新しい分類の作成] ダイアログボックスで分類名を入力します。

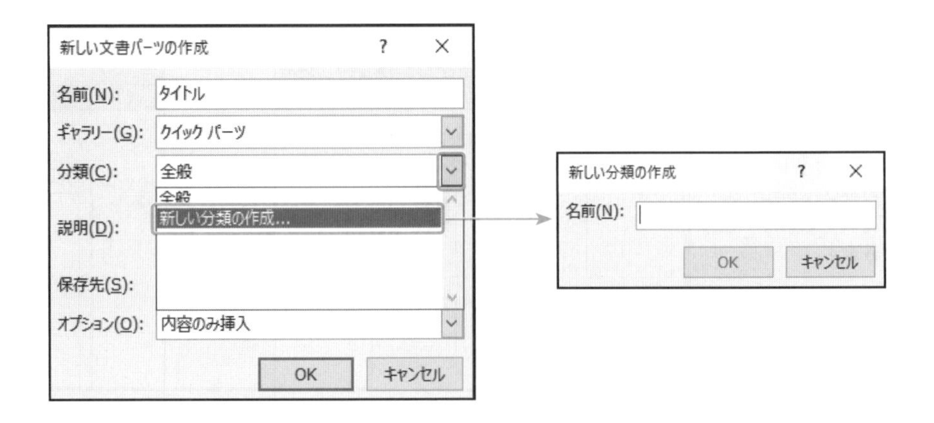

●文書パーツの保存

文書パーツを登録した場合には、Wordの終了時に次のようなダイアログボックスが表示されます。登録した文書パーツを保存してほかの文書でも利用できるようにするにはこのメッセージの［保存］をクリックします。［保存しない］をクリックすると、登録した文書パーツは保存されずに削除されてしまいます。このメッセージにある「Building Blocks」とは、文書パーツ専用のテンプレートのことです。Building Blocksテンプレートに保存された文書パーツは、すべてのWord文書で共通で使用することができます。

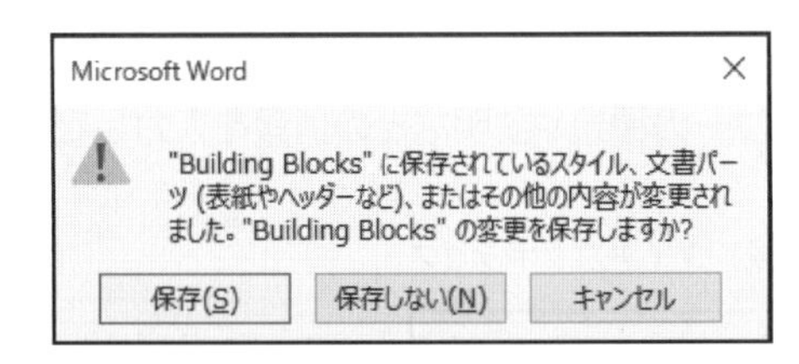

操作手順

その他の操作方法
ショートカットキー
Alt + F3 キー
（［新しい文書パーツの作成］ダイアログボックスの表示）

【操作1】

❶1行目と2行目の段落を選択します。

❷［挿入］タブの［クイックパーツの表示］ボタンをクリックします。

❸［選択範囲をクイックパーツギャラリーに保存］をクリックします。

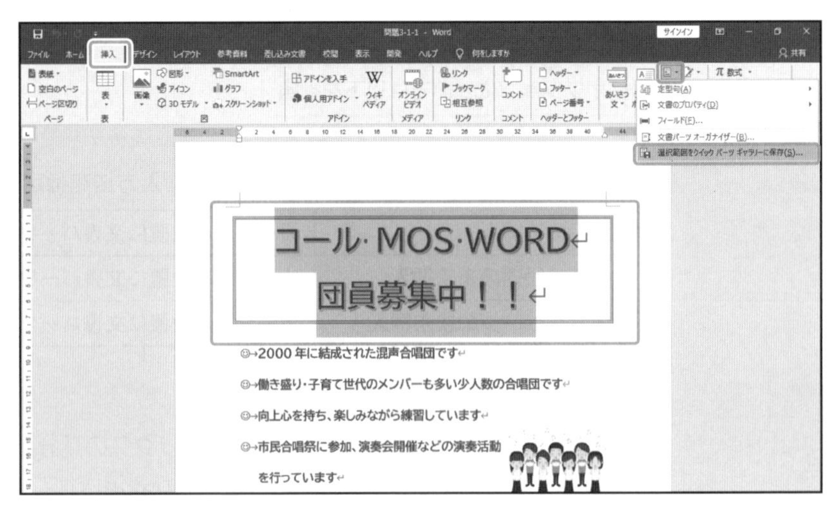

❹［新しい文書パーツの作成］ダイアログボックスが表示されます。

❺［名前］ボックスに「タイトル」と入力します。

❻［ギャラリー］ボックスに［クイックパーツ］と表示されていない場合は▼をクリックして［クイックパーツ］をクリックします。

❼［分類］ボックスの▼をクリックし、「広報用」がないことを確認します。

❽［新しい分類の作成…］をクリックします。

❾［新しい分類の作成］ダイアログボックスが表示されます。

❿［名前］ボックスに「広報用」と入力します。

⓫［OK］をクリックします。

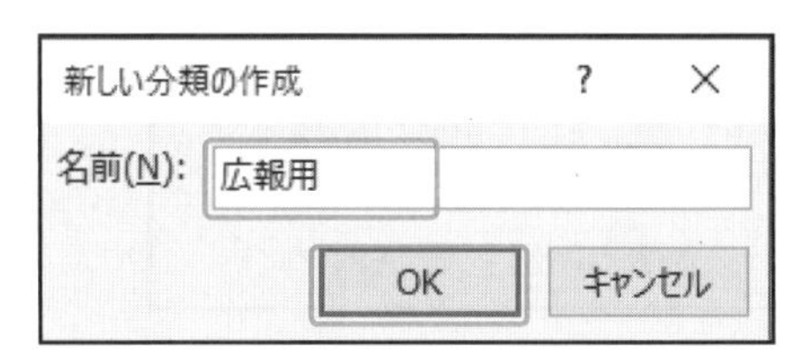

⓬［分類］ボックスに「広報用」と表示されたことを確認します。

⓭［保存先］ボックスに［Building Blocks］と表示されていることを確認します。

⓮［OK］をクリックします。

⓯文書パーツが登録されます。

ヒント
ギャラリー
［ギャラリー］ボックスでは文書パーツの種類を指定します。「クイックパーツ」を指定すると、［クイックパーツの表示］ボタンの一覧に表示されます。

【操作 2】

⑯ クイックアクセスツールバーの [上書き保存] ボタンをクリックします。

⑰ Word の閉じるボタンをクリックします。

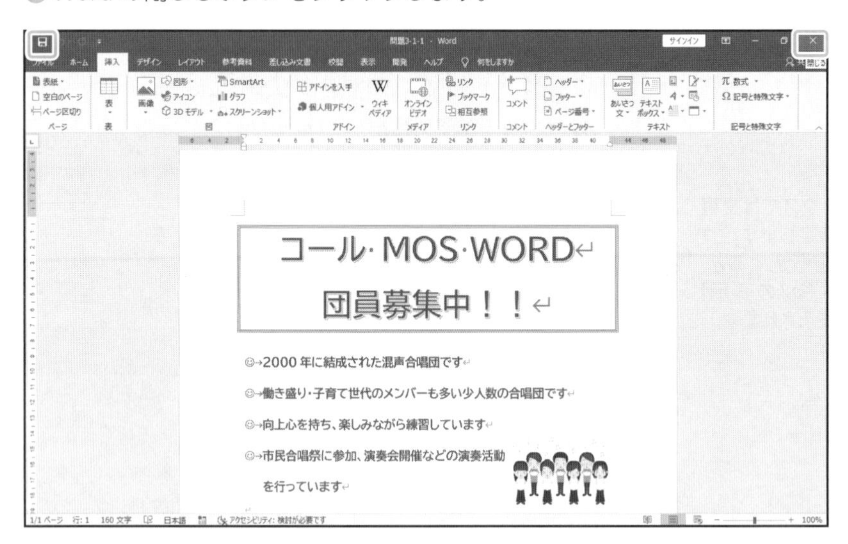

⑱ 文書パーツの保存に関する確認メッセージが表示されます。

⑲ ［保存］をクリックします。

⑳ Word を再起動して白紙の文書を表示します。

㉑ ［挿入］タブの ［クイックパーツの表示］ボタンをクリックします。

㉒ 一覧に「タイトル」の文書パーツが表示されることを確認します。

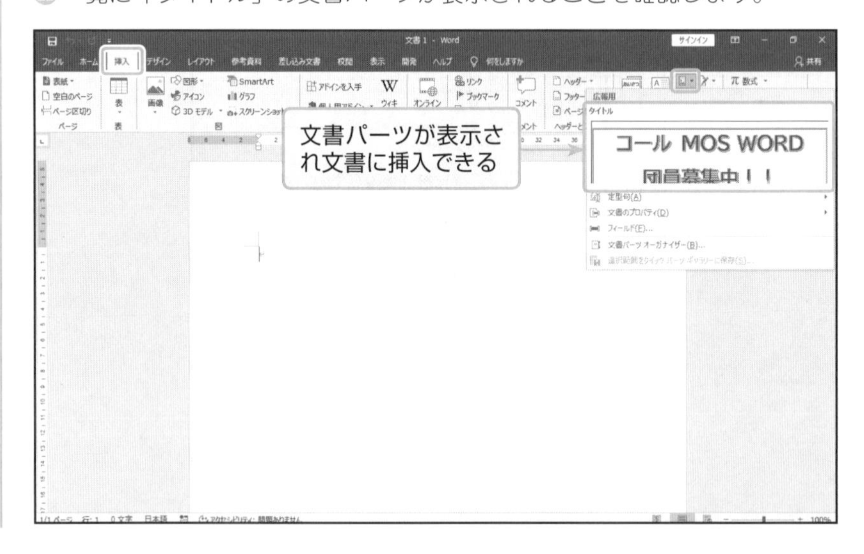

ヒント
登録した文書パーツ
この文書パーツは［ギャラリー］の種類を「クイックパーツ」で保存したので、 ［クイックパーツの表示］ボタンの一覧に表示されます。

ヒント
文書パーツの挿入
ギャラリーに表示される文書パーツをクリックすると、文書に挿入できます。

3-1-2 文書パーツを管理する

練習問題

問題フォルダー
└問題 3-1-2.docx

解答ファイルはありません。本書に掲載した画面を参照してください。

※ この練習問題は、問題 3-1-1 の操作後に行ってください。

この文書で使用されている文書パーツ「タイトル」を編集します。タイトルを「団員募集のタイトル」、説明を「文頭のタイトル。文言を変更しても使用可。」に変更します。

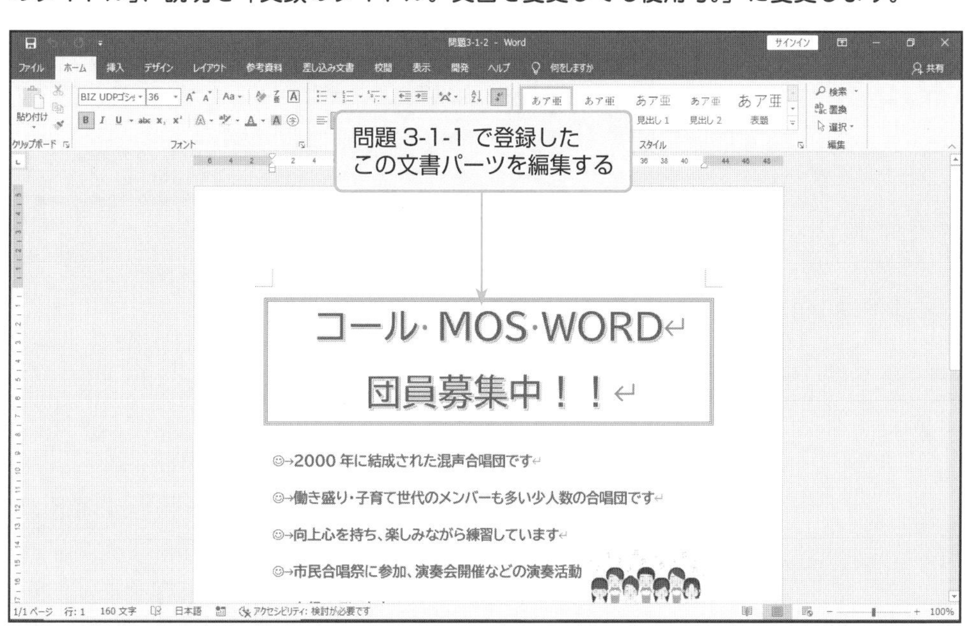

機能の解説

- 文書パーツの編集
- ［文書パーツの変更］ダイアログボックス
- ［文書パーツオーガナイザー］ダイアログボックス
- 文書パーツの削除

登録した文書パーツは、後から内容を編集できます。ギャラリーの一覧から目的の文書パーツを右クリックし、［プロパティの編集］をクリックします。［文書パーツの変更］ダイアログボックスが表示されるので、作成時と同じように内容を入力して変更します。

［文書パーツの変更］ダイアログボックスの表示

●［文書パーツオーガナイザー］ダイアログボックスで編集する

［文書パーツオーガナイザー］ダイアログボックスを表示して、一覧から選択して文書パーツを編集することもできます。［挿入］タブの ［クイックパーツの表示］ボタンから［文書パーツオーガナイザー］をクリックします。［文書パーツオーガナイザー］ダイアログボックスにはすべての文書パーツが表示され、内容の確認や変更、削除などの文書パーツの管理が行えます。

［文書パーツオーガナイザー］ダイアログボックス

●文書パーツの削除

登録した文書パーツが不要になった場合は上記の［文書パーツオーガナイザー］ダイアログボックスを使用して削除することができます。ギャラリーの一覧に文書パーツが表示されている場合は、文書パーツを右クリックして［整理と削除］をクリックします。目的の文書パーツが指定された状態で［文書パーツオーガナイザー］ダイアログボックスが表示されるので、［削除］をクリックします。

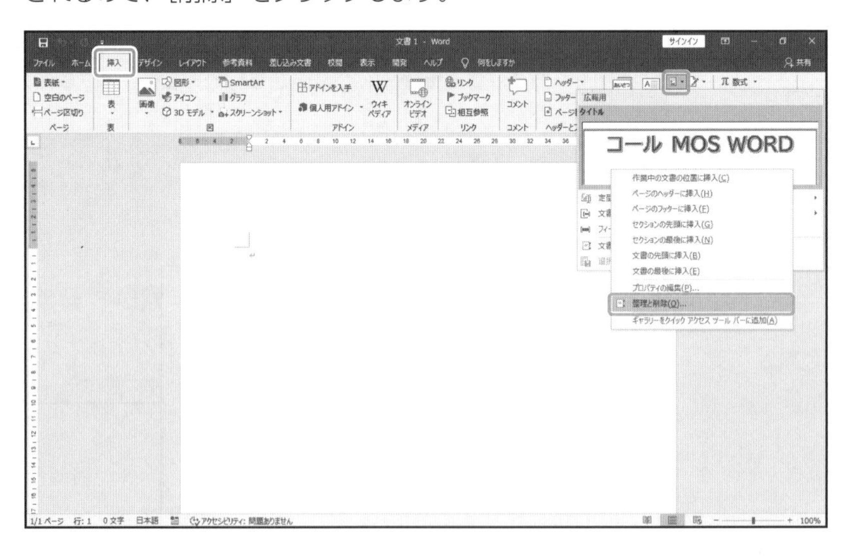

操作手順

❶［挿入］タブの ［クイックパーツの表示］ボタンをクリックします。

❷文書パーツ［タイトル］を右クリックします。

❸ショートカットメニューの［プロパティの編集］をクリックします。

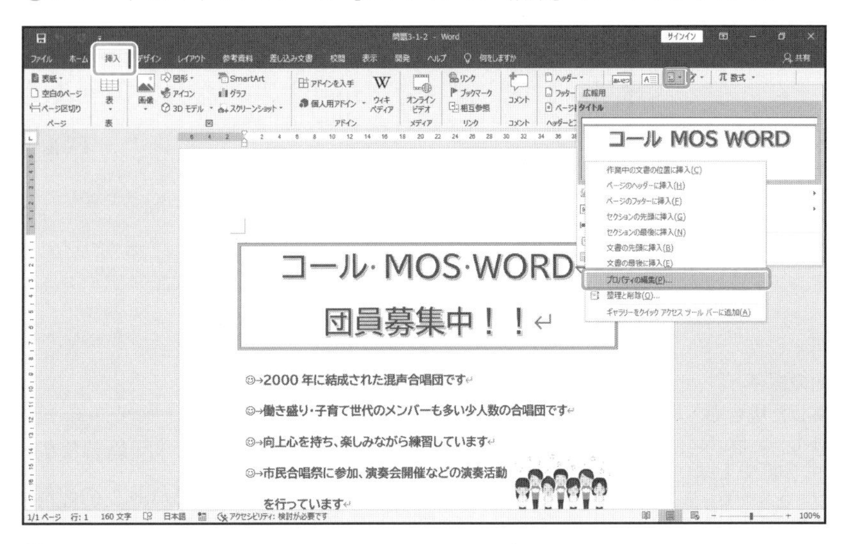

❹［文書パーツの変更］ダイアログボックスが表示されます。

❺［名前］ボックスを「団員募集のタイトル」に変更します。

❻［説明］ボックスに「文頭のタイトル。文言を変更しても使用可。」と入力します。

❼［OK］をクリックします。

❽文書パーツの変更内容の確認メッセージが表示されます。

❾［はい］をクリックします。

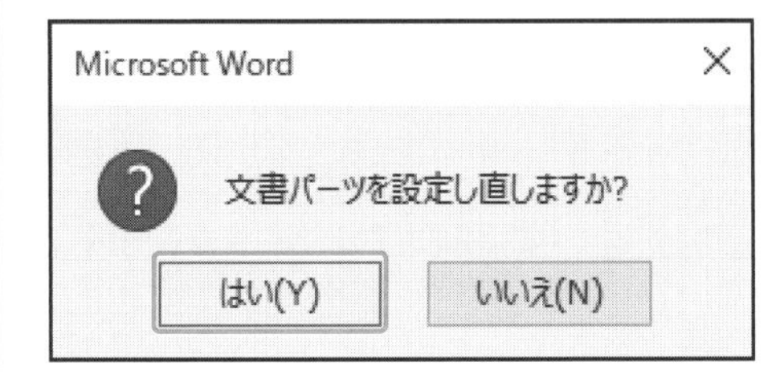

⑩［挿入］タブの [クイックパーツ] ［クイックパーツの表示］ボタンをクリックします。

⑪文書パーツのタイトルが変更されていることを確認します。

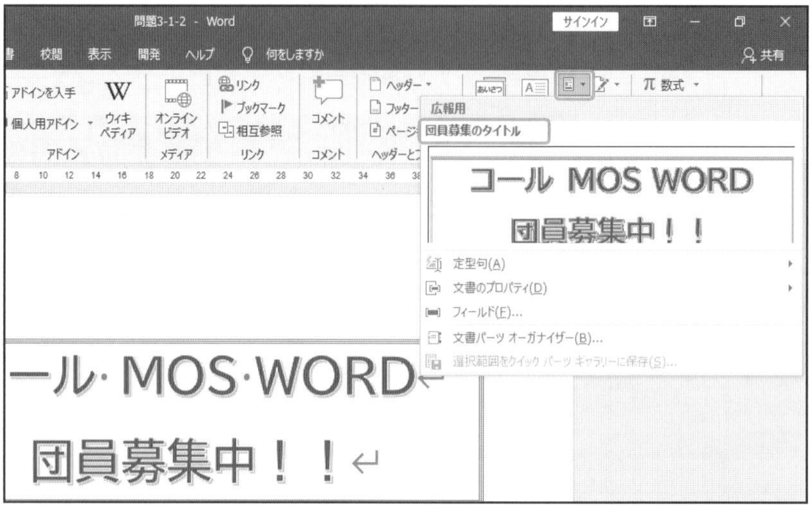

※ 解答操作が終了したら、文書パーツ「団員募集のタイトル」を削除してください。操作方法は、「機能の解説」の「●文書パーツの削除」を参照してください。文書パーツを削除した場合もファイルを閉じる際に「Building Blocks の変更を保存しますか？」というメッセージが表示されるので、［保存］をクリックします。

ヒント

文書パーツの変更の保存

文書パーツを編集した場合も、ファイルを閉じる際に「"Building Blocks" の変更を保存しますか？」というメッセージが表示されます。［保存］をクリックして文書パーツの変更を保存します。

3-2 ユーザー設定のデザイン要素を作成する

文書のテーマの色やテーマのフォントはユーザーがカスタマイズすることができます。また、文書のスタイルをスタイルセットとして登録しておくと、ほかの文書に利用することができます。ここでは、テーマの色やテーマのフォントの設定とテーマの保存、スタイルセットをカスタマイズする方法を学習します。

3-2-1 ユーザー設定の配色のセットを作成する

練習問題

問題フォルダー
└問題 3-2-1.docx

解答フォルダー
└解答 3-2-1.docx

テーマの色を以下のようにカスタマイズして、「ピアノ発表会」という新しいテーマの配色パターンを作成します。

・アクセント 2：RGB（赤：255　緑：100　青：200）

・アクセント 4：[薄い青]

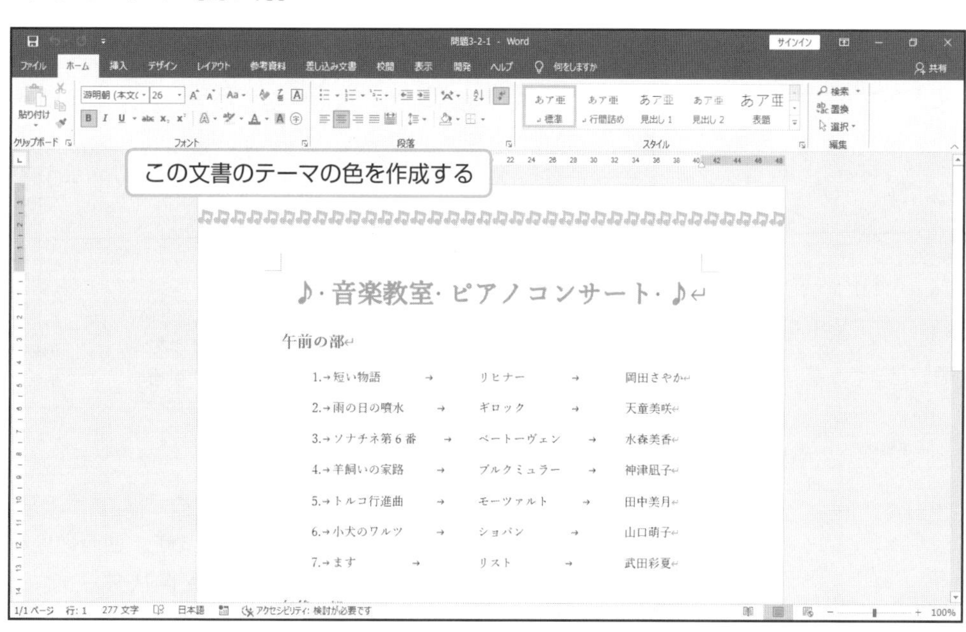

機能の解説

重要用語

□ テーマの色

□ [テーマの新しい配色パターンを作成] ダイアログボックス

□ [色の設定] ダイアログボックス

文書には、使用している配色、フォント、グラフィックの効果を組み合わせたテーマが適用されています。初期設定では「Office」というテーマが適用されていますが、他のテーマに切り替えることで、文書の視覚的な印象を変えることができます。テーマは、テーマの色、テーマのフォント、テーマの効果の 3 つの要素で構成されています。

現在のテーマの色は、[ホーム] タブの [フォントの色] ボタンの▼をクリックすると表示される [テーマの色] の一覧に表示されます。

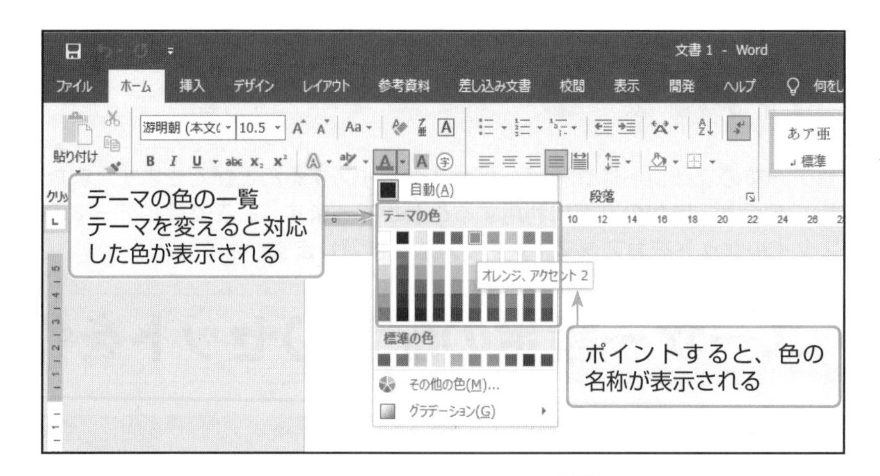

テーマの色を変更するには、[デザイン] タブの [配色] ボタンをクリックし、配色パターンの一覧から選択することができます。

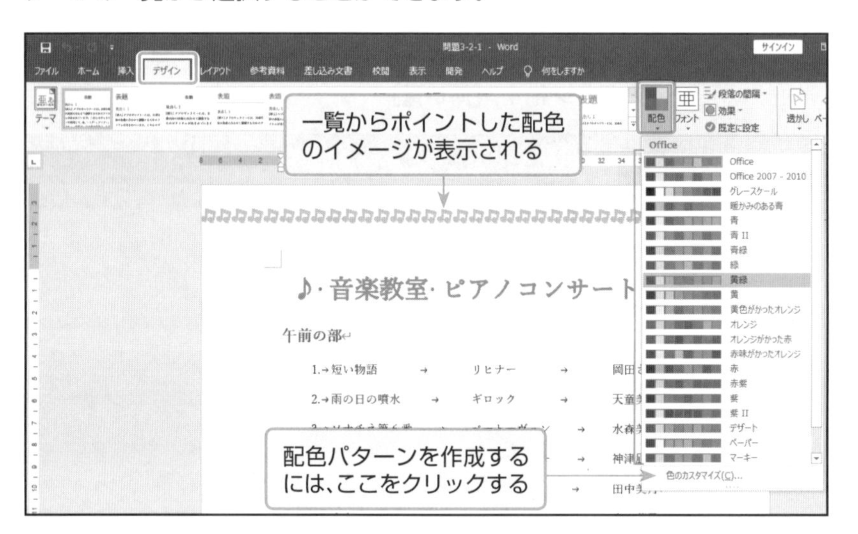

●配色パターンの作成

[配色] ボタンの一覧にない色の組み合わせは、[テーマの新しい配色パターンを作成] ダイアログボックスで作成することができます。独自の色を [色の設定] ダイアログボックスで指定することもできます。作成した配色パターンは別の文書でも利用できます。

[テーマの新しい配色パターンを作成] ダイアログボックス

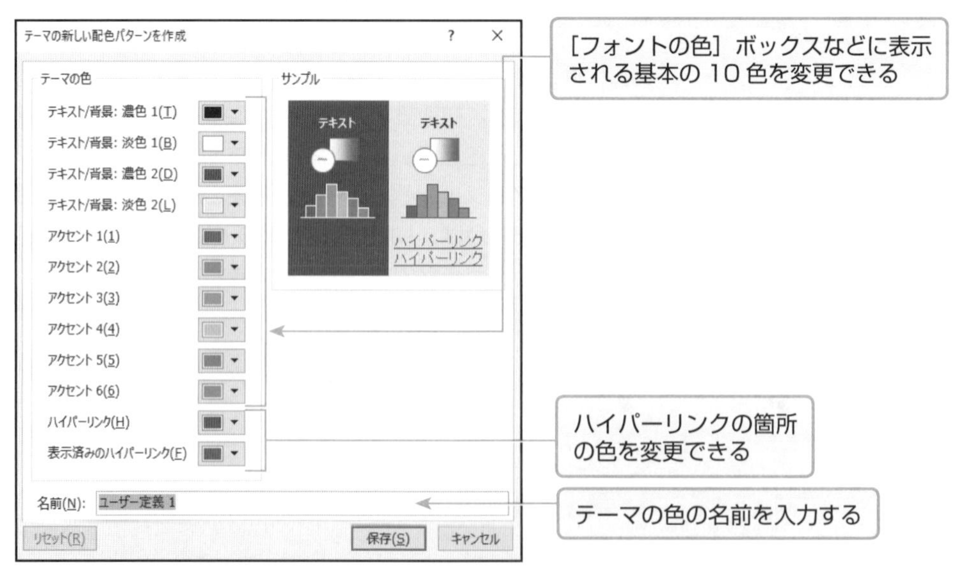

操作手順

❶［デザイン］タブの［配色］ボタンをクリックします。

❷［色のカスタマイズ］をクリックします。

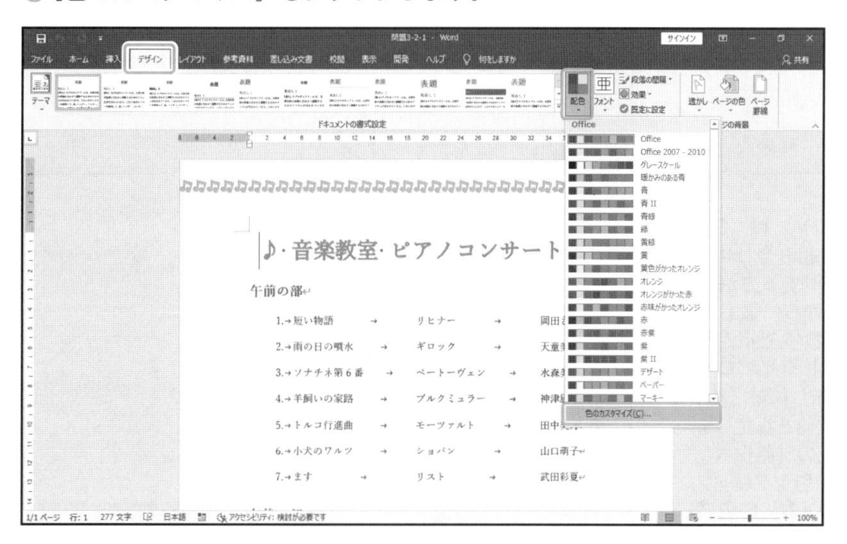

❸［テーマの新しい配色パターンを作成］ダイアログボックスが表示されます。

❹［アクセント 2（2）］ボックスの▼をクリックします。

❺［その他の色］をクリックします。

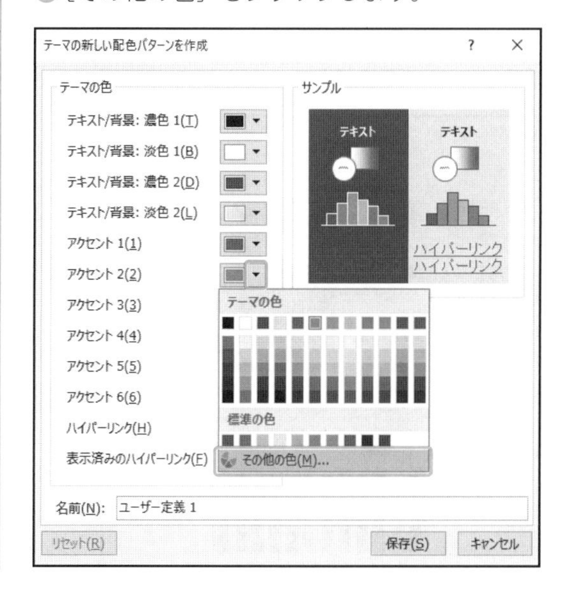

⑥［色の設定］ダイアログボックスが表示されます。

⑦［ユーザー設定］タブをクリックします。

⑧［カラーモデル］ボックスに［RGB］と表示されていることを確認します。

⑨［赤］ボックスに「255」と入力するか、▲をクリックして「255」に設定します。

⑩［緑］ボックスに「100」と入力するか、▼をクリックして「100」に設定します。

⑪［青］ボックスに「200」と入力するか、▲をクリックして「200」に設定します。

⑫［OK］をクリックします。

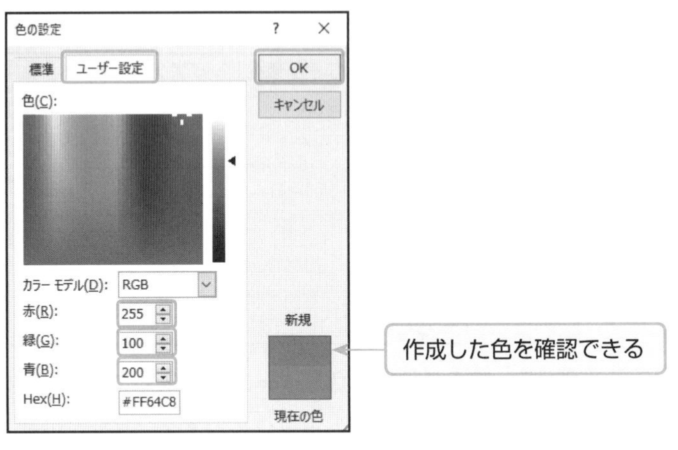

⑬［アクセント 2（2）］ボックスの色が変更されます。

⑭［アクセント 4（4）］ボックスの▼をクリックします。

⑮［標準の色］の［薄い青］をクリックします。

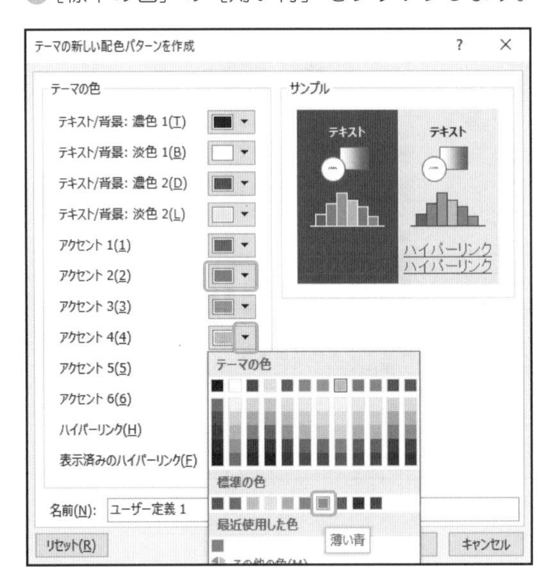

ヒント

RGB

RGBとは、赤（R）、緑（G）、青（B）の3色の組み合わせで画面上の色を表現する方法です。最も暗い0から、最も明るい255までの数値で指定します。［色の設定］ダイアログボックスでは［赤］［緑］［青］の各ボックスに数値を指定します。また、すぐ上の［色］ボックス内から目的の色をクリックすると［赤］［緑］［青］の数値が変更されます。

⑯［アクセント 4（4)］ボックスの色が変更されます。

⑰［名前］ボックスに「ピアノ発表会」と入力します。

⑱［保存］をクリックします。

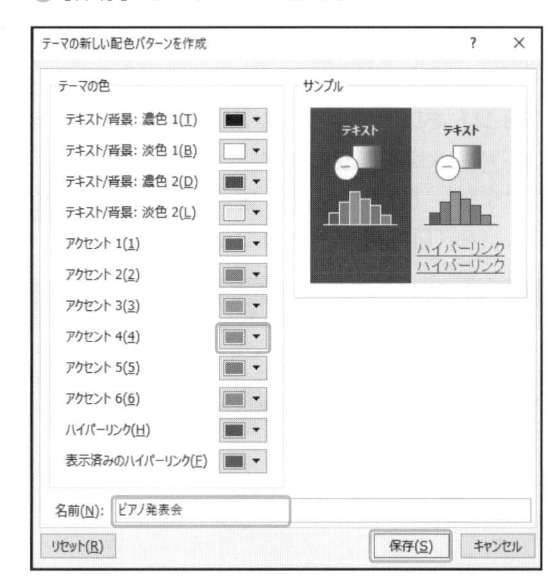

⑲テーマの配色のパターンが保存され、文書に適用されます。

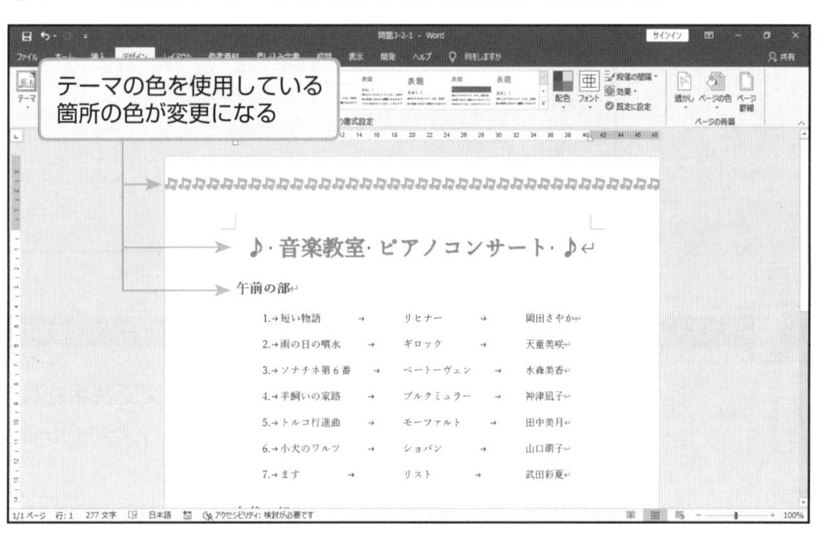

ヒント

テーマの色の適用

作成したテーマの配色パターンは、［デザイン］タブの［配色］ボタンの一覧に表示されます。一度作成したテーマの色は削除しない限り、ほかの文書でも表示され、選択することができます。

ヒント

テーマの色の削除

作成したテーマの配色パターンは削除することができます。［配色］ボタンの一覧に表示されるテーマの色を右クリックして、［削除］をクリックします。組み込みのテーマの色は削除できません。

［配色］ボタン

3-2-2 ユーザー設定のフォントのセットを作成する

練習問題

問題フォルダー
└問題 3-2-2.docx
解答フォルダー
└解答 3-2-2.docx

テーマのフォントを以下のようにカスタマイズして、「ピアノ発表会」という新しいテーマのフォントパターンを作成します。

・見出しのフォント（日本語）：HG 創英角ポップ体
・本文のフォント（日本語）：HG 丸ゴシック M-PRO

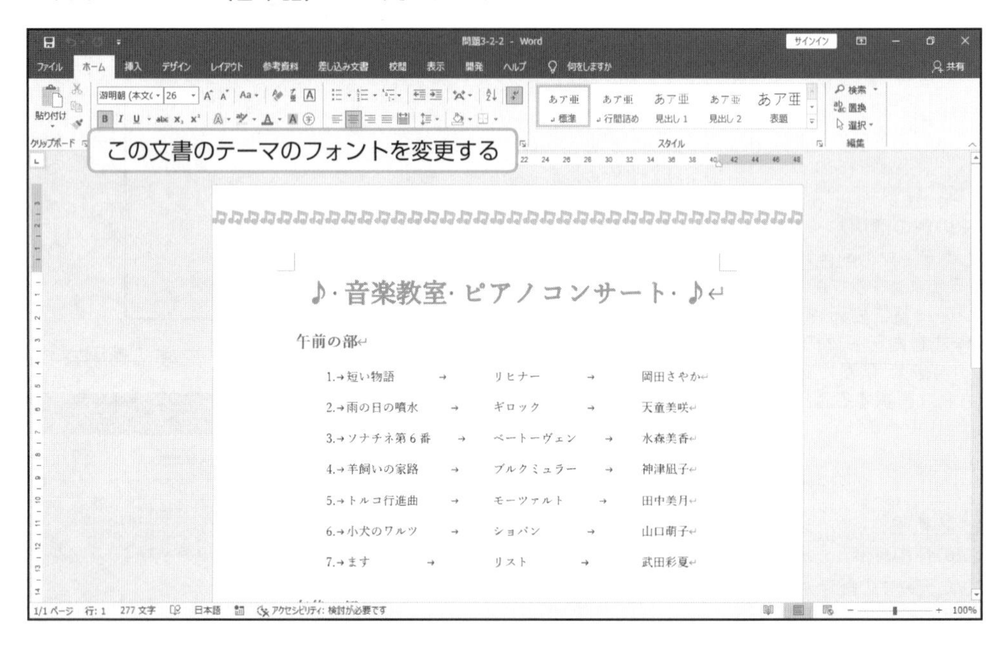

機能の解説

- テーマのフォント
- ［新しいテーマのフォントパターンの作成］ダイアログボックス
- 見出しのフォント
- 本文のフォント

テーマのフォントとは、文書の見出しと本文で使用されるフォントの組み合わせです。初期設定では、標準スタイルは游明朝、見出しスタイルには游ゴシック Light のフォントが指定されています。
現在のテーマのフォントは、［ホーム］タブの 游明朝 (本文(［フォント］ボックスの一覧で確認できます。

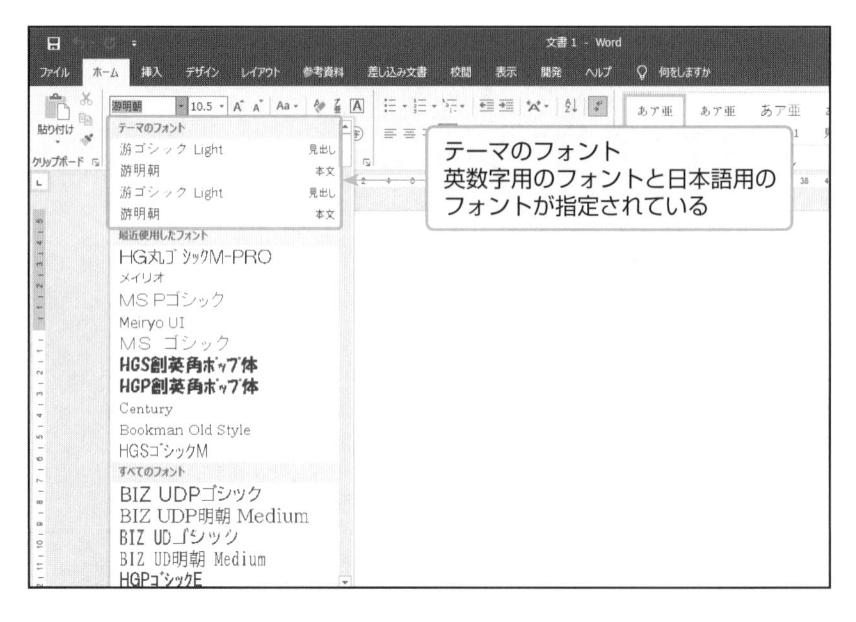

テーマのフォントを変更したい場合は、［デザイン］タブの［フォント］ボタンの一覧から選択します。テーマのフォントを変更すると、文書内の本文または見出しのフォントが設定されている箇所がすべて変更されます。よく利用するフォントの組み合わせがテーマのフォントの一覧にない場合は、［新しいテーマのフォントパターンの作成］ダイアログボックスを使用してテーマのフォントパターンを作成することができます。作成したテーマのフォントパターンはすべての文書で利用することができます。

［新しいテーマのフォントパターンの作成］ダイアログボックス

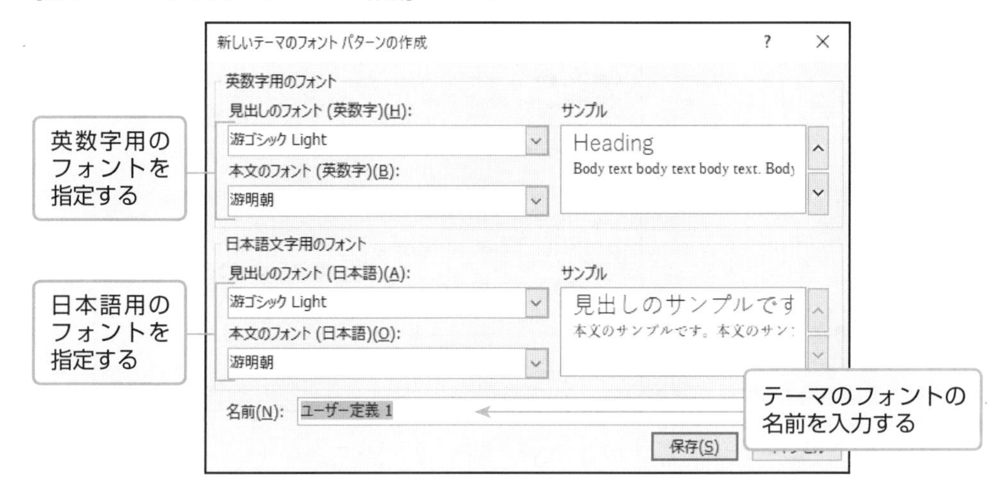

操作手順

❶［デザイン］タブの［フォント］ボタンをクリックします。

❷［フォントのカスタマイズ］をクリックします。

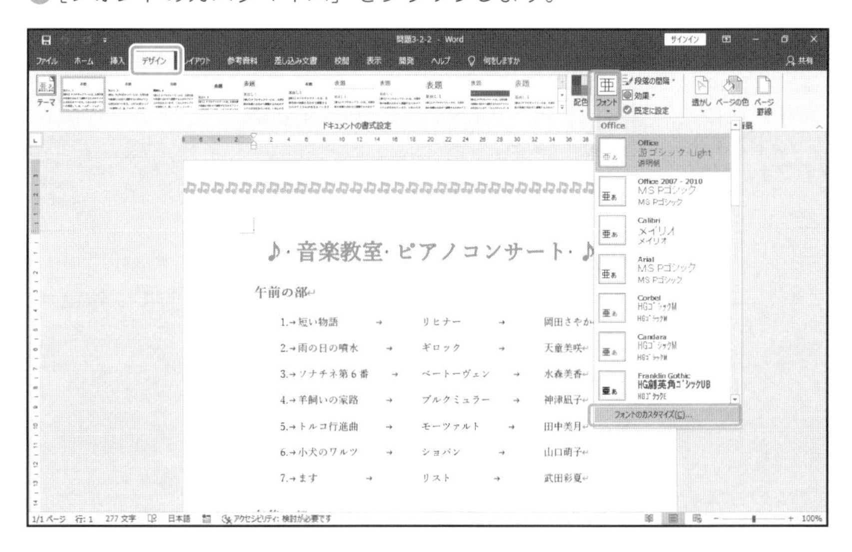

❸［新しいテーマのフォントパターンの作成］ダイアログボックスが表示されます。

❹［見出しのフォント（日本語）］ボックスの▼をクリックし、［HG 創英角ポップ体］をクリックします。

❺［本文のフォント（日本語）］ボックスの▼をクリックし、［HG 丸ゴシック M-PRO］をクリックします。

❻［名前］ボックスに「ピアノ発表会」と入力します

❼［保存］をクリックします。

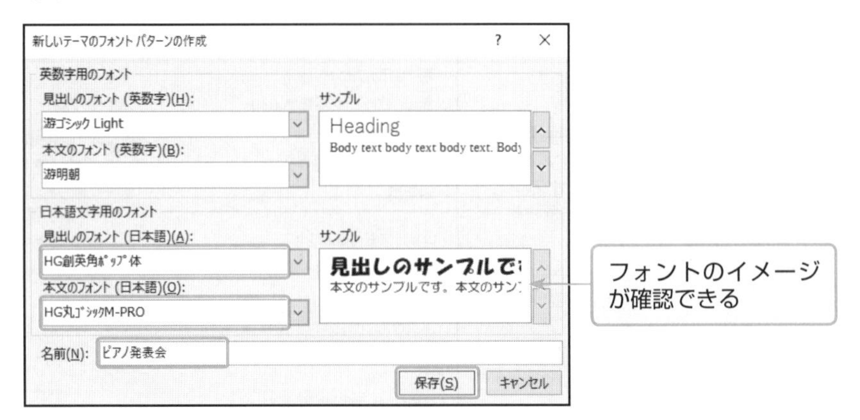

❽テーマのフォントのパターンが保存され、文書に適用されます。

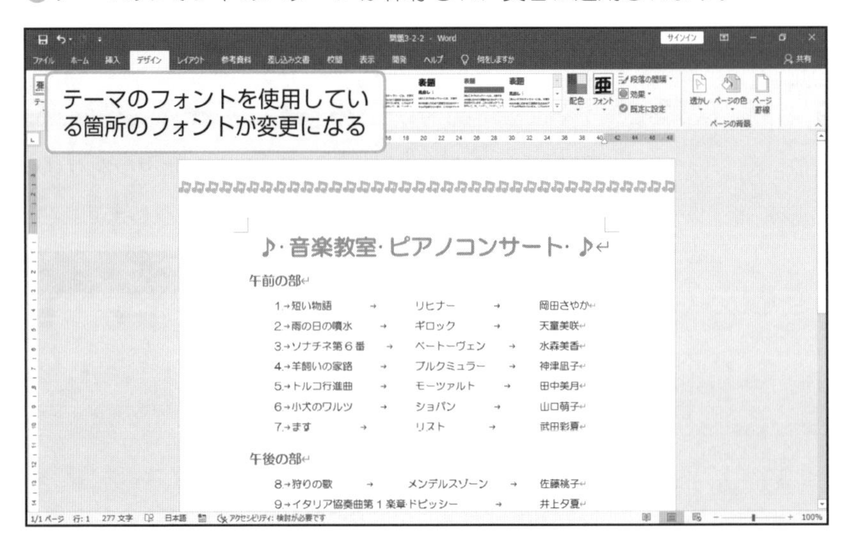

ヒント
テーマのフォントの適用

作成したテーマのフォントパターンをほかの文書に適用するには、［デザイン］タブの［フォント］をクリックして、［ユーザー定義］の一覧から「ピアノ発表会」を選択します。

ヒント
テーマのフォントの削除

作成したテーマのフォントパターンは削除することができます。［デザイン］タブの［フォント］ボタンの一覧から目的のテーマのフォントを右クリックして［削除］をクリックします。組み込みのテーマのフォントは削除できません。

［フォント］ボタン

3-2-3 ユーザー設定のテーマを作成する

練習問題

問題フォルダー
└問題 3-2-3.docx

解答ファイルはありません。本書に掲載した画面を参照してください。

この文書のテーマを「音楽教室」という名前のテーマとして「ドキュメント」フォルダーに保存します。

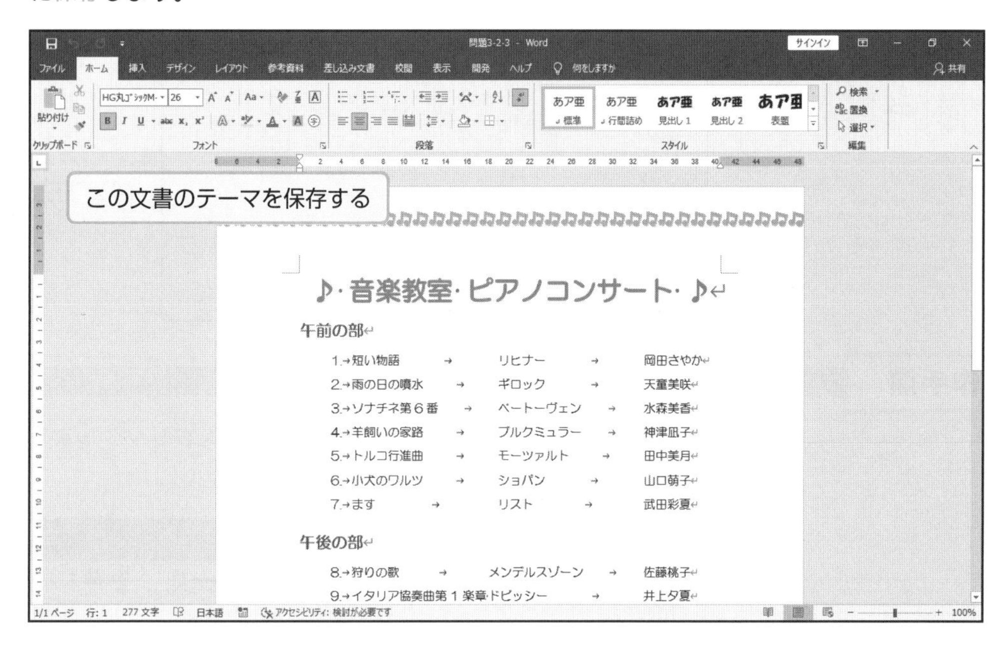

機能の解説

重要用語

- テーマ
- [現在のテーマを保存] ダイアログボックス

テーマは配色、フォント、効果の３つの要素で構成され、テーマを切り替えることで簡単に文書全体の視覚的な印象を変更したり、デザインを統一したりすることができます。[デザイン] タブの [テーマ] ボタンをクリックすると、一覧でテーマを確認したり選択することができます。

テーマの種類

表示されるテーマの一覧は環境によって誌面とは異なる場合があります。

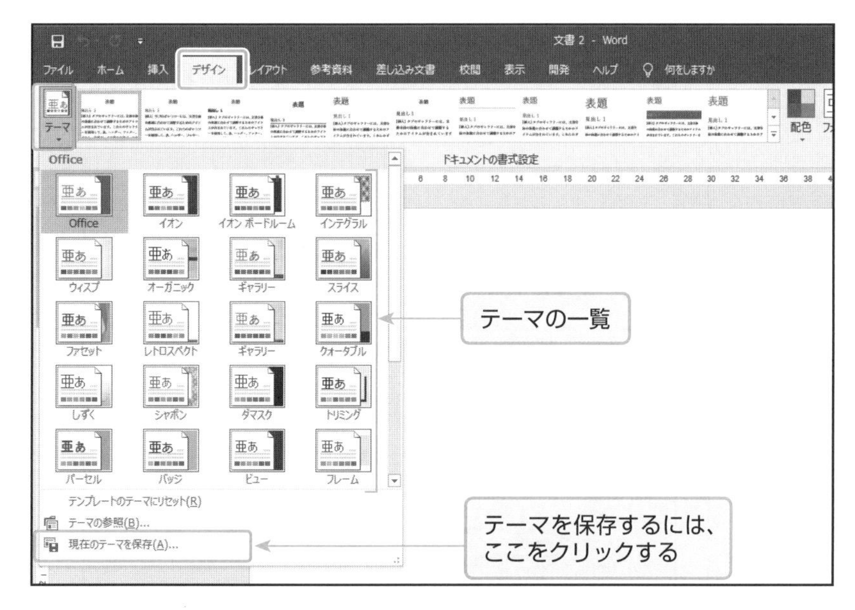

第3章 ユーザー設定のドキュメント要素の作成

テーマには、自分が作成した配色やフォントなどの組み合わせを登録することもできます。[現在のテーマを保存] ダイアログボックスでテーマの名前を付けて保存すれば、別の文書でも利用することができます。

[現在のテーマを保存] ダイアログボックス

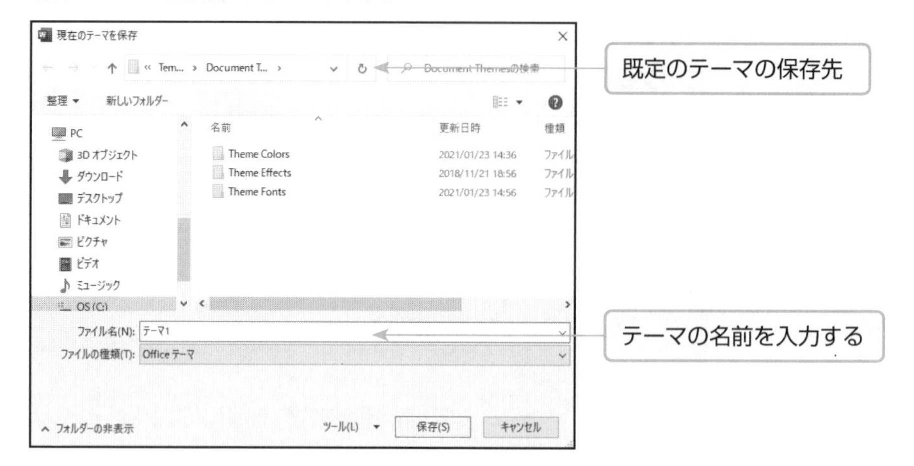

操作手順

❶ [デザイン] タブの [テーマ] ボタンをクリックします。

❷ [現在のテーマを保存] をクリックします。

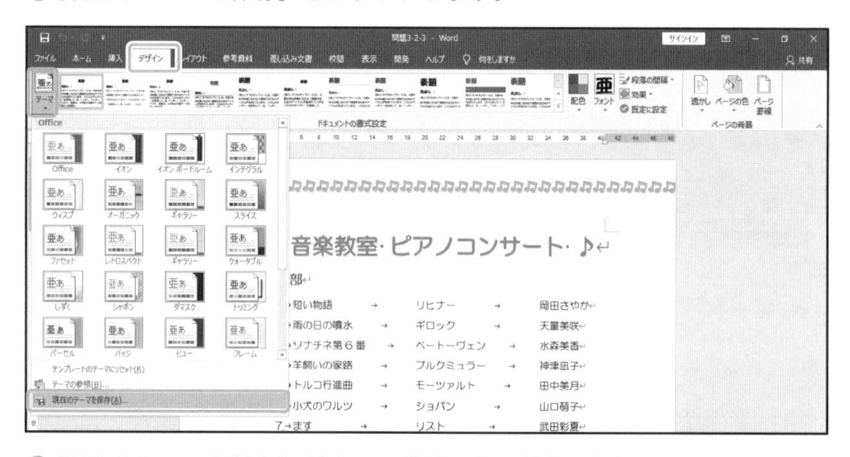

❸ [現在のテーマを保存] ダイアログボックスが表示されます。

❹ 左側の一覧から [ドキュメント] をクリックします。

❺ [ファイル名] ボックスに「音楽教室」と入力します。

❻ [保存] をクリックします。

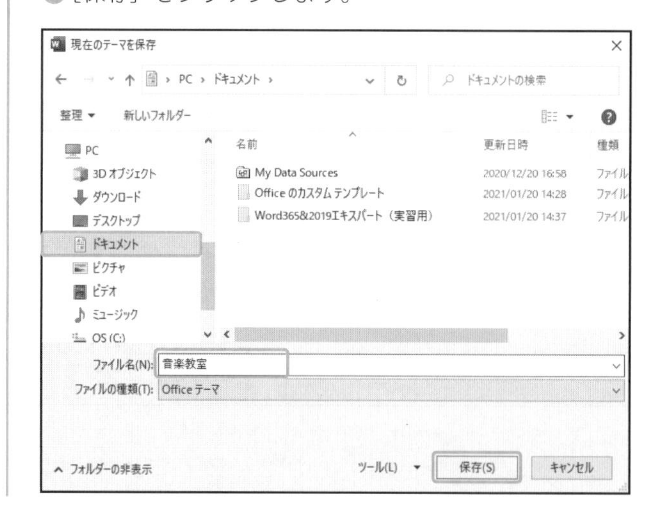

ヒント

テーマの利用

[現在のテーマを保存] ダイアログボックスで既定の場所にテーマを保存した場合は、[テーマ] ボタンの一覧に「音楽教室」が表示されるので、そこから選択することができます。ほかの場所にテーマを保存した場合は一覧に表示されないため、[テーマ] ボタンをクリックして [テーマの参照] をクリックします。[テーマまたはテーマドキュメントの選択] ダイアログボックスが表示されるので、保存した場所からテーマを選択し、文書に適用します。

[テーマ] ボタン

❼ この文書のテーマが保存されます。

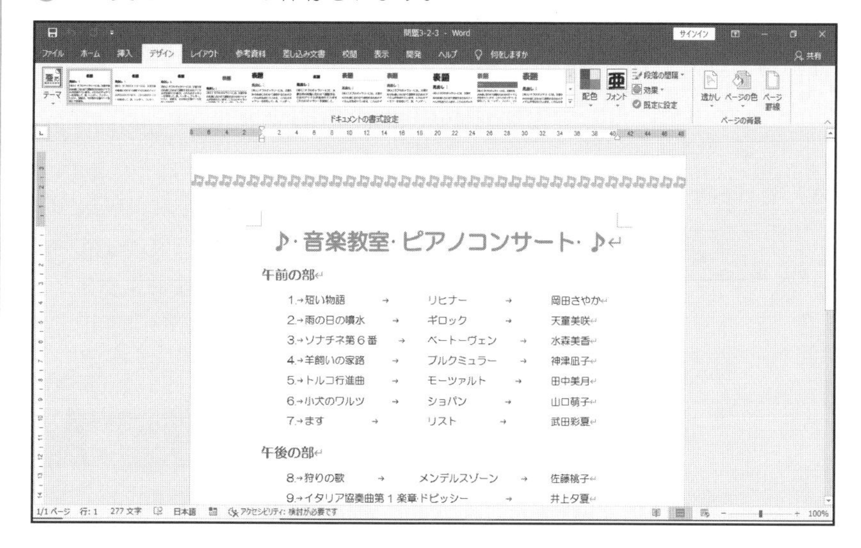

3-2-4 ユーザー設定のスタイルセットを作成する

練習問題

問題フォルダー
└問題 3-2-4.docx

解答ファイルはありません。本誌に掲載した画面を参照してください。

この文書のスタイルを「父母の会スタイル」というスタイルセットとして保存します。

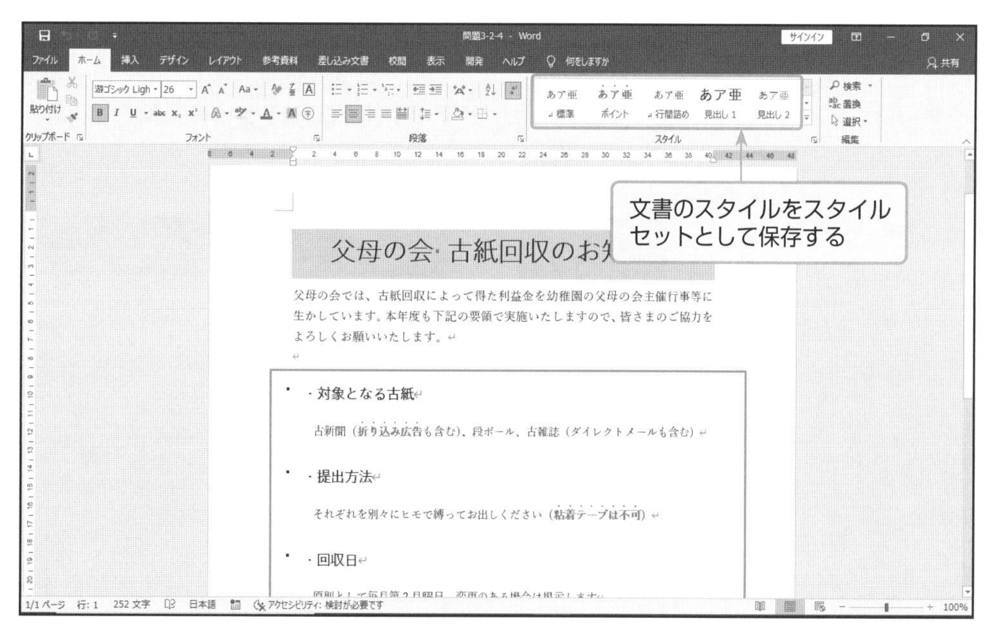

機能の解説

重要用語

- スタイルセット
- ［新しいスタイルセットとして保存］ダイアログボックス

スタイルセットとは、文書のすべてのスタイルをまとめて名前を付けて保存したものです。スタイルセットは、［デザイン］タブの［ドキュメントの書式設定］のスタイルセットの一覧から選択ができ、別のスタイルセットに切り替えると文書全体のスタイルが変更されます。
また、新しいスタイルセットを作成することもできます。よく使うスタイルの組み合わせをスタイルセットとして保存しておけば、別の文書でも利用することができるので便利です。スタイルセットを保存するには、［新しいスタイルセットとして保存］ダイアログボックスを使用します。

スタイルセットの一覧

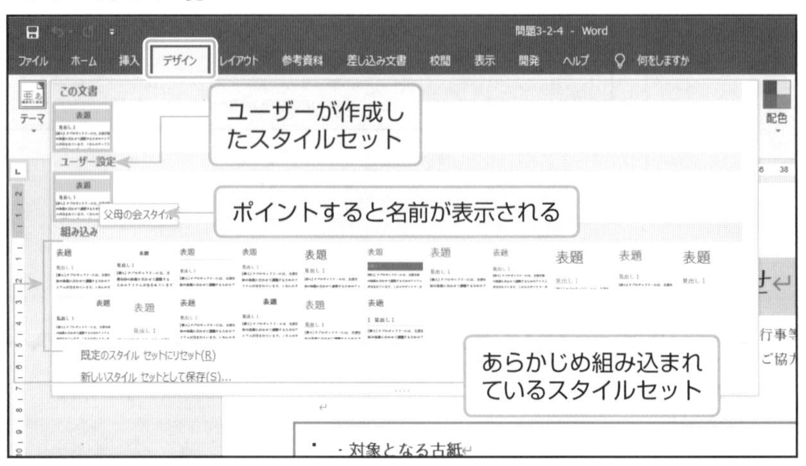

●スタイルセットの削除

登録したスタイルセットを削除するには、スタイルセットの一覧を表示して目的のスタイルセットを右クリックし、ショートカットメニューの［削除］をクリックします。削除できるのはユーザーが登録したスタイルセットのみです。組み込みのスタイルセットは削除できません。

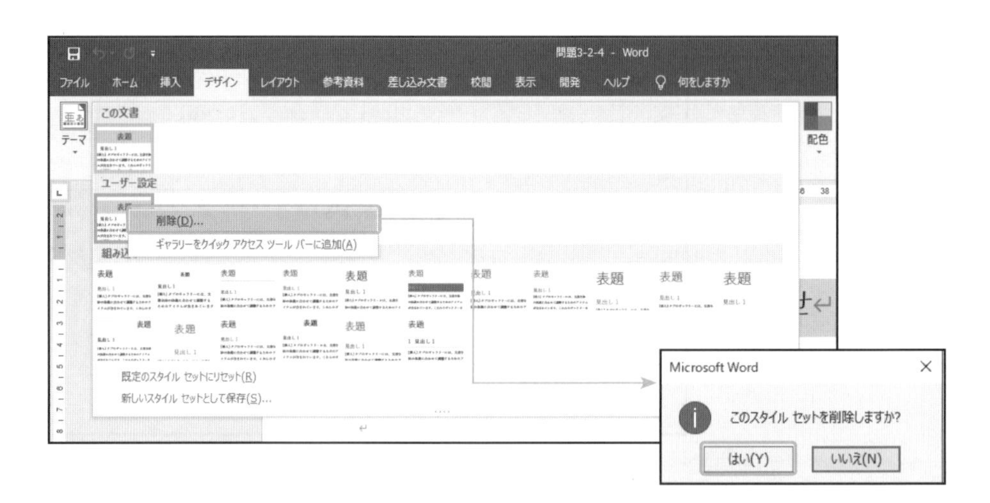

操作手順

ヒント
スタイルセットの作成
スタイルセットは現在表示している文書のスタイルから作成されます。保存したいスタイルのある文書を開いて操作します。

❶［デザイン］タブの［その他］ボタンをクリックします。

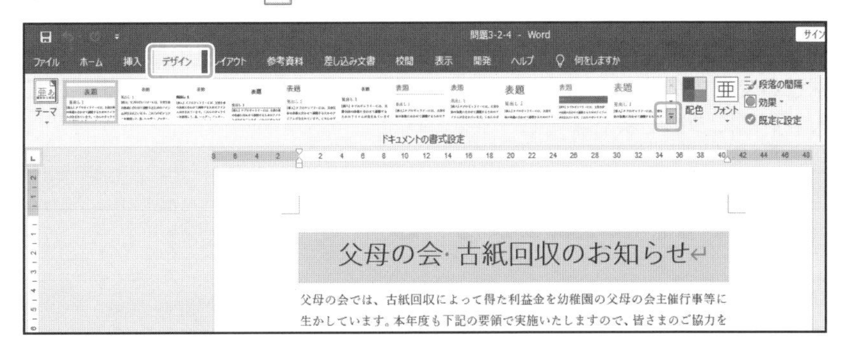

❷［新しいスタイルセットとして保存］をクリックします。

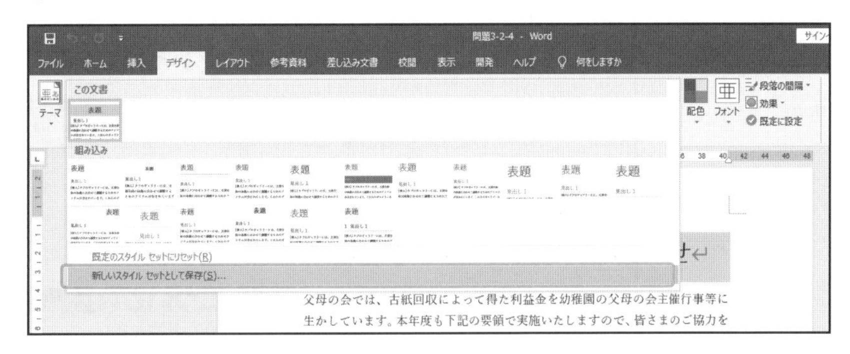

❸［新しいスタイルセットとして保存］ダイアログボックスが表示されます。

❹［ファイル名］ボックスに「父母の会スタイル」と入力します。

❺［保存］をクリックします。

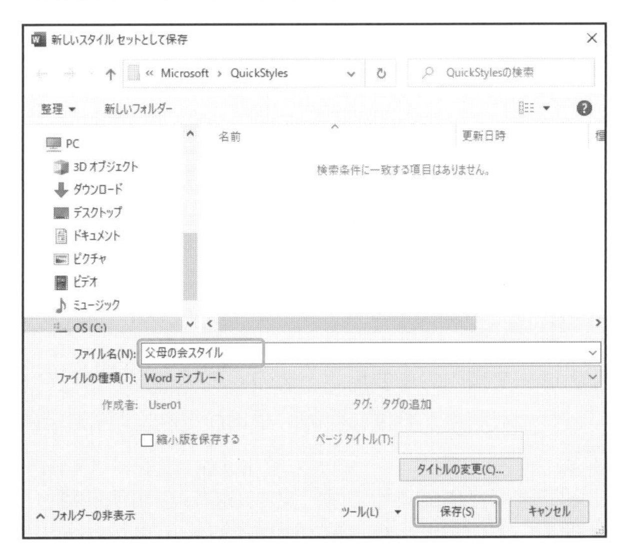

❻新しいスタイルセットが保存されます。

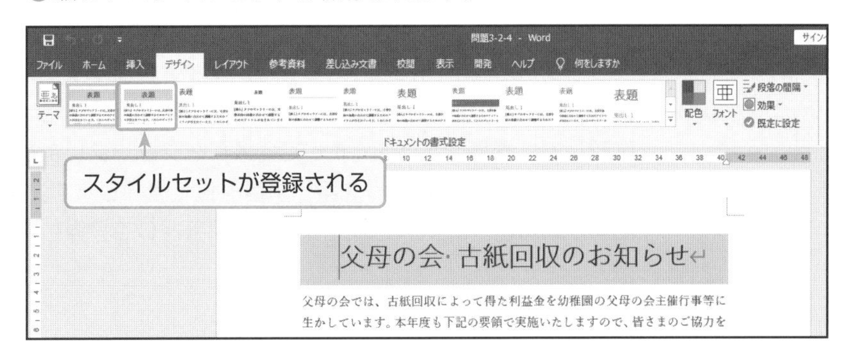

ヒント
テンプレートに適用する
文書に適用したスタイルセットやテーマの色、テーマのフォントなどの設定を文書の元になっているテンプレートに適用することができます。そのテンプレートを基に新規作成する文書すべてに同じスタイルセットやテーマが適用されます。それには、［デザイン］タブの［既定に設定］ボタンをクリックします。なお、この練習問題のテンプレートは全文書が対象となるNormalテンプレートなので、操作する際には注意してください。

3-3 索引を作成する、管理する

Wordには、書式や段数、頭文字の分類などを指定して作成できる索引の機能があります。索引を作成するには、あらかじめ索引に載せる文書内の語句を索引項目として登録しておく必要があります。ここでは、索引項目を登録する方法から索引の挿入や更新についてまで学習します。

3-3-1 索引を登録する

練習問題

問題フォルダー
└問題3-3-1.docx

解答フォルダー
└解答3-3-1.docx

【操作1】1ページ3行目の「ぶどう酒酵母」という語句を索引項目として登録します。
【操作2】11行目の「アルコール度数」という語句を索引項目としてすべて登録します。

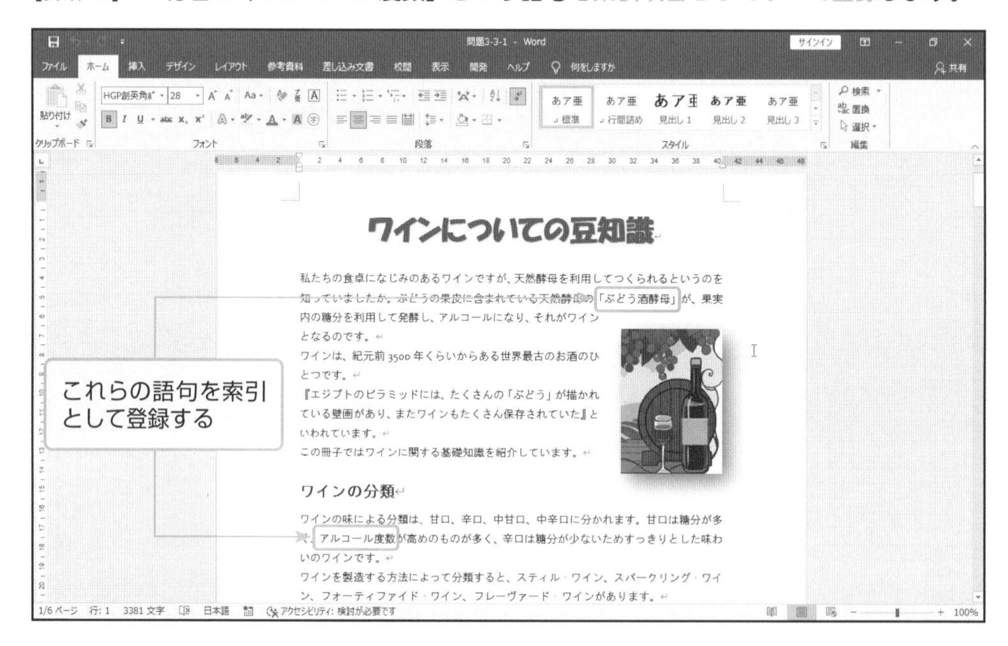

機能の解説

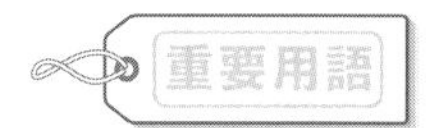

□ 索引
□ 索引項目の登録
□ [索引登録] ダイアログボックス
□ [登録] と [すべて登録]
□ フィールドコード

索引とは、文書内の重要用語とその掲載ページの番号を一定の順序で表記した一覧のことです。索引を利用すれば、目的の語句が掲載されているページをすぐに探し出すことができます。

Wordで索引を作成するには、文中の語句を索引項目として登録しておき、それを索引として挿入します。ここでは索引項目の登録のみを操作し、索引の挿入は「3-3-2 索引を作成する」で説明します。

索引項目を登録するには、語句を選択し、[参考資料] タブの [索引登録] ボタンをクリックして表示される [索引登録] ダイアログボックスで設定します。選択した語句が [登録 (メイン)] ボックスに、その読みが [読み] ボックスに自動的に表示されるので、確認して [登録] または [すべて登録] をクリックします。

[登録] は、その箇所だけを索引項目として登録します。[すべて登録] は、文書内に同じ語句がある場合にすべての箇所を索引項目として登録します。

［索引登録］ダイアログボックス

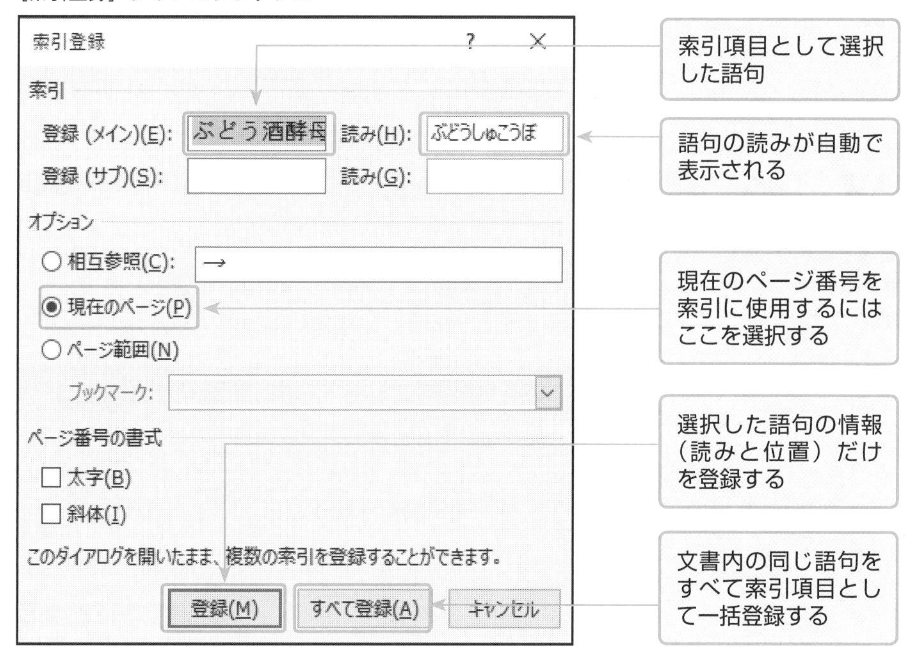

他の複数の索引項目を登録する場合は、ダイアログボックスを表示したまま続けて操作できます。文書内をクリックしてから語句を選択し、次に［索引登録］ダイアログボックス内をクリックします。すると、次の選択した語句が［登録（メイン）］ボックスに表示されます。

●索引項目のフィールドコード

索引項目に登録されると、語句の後ろに「XE」から始まる索引のフィールドコードが挿入されます。フィールドコードは、編集記号の表示がオンの状態のときに確認できます。編集記号の表示をオフにすると非表示になります。

> **ワインの分類**
>
> ワインの味による分類は、甘口、辛口、中甘口、中辛口に分かれます。甘口は糖分が多く、アルコール度数{ XE "アルコール度数" ¥y "あるこーるどすう" }が高めのものが多く、辛口は糖分が少ないためすっきりとした味わいのワインです。

●索引のメイン項目とサブ項目

階層構造の索引を作成したい場合は、［登録（メイン）］ボックスと共に［登録（サブ）］ボックスを使用します。たとえば、［登録（メイン）］ボックスに「ワインの格付け」と入力し、［登録（サブ）］ボックスには索引に登録する語句を選択し、「イタリア」、「フランス」、「スペイン」のように登録すると、次のような索引を作成できます。

階層構造の索引を作成する

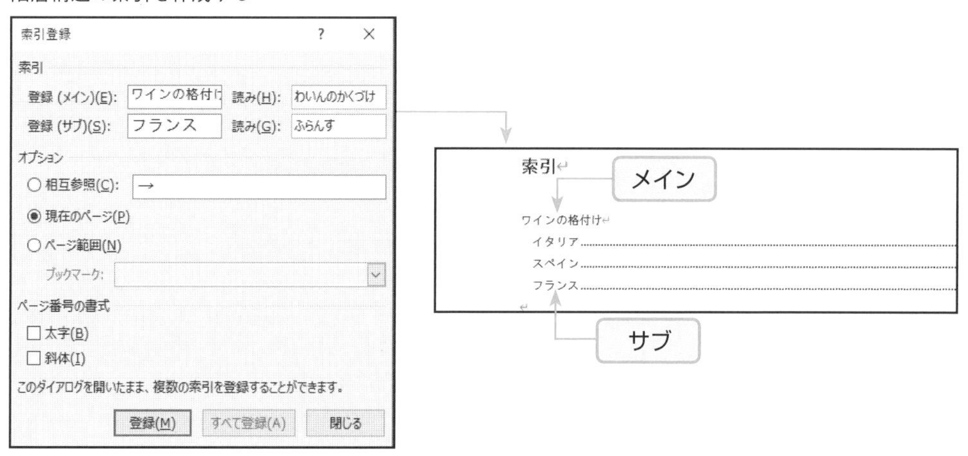

●索引項目の削除

登録した索引項目を削除するには、語句の後ろの挿入されるフィールドコードを **{ }** の部分まで含めてすべて選択し、**Delete** キーを押して削除します。

操作手順

その他の操作方法

ショートカットキー

Alt + **Shift** + **X** キー

（［索引登録］ダイアログボックスの表示）

【操作 1】

❶ 1 ページ 3 行目の「ぶどう酒酵母」を選択します。

❷［参考資料］タブの［索引登録］ボタンをクリックします。

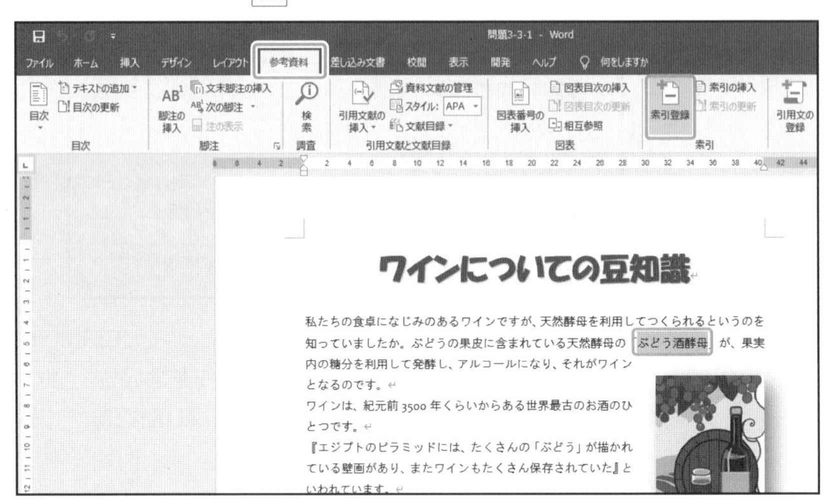

❸［索引登録］ダイアログボックスが表示されます。

❹［登録（メイン）］ボックスに「ぶどう酒酵母」、［読み］ボックスに「ぶどうしゅこうぼ」と表示されていることを確認します。

❺［現在のページ］が選択されていることを確認します。

❻［登録］をクリックします。

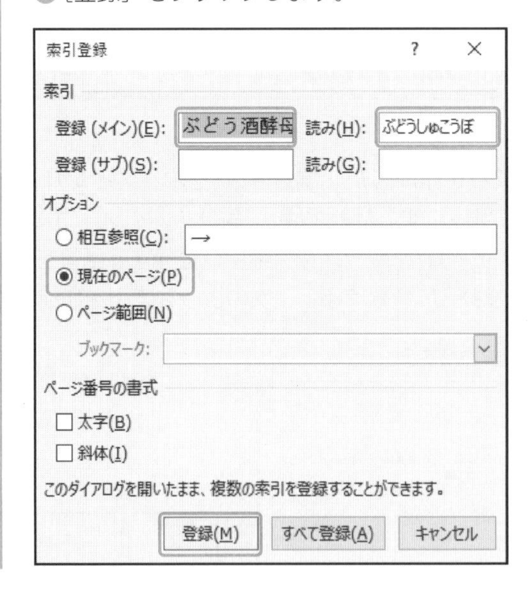

ポイント

読みの修正

［読み］ボックスに誤った読みが表示された場合は、［読み］ボックス内をクリックして修正することができます。

ヒント
索引のフィールドコードの表示
［ホーム］タブの ［編集記号の表示 / 非表示］ボタンがオフの場合でも、索引登録を実行すると編集記号が自動的にオンになり、フィールドコードが表示されます。フィールドコードは編集記号をオフにすると非表示になる隠し文字に設定されているため、点線の下線が表示されています。

❼「ぶどう酒酵母」の後ろに索引項目のフィールドコードが表示されます。

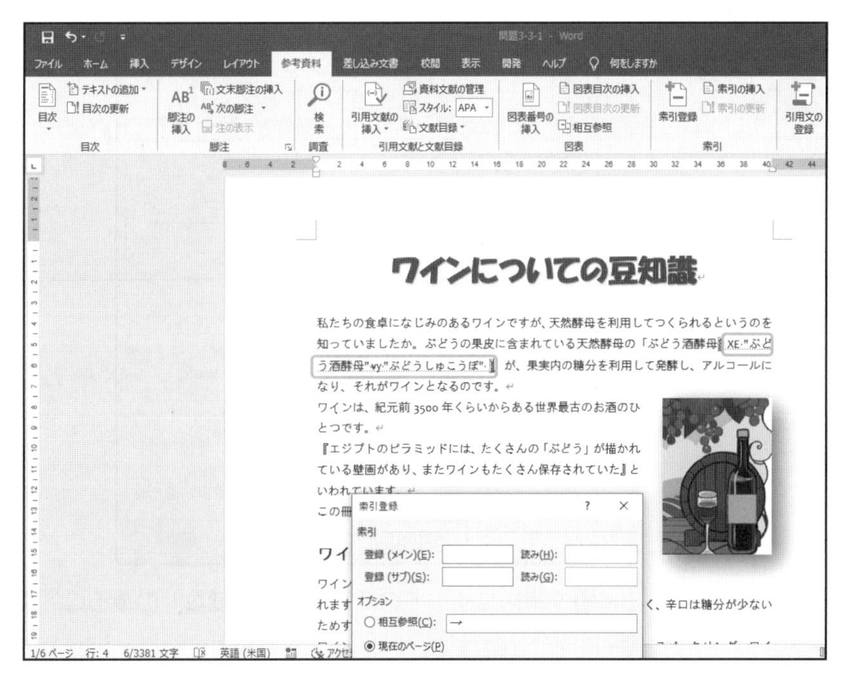

【操作 2】

❽ 文書内をクリックします。

❾ 12 行目の「アルコール度数」を選択します。

❿［索引登録］ダイアログボックス内をクリックします。

⓫［登録（メイン）］ボックスに「アルコール度数」、［読み］ボックスに「あるこーるどすう」と表示されることを確認します。

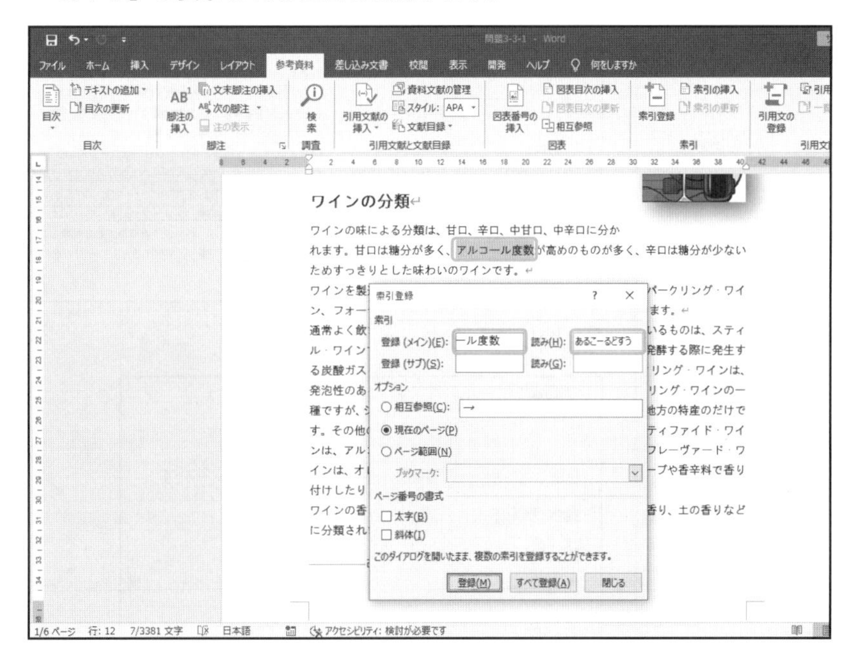

第3章 ユーザー設定のドキュメント要素の作成

ポイント

同じ語句をまとめて登録する

同じ語句が文書内の複数箇所にある場合にすべて索引として登録するには［すべて登録］をクリックします。

⑫［すべて登録］をクリックします。

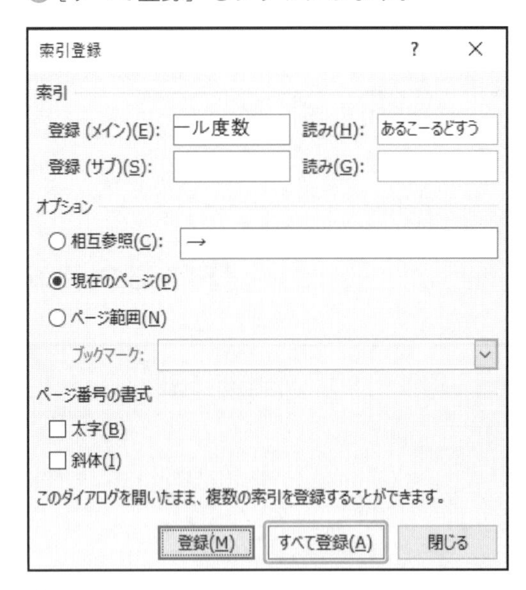

⑬文書内のすべての「アルコール度数」の後ろに、索引項目のフィールドコードが表示されます。

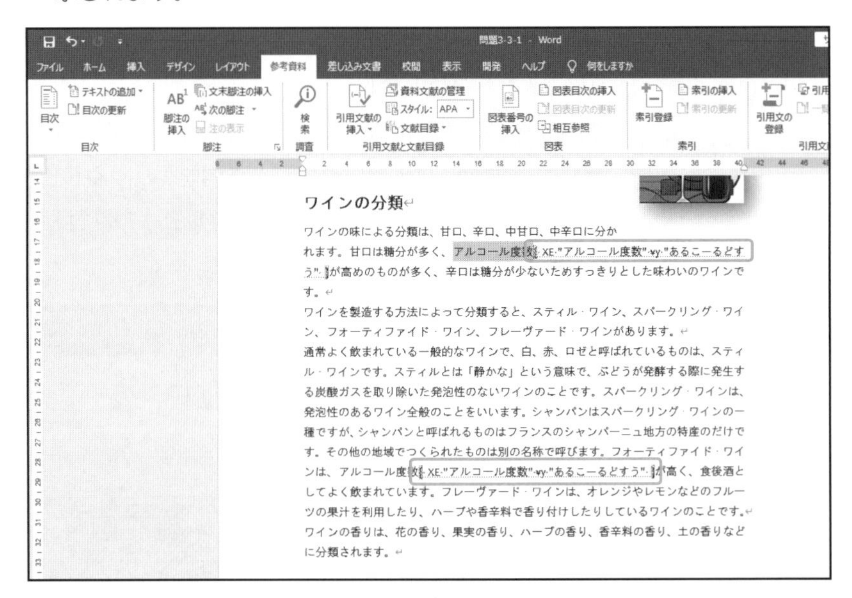

⑭［閉じる］をクリックします。

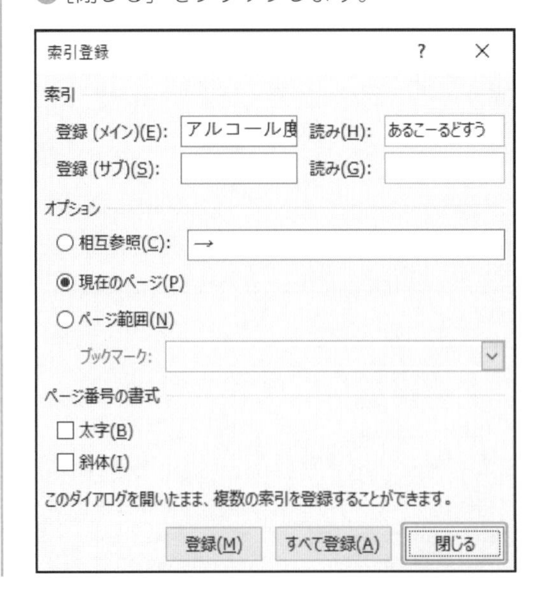

3-3-2 索引を作成する

練習問題

問題フォルダー
└問題 3-3-2.docx

解答フォルダー
└解答 3-3-2.docx

文書に登録してある索引項目を利用して、文書の末尾に索引を挿入します。
書式は「モダン」、ページ番号は右揃えにし、タブリーダーは「-------」、形式は「標準」、段数は「2」、言語は「日本語」、頭文字は「あいうえお」にします。

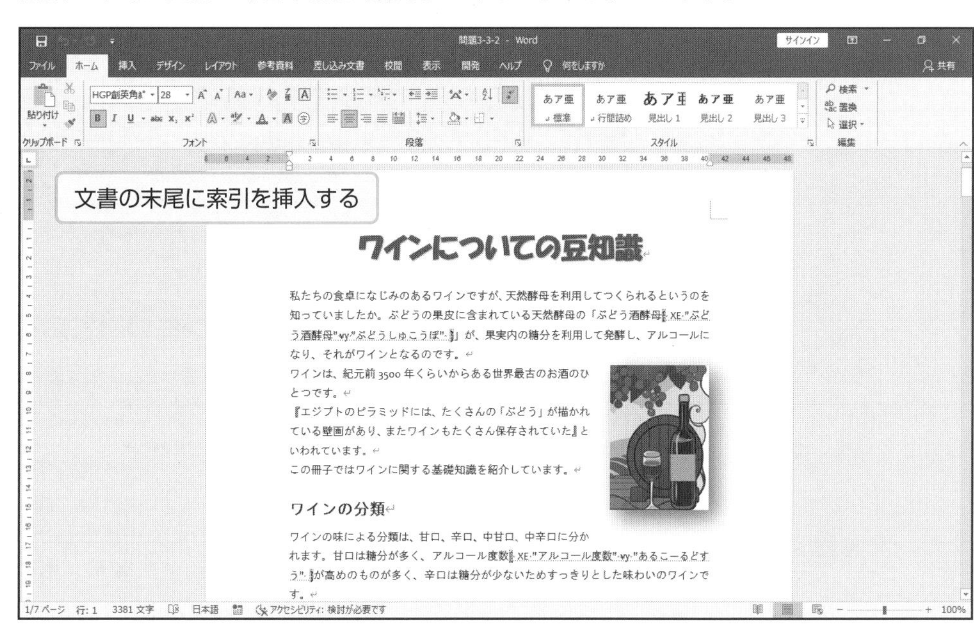

機能の解説

- 索引
- [索引] ダイアログボックス
- 編集記号の非表示

文書中の語句を索引項目として登録したら、文末などに索引として一覧を挿入できます。索引を挿入するには、[参考資料] タブの 索引の挿入 [索引の挿入] ボタンをクリックして [索引] ダイアログボックスを表示し、索引の書式やスタイルを設定します。

[索引] ダイアログボックス

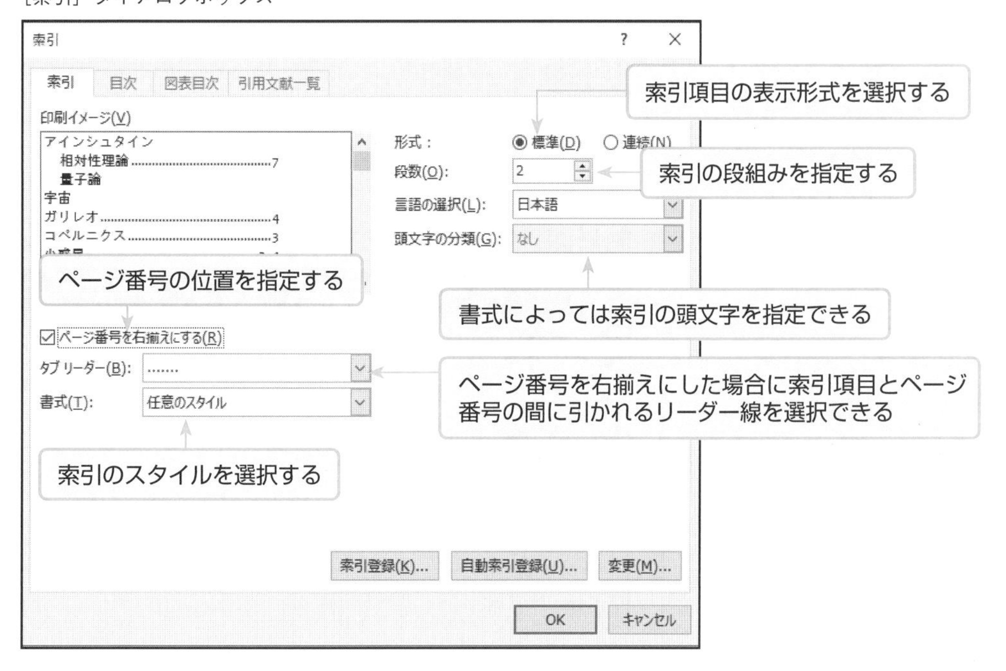

なお、索引を挿入する前には［ホーム］タブの ［段落記号の表示 / 非表示］ボタンをクリックして、編集記号は非表示にしておきます。索引登録のフィールドコードが表示されたままだと索引のページ番号がずれてしまい、正確な索引にならない場合があるからです。

操作手順

❶文書内に索引項目のフィールドコードが挿入されていることを確認します。

※ フィールドコードを確認するには、［ホーム］タブの ［段落記号の表示 / 非表示］ボタンをクリックしてオンにします。

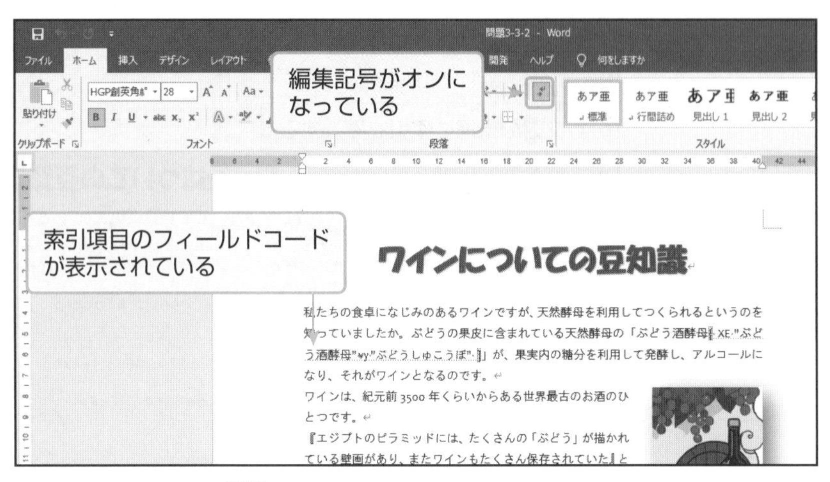

❷［ホーム］タブの ［段落記号の表示 / 非表示］ボタンをクリックします。

❸編集記号がオフになり、索引項目のフィールドコードが非表示になります。

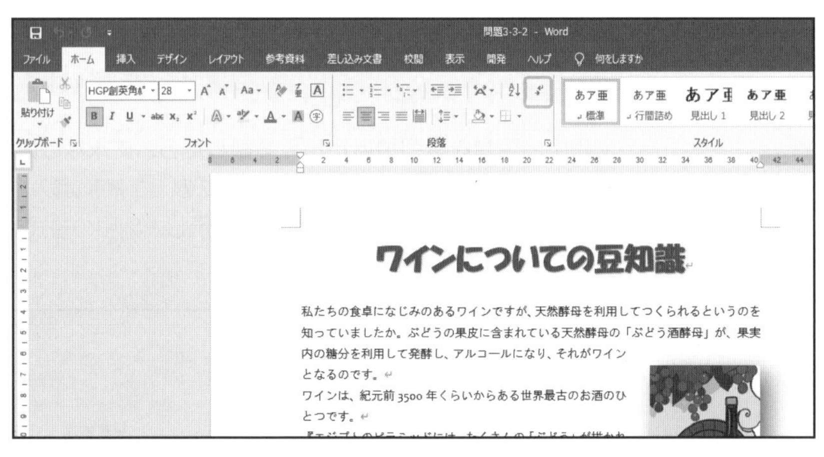

ヒント

フィールドコードが非表示にならない場合

［段落記号の表示 / 非表示］ボタンをオフにしてもフィールドコードが非表示にならない場合は、Word の設定が変更されている可能性があります。［ファイル］タブの［オプション］をクリックして［Word のオプション］ダイアログボックスを表示し、［表示］から［常に画面に表示する編集記号］の［隠し文字］チェックボックスがオンになっていないかどうかを確認します。［隠し文字］チェックボックスをオフにするとフィールドコードが非表示になります。

❹文書の末尾にカーソルを移動します。

その他の操作方法

ショートカットキー

Ctrl ＋ **End** キー
（文書の末尾にジャンプ）

❺［参考資料］タブの 索引の挿入 ［索引の挿入］ボタンをクリックします。

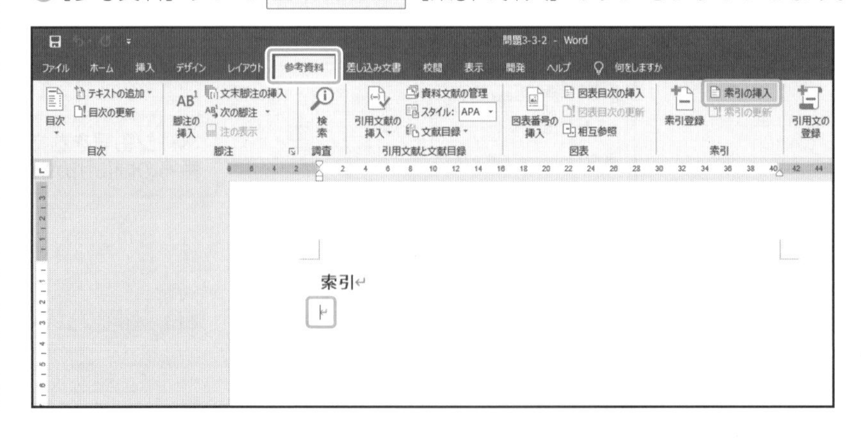

❻［索引］ダイアログボックスが表示されます。

❼［書式］ボックスの▼をクリックして、［モダン］をクリックします。

❽［ページ番号を右揃えにする］チェックボックスをオンにします。

❾［タブリーダー］ボックスの▼をクリックして、［-------］をクリックします。

❿［形式］の［標準］が選択されていることを確認します。

⓫［段数］ボックスに「2」と表示されていることを確認します。

⓬［言語の選択］ボックスに［日本語］と表示されていることを確認します。

⓭［頭文字の分類］ボックスに［あいうえお］と表示されていることを確認します。

⓮［OK］をクリックします。

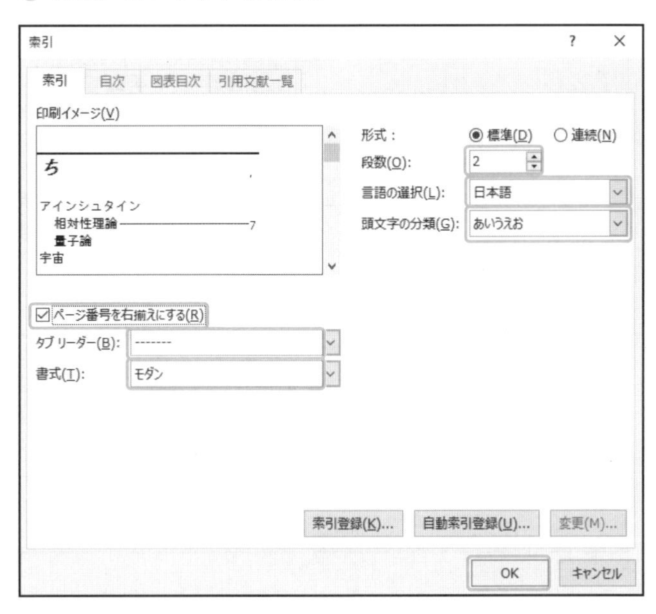

⓯索引が挿入されます。

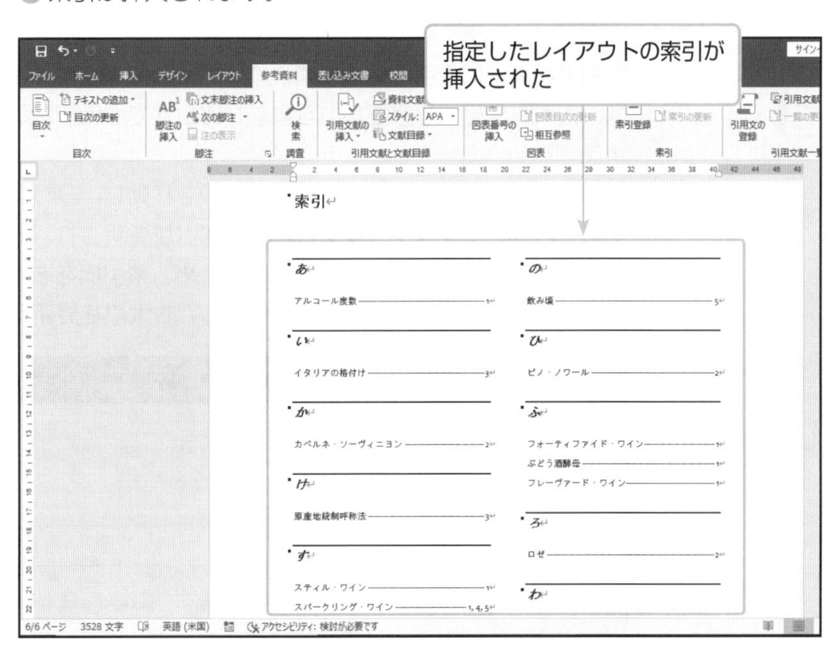

ポイント

ページ番号とタブリーダー

索引の書式には、ページ番号やタブリーダーの設定も含まれます。［ページ番号を右揃えにする］や［タブリーダー］を設定した後に［書式］を選択すると設定内容が置き換わってしまう場合があります。［ページ番号を右揃えにする］や［タブリーダー］は［書式］を選択後に指定するようにします。

ポイント

頭文字の設定

［書式］ボックスで［任意のスタイル］以外のスタイルを選択すると、頭文字の分類を指定できます。

3-3-3 索引を更新する

練習問題

問題フォルダー
└問題 3-3-3.docx
解答フォルダー
└解答 3-3-3.docx

【操作 1】見出し「ワインの色」の下の段落の「赤ワイン」の語句を索引項目として登録します。
【操作 2】文末の索引を更新します。

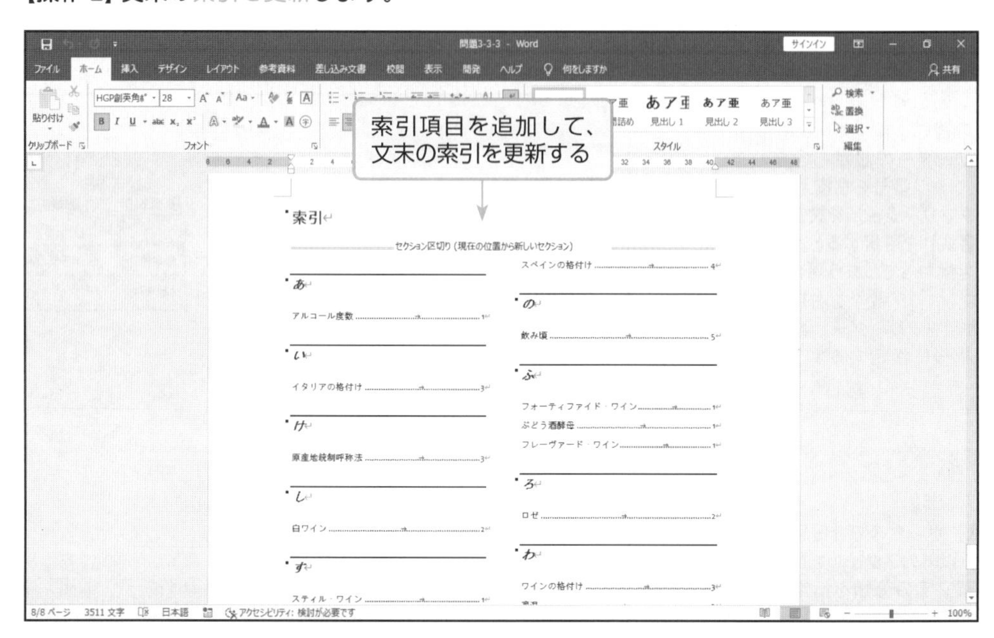

機能の解説

□ 索引の更新
□［フィールド更新］

索引の挿入後に索引項目の追加や削除、索引の内容やページ番号の変更が行われたときには、索引を変更する必要があります。Word では索引を簡単な操作で更新することができます。
索引を更新するには、索引内にカーソルを移動し、［参考資料］タブの 索引の更新［索引の更新］ボタンをクリックします。索引が更新され、最新の内容に変更されます。また、索引にはフィールドが挿入されているため、索引内を右クリックしてショートカットメニューの［フィールド更新］をクリックしても索引を更新できます。

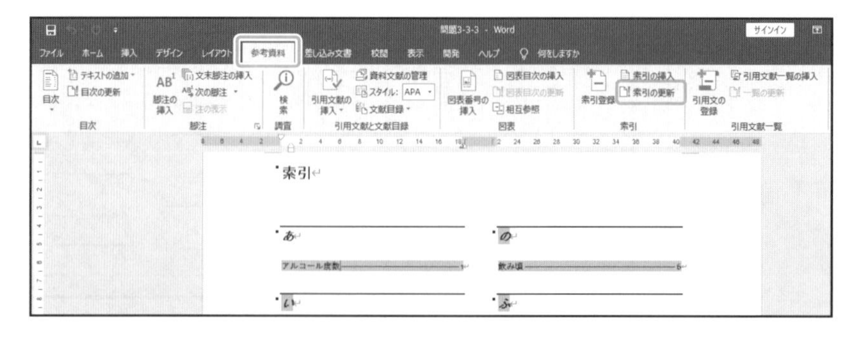

●索引の変更

すでに挿入済みの索引の書式やレイアウトを変更する場合は、再度［索引］ダイアログボックスを表示し、索引内容を設定し直します。現在の索引と置き換えるかどうかの確認のメッセージが表示されるので、［OK］をクリックして変更します。索引のレイアウト変更と共に索引内容が最新のものに更新されます。

操作手順

その他の操作方法

ショートカットキー

Alt + **Shift** + **X** キー

（[索引登録] ダイアログボックスの表示）

【操作 1】

❶ 見出し「ワインの色」の下の段落の「赤ワイン」を選択します。

❷ [参考資料] タブの [索引登録] ボタンをクリックします。

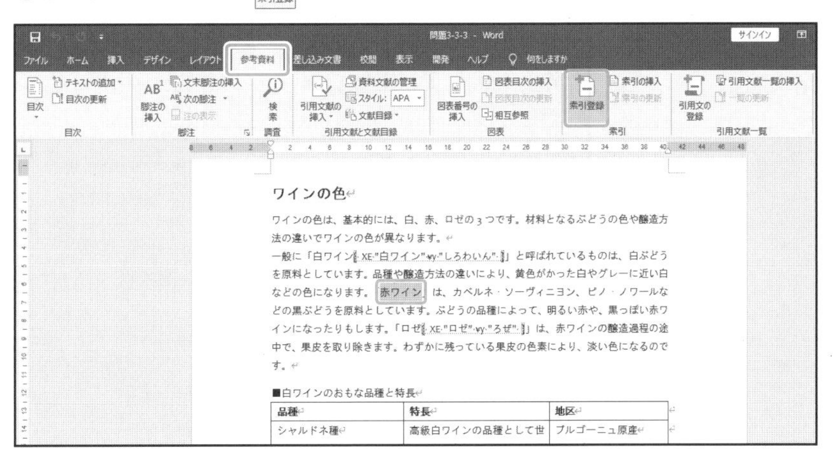

❸ [索引登録] ダイアログボックスが表示されます。

❹ [登録（メイン）] ボックスに「赤ワイン」、[読み] ボックスに「あかわいん」と表示されていることを確認します。

❺ [現在のページ] が選択されていることを確認します。

❻ [登録] をクリックします。

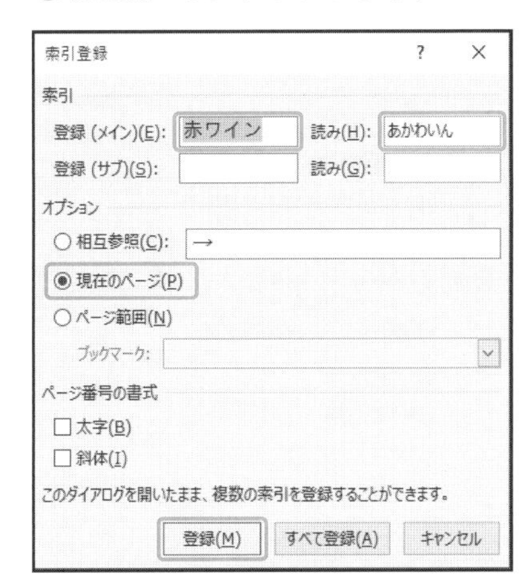

❼ 索引項目に登録され、フィールドコードが表示されます。

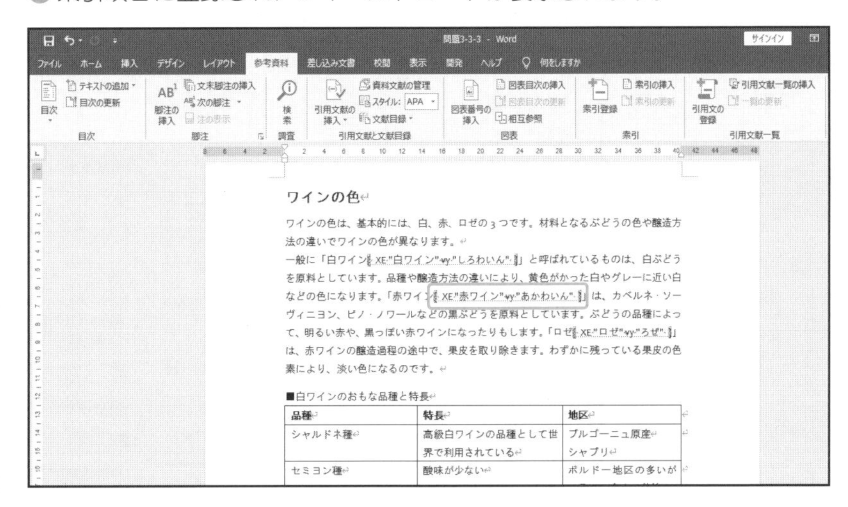

❽ [索引登録] ダイアログボックスの [閉じる] をクリックします。

【操作 2】

⑨［ホーム］タブの ［段落記号の表示 / 非表示］ボタンをクリックします。

⑩編集記号がオフになり、索引項目のフィールドコードが非表示になります。

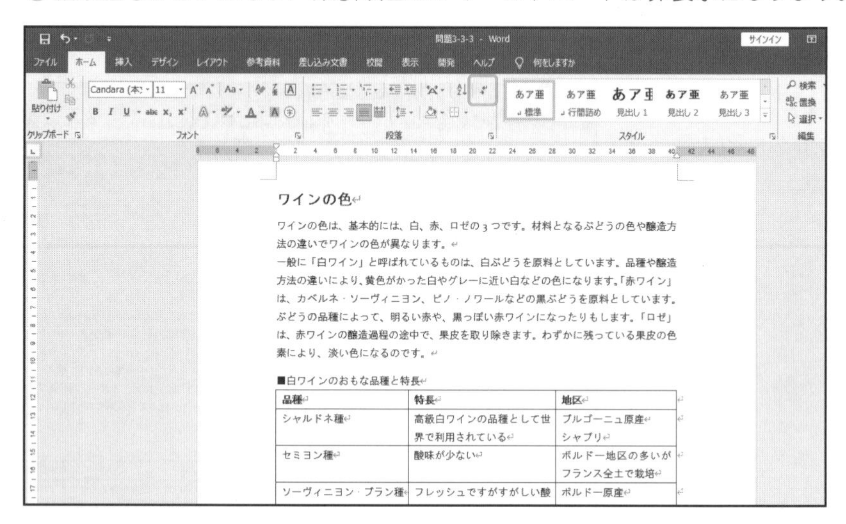

⑪文末の索引内にカーソルを移動します。

⑫［参考資料］タブの ［索引の更新］ボタンをクリックします。

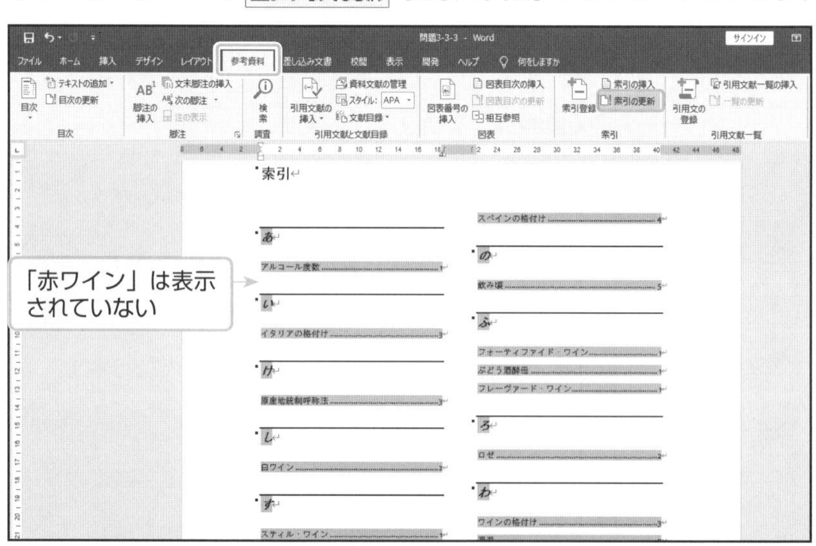

⑬索引が更新されます。

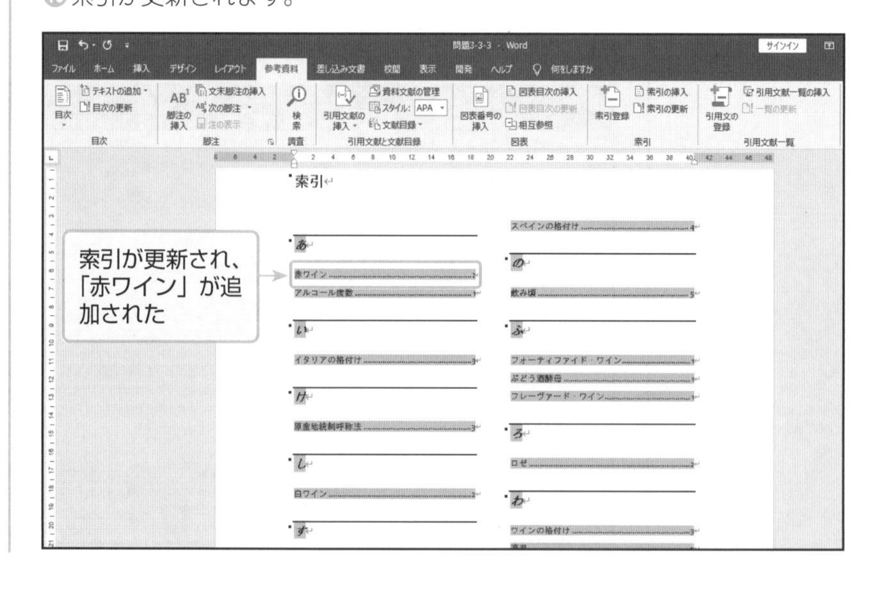

ポイント

索引の更新

索引を更新するには、索引内にカーソルを移動しておきます。索引以外を選択していると［索引の更新］ボタンは使用できません。

3-4 図表一覧を作成する、管理する

文書内の図や表などの種類ごとに通し番号を付ける機能を図表番号といいます。図表番号を設定しておくと、図表のあるページ番号と共に一覧にした図表目次を作成することができます。文書の内容を修正したり移動したりして図表番号の位置が変更になった場合は、最新の内容に更新することができます。

3-4-1 図表番号を挿入する

練習問題

問題フォルダー
└問題 3-4-1.docx

解答フォルダー
└解答 3-4-1.docx

3 ページ目の画像の下にラベル「イメージ画像」、図表名「- お茶の入れ方」の図表番号を挿入します。「-」は半角のハイフンを入れます。

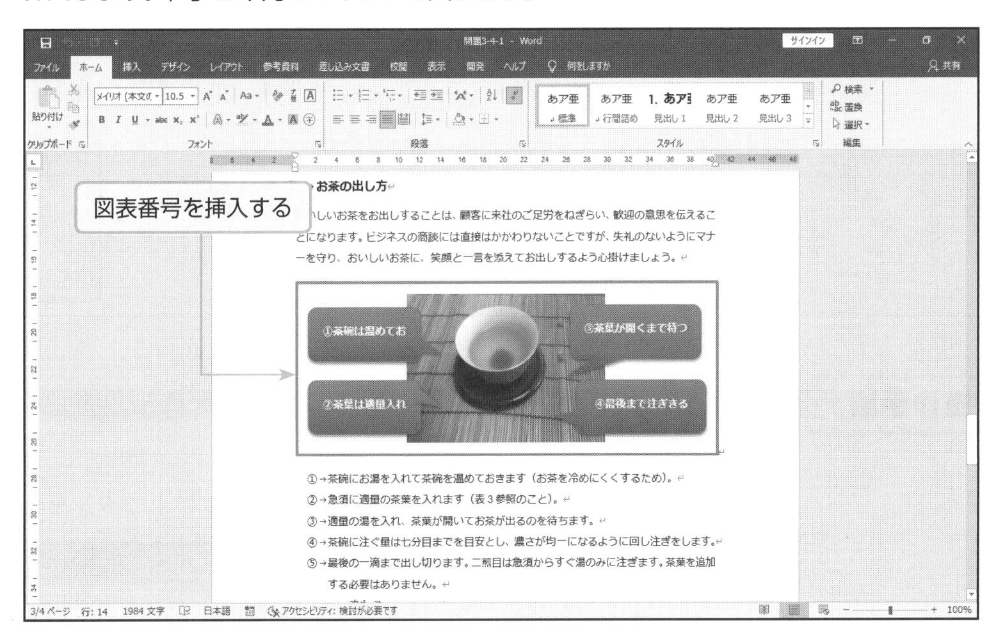

機能の解説

- 図表番号
- ［図表番号］ダイアログボックス
- ラベルを作成

文書に複数の表や図がある場合には、図表番号を付けて管理すると便利です。図表の種類ごとに「表 1」「図 1」といった形式の連続番号が付き、図表の移動や削除があった場合は番号が振り直されます。図表番号は、［図表番号］ダイアログボックスで位置やラベルを指定して作成します。目的のラベルがない場合は、新たにラベルを作成することができます。

第3章 ユーザー設定のドキュメント要素の作成

[図表番号] ダイアログボックス

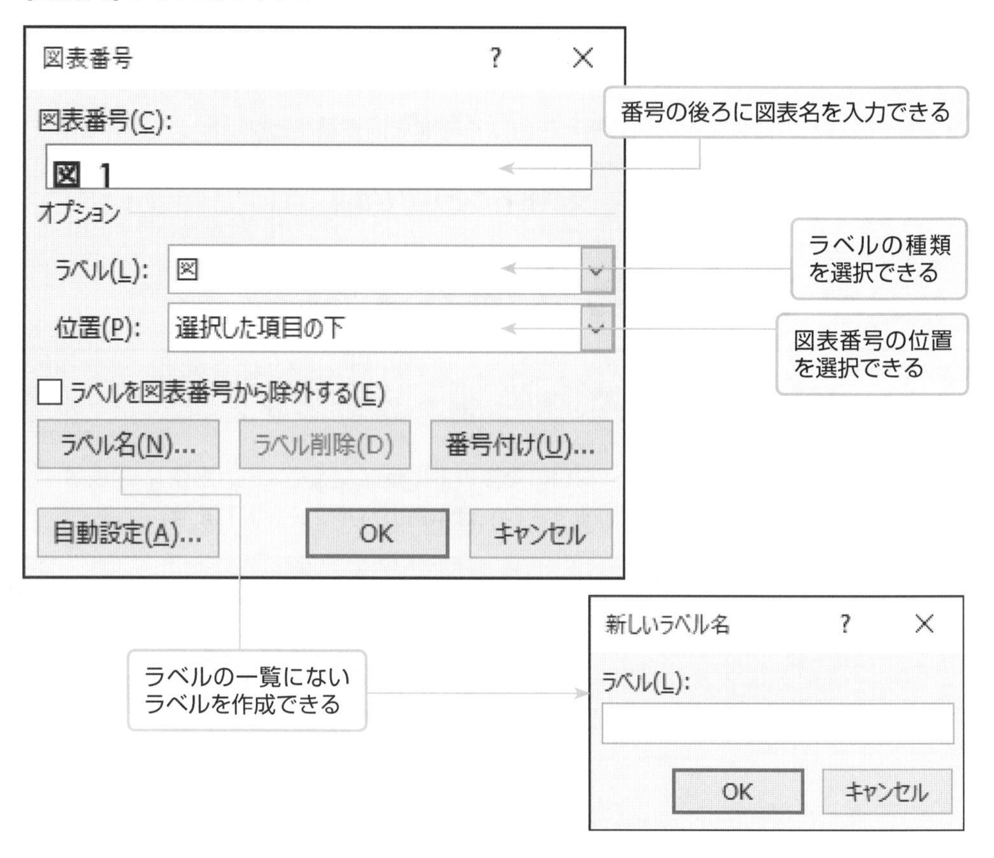

操作手順

❶3ページ目の画像を選択します。

❷[参考資料] タブの [図表番号の挿入] ボタンをクリックします。

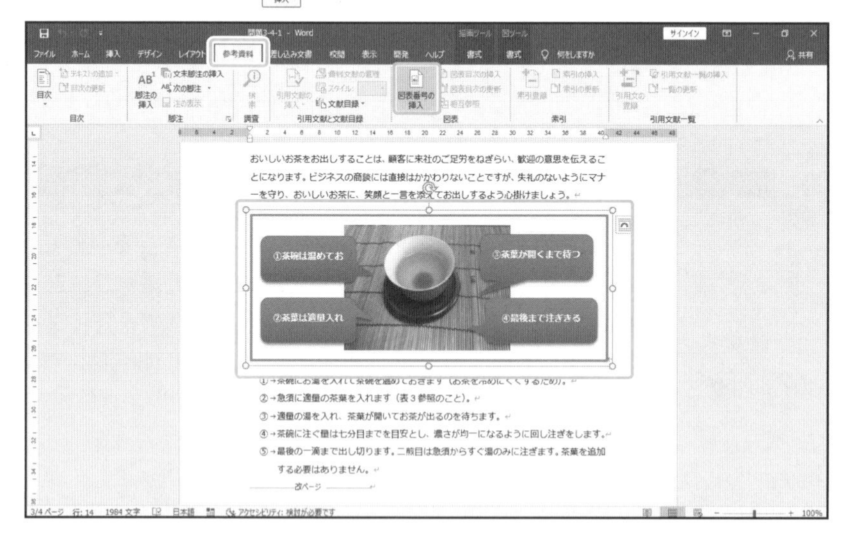

❸［図表番号］ダイアログボックスが表示されます。

❹［ラベル］ボックスの▼をクリックして一覧に「イメージ画像」がないことを確認します。

❺［ラベル名］をクリックします。

❻［新しいラベル名］ダイアログボックスが表示されます。

❼［ラベル］ボックスに「イメージ画像」と入力します。

❽［OK］をクリックします。

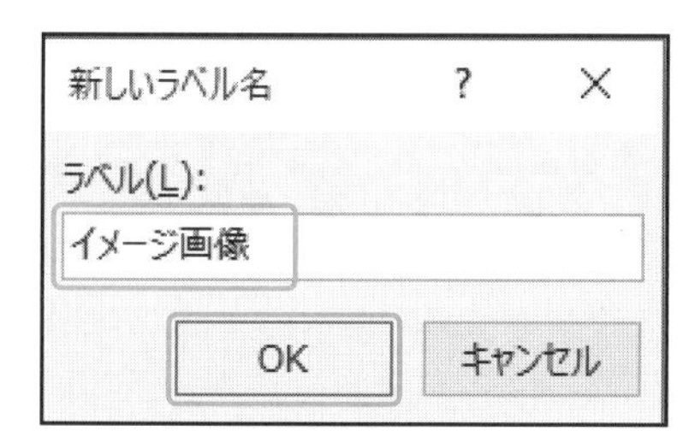

❾［図表番号］ボックスに「イメージ画像 1」と表示されます。

❿［図表番号］ボックスの「イメージ画像 1」の後ろに「- お茶の入れ方」と入力します。先頭の「-」は半角のハイフンを入力します。

⓫［位置］ボックスに［選択した項目の下］と表示されていない場合は、▼をクリックして、［選択した項目の下］をクリックします。

⓬［OK］をクリックします。

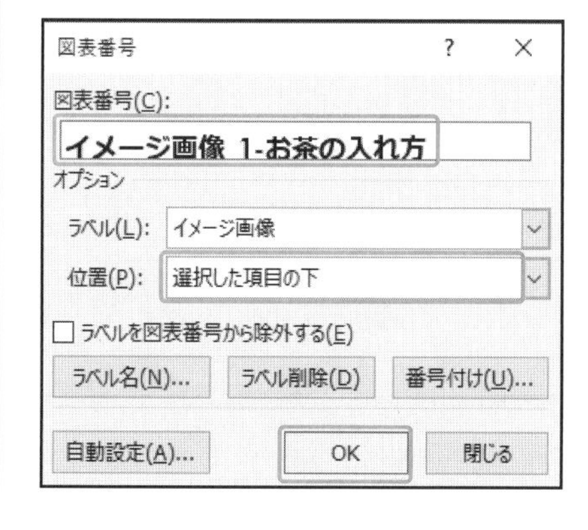

ヒント
図表番号のスタイル
挿入された図表番号には、自動的に「図表番号」スタイルが設定されます。

⑬ 画像の下に図表番号が挿入されます。

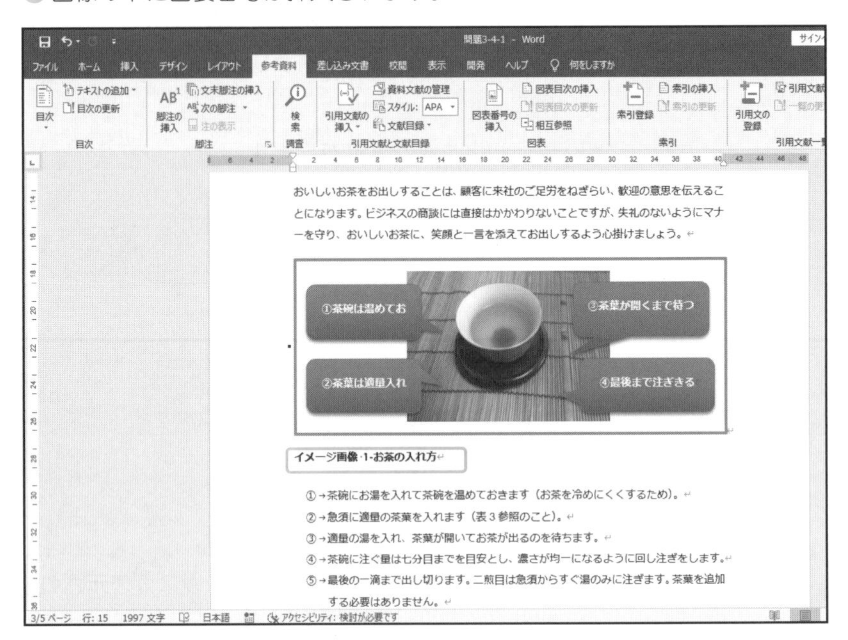

3-4-2 図表番号のプロパティを設定する

練習問題

問題フォルダー
└問題 3-4-2.docx

解答フォルダー
└解答 3-4-2.docx

【操作 1】 2 ページ目の図の下に「図 2-A：バランスシート」の図表番号を挿入します。番号の書式は「A,B,C,…」、「見出し 1」スタイルの章番号を含めた図表番号にします。「：」は全角で入力します。

【操作 2】 3 ページ目の図の下にも同じ種類の図表番号を挿入します。図表名は「損益計算書」とします。

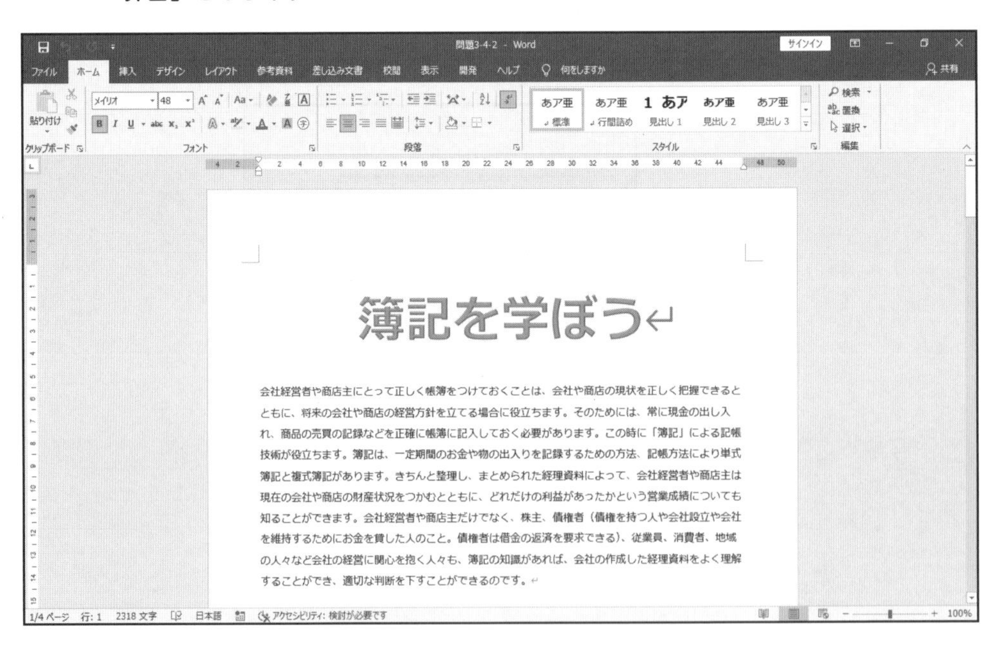

機能の解説

重要用語

- 図表番号
- ［図表番号］ダイアログボックス
- ［図表番号の書式］ダイアログボックス
- 番号書式
- 見出しレベル

図表番号の初期値は、図 1、図 2 や表 1、表 2 といった数値の連続番号が設定されますが、「図①」「表 A」のような別の番号書式に変更したり、見出しレベルごとの通し番号を付けた図表番号を作成することができます。操作は、［図表番号］ダイアログボックスの［番号付け］をクリックして［図表番号の書式］ダイアログボックスで設定します。

［図表番号］ダイアログボックスから図表番号の書式を設定する

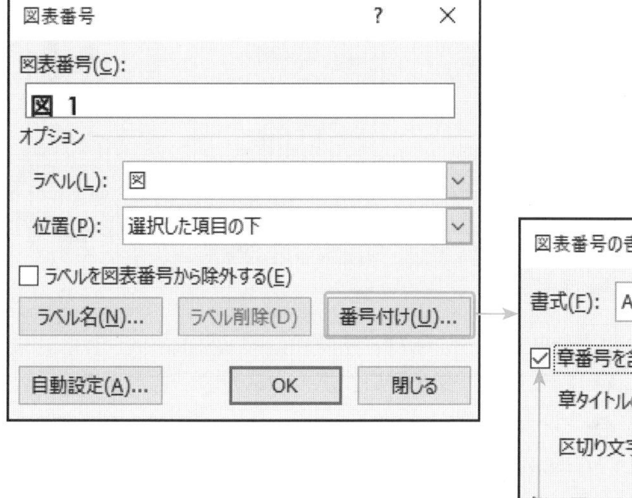

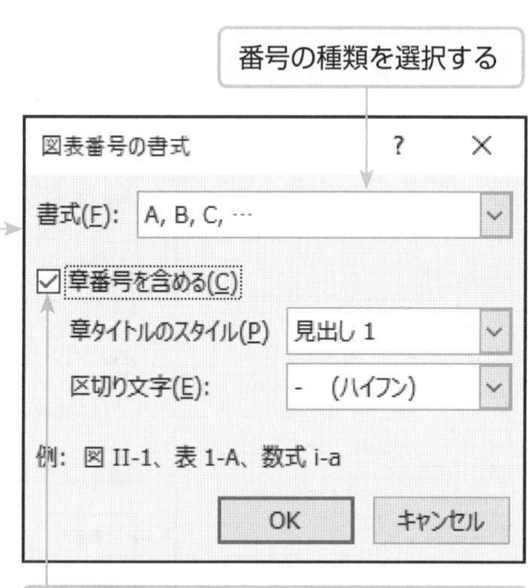

操作手順

【操作 1】

❶ 2 ページ目の「2 簿記の重要用語」の段落に「見出し 1」スタイルが設定されていることを確認します。

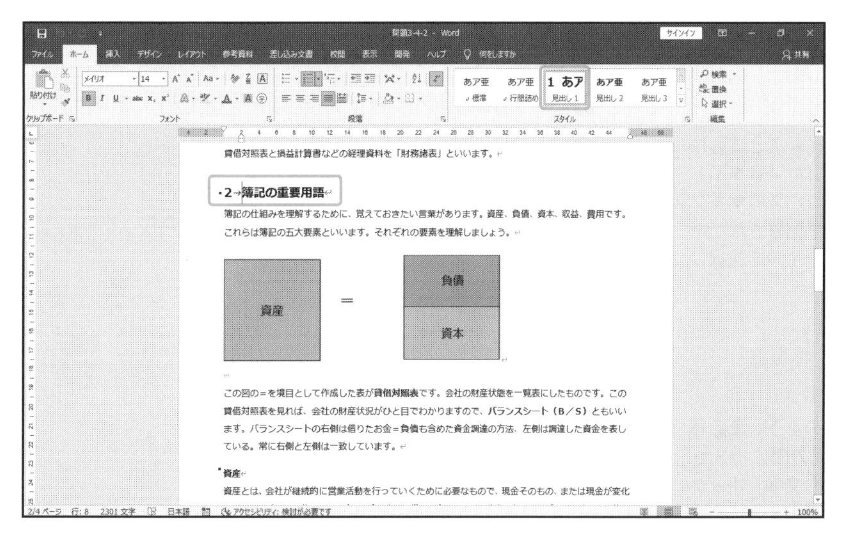

❷図を選択します。

❸［参考資料］タブの ［図表番号の挿入］ボタンをクリックします。

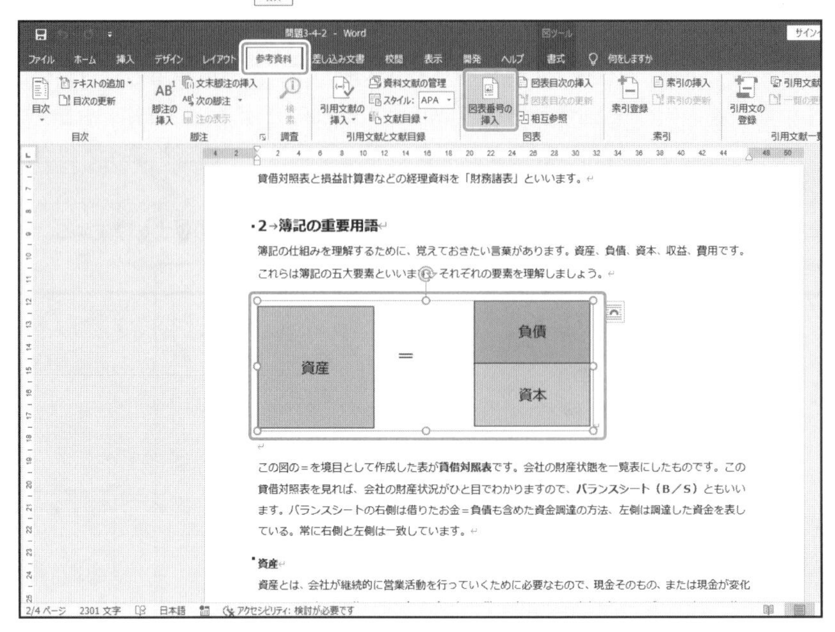

❹［図表番号］ダイアログボックスが表示されます。

❺［ラベル］ボックスに「図」と表示されていない場合は▼をクリックして［図］をクリックします。

❻［番号付け］をクリックします。

❼［図表番号の書式］ダイアログボックスが表示されます。

❽［書式］ボックスの▼をクリックし、［A,B,C,…］をクリックします。

❾［章番号を含める］チェックボックスをオンにします。

❿［章タイトルのスタイル］に［見出し 1］と表示されていることを確認します。

⓫［OK］をクリックします。

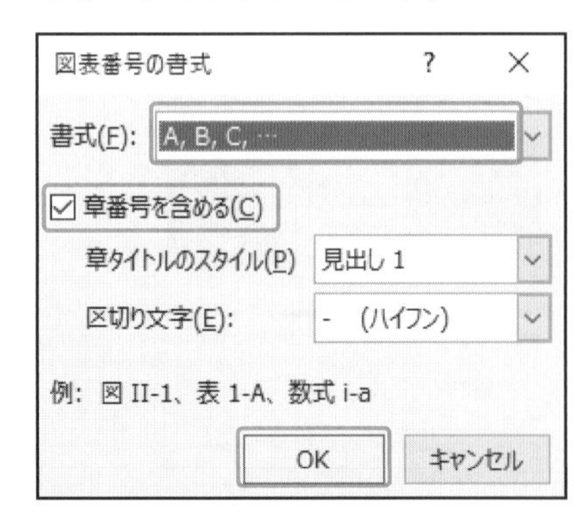

ヒント

章タイトルのスタイル

図表を見出しスタイルごとに通し番号で管理するには、［章タイトルのスタイル］ボックスの▼をクリックして、図表が配置されている文章の見出しスタイルを選択します。

ヒント

区切り文字

「1-A」のハイフンのように章番号と図表の番号書式の間に挿入される記号は［区切り文字］ボックスの▼から選択できます。

⓬［図表番号］ボックスに「図 2-A」と表示されます。

⓭［図表番号］ボックスの「図 2-A」の後ろに「：バランスシート」と入力します。

⓮［位置］ボックスに［選択した項目の下］と表示されていない場合は、▼をクリックして［選択した項目の下］をクリックします。

⓯［OK］をクリックします。

⓰選択した図の下に章スタイルを含めた図表番号が挿入されます。

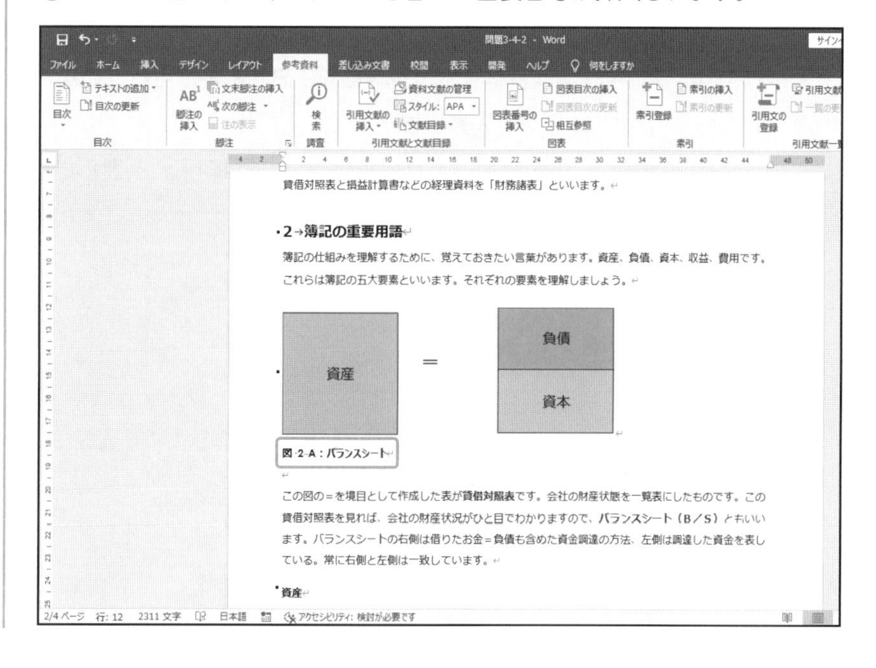

ヒント
3ページ目の図
選択した図は2ページ目の図と同じ見出し「2 簿記の重要用語」の文中に配置されています。

【操作 2】

⑰ 3ページ目の図を選択します。

⑱［参考資料］タブの［図表番号の挿入］ボタンをクリックします。

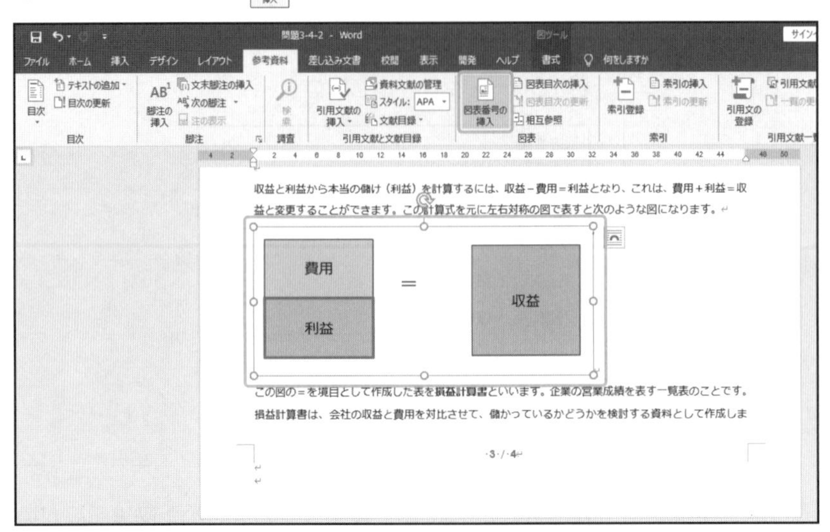

⑲［図表番号の書式］ダイアログボックスが表示されます。

⑳［図表番号］ボックスに「2-B」と表示されていることを確認し、後ろに「：損益計算書」と入力します。

㉑［位置］ボックスに［選択した項目の下］と表示されていることを確認します。

㉒［OK］をクリックします。

㉓ 選択した図に章スタイルを含めた連番の図表番号が挿入されます。

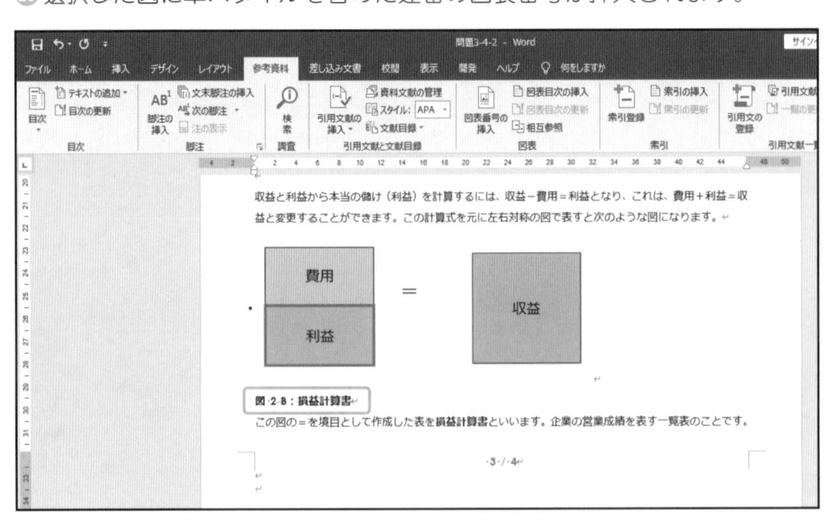

3-4-3 図表目次を作成する、変更する

練習問題

問題フォルダー
└問題 3-4-3.docx

解答フォルダー
└解答 3-4-3.docx

1 ページ目の「図表目次」の下に、図表目次を挿入します。書式は「フォーマル」にして、すべての図表番号が対象になるようにします。

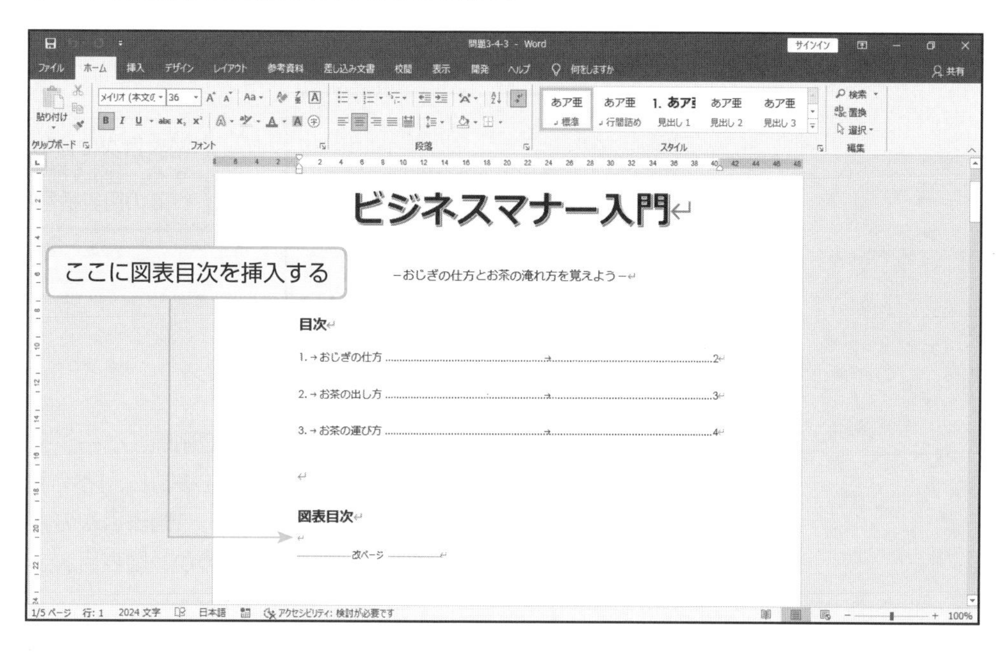

機能の解説

□ 図表目次

□ [図表目次] ダイアログボックス

文書に挿入された図表番号を基に目次を作成することができます。これを図表目次といいます。図表番号のラベルの種類ごとに図表目次を挿入できます。

図表目次を挿入するには、[参考資料] タブの [図表目次の挿入] [図表目次の挿入] ボタンをクリックします。[図表目次] ダイアログボックスが表示されるので、目次にする図表番号のラベル、目次のスタイル、ページ番号の書式などを設定して作成します。

[図表目次] ダイアログボックス

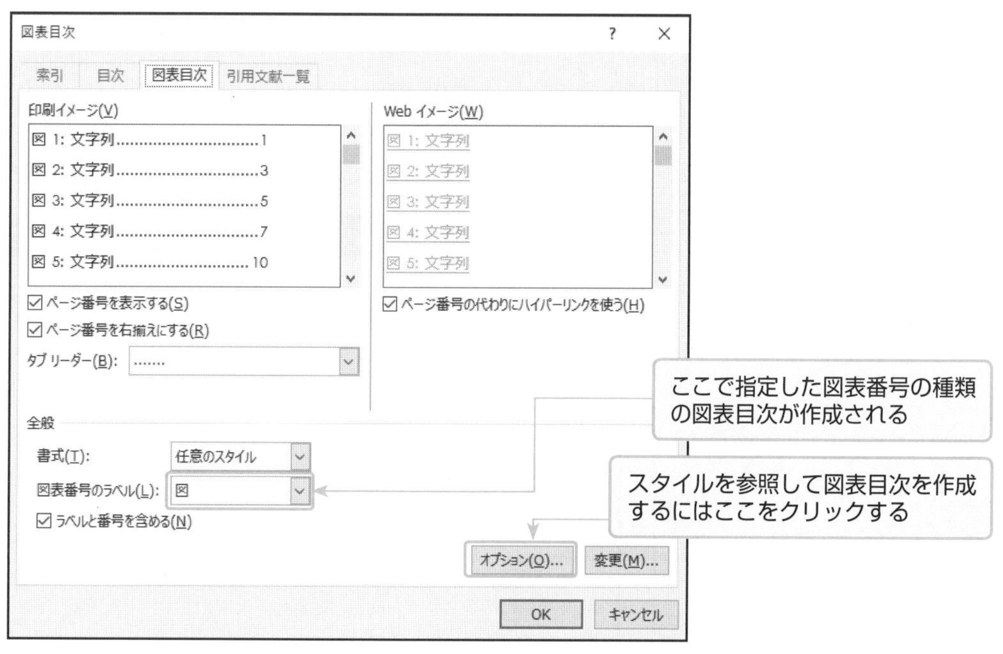

●すべての図表番号を参照する図表目次の作成

前ページの方法で作成した場合、［図表番号のラベル］ボックスで指定した図、表、数式の一種類だけの図表目次が作成されます。この練習問題のように複数の図表がある文書の場合に、図表番号の種類に関わらずすべての図表番号を含む図表目次を作成するには、［図表目次］ダイアログボックスの［オプション］をクリックして、［図表目次オプション］ダイアログボックスを使用します。［スタイル］ボックスから［図表番号］を選択すると、図表番号スタイルが設定されている段落をすべて参照して図表目次が作成されます。

［図表目次オプション］ダイアログボックス

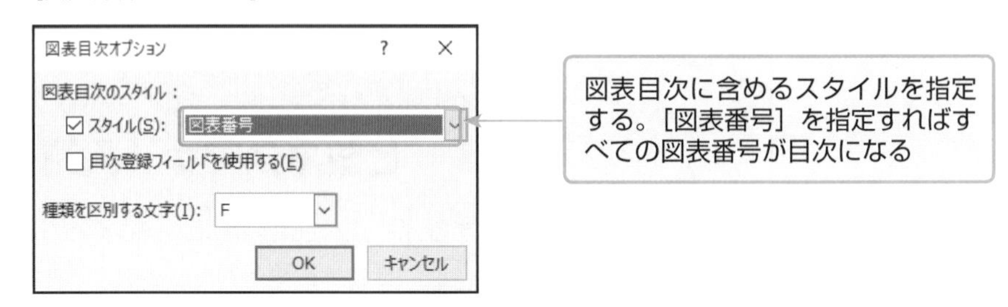

●図表目次の更新

図表目次を作成した後で、図表番号の追加や削除、ページ番号の変更があった場合は、図表目次を更新します。図表目次にカーソルを移動し、［参考資料］タブの 図表目次の更新 ［図表目次の更新］ボタンをクリックします。［図表目次の更新］ダイアログボックスが表示されるので、ページ番号だけを更新するのか、図表目次全体を更新するのかを選択します。

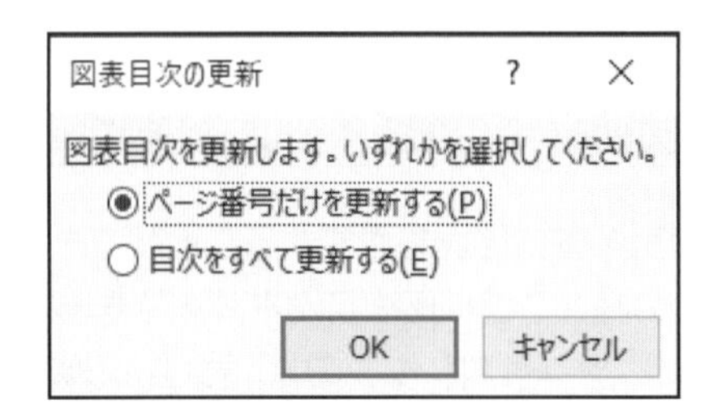

操作手順

ヒント

この文書の図表

この文書には、3つの表と1つの図があり、あらかじめ図表番号が挿入されています。

❶［ホーム］タブの ［編集記号の表示 / 非表示］ボタンをクリックして編集記号をオフにします。

❷1ページ目「図表目次」の下の段落にカーソルを移動します。

❸［参考資料］タブの 図表目次の挿入 ［図表目次の挿入］ボタンをクリックします。

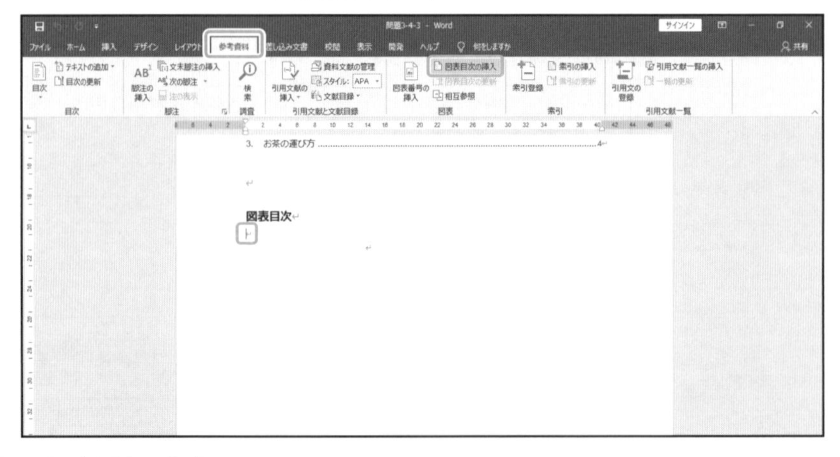

❹［図表目次］ダイアログボックスが表示されます。

❺［書式］ボックスの▼をクリックして、［フォーマル］をクリックします。

❻［オプション］をクリックします。

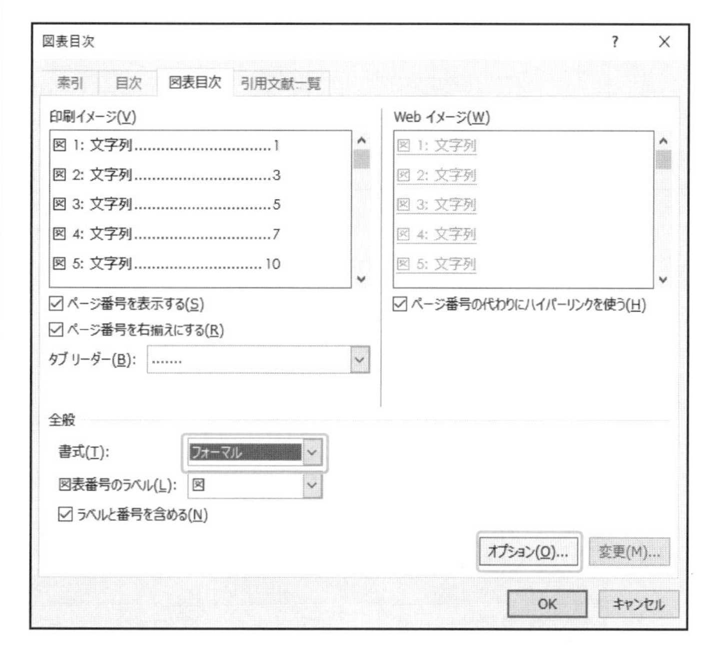

❼［図表目次オプション］ダイアログボックスが表示されます。

❽［スタイル］ボックスの▼をクリックし、［図表番号］をクリックします。

❾［スタイル］チェックボックスがオンになります。

❿［OK］をクリックします。

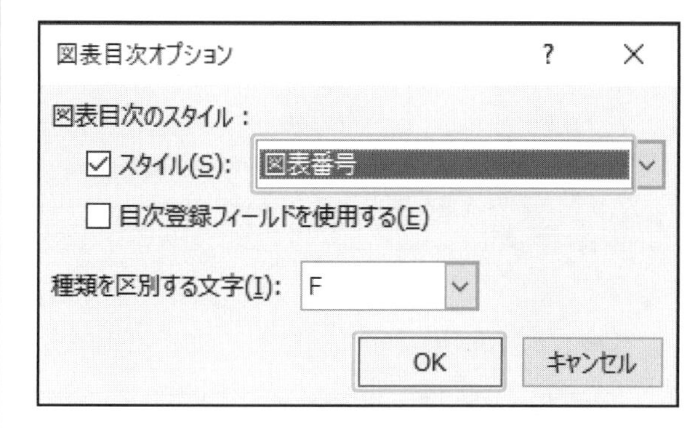

⓫［図表目次］ダイアログボックスの［図表番号のラベル］ボックスに［(なし)］と表示されたことを確認します。

⓬［OK］をクリックします。

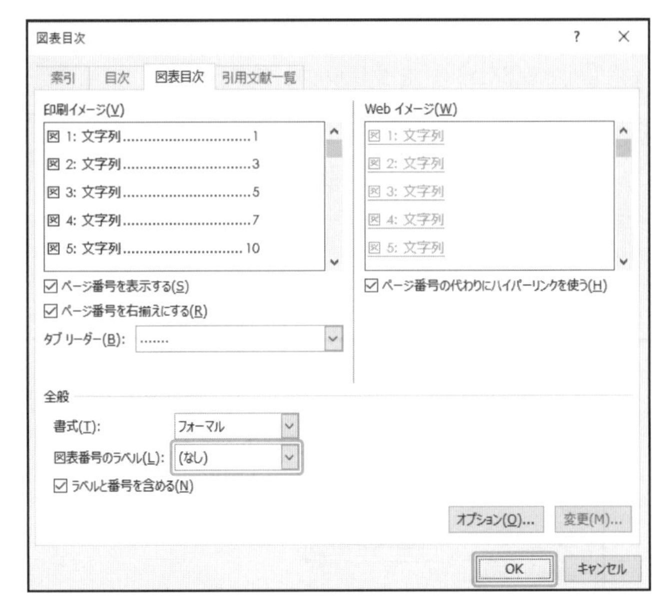

⓭カーソルの位置にすべての図表番号が含まれる図表目次が挿入されます。

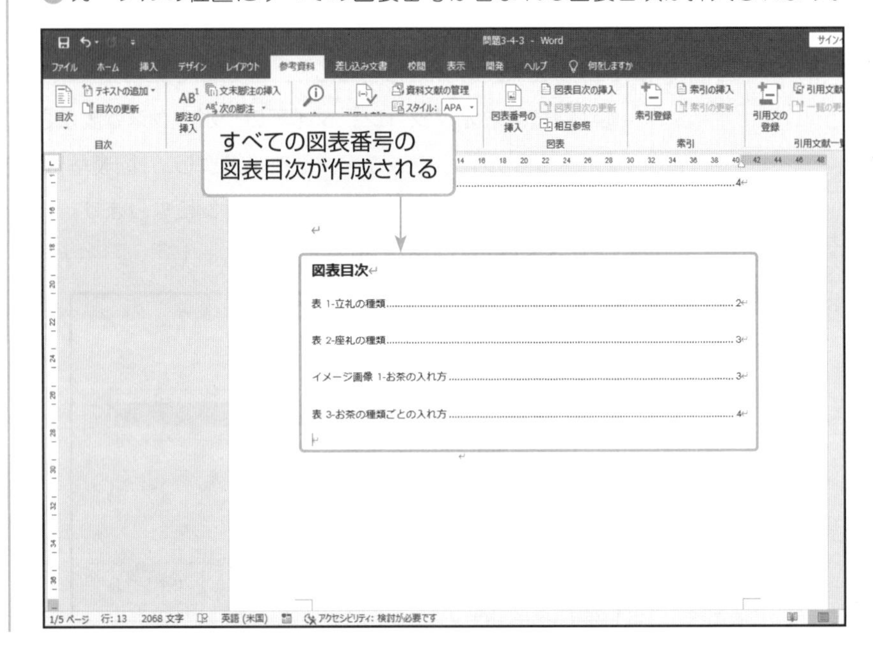

Chapter 4

高度な Word 機能の利用

本章で学習する項目

- □ フォーム、フィールド、コントロールを管理する
- □ マクロを作成する、変更する
- □ 差し込み印刷を行う

4-1 フォーム、フィールド、コントロールを管理する

ここでは、特定の情報や別に用意されたデータを文書内に挿入する機能を学習します。文書に日付や時刻、文書情報などの特定の情報を表示する「フィールド」、特定の箇所にデータを入力できるようにする「コンテンツコントロール」の作成や編集方法を学習します。

4-1-1 ユーザー設定のフィールドを挿入する

練習問題

問題フォルダー
└問題 4-1-1.docx
解答フォルダー
└解答 4-1-1.docx

【操作 1】表の「提出日」の右側のセルに、現在の日付を表示する Date フィールドを挿入します。「2021 年 3 月 1 日（日）」のような日付の形式にします。

【操作 2】文末の表の 1 列目に文書のタイトルを表示する Title フィールド、2 列目にファイル名を挿入する FileName フィールドを挿入します。ファイル名にはパスを表示するようにします。

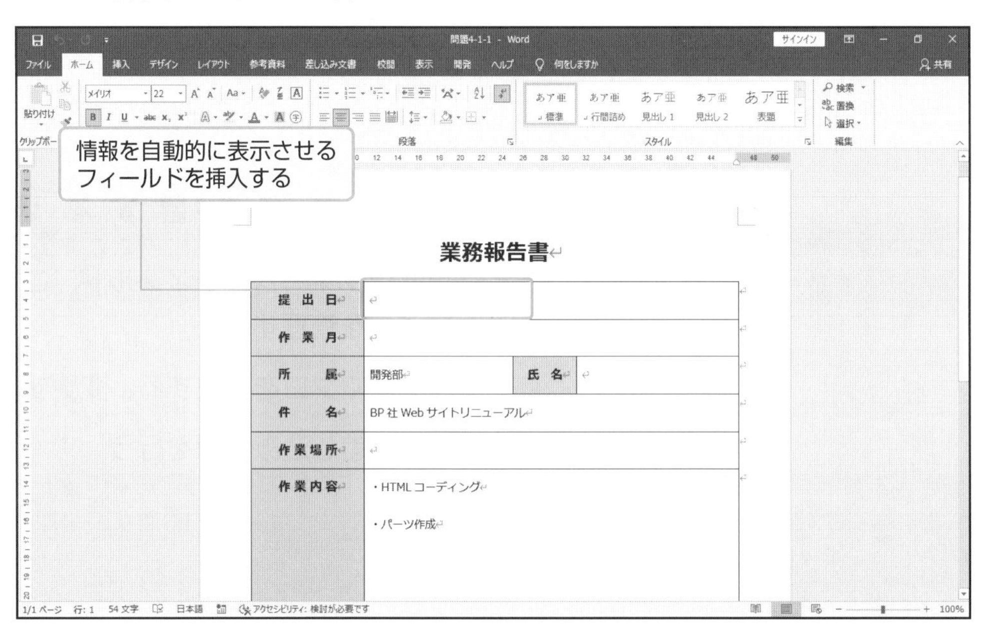

機能の解説

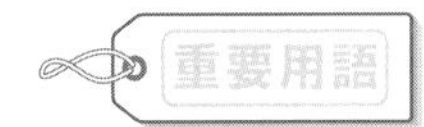

- フィールド
- Date フィールド
- Title フィールド
- FileName フィールド
- ［フィールド］ダイアログボックス

Word の文書中に特殊な情報を表示したい場合は、［フィールド］ダイアログボックスからフィールドと呼ばれる要素を挿入します。日付と時刻、ユーザー情報、文書情報などのさまざまなフィールドの種類から選択して、常に最新の情報を文書に表示できます。たとえば、文書ファイル名や最終保存日などの情報を文書中に表示したり、差し込み印刷の宛先から取り込んだデータを表示させる位置を指定したりするのに使用できます。

［フィールド］ダイアログボックスでは、［フィールドの名前］の一覧から選択すると、右側にフィールドに応じたプロパティやオプションを設定する内容が表示されます。

［フィールド］ダイアログボックス

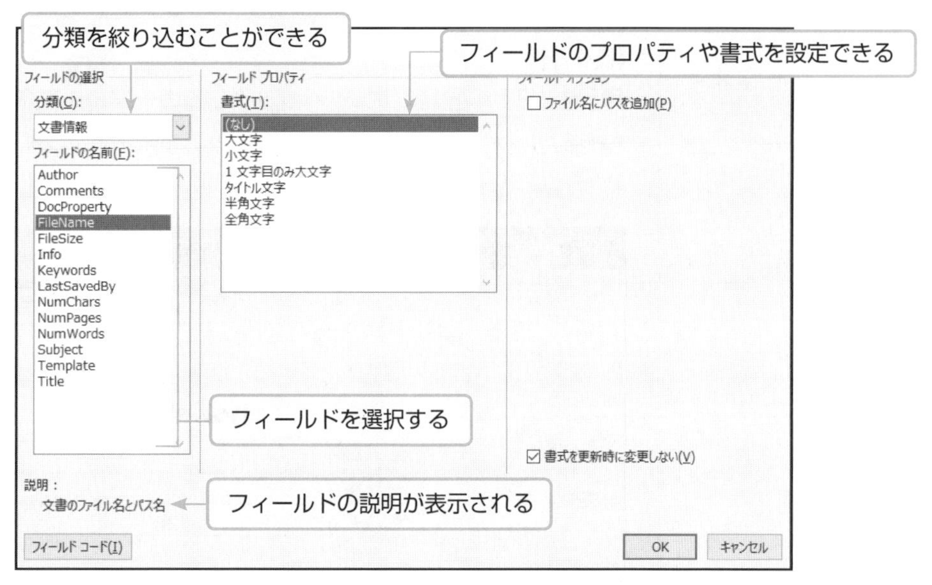

フィールドの例

分　類	フィールドの名前	説　明
ユーザー情報	UserName	ユーザー名を挿入
差し込み印刷	AddressBlock	差し込み印刷の住所ブロックを挿入
日付と時刻	CreateDate	文書が作成された日時を挿入
	Date	現在の日付を挿入
	Time	現在の時刻を挿入
	SaveDate	文書を最後に保存した日時を挿入
文書情報	Author	文書の作成者を挿入
	FileName	文書のファイル名を挿入
	NumPages	文書のページ数を挿入
	Title	文書プロパティの表題（タイトル）を挿入

●フィールドの更新

フィールドを挿入すると、画面にはその内容が表示されますが、中身にはフィールドコードが挿入されています。**Alt** + **F9** キーを押すと、通常の表示とフィールドコードを切り替えることができます。

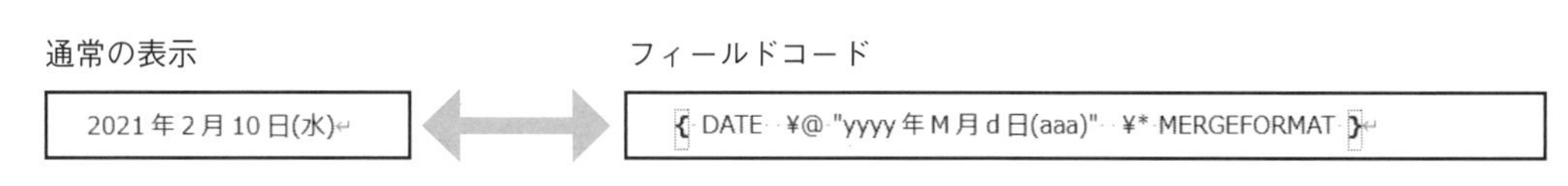

また、日付や時刻のフィールドなどで挿入後に時間が経過してしまった場合に最新の情報にするには、フィールドを選択すると表示される［更新］をクリックするか、フィールド内を右クリックして［フィールド更新］をクリックします。

操作手順

【操作 1】

❶「提出日」の右側のセルをクリックしてカーソルを表示します。

❷［挿入］タブの ［クイックパーツの表示］ボタンをクリックします。

❸［フィールド］をクリックします。

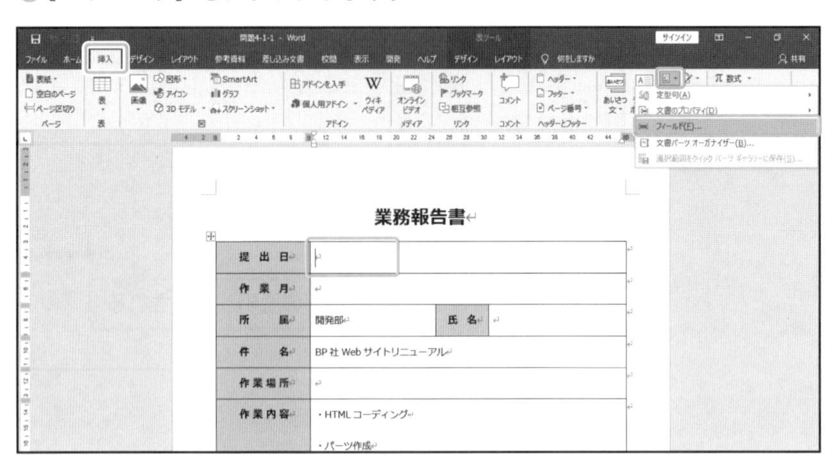

❹［フィールド］ダイアログボックスが表示されます。

❺［フィールドの名前］ボックスの［Date］をクリックします。

❻［日付の書式］ボックスの「2021 年 3 月 1 日（月）」のような書式をクリックします。

❼［OK］をクリックします。

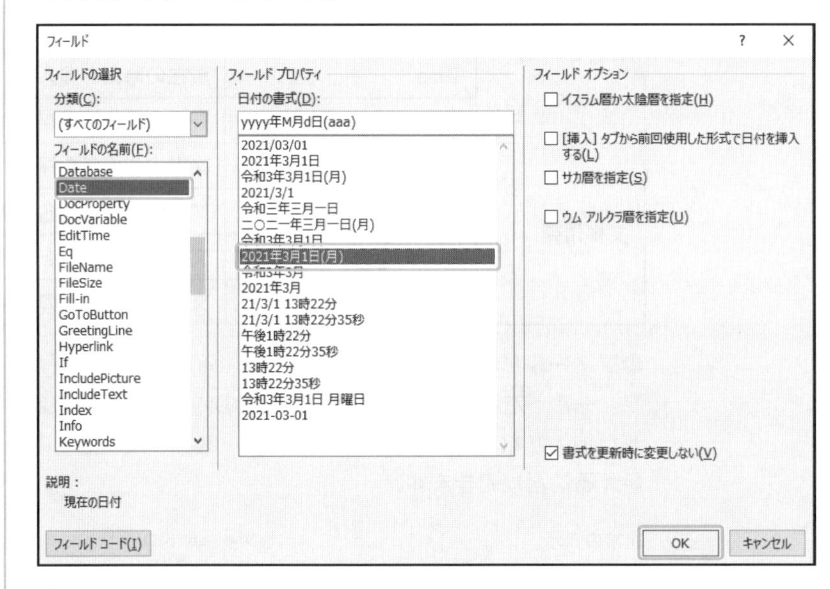

❽カーソルの位置に現在の日付が表示されます。

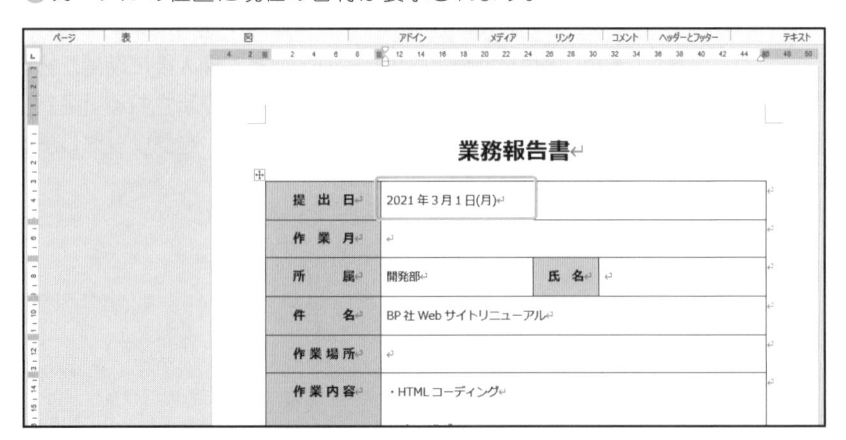

ヒント
フィールドの探し方
［フィールドの名前］ボックス内をクリックし、フィールド名の頭文字を入力するとその頭文字のフィールドの先頭にジャンプできます。また、［分類］ボックスでフィールドの種類を指定すると目的のフィールドが探しやすくなります。「Date」の場合は「日付と時刻」を選択します。

ヒント
［日付の書式］の一覧
日本の日付の書式が表示されない場合はカーソル位置のフォントを確認します。日本語用のフォントの場合は日本での日付書式の一覧が、英語用のフォントの場合は英語圏での日付書式の一覧が表示されます。

ヒント
フィールドの網かけ表示
フィールドは通常の文字列とは異なるデータ領域であることがわかるように、初期状態ではフィールドを選択すると灰色の網かけ表示になります。

【操作 2】

❾ 文末にある表の 1 列目のセルをクリックしてカーソルを移動します。

❿［挿入］タブの ［クイックパーツの表示］ボタンをクリックします。

⓫［フィールド］をクリックします。

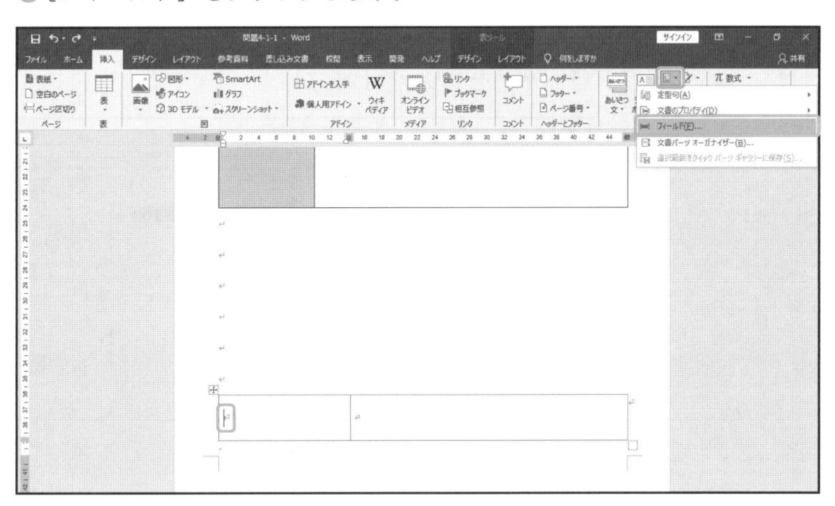

⓬［フィールド］ダイアログボックスが表示されます。

⓭［フィールドの名前］ボックスの［Title］をクリックします。

⓮［OK］をクリックします。

⓯ カーソルの位置に文書のタイトルが表示されます。

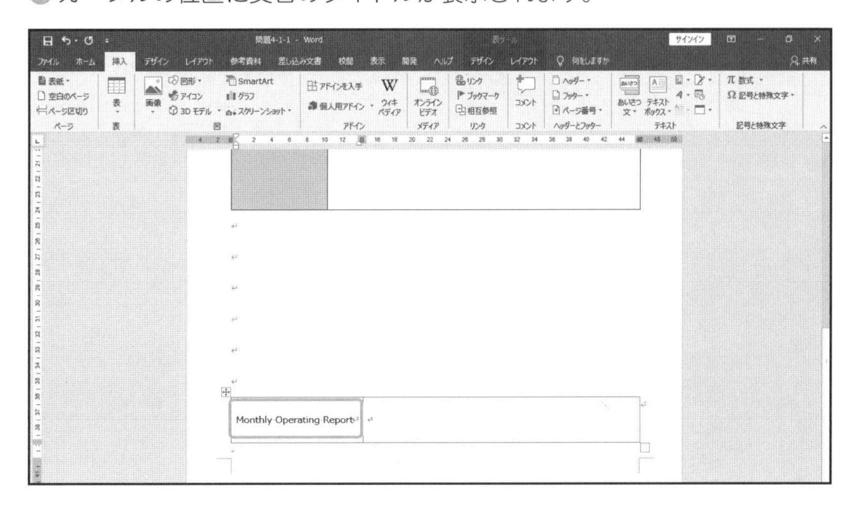

ヒント

文書のタイトル

この文書にはあらかじめ「Monthly Operating Report」というタイトルを設定しています。［ファイル］タブの［情報］画面で確認できます。

⑯ 2 列目のセルをクリックしてカーソルを移動します。

⑰ 手順 ⑩ ～ ⑪ と同様の操作で［フィールド］ダイアログボックスを表示します。

⑱［フィールドの名前］ボックスの［FileName］をクリックします。

⑲［フィールドオプション］の［ファイル名にパスを追加］チェックボックスをオンにします。

⑳［OK］をクリックします。

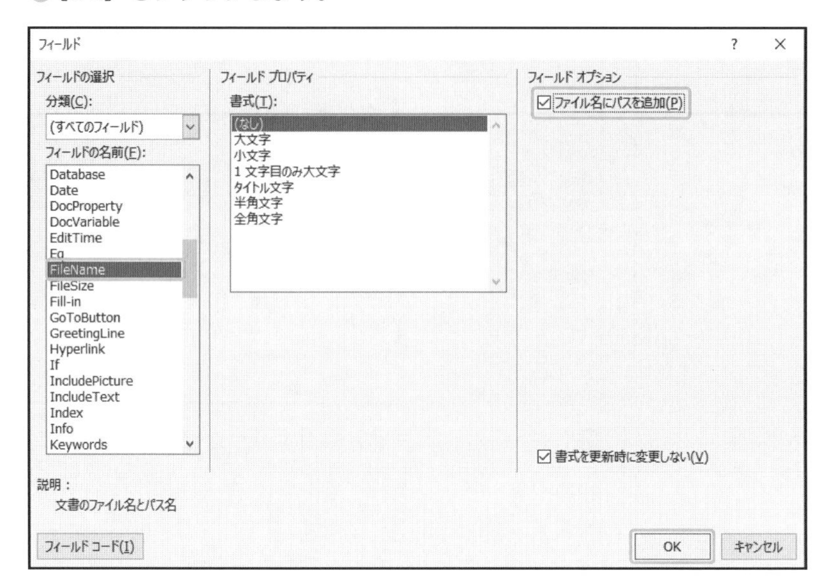

㉑ カーソルの位置に文書のファイル名とパス名が表示されます。

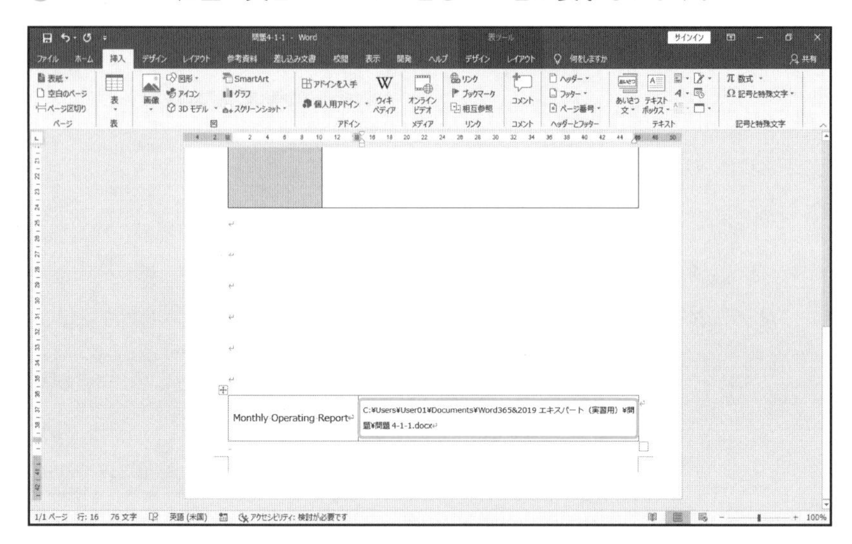

4-1-2 フィールドのプロパティを変更する

練習問題

問題フォルダー
└問題 4-1-2.docx

解答フォルダー
└解答 4-1-2.docx

【操作 1】表の「作業月」の右側のセルのフィールドの書式を変更して、「2021 年 3 月」のような日付の書式に変更します。

【操作 2】表の「氏名」の右側のセルのフィールドの書式を変更して、文書の作成者名を「大文字」で表示します。

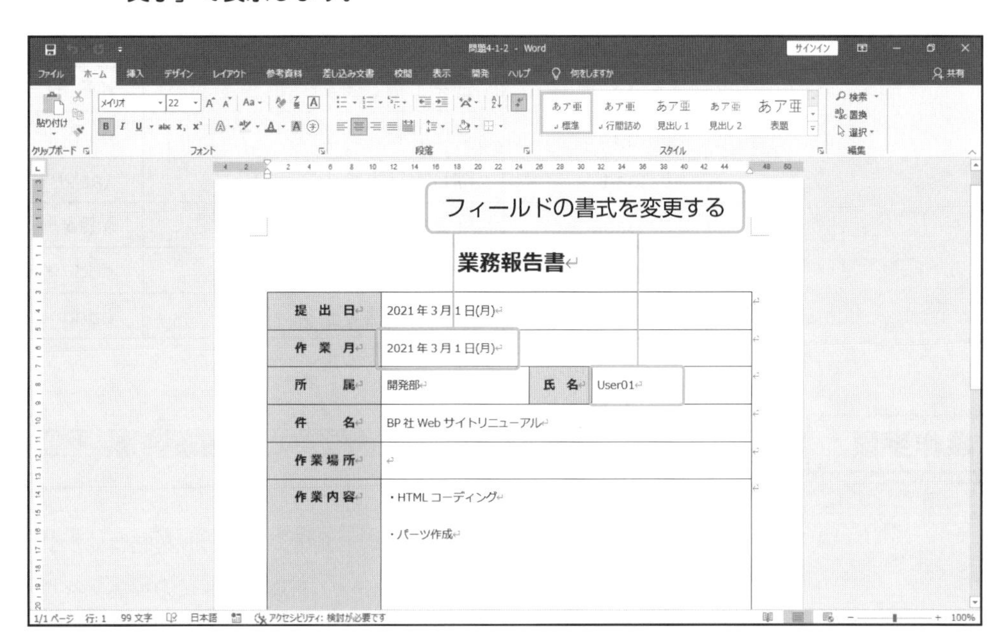

機能の解説

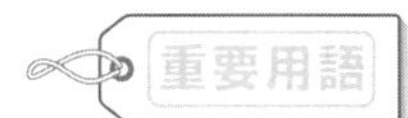

□ フィールドの書式
□ フィールドの編集
□ [フィールド] ダイアログボックス
□ 日付フィールドの書式

フィールドを［挿入］タブの［クイックパーツの表示］ボタンから挿入する際には、［フィールド］ダイアログボックスでその種類や種類に応じたオプションを設定できます。すでに文書中に挿入されたフィールドは、同じ［フィールド］ダイアログボックスを表示して設定を変更することが可能です。

フィールドを編集するには、フィールドを右クリックしてショートカットメニューの［フィールドの編集］をクリックします。［フィールド］ダイアログボックスの［フィールドプロパティ］の一覧や［フィールドオプション］に表示される各チェックボックスで設定の変更や追加ができます。

●日付フィールドの書式

Date や Time フィールドの場合、挿入するときに指定した日付や時刻の表示形式を後から指定し直すことができます。一覧に目的の日付の書式がない場合は、［日付の書式］ボックスに直接入力することができます。日付の書式には次のような種類があります。書式はすべて半角で入力します。

書　式	意　味	例
yyyy	年を西暦 4 桁で表す	yyyy 年 → 2021 年
ggge	年を元号で表す	ggge 年 → 令和 3 年
M	月を 1 桁で表す	M 月 → 8 月
MM	月を 2 桁で表す	MM 月 → 08 月
d	日を 1 桁で表す	d 日 → 1 日
dd	日を 2 桁で表す	dd 日 → 01 日
aaa	曜日を日本語 1 文字で表す	(aaa) → (月)
aaaa	曜日を日本語で表す	aaaa → 月曜日
ddd	曜日を英字 3 文字で表す	ddd → Mon
dddd	曜日を英語で表す	dddd → Monday

操作手順

【操作 1】

❶表の「作業月」の右側のセルのフィールドを右クリックします。

❷ショートカットメニューの［フィールドの編集］をクリックします。

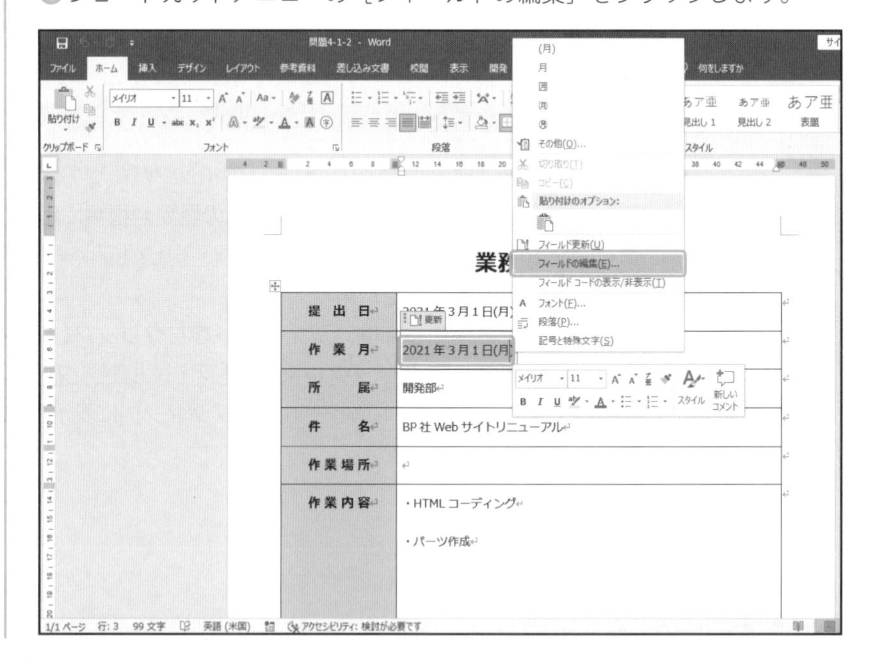

❸［フィールド］ダイアログボックスが表示されます。

❹［フィールドの名前］ボックスの［Date］が選択されていることを確認します。

❺［日付の書式］ボックスを「yyyy 年 M 月」に修正します。

❻［OK］をクリックします。

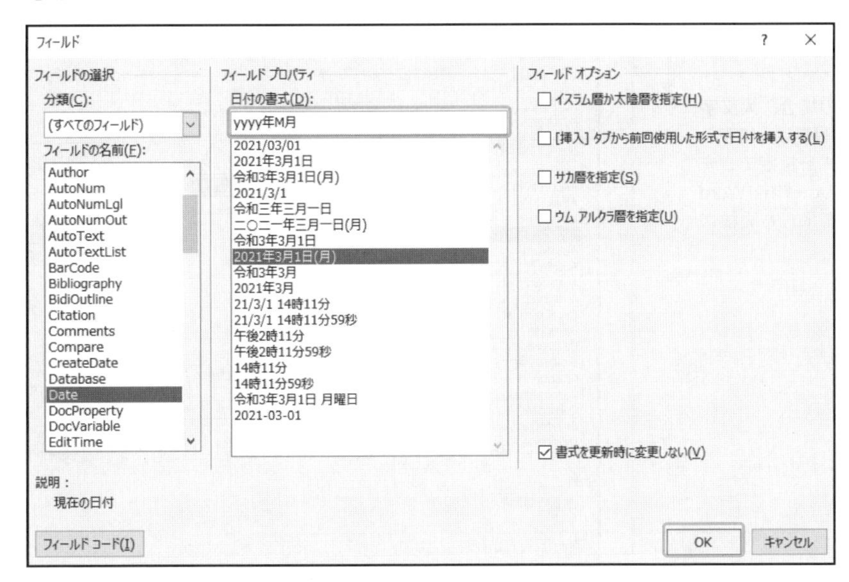

❼フィールドの日付の書式が変更されます。

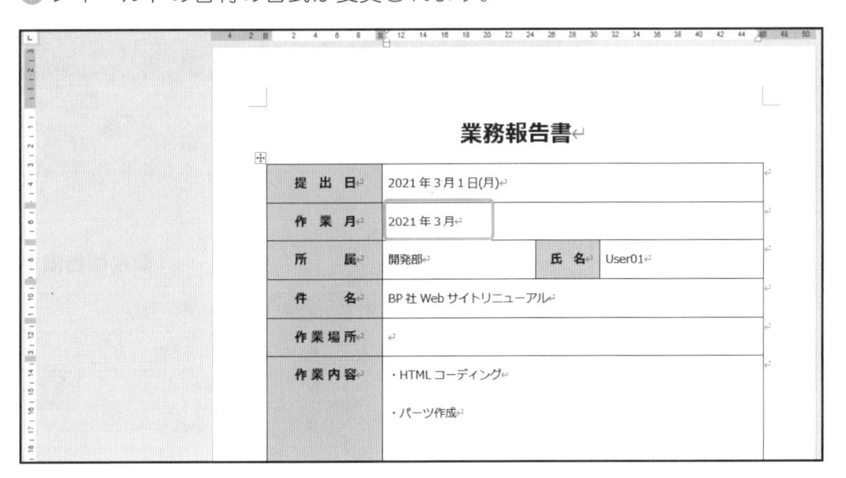

【操作 2】

❽表の「氏名」の右側のセルのフィールドを右クリックします。

❾ショートカットメニューの［フィールドの編集］をクリックします。

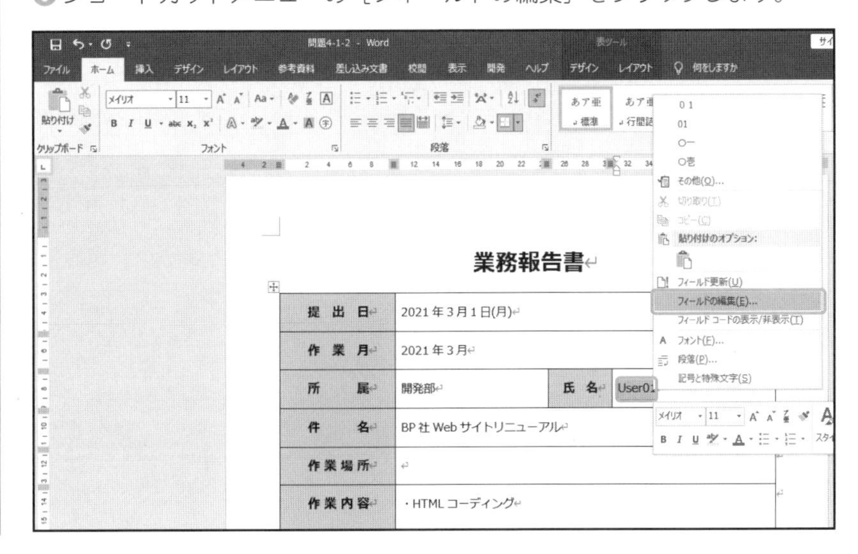

ヒント

［日付の書式］の一覧

日付のフィールドを右クリックしたときに、カーソル位置のフォントが日本語用のフォントの場合は日本での日付書式の一覧が、英語用のフォントの場合は英語圏での日付書式の一覧が表示されます。

ヒント

Author フィールド

氏名の右側のセルには、あらかじめ Author フィールドが挿入されています。文書の作成者名を表示するフィールドです。

⑩［フィールド］ダイアログボックスが表示されます。

⑪［フィールドの名前］ボックスの［Author］が選択されていることを確認します。

⑫［書式］ボックスの［大文字］をクリックします。

⑬［OK］をクリックします。

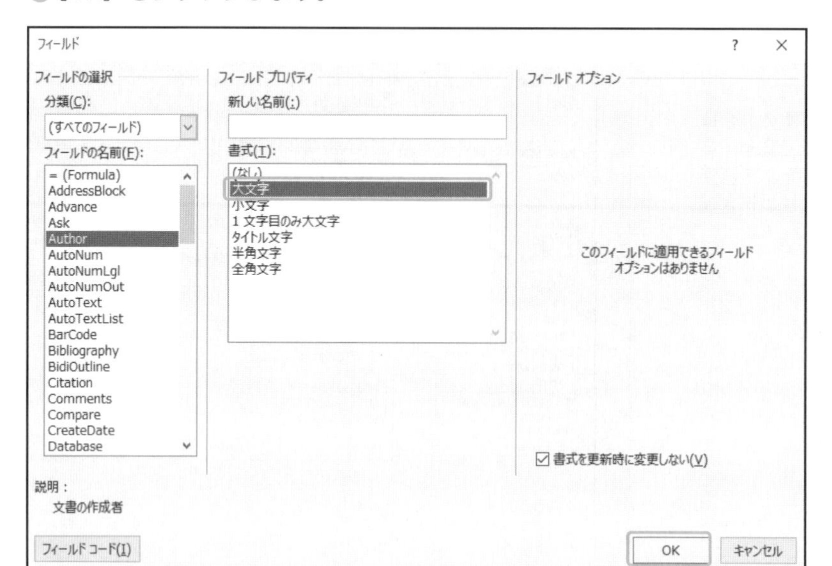

⑭文書の作成者名がすべて大文字に変更されます。

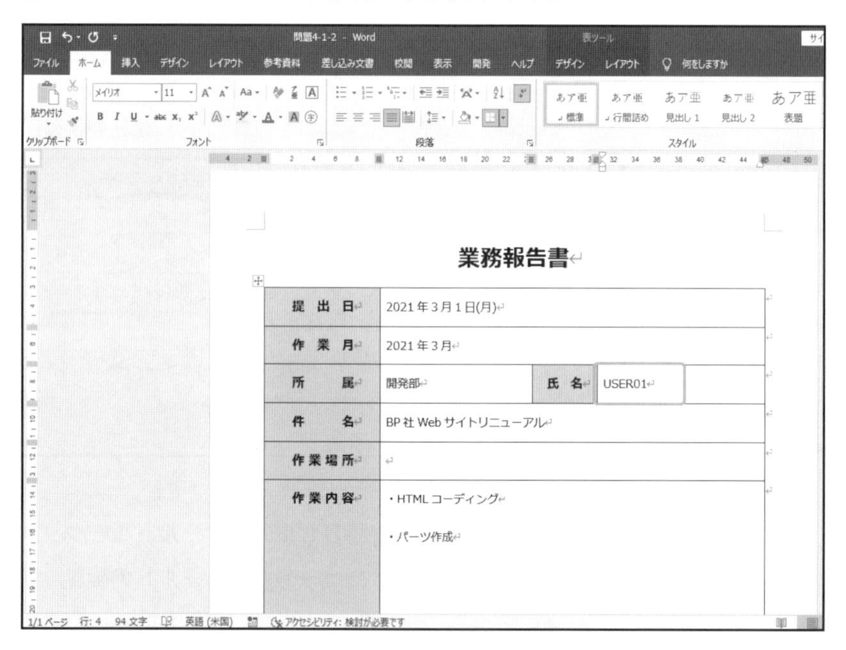

ヒント

作成者名の書式

作成者名が英文の場合、大文字や小文字、1 文字目だけ大文字といった各種の書式を指定できます。UserName フィールド（Word のユーザー名を表示）も同様に設定できます。

4-1-3 標準的なコンテンツコントロールを挿入する

練習問題

問題フォルダー
└問題 4-1-3.docx
解答フォルダー
└解答 4-1-3.docx

【操作 1】表の「購入日」の右側のセルに日付を指定できるコンテンツコントロールを挿入して、日付を入力します。
【操作 2】表の「ジャンル」の右側のセルにリストからの選択と直接入力が可能なコンテンツコントロールを挿入します。

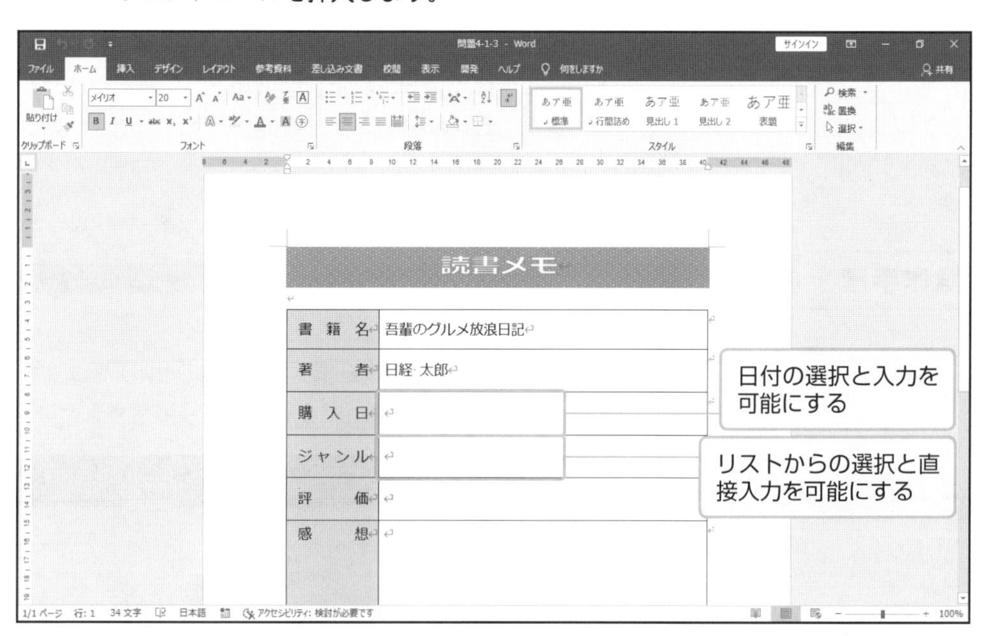

機能の解説

- コンテンツコントロール
- コントロール
- 日付選択コンテンツコントロール
- コンボボックスコンテンツコントロール
- テキストコンテンツコントロール
- リッチテキストコンテンツコントロール
- 画像コンテンツコントロール
- チェックボックスコンテンツコントロール

申請書やアンケートといった定型的な Word 文書（フォーム）の中で、特定の箇所にだけ入力できるようにしたり、入力する内容を制限したり、選択肢を表示して簡単に入力できるようにしたりするには、コンテンツコントロールを使用すると便利です。コンテンツコントロールは、［開発］タブの［コントロール］のボタンから文書中に挿入できるコントロール（操作用部品）の一種です。

コンテンツコントロールには、文字を入力するためのテキストコンテンツコントロール、書式を含めて文字入力が可能なリッチテキストコンテンツコントロール、画像を表示するための画像コンテンツコントロール、チェックボックスを表示するチェックボックスコンテンツコントロールといった種類があります。
カレンダーから選択した日付を入力できるようにするには、日付選択コンテンツコントロールを使用します。また、ドロップダウンリスト形式で表示される選択肢から 1 つを選んで入力したり、テキストを入力したりできるようにするには、コンボボックスコンテンツコントロールを使用します。

●コンテンツコントロールの削除
コンテンツコントロール自体を削除したい場合は、タブの部分をクリックしてコンテンツコントロール全体が選択された状態にするか、あるいはコンテンツコントロール全体を含むように選択して、**Delete** キーを押します。または、右クリックして［コンテンツコントロールの削除］をクリックします。

操作手順

【操作 1】

❶ 日付を表示させる位置（「購入日」の右のセル）をクリックしてカーソルを移動します。

❷［開発］タブの ［日付選択コンテンツコントロール］ボタンをクリックします。

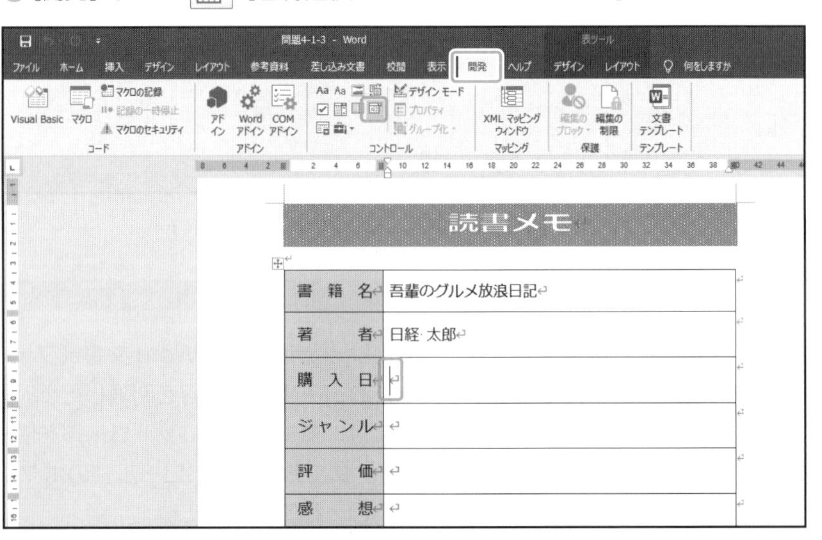

❸ カーソルの位置に日付選択コンテンツコントロールが挿入されます。

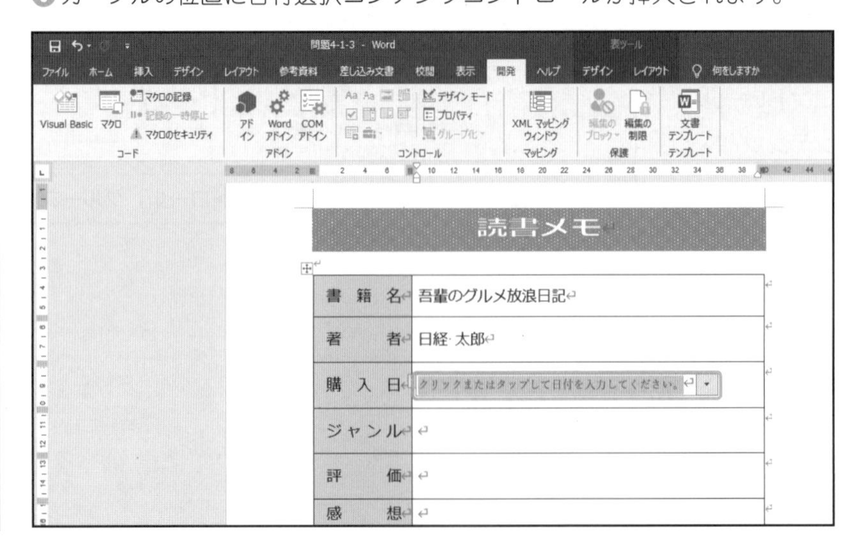

ヒント
コンテンツコントロールの表示文字列
コンテンツコントロールでデータを選択したり入力したりする前の初期状態では、行う操作を指示する「プレースホルダーテキスト」が表示されています。日付選択コンテンツコントロールの場合は「クリックまたはタップして日付を入力してください。」と表示されます。プレースホルダーテキストを変更するには、［開発］タブの デザインモード［デザインモード］ボタンをクリックします。変更したらもう一度同じボタンをクリックして、デザインモードを終了します。

❹日付選択コンテンツコントロールの▼をクリックします。

❺表示したい日付をクリックします。

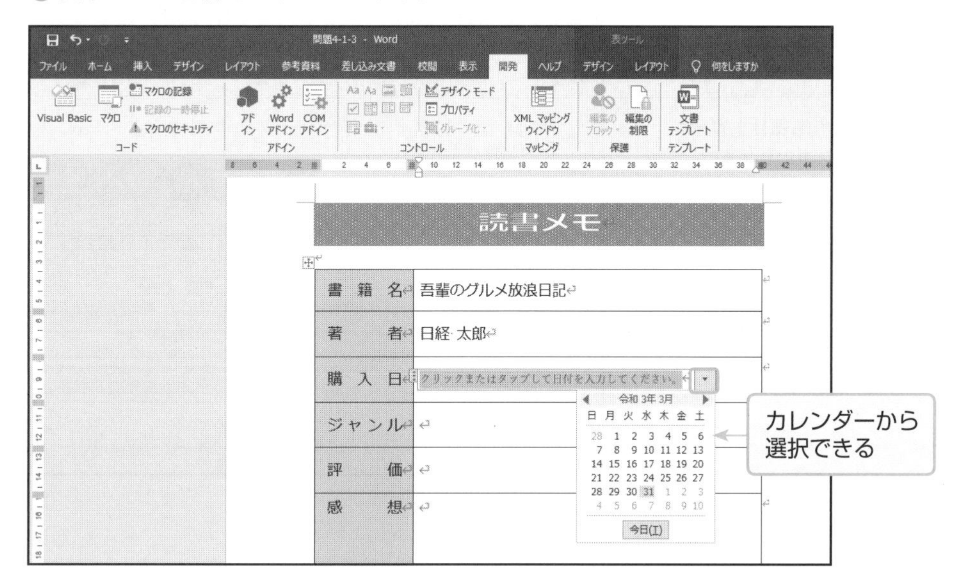

❻選択した日付が「2021/03/31」のような形式で入力されます。

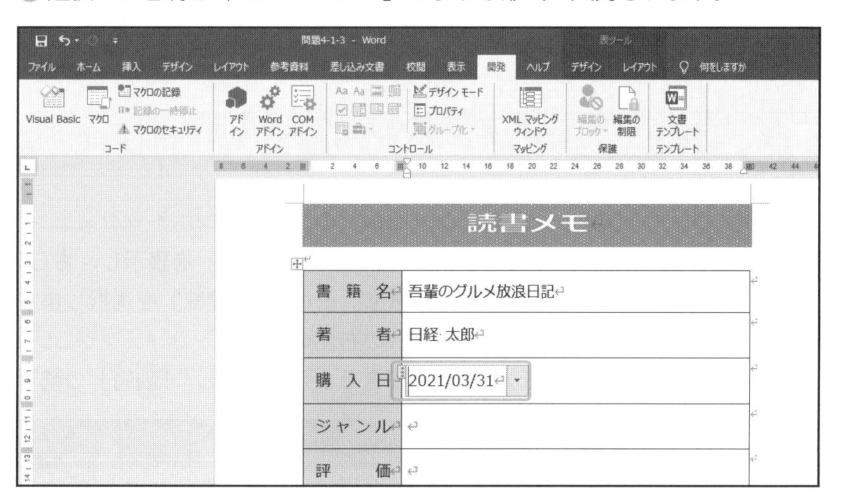

【操作 2】

❼コンボボックスコンテンツコントロールを表示させる位置（「ジャンル」の右のセル）にカーソルを移動します。

❽[開発]タブの [コンボボックスコンテンツコントロール]ボタンをクリックします。

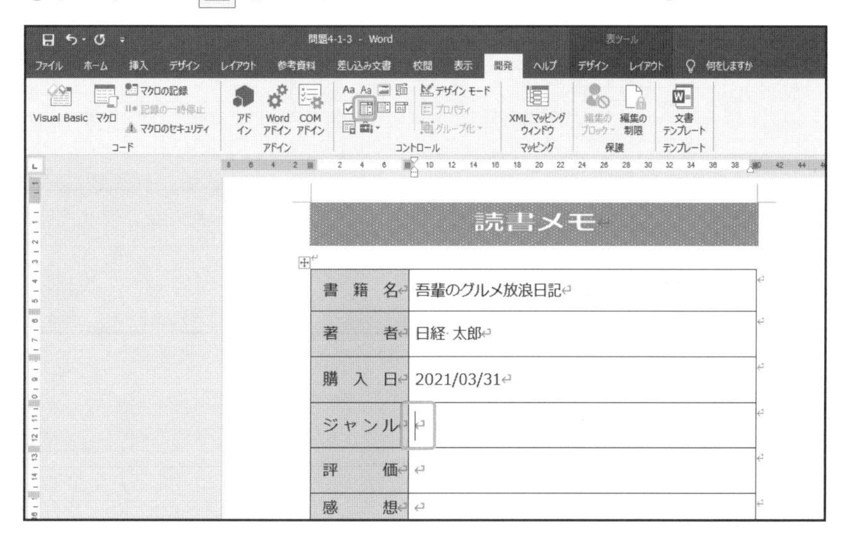

★ヒント

ドロップダウンリスト

表示される選択肢の中から1つを選ぶためのコンテンツコントロールとして、コンボボックス以外に「ドロップダウンリストコンテンツコントロール」もあります。両者の違いは、コンボボックスが選択肢以外にもテキストを直接入力できるのに対し、ドロップダウンリストは選択肢から選ぶだけで直接入力はできないことです。

❾ カーソルの位置にコンボボックスコンテンツコントロールが挿入されます。

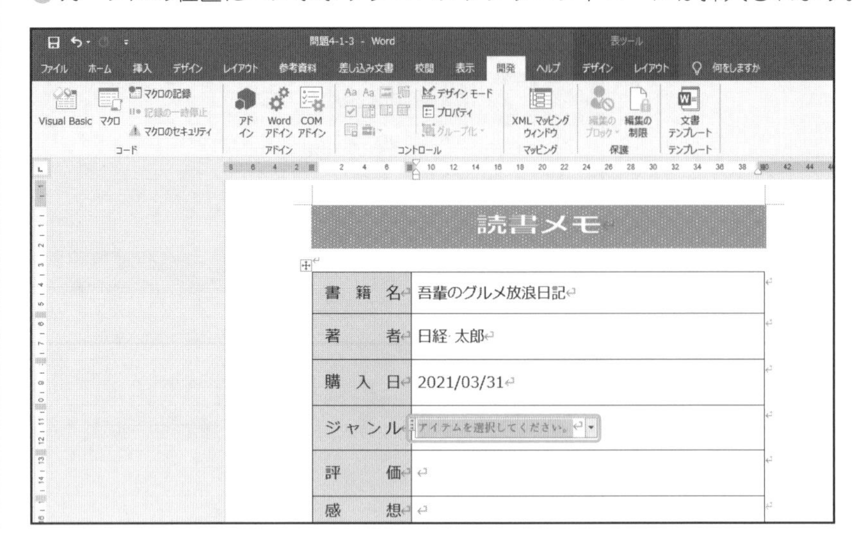

4-1-4 標準的なコンテンツコントロールを設定する

練習問題

問題フォルダー
└問題 4-1-4.docx

解答フォルダー
└解答 4-1-4.docx

【操作 1】表の「ジャンル」の右側のコンボボックスコンテンツコントロールの選択肢として「小説」「趣味」「ビジネス」を表示し、さらにコントロールが削除されないように設定します。その後、「趣味」を選択します。

【操作 2】表の「感想」の右側のテキストコンテンツコントロールのプロパティを文字列が改行を使用できるように変更し、「独特」の前で改行します。

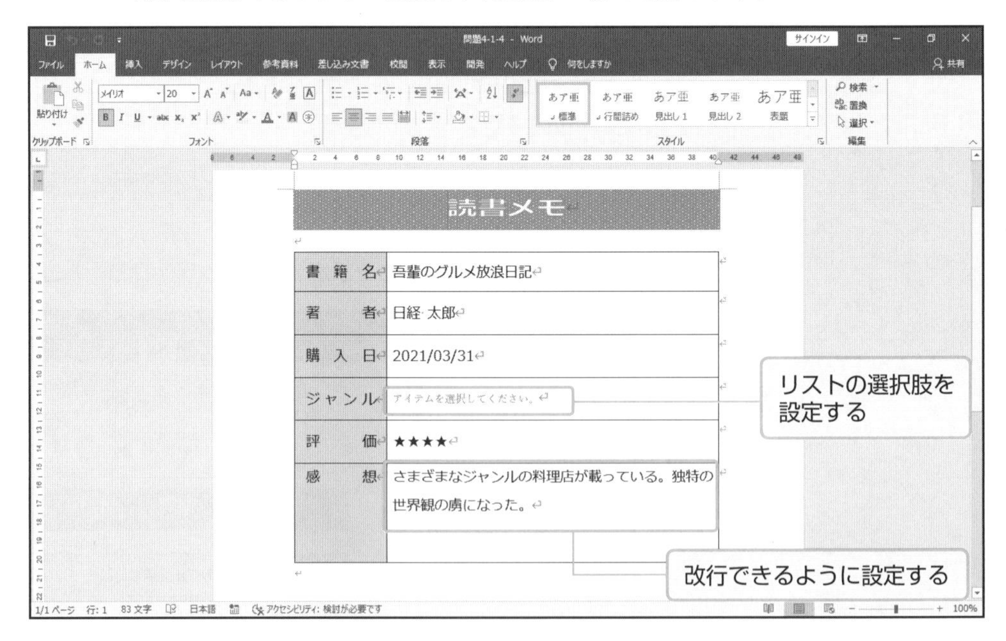

機能の解説

重要用語

- プロパティ
- [コンテンツコントロールのプロパティ]ダイアログボックス

文書中に挿入したコンテンツコントロールの表示などに関する設定は、プロパティと呼ばれます。コンテンツコントロール内にカーソルを表示した状態で［開発］タブの プロパティ［プロパティ］ボタンをクリックすると、[コンテンツコントロールのプロパティ］ダイアログボックスが表示され、選択したコンテンツコントロールのプロパティを変更できます。

コンボボックスコンテンツコントロールやドロップダウンリストコンテンツコントロールの場合は、選択肢として表示する項目を指定することができます。文字を入力するテキストコンテンツコントロールで複数行に入力できるようにするためには、プロパティの変更が必要です。

また、挿入したコンテンツコントロールをうっかり削除や編集してしまわないようにロックしたり、コントロールに入力される文字列の書式を指定したりといったプロパティも設定できます。

［コンボボックスコンテンツコントロール］のプロパティ

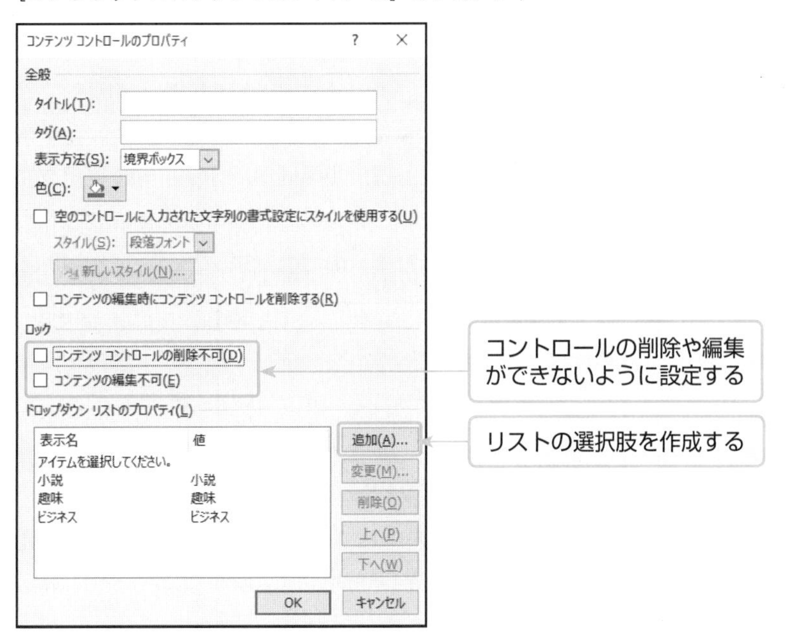

［テキストコンテンツコントロール］のプロパティ

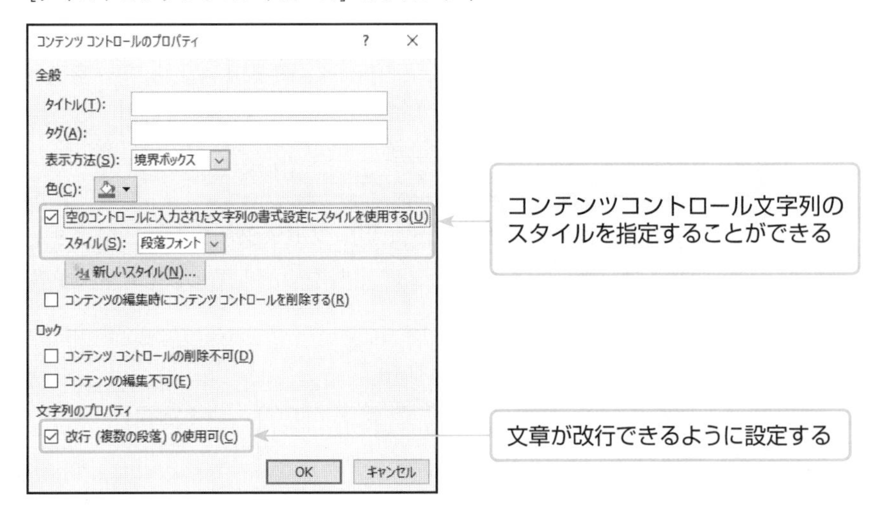

操作手順

【操作 1】

❶ 表の「ジャンル」の右側のコンボボックスコンテンツコントロールをクリックします。

❷［開発］タブの プロパティ［プロパティ］ボタンをクリックします。

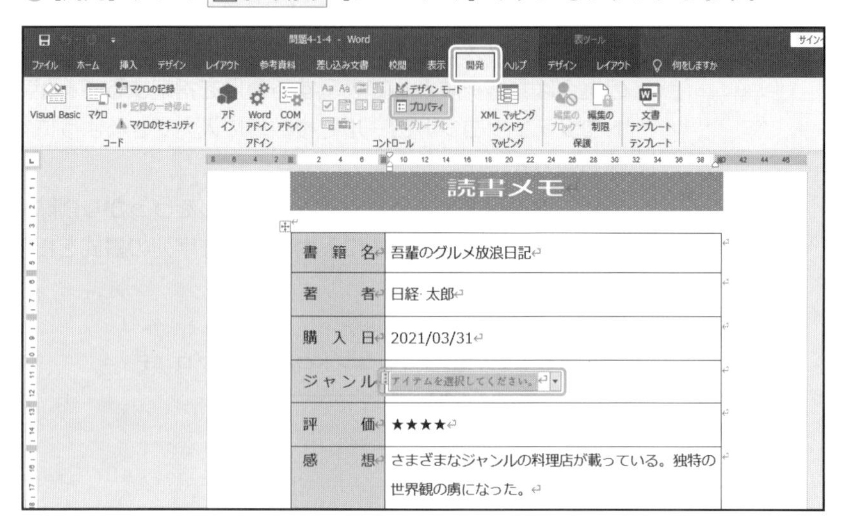

❸［コンテンツコントロールのプロパティ］ダイアログボックスが表示されます。

❹［コンテンツコントロールの削除不可］チェックボックスをオンにします。

❺［ドロップダウンリストのプロパティ］の［追加］をクリックします。

ポイント
ドロップダウンリストのプロパティ
ここではコンボボックスコンテンツコントロールの設定を変更していますが、［コンテンツコントロールのプロパティ］ダイアログボックスには［ドロップダウンリストのプロパティ］と表示されます。ここで表示される内容は、ドロップダウンリストコンテンツコントロールでも同じです。

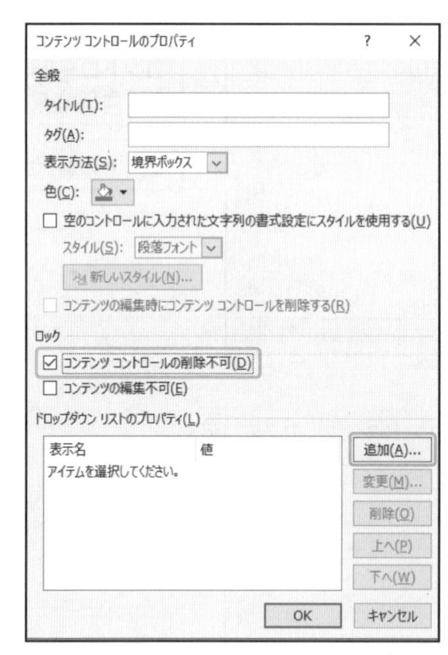

❻［選択肢の追加］ダイアログボックスが表示されます。

❼［表示名］ボックスに「小説」と入力します。自動的に［値］ボックスにも「小説」と表示されます。

❽［OK］をクリックします。

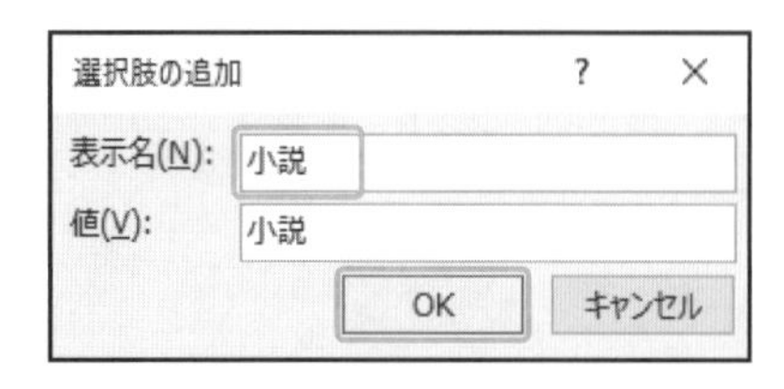

❾［ドロップダウンリストのプロパティ］に「小説」が追加されます。

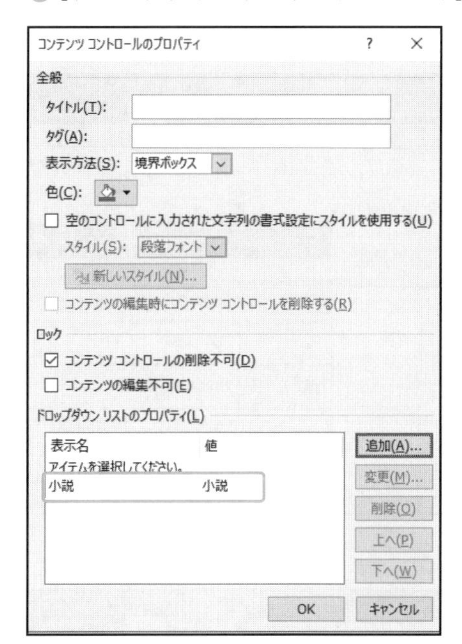

❿同様の手順で、［ドロップダウンリストのプロパティ］に「趣味」と「ビジネス」を追加します。

⓫［OK］をクリックします。

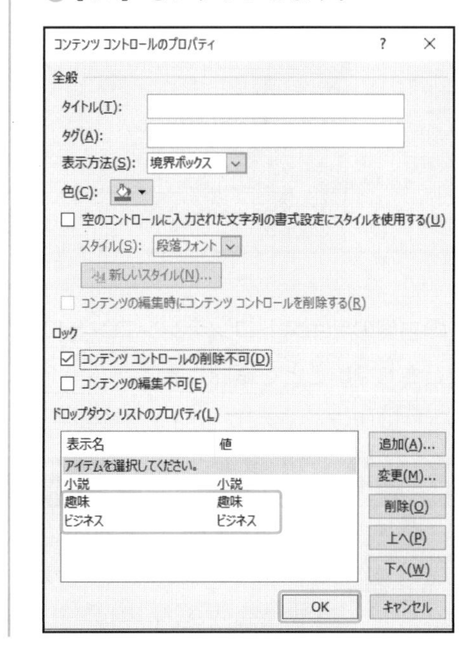

⑫ コンボボックスコンテンツコントロールのプロパティが変更されます。

⑬ コンボボックスコンテンツコントロール▼をクリックし、「趣味」をクリックします。

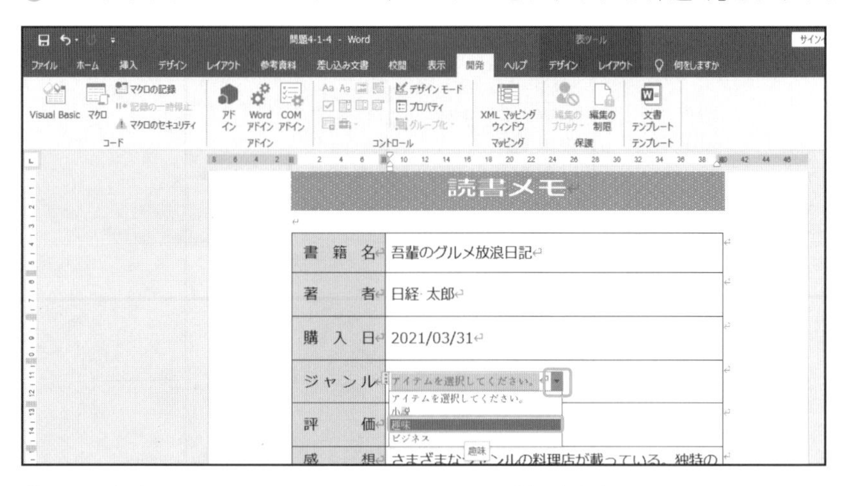

⑭ コンボボックスコンテンツコントロールに「趣味」と表示されます。

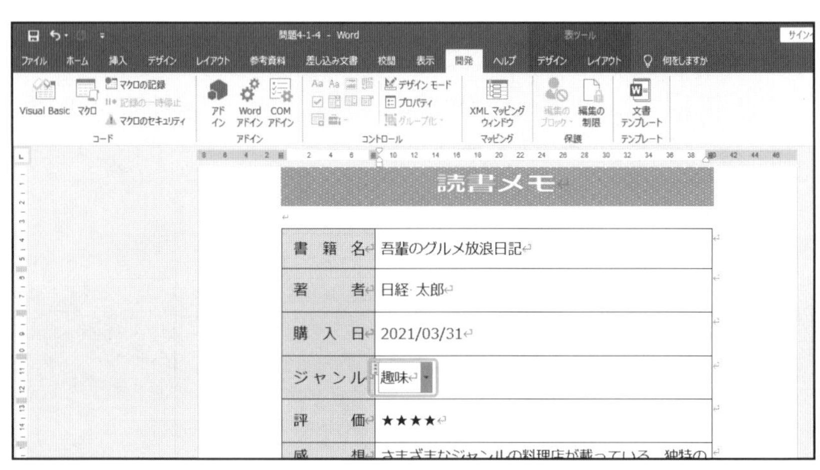

ポイント

コンテンツコントロールの初期化

コンボボックスコンテンツコントロールで選択したアイテムは、文字列を選択して **Delete** キーを押せば削除できます。この場合、コンテンツコントロール自体は削除されず、単に初期状態に戻るだけです。コンテンツコントロール自体を削除する方法は「4-1-3 標準的なコンテンツコントロールを挿入する」の「機能の解説」の「●コンテンツコントロールの削除」を参照してください。

【操作 2】

⑮ 表の「感想」の右側のテキストコンテンツコントロールをクリックして **Enter** キーを押しても改行されないことを確認します。

⑯ ［開発］タブの ［プロパティ］ ［プロパティ］ボタンをクリックします。

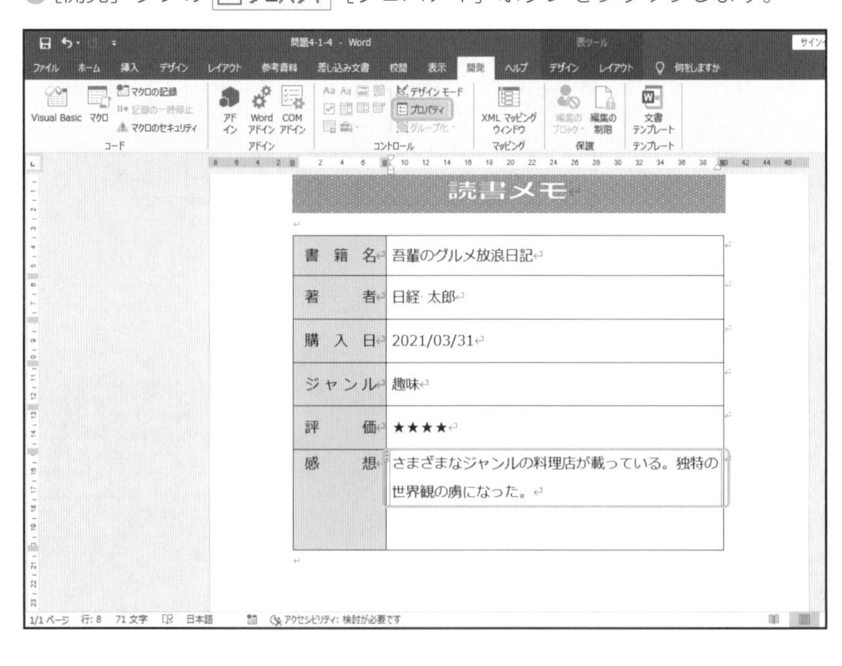

⑰［コンテンツコントロールのプロパティ］ダイアログボックスが表示されます。

⑱［改行（複数の段落）の使用可］チェックボックスをオンにします。

⑲［OK］をクリックします。

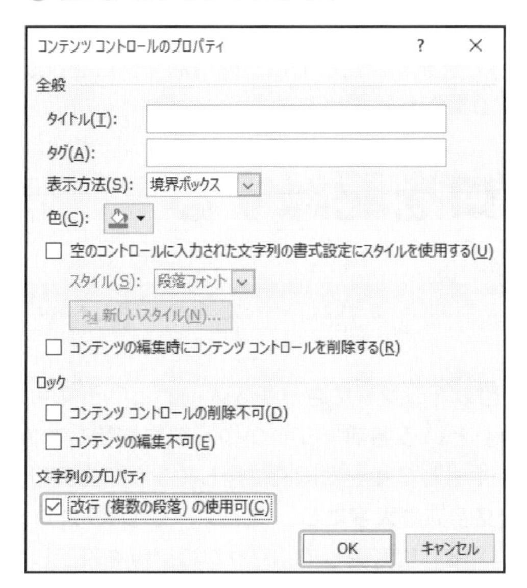

⑳テキストコンテンツコントロールの文字列の「独特」の前にカーソルを移動し、**Enter** キーを押します。

㉑「独特」の行が改行されます。

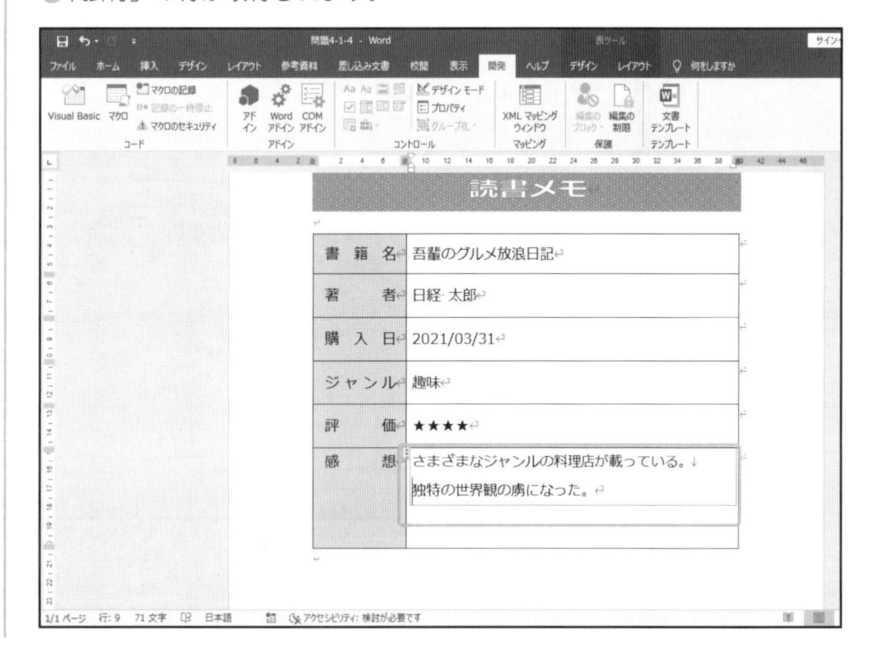

第4章 高度なWord機能の利用

4-2 マクロを作成する、変更する

マクロとは、アプリケーションの特定の操作を自動実行する機能です。よく使用する操作をマクロとして登録しておけば、クリックするだけでいつでも一連の操作を実行できます。ここでは、簡単なマクロを作成したり、編集する方法と作成したマクロを別の文書やテンプレートにコピーする操作を学習します。

4-2-1 簡単なマクロを記録する

練習問題

問題フォルダー
└問題 4-2-1.docx

解答フォルダー
└解答 4-2-1.docm

このファイルを開くとセキュリティの警告のメッセージバーが表示されることがあります。［コンテンツの有効化］をクリックしてマクロを有効にしてください。

【操作 1】3 行目の「ランチにぎり 1.5 人前」という文字列を選択している状態で、「おすすめ」という名前でマクロの記録を開始します。保存先は作業中の文書とし、Ctrl キーと 7 キーを同時に押してマクロを実行できるようにします。

【操作 2】選択文字列を太字にし、フォントを「HG 丸ゴシック M-PRO」、フォントサイズを「16」に変更して、マクロの記録を終了します。

【操作 3】4 行目の「ランチちらし 1.5 人前」に作成した「おすすめ」マクロを実行します。

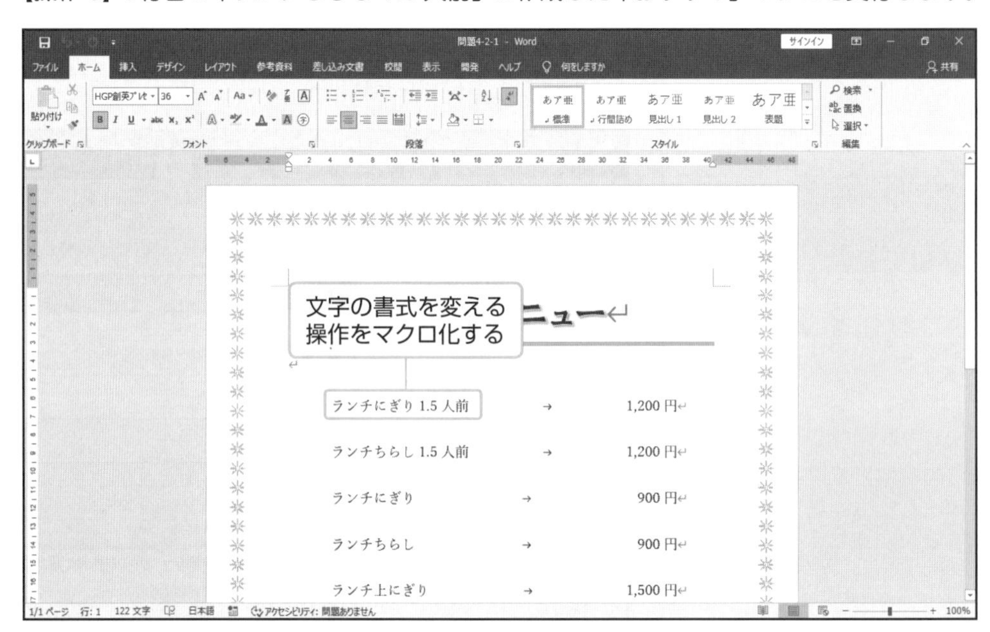

機能の解説

- マクロ
- VBA
- マクロの記録
- ［マクロの記録］ダイアログボックス
- ［マクロ］ダイアログボックス

マクロとは、アプリケーションにおける操作を登録し、必要なときに自動的に実行できる機能です。たとえば、選択した文字列に対する一連の操作を登録しておけば、選択文字列を変えるだけで面倒な操作を何度でも手軽に再実行できます。

Word のマクロの実体は VBA（Visual Basic for Applications）というプログラミング言語で記述されたプログラムですが、簡単なマクロであれば、実際に操作した手順をそのままマクロとして記録することができます。

●マクロの記録

VBAでプログラミングを行うための機能は［開発］タブにまとめられています（［開発］タブの表示方法は1-1-6を参照）。記録機能でマクロを作成する操作は、［開発］タブの マクロの記録［マクロの記録］ボタンから行うことができます。表示される［マクロの記録］ダイアログボックスでマクロ名やマクロの実行方法について設定し、［OK］をクリックすると、以後、記録を終了するまでの操作がマクロとして記録されます。また、このダイアログボックスで［マクロを割り当てる対象］の［ボタン］や［キーボード］をクリックすると、記録したマクロの実行をクイックアクセスツールバーやショートカットキーに割り当てることができます。

マクロ名は半角255文字以内で、文字と数字、記号はアンダースコアー（_）のみ使用可能です。マクロ名は必ず文字で始めます。
マクロの保存先は、初期設定では「すべての文書（Normal.dotm）」になっており、ここに保存したマクロはすべての文書で利用できます。現在作業中の文書でのみマクロを使用したい場合は、▼をクリックしてその文書名を選択します。

［マクロの記録］ダイアログボックス

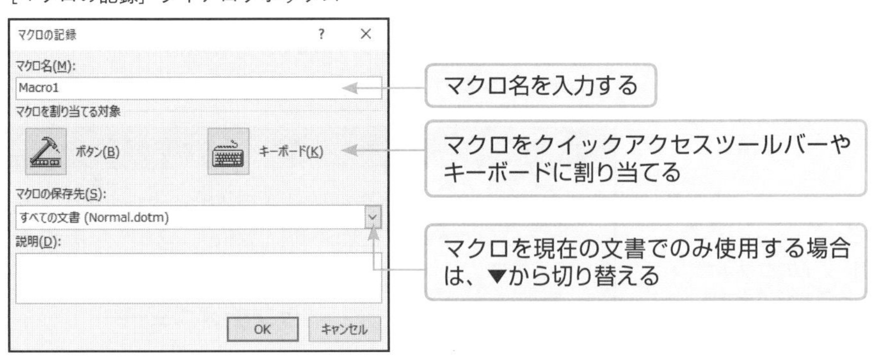

●マクロの実行

作成したマクロを実行するには、対象となる範囲を選択して［開発］タブの［マクロ］ボタンをクリックします。［マクロ］ダイアログボックスにマクロの一覧が表示されるので、マクロを選択して［実行］をクリックします。

［マクロ］ダイアログボックス

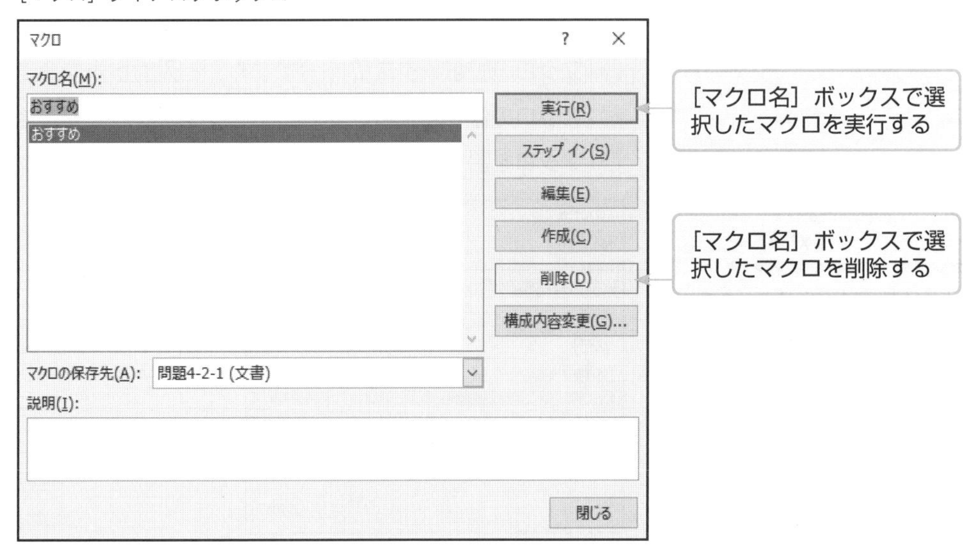

●マクロの削除

マクロを削除するには、［マクロ］ダイアログボックスの［マクロ名］ボックスの一覧でマクロを選択して［削除］をクリックします。確認のメッセージが表示されるので、［はい］をクリックしてマクロを削除します。

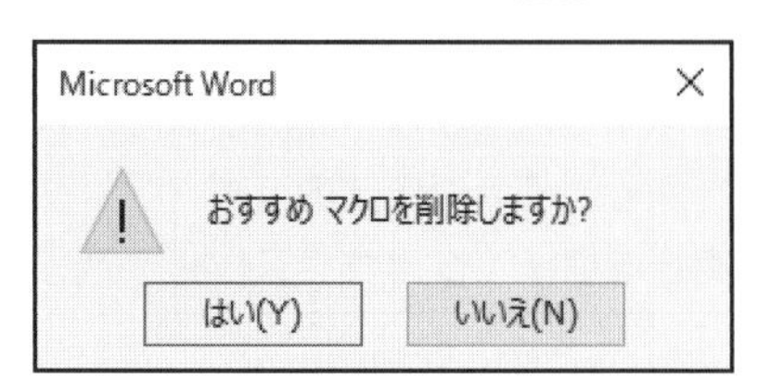

●マクロの保存

マクロを含む文書を保存するには、ファイル形式として、通常の「Word 文書」形式ではなく「Word マクロ有効文書」形式を選択する必要があります。

操作手順

【操作 1】

❶ 3 行目「ランチにぎり 1.5 人前」を選択します。

❷［開発］タブの［マクロの記録］ボタンをクリックします。

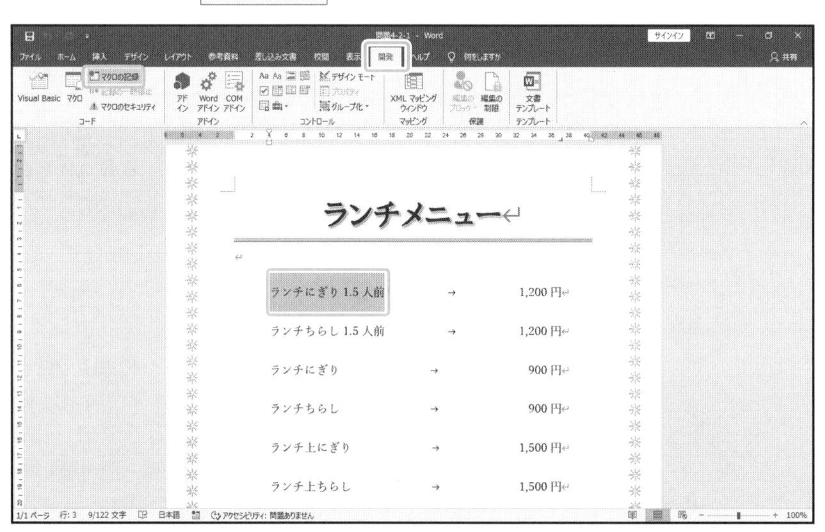

その他の操作方法

マクロの記録

ステータスバーの［マクロの記録］ボタンをクリックして［マクロの記録］ダイアログボックスを表示することができます。また［表示］タブの［マクロ］ボタンの▼から［マクロの記録］をクリックしても表示できます。

❸［マクロの記録］ダイアログボックスが表示されます。

❹［マクロ名］ボックスに「おすすめ」と入力します。

❺［マクロの保存先］ボックスの▼をクリックし、［問題 4-2-1（文書）］を選択します。

❻［マクロを割り当てる対象］の［キーボード］をクリックします。

ヒント

マクロを割り当てる

［マクロを割り当てる対象］の［ボタン］をクリックするとクイックアクセスツールバーに、［キーボード］をクリックするとショートカットキーにマクロを割り当てることができます。どちらもクリックせずに［OK］をクリックすると、すぐにマクロの記録が開始されます。

⑦［キーボードのユーザー設定］ダイアログボックスが表示されます。

⑧［割り当てるキーを押してください］ボックスにカーソルが表示されている状態で、**Ctrl** キーを押しながら **7** キーを押します。

⑨［割り当てるキーを押してください］ボックスに「Ctrl + 7」と入力されます。

⑩［保存先］ボックスの▼をクリックし、［問題 4-2-1］を選択します。

⑪［割り当て］をクリックします。

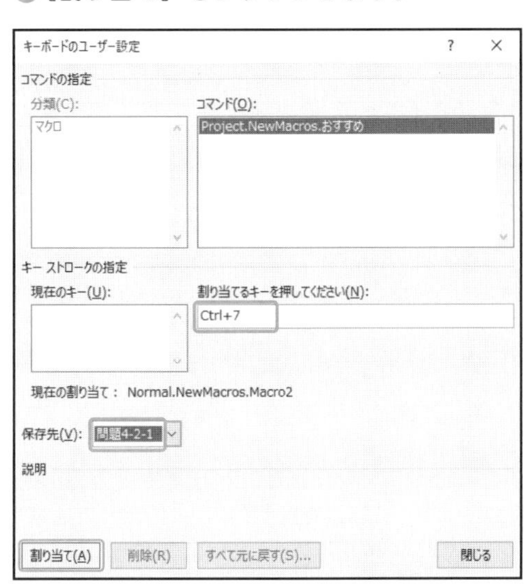

⑫［現在のキー］ボックスに「Ctrl + 7」と表示されます。

⑬［閉じる］をクリックします。

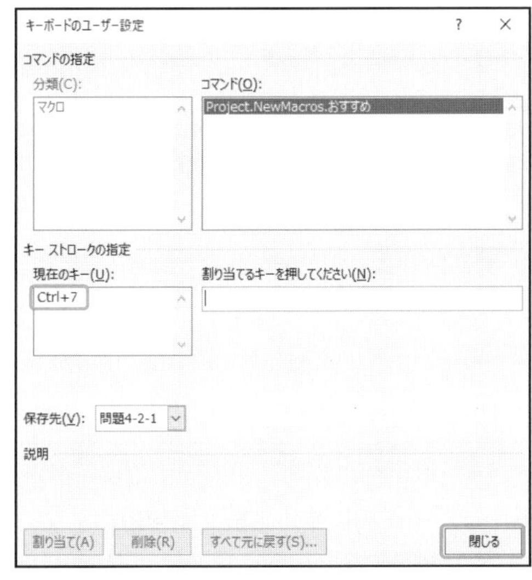

⑭マウスポインターの形状が に変わり、マクロの記録が開始されます。

ポイント

マクロのショートカットキー

Word のショートカットキーと同一のキーを割り当てるキーに指定した場合は、マクロのショートカットキーが優先されます。すでに割り当てがあるキーを指定した場合は［現在の割り当て：］の右に内容が表示されます。

ポイント

マクロの保存先

この問題で作成するマクロは、この文書でしか利用できない設定にするので、［キーボードのユーザー設定］ダイアログボックスの［保存先］ボックスにこの文書名を指定します。

【操作 2】

⑮［ホーム］タブの B［太字］ボタンをクリックします。

⑯［ホーム］タブの 游明朝 (本文(▾［フォント］ボックスの▼をクリックし、［HG 丸ゴシック M-PRO］をクリックします。

⑰［ホーム］タブの 10.5 ▾［フォントサイズ］ボックスの▼をクリックし、［16］をクリックします。

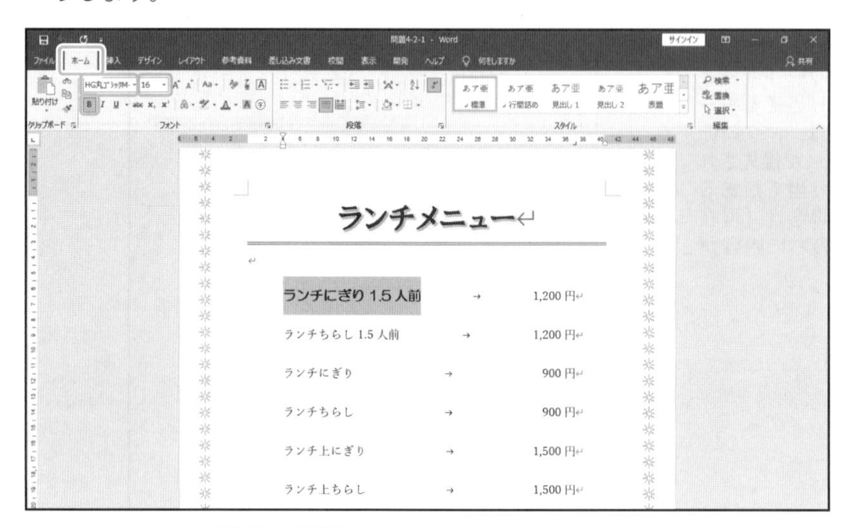

⑱［開発］タブの ■ 記録終了［記録終了］ボタンをクリックします。

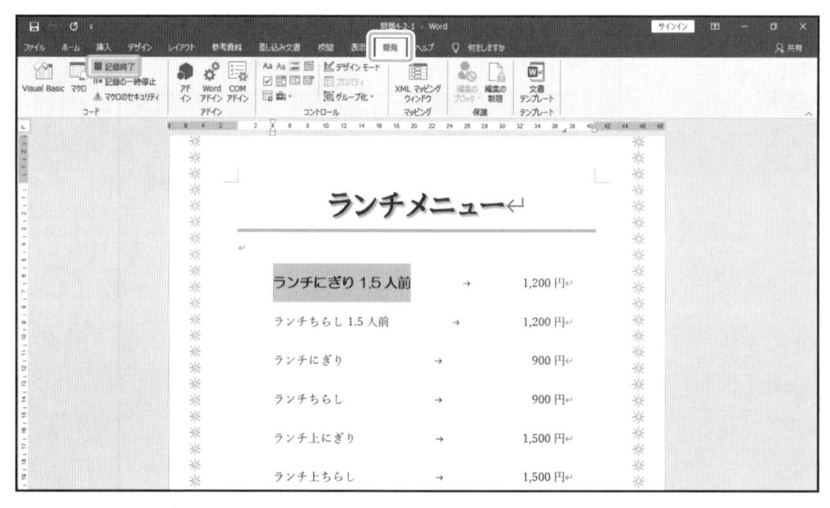

【操作 3】

⑲ 4 行目の「ランチちらし 1.5 人前」を選択します。

⑳［開発］タブの マクロ［マクロ］ボタンをクリックします。

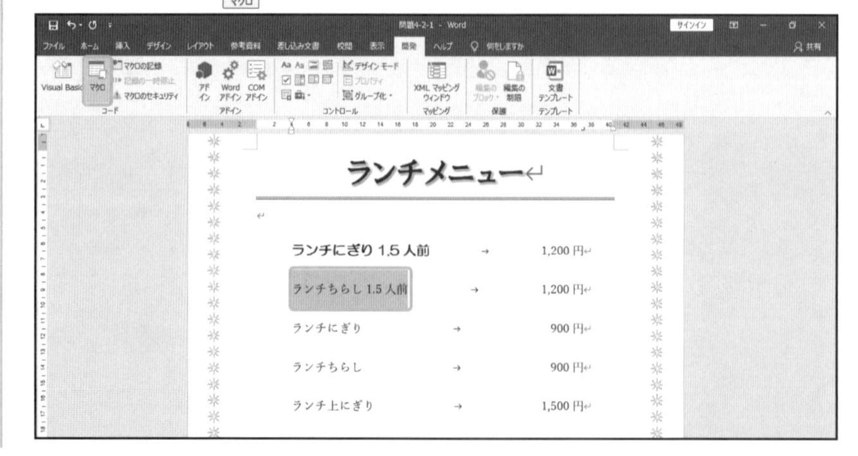

その他の操作方法

記録終了

ステータスバーに ■［記録終了］ボタンが表示されている場合は、ここをクリックしてマクロの記録を終了することができます。また、［表示］タブの［マクロ］ボタンの▼から［記録終了］をクリックしてもマクロの記録を終了できます。

ヒント

記録される操作

マクロの記録中に行ったすべての操作が記録されるわけではありません。記録される操作とされない操作は、Word のバージョンによっても異なります。たとえば、［ホーム］タブの A▾［フォントの色］ボタンから文字の色を変更する操作は、Word 2007 では記録されますが、Word 2010 以降では記録されません。

その他の操作方法

ショートカットキー

Alt ＋ **F8** キー
（［マクロ］ダイアログボックスの表示）

その他の操作方法

マクロの実行

「おすすめ」マクロに割り当てた **Ctrl** ＋ **7** キーを押して実行することもできます。

㉑［マクロ］ダイアログボックスが表示されます。

㉒［マクロ名］ボックスの一覧の「おすすめ」が選択されていることを確認します。

㉓［実行］をクリックします。

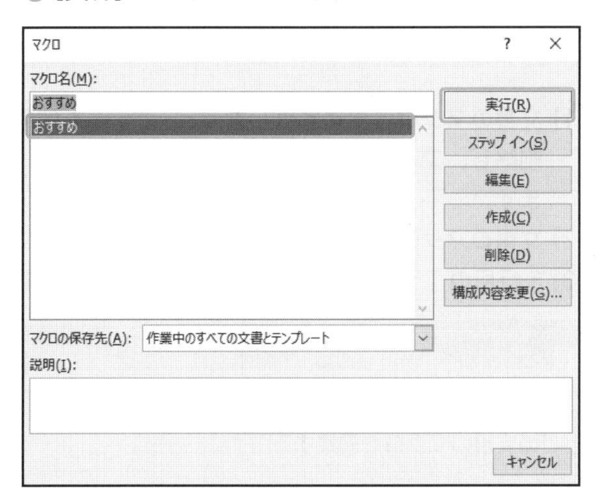

㉔マクロが実行され、選択した文字列の書式が変更されます。

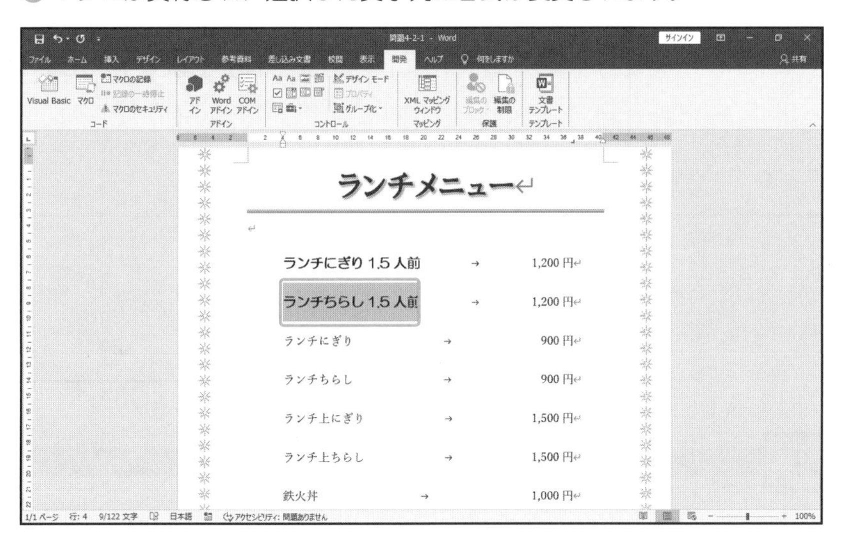

※マクロを作成した文書をマクロも含めて保存したい場合は、［名前を付けて保存］ダイアログボックスの［ファイルの種類］ボックスで「Word マクロ有効文書」を選択して保存してください。「Word 文書」形式ではマクロは保存されません。

4-2-2 簡単なマクロを編集する

練習問題

問題フォルダー
└問題 4-2-2.docm

このファイルを開くとセキュリティの警告のメッセージバーが表示されることがあります。[コンテンツの有効化] をクリックしてマクロを有効にしてください。

解答フォルダー
└解答 4-2-2.docm

【操作 1】文書のマクロ「おすすめ」を VBE の画面を使用して変更します。太字の設定を削除し、フォントを「HGP 創英角ポップ体」、フォントサイズを「20pt」にします。

【操作 2】文書のマクロ「Macro1」の名前を「色変更」に変更します。

【操作 3】3 行目の「ランチにぎり…」の行に「おすすめ」マクロを実行します。

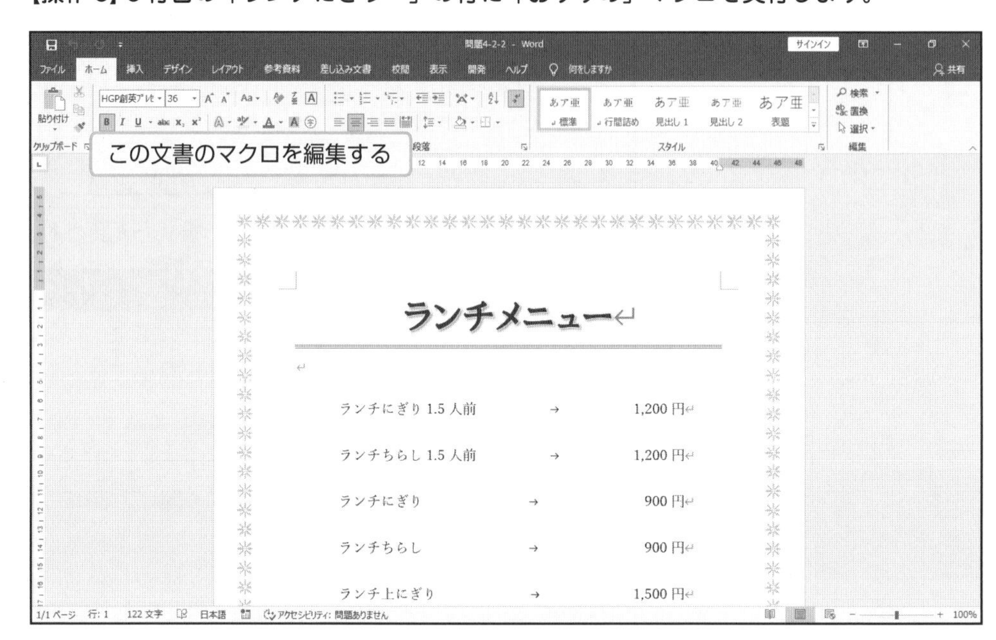

機能の解説

重要用語

- マクロの編集
- マクロ名の変更
- VBA
- VBE
- [マクロ] ダイアログボックス

マクロの中身は、VBA (Visual Basic for Applications) のプログラミング言語で記述されています。マクロの記録機能 (4-2-1 参照) を利用して作成したマクロは、自動的にプログラム言語の VBA に変換されています。VBA のプログラミング言語のコードを表示したり、マクロを編集するには、Excel とは別のアプリケーションの VBE (Visual Basic Editor) を使用します。VBE は、Excel から起動させることができます。VBE の画面を表示するには、[マクロ] ダイアログボックスから編集したいマクロを選択して、[編集] をクリックします。

［マクロ］ダイアログボックスから VBE を起動する

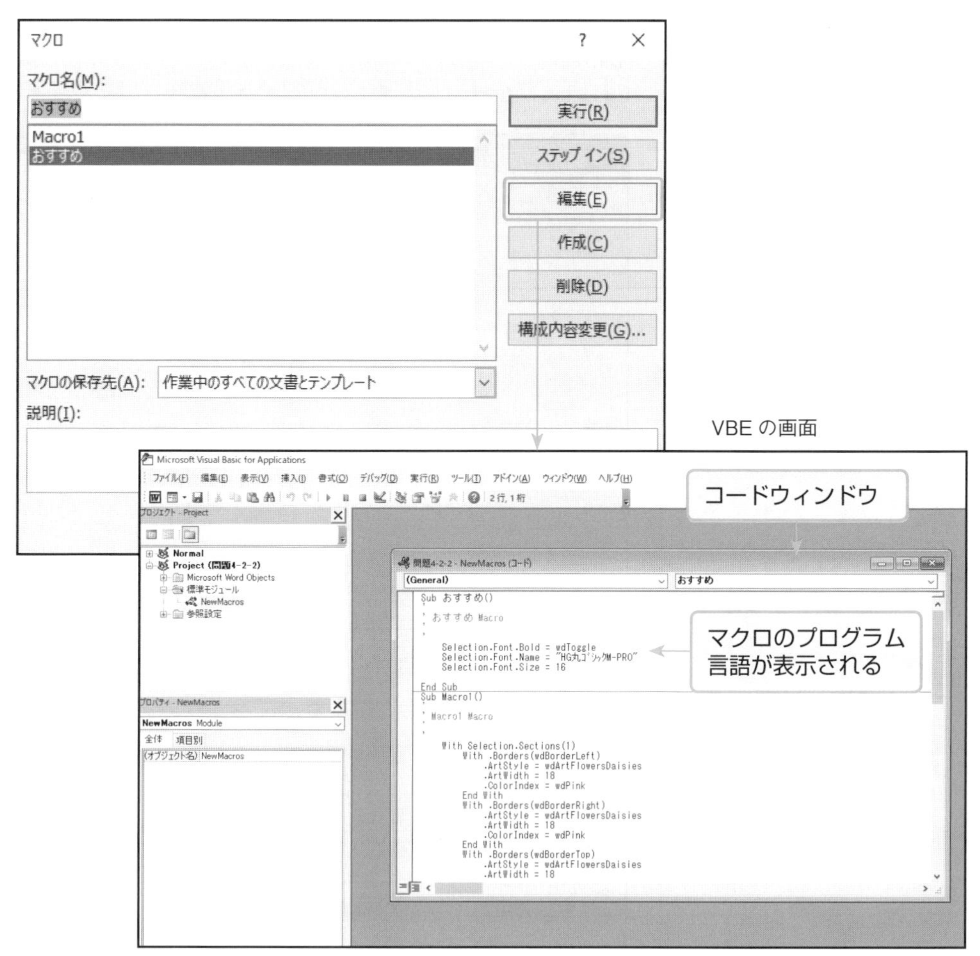

VBA のプログラム言語は次のような構成になっています。Sub の後ろにはマクロ名が表示され、End Sub までが 1 つマクロのコードになります。

「おすすめ」マクロの VBA の内容

操作手順

その他の操作方法

ショートカットキー

Alt + **F8** キー
([マクロ] ダイアログボックスの表示)

【操作 1】

❶ [開発] タブの [マクロ] ボタンをクリックします。

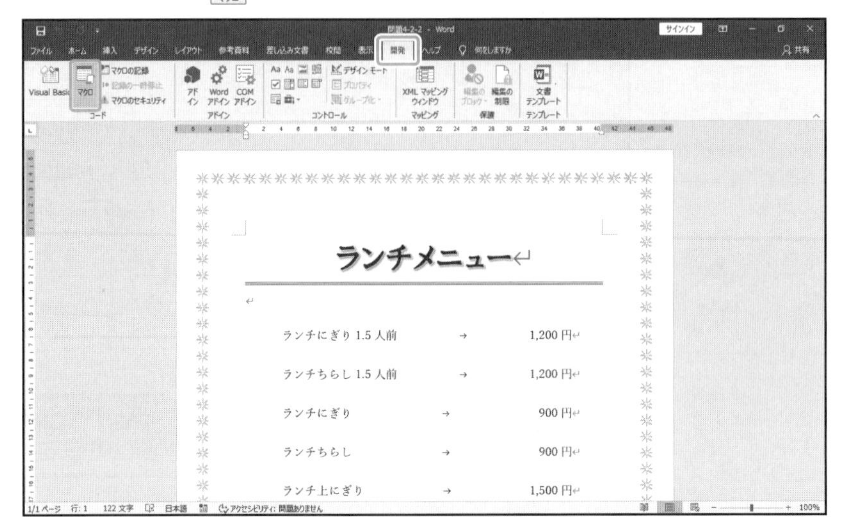

❷ [マクロ] ダイアログボックスが表示されます。

❸ [マクロ名] ボックスの一覧の「おすすめ」を選択します。

❹ [編集] をクリックします。

❺ VBE が起動します。

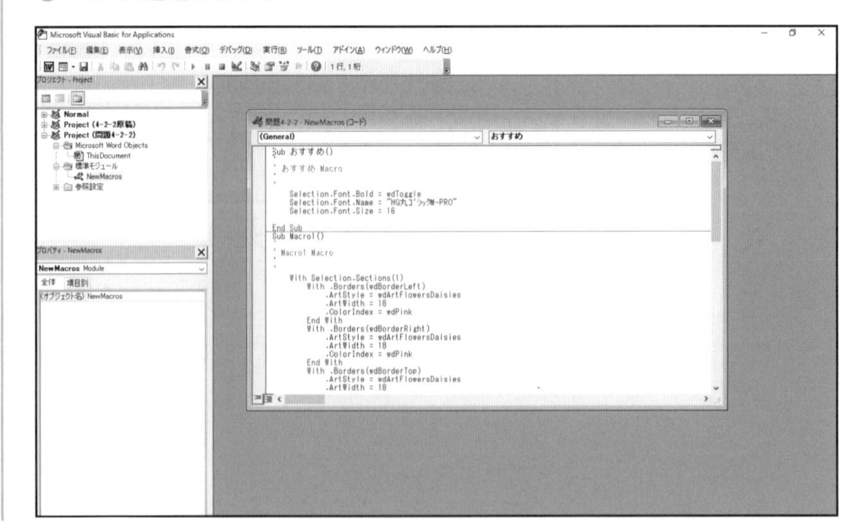

その他の操作方法

VBE の起動

[開発] タブの [Visual Basic] ボタンをクリックしても VBE 画面を表示することができます。コードウィンドウが表示されていない場合は、左側のプロジェクトウィンドウの [標準モジュール] をダブルクリックして、[NewMacros] をクリックします。

[Visual Basic]ボタン

❻コードウィンドウの「おすすめ」マクロの1行目のコードを選択します。

```
問題4-2-2 - NewMacros (コード)
(General)                                     おすすめ

Sub おすすめ()
'
' おすすめ Macro
'
'
    Selection.Font.Bold = wdToggle
    Selection.Font.Name = "HGメルゴシックM-PRO"
    Selection.Font.Size = 16

End Sub
Sub Macro1()
'
' Macro1 Macro
'
'
    With Selection.Sections(1)
        With .Borders(wdBorderLeft)
            .ArtStyle = wdArtFlowersDaisies
            .ArtWidth = 18
            .ColorIndex = wdPink
        End With
        With .Borders(wdBorderRight)
            .ArtStyle = wdArtFlowersDaisies
            .ArtWidth = 18
            .ColorIndex = wdPink
        End With
        With .Borders(wdBorderTop)
            .ArtStyle = wdArtFlowersDaisies
            .ArtWidth = 18
            .ColorIndex = wdPink
        End With
        With .Borders(wdBorderBottom)
            .ArtStyle = wdArtFlowersDaisies
            .ArtWidth = 18
```

❼**Delete** キーを押してコードを削除します。

❽次の行の「HG 丸ゴシック M-PRO」を「HGP 創英角ポップ体」に修正します。

❾次の行の「16」を「20」に修正します。

ポイント

VBA のフォントの変更

フォント名は"(ダブルクォーテーション)で括られています。前後の"は削除しないようにします。

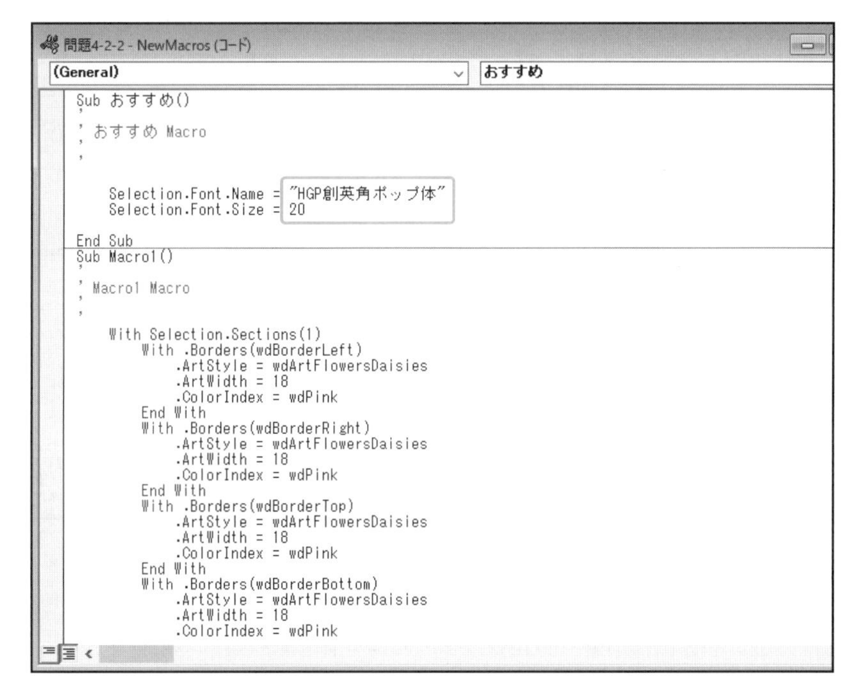

【操作 2】

⑩ コードウィンドウの Sub の後ろの「Macro1」を「色変更」に変更します。

⑪ Word 画面に表示を切り替えます。

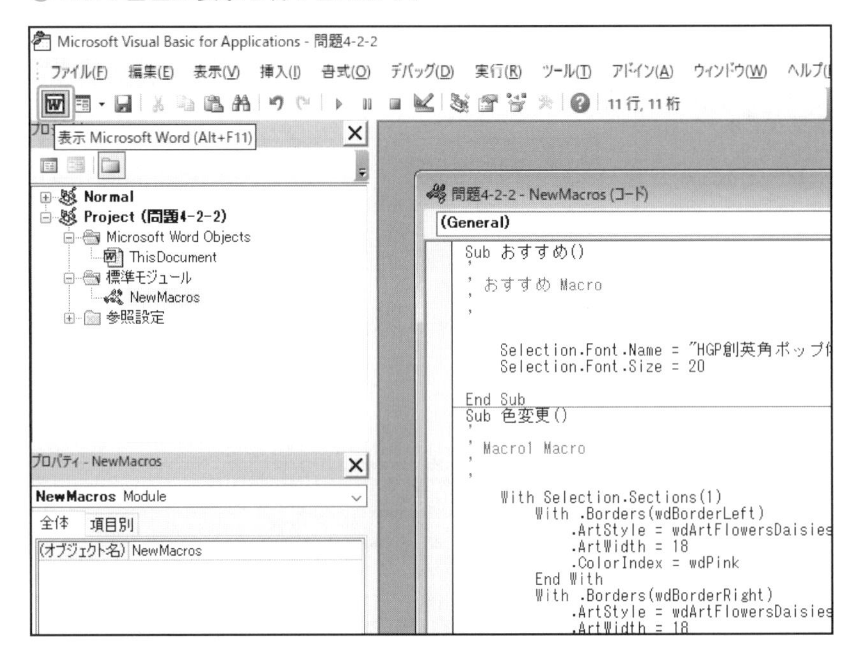

⑫ Word が表示されます。

【操作 3】

⑬ 3 行目の「ランチにぎり…」の行を選択します。

⑭ [開発] タブの [マクロ] ボタンをクリックします。

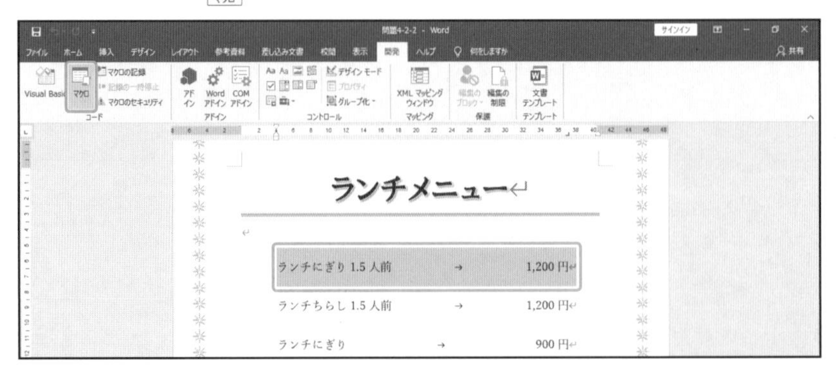

ヒント

VBA のコメント

マクロのコード内で、行頭に '(シングルクォーテーション) が付く緑色の文字はプログラムのコードではなく情報を表示するコメント行です。プログラムに関する説明やメモを記述することができます。

ヒント

VBE の表示切替

VBE の [表示 Microsoft Word] ボタンをクリックすると、VBE は起動した状態のまま画面表示を Word に切り替えます。[閉じる] ボタンをクリックすると VBE を終了してウィンドウを閉じます。

⑮［マクロ］ダイアログボックスが表示されます。

⑯［おすすめ］を選択して［実行］をクリックします。

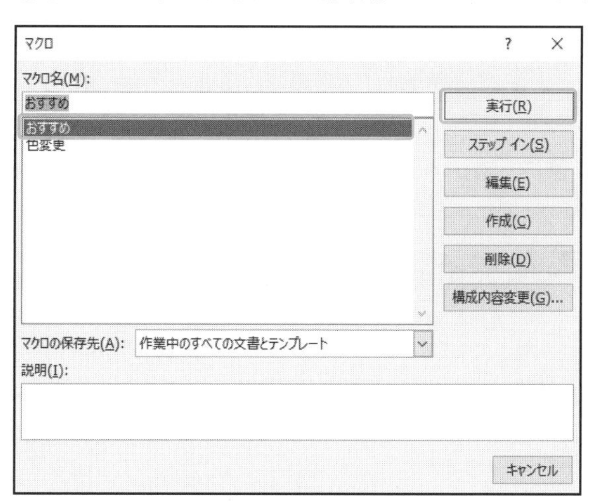

⑰マクロが実行され、選択した文字列の書式が変更されます。

⑱［ホーム］タブに切り替えてフォントとフォントサイズが変更になったことを確認します。

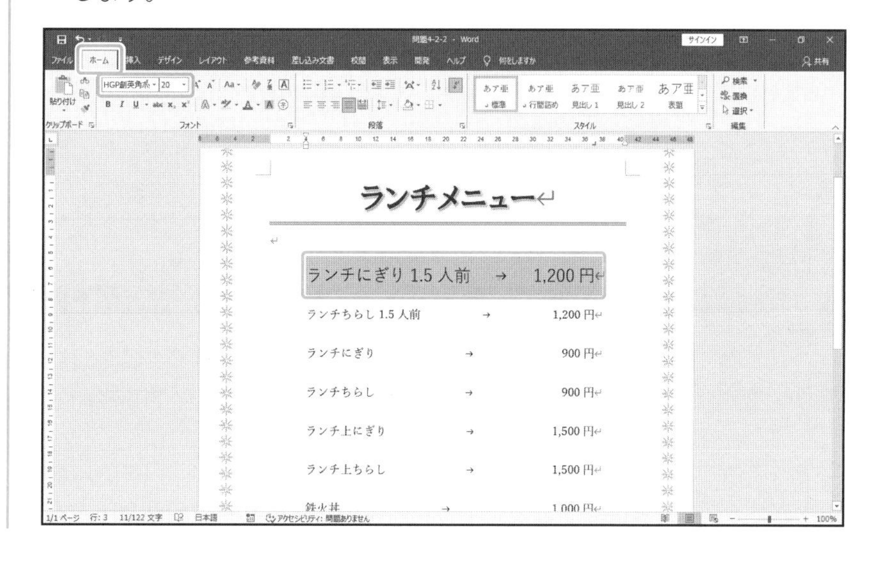

4-2-3 マクロを他の文書やテンプレートにコピーする

練習問題

問題フォルダー
└問題 4-2-3.docm
Word365&2019 エキスパート（実習用）フォルダー
└便利マクロ.docm
解答フォルダー
└解答 4-2-3.docm

この文書に［Word365&2019 エキスパート（実習用）］フォルダー内の「便利マクロ」のマクロをコピーします。

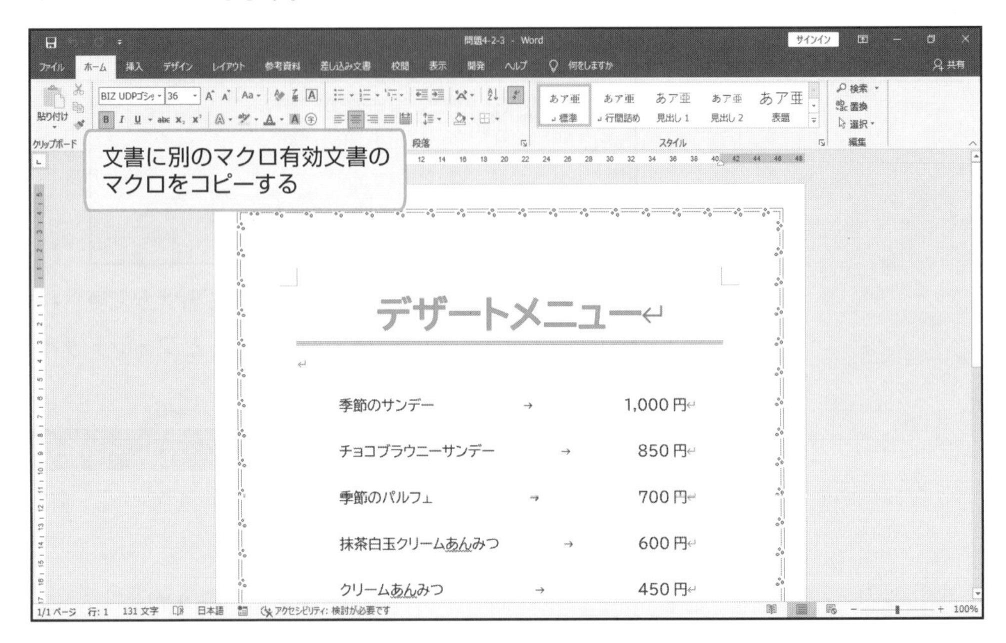

機能の解説

- マクロのコピー
- ［テンプレートとアドイン］ダイアログボックス
- ［構成内容変更］ダイアログボックス

現在の文書に他の文書やテンプレートからマクロをコピーして利用することができます。マクロをコピーすることで、現在の文書でマクロを実行したり保存したりすることができます。

マクロをコピーするには、［テンプレートとアドイン］ダイアログボックスから［構成内容変更］をクリックして［構成内容変更］ダイアログボックスを表示して行います。［構成内容変更］ダイアログボックスの［マクロプロジェクト］タブを選択すると、左側に現在の文書、右側に「Normal.dotm」テンプレートが表示されています。右側の［ファイルを閉じる］をクリックすると表示される［ファイルを開く］をクリックして、コピー元となるファイルを指定します。

［構成内容変更］ダイアログボックスの［マクロプロジェクト］タブ

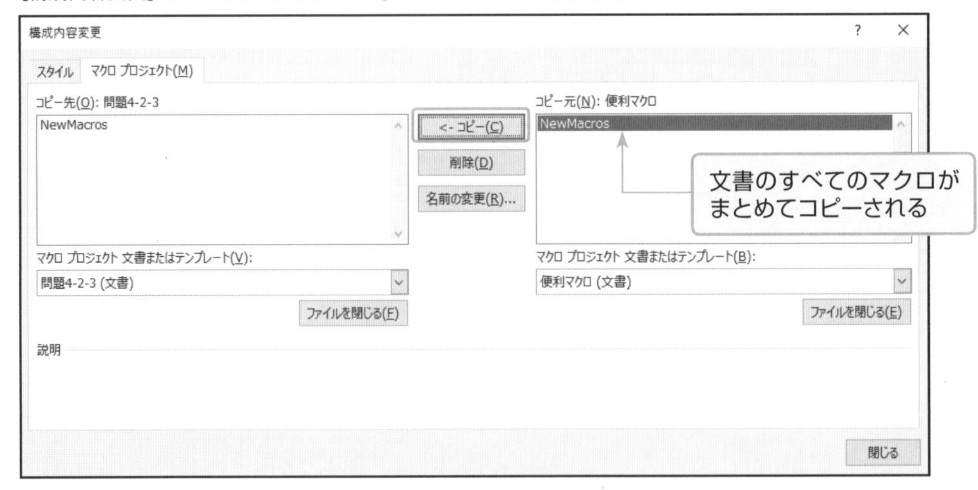

操作手順

ヒント

［開発］タブの表示

［開発］タブが表示されていない場合は、1-1-6 の解説の操作で表示します。

❶［開発］タブの ［文書テンプレート］ボタンをクリックします。

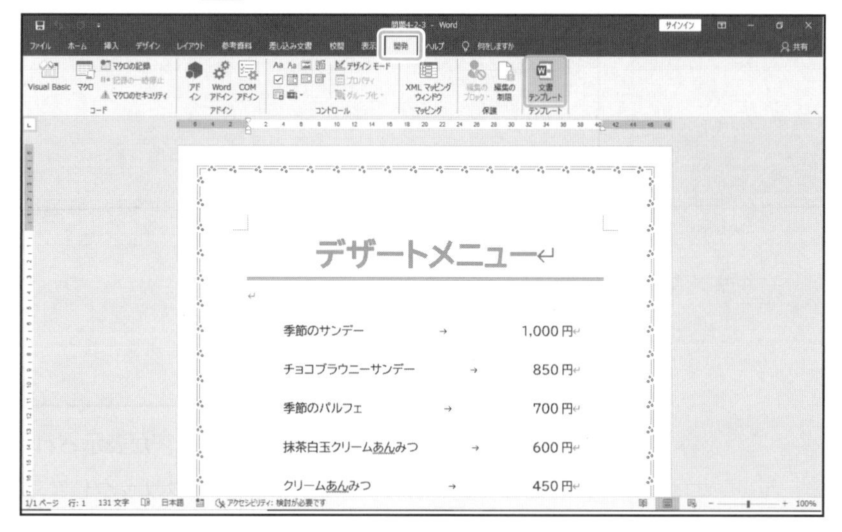

❷［テンプレートとアドイン］ダイアログボックスの［テンプレート］タブが表示されます。

❸［構成内容変更］をクリックします。

❹［構成内容変更］ダイアログボックスが表示されます。

❺［マクロプロジェクト］タブをクリックします。

❻右側の［ファイルを閉じる］をクリックします。

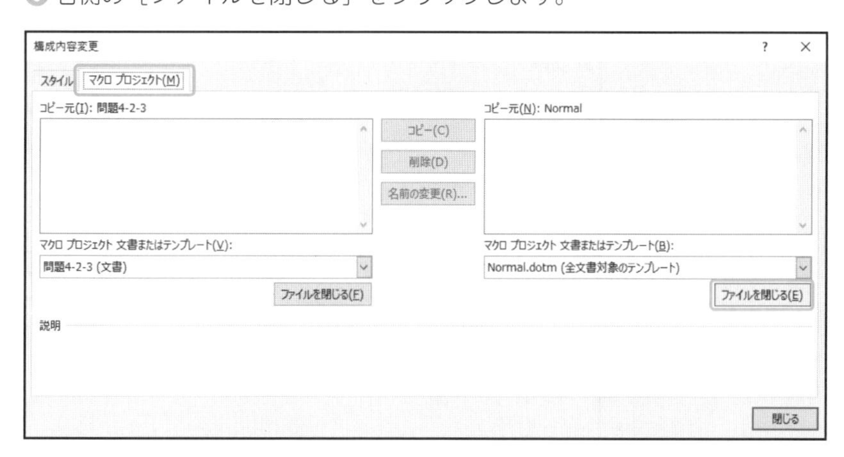

❼［ファイルを閉じる］が［ファイルを開く］に変わるので、［ファイルを開く］をクリックします。

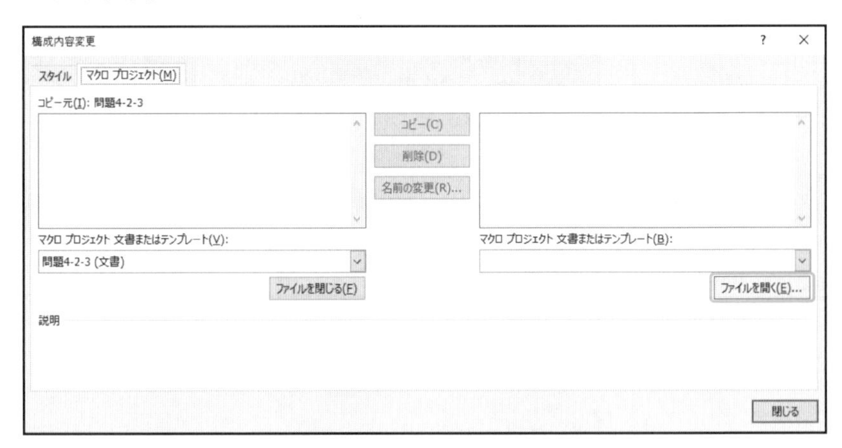

❽［ファイルを開く］ダイアログボックスが表示されます。

❾左側の一覧から［ドキュメント］をクリックします。

❿一覧から［Word365&2019 エキスパート（実習用）］をダブルクリックします。

⓫ファイルの種類が「Word マクロ有効文書」になっていない場合はクリックして切り替えます。

⓬一覧から［便利マクロ］をクリックし、［開く］をクリックします。

ファイルの種類

［ファイルを開く］ダイアログボックスのファイルの種類は、既定では［すべての Word テンプレート］になっています。マクロを含む文書を指定する場合は、▼をクリックして［Word マクロ有効文書］に切り替えます。

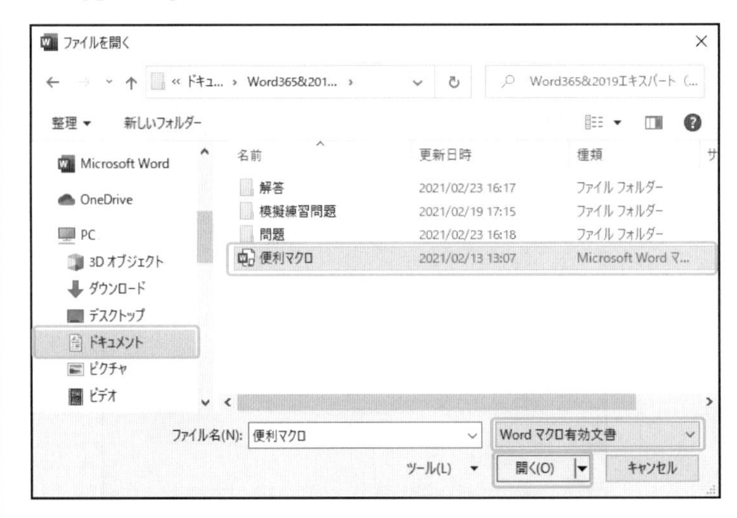

⓭右側の［マクロプロジェクト文書またはテンプレート］に［便利マクロ（文書）］と表示されます。

⓮［コピー元：便利マクロ］の［NewMacros］が選択されていることを確認します。

⓯［コピー］をクリックします。

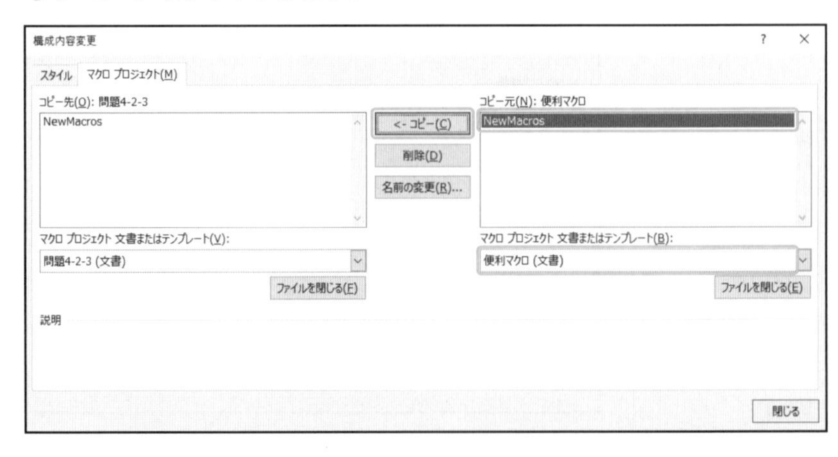

⑯左側の［コピー先：問題 4-2-3］に［NewMacros］が表示されます。

⑰［閉じる］をクリックします。

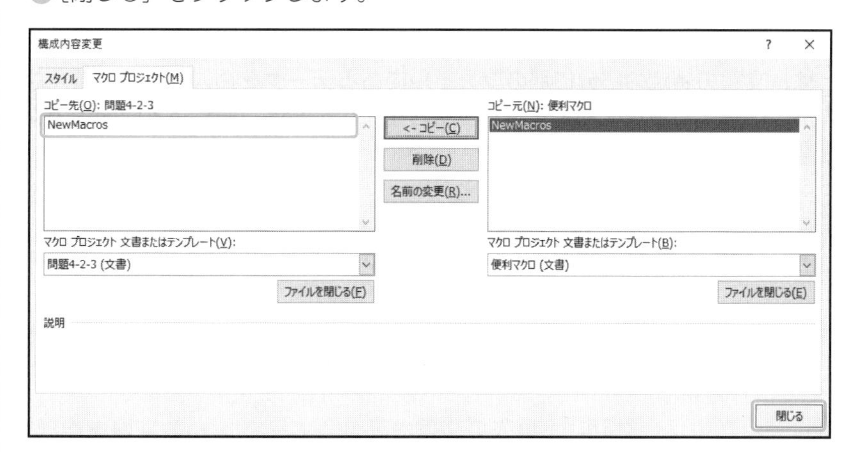

⑱文書にマクロがコピーされます。

ヒント

マクロの確認

［開発］タブの［マクロ］ボタンをクリックすると［マクロ］ダイアログボックスが表示され、マクロの内容を確認できます。

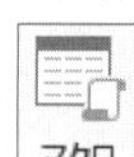

［マクロ］ボタン

ヒント

マクロを含む文書の保存

マクロを含む文書は Word マクロ有効文書として保存する必要があります。ファイルの拡張子は「.docm」になります。

4-3 差し込み印刷を行う

差し込み印刷とは、文書の特定の部分に別のファイルにあるデータを挿入し、差し替えながら印刷する機能です。同じ文書を複数の宛先別に印刷する場合に利用すると便利です。ここでは、差し込み印刷用の文書を作成する方法と宛先のデータファイルを管理する方法を学習します。

4-3-1 差し込み印刷を実行する

練習問題

問題フォルダー
└問題 4-3-1.docx

Word365&2019 エキスパート（実習用）フォルダー
└セミナー申込者リスト.xlsx

解答フォルダー
└解答 4-3-1.docx

このファイルを開くと、「この文書を開くと、次の SQL コマンドが実行されます」といったメッセージが表示されます。［いいえ］をクリックして開き、操作の結果を確認してください。

【操作 1】現在の文書を基に差し込み印刷の文書を作成します。データファイルとして［Word365&2019 エキスパート（実習用）］フォルダー内の Excel ファイル「セミナー申込者リスト」の「Sheet1」を指定します。

【操作 2】1 行目の行末に「会員番号」、2 行目の行頭に「氏名」の差し込みフィールドを挿入します。

【操作 3】3 件目のデータをプレビュー表示します。

機能の解説

- 差し込み印刷
- メイン文書
- データファイル（宛先）
- 差し込みフィールド
- レコード
- ［差し込み文書］タブ

差し込み印刷とは、文書の指定した位置に、名簿や住所録などの別のファイルのデータを部分的に挿入し、1 件ずつデータを差し替えながら印刷する機能です。差し込み印刷には、本文にあたるメイン文書と、メイン文書に差し込むデータを入力したデータファイルの 2 種類のファイルが必要です。データファイルは宛先ともいいます。

文書のデータを表示したい位置に差し込みフィールドを挿入します。差し込んだデータは、データファイルのレコードを 1 件ずつ画面に表示し、確認後に印刷できます。

- □ [結果のプレビュー] ボタン
- □ [次のレコード] ボタン
- □ [前のレコード] ボタン
- □ [新しいアドレス帳] ダイアログボックス

差し込み印刷の仕組み

<メイン文書>

●差し込み印刷の手順

差し込み印刷の設定から印刷までの流れは以下になります。

1. メイン文書の指定
2. データファイルの指定
3. 差し込みフィールドの挿入
4. 差し込みデータの表示
5. 差し込み印刷の実行

差し込み印刷を行うには、[差し込み印刷] 作業ウィンドウを使用する方法と、[差し込み文書] タブの各ボタンを使用する方法があります。[差し込み文書] タブでは、差し込み印刷の設定から印刷までのすべての操作が行えます。

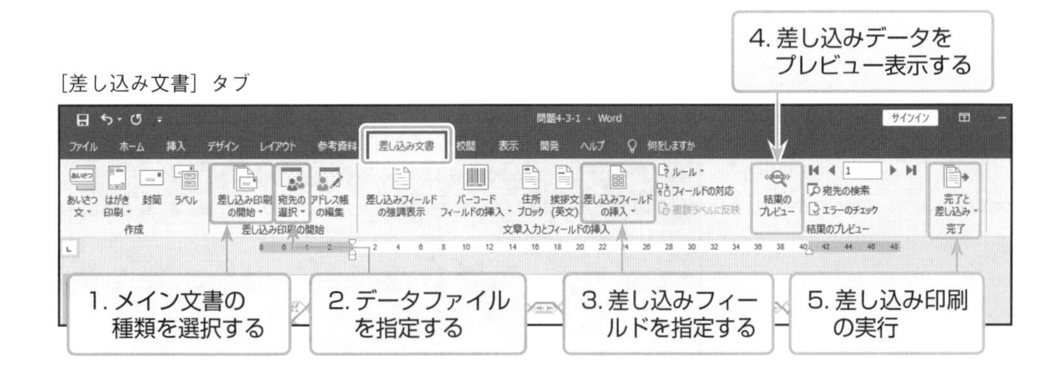

●新しいリストの入力

データファイルは、この練習問題のように既存のリストを使用する以外に Word 上で入力して作成することもできます。[差し込み文書] タブの [宛先の選択] ボタンをクリックして、[新しいリストの入力] をクリックします。[新しいアドレス帳] ダイアログボックスが表示されるので、データを入力します。

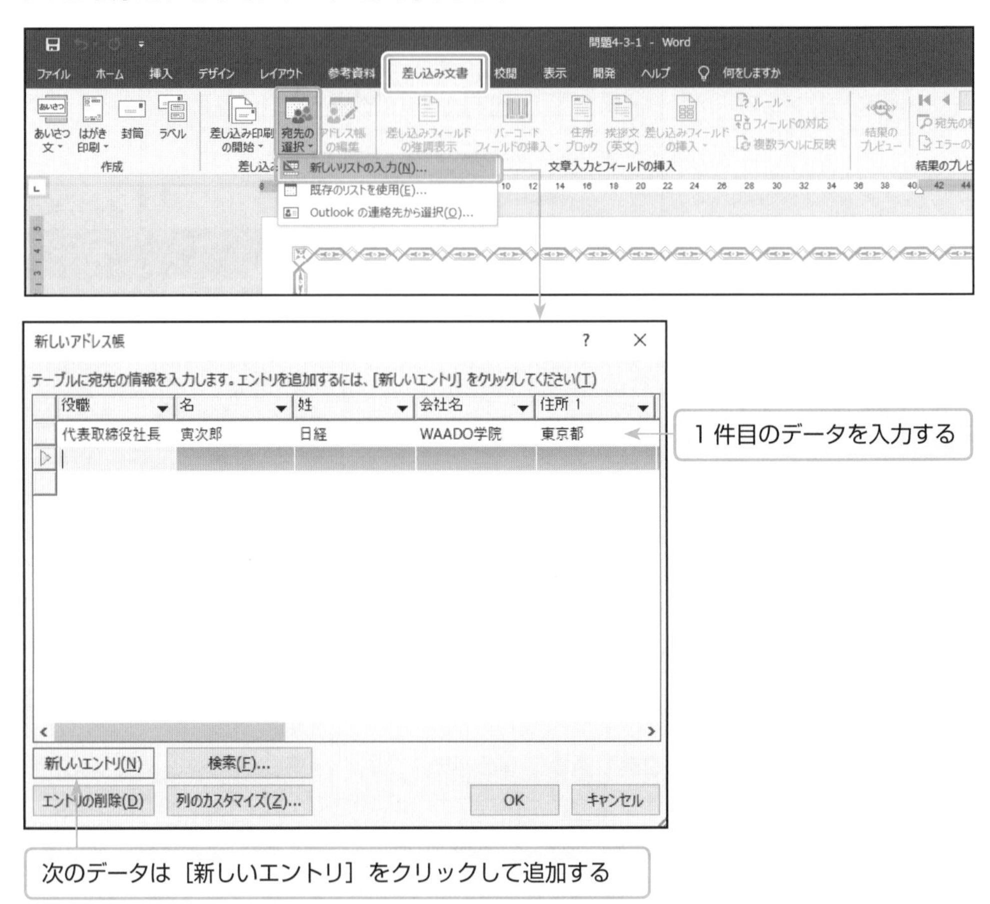

データを入力後、[OK] をクリックすると [アドレス帳の保存] ダイアログボックスが表示されます。既定では、[ドキュメント] フォルダーの [My Data Sources] フォルダーに Access のデータベースファイルとして保存されます。

●差し込みフィールドの挿入

宛先となるデータファイルの列をフィールドといい、列の先頭にはフィールド名が表示されています。差し込みフィールドを挿入する位置にカーソルを移動しておき、[差し込み文書] タブの [差し込みフィールドの挿入] ボタンの▼をクリックしてフィールドを選択します。

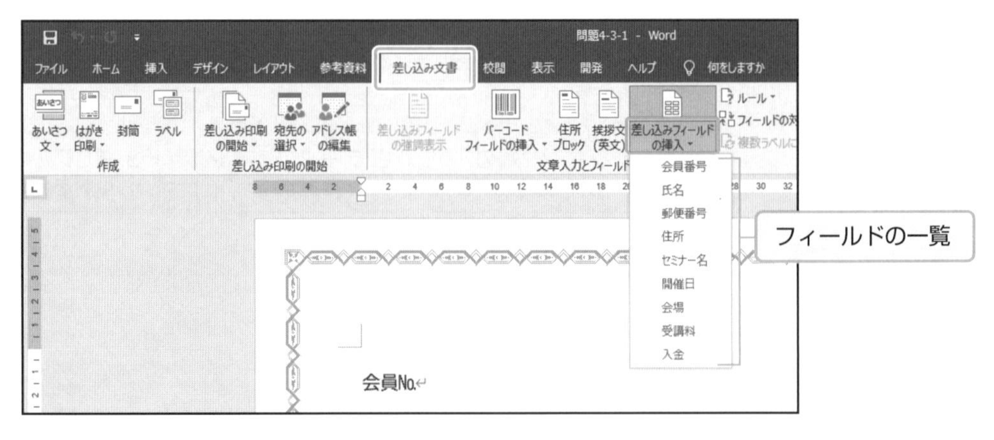

●差し込み文書のプレビュー

Word 文書に差し込んだデータを確認するには、[差し込み文書] タブの [結果のプレビュー] ボタンをクリックします。差し込みフィールドの箇所に実際のデータが表示され、印刷イメージを確認できます。

[差し込み文書] タブの [結果のプレビュー] の 1 [レコード] ボックスには、現在のレコード番号が表示されています。 [次のレコード] ボタンをクリックすると次のデータが表示され、 [前のレコード] ボタンをクリックするとひとつ前のデータに表示が切り替わります。

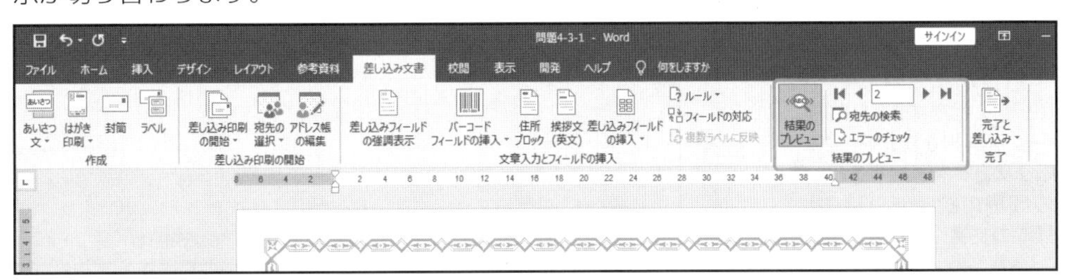

●差し込み印刷の実行

差し込み印刷の設定が完了し、印刷を実行するには、[差し込み文書] タブの [完了と差し込み] ボタンをクリックし、[文書の印刷] をクリックします。[プリンターに差し込み] ダイアログボックスが表示されるので、印刷する範囲を指定して印刷を実行します。

[プリンターに差し込み] ダイアログボックス

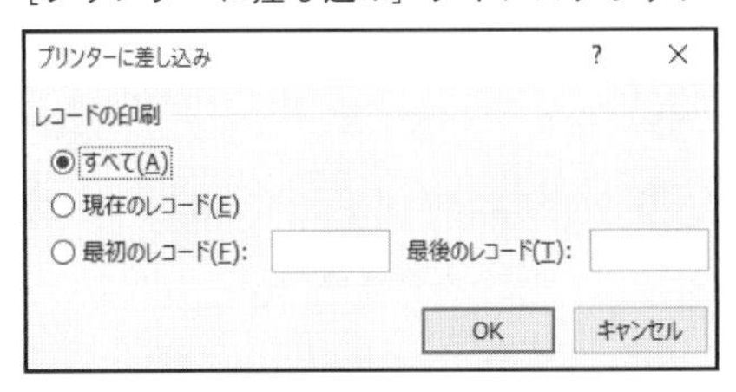

なお、差し込み印刷は [ファイル] タブの [印刷] からは実行できません。[ファイル] タブの [印刷] から印刷を行うと現在表示されている 1 件分のみ印刷されます。

●差し込み印刷の解除

データファイルをセットした差し込み印刷の状態を解除するには、[差し込み文書] タブの [差し込み印刷の開始] ボタンをクリックし、[標準の Word 文書] をクリックします。

操作手順

【操作 1】

❶［差し込み文書］タブの［差し込み印刷の開始］ボタンをクリックします。

❷一覧から［レター］をクリックします。

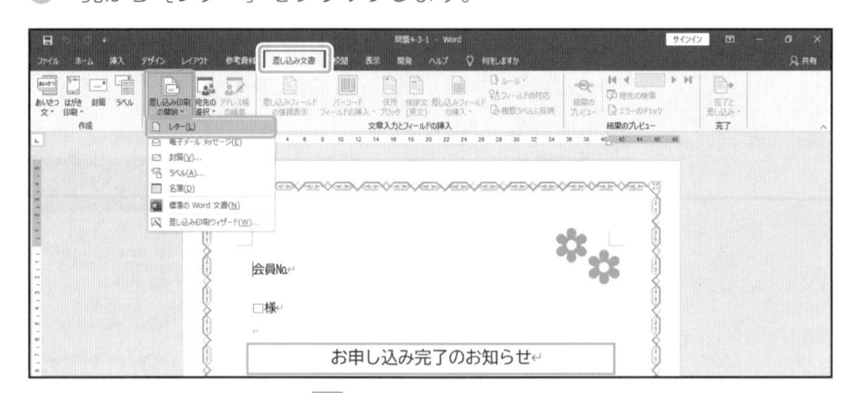

❸［差し込み文書］タブの［宛先の選択］ボタンをクリックします。

❹一覧から［既存のリストを使用］をクリックします。

❺［データファイルの選択］ダイアログボックスが表示されます。

❻左側の一覧から［ドキュメント］をクリックします。

❼一覧から［Word365&2019 エキスパート（実習用）］フォルダーをダブルクリックします。

❽一覧から［セミナー申込者リスト］をクリックし、［開く］をクリックします。

ポイント

差し込み印刷文書の種類

差し込み印刷の文書の種類は、［差し込み印刷の開始］ボタンの一覧から選択します。ラベルや封筒に差し込み印刷を設定するには［ラベル］または［封筒］を、現在の文書を使用する場合は［レター］を選択します。または、この操作を行わずに手順❸の［宛先の選択］を指定すると自動的に［レター］が選択されます。［標準の Word 文書］を選択すると、差し込み印刷の設定が解除され、元の標準の文書に戻ります。

その他の操作方法

差し込み印刷ウィザード

［差し込み印刷の開始］ボタンの一覧の［差し込み印刷ウィザード］をクリックすると、画面の右側に［差し込み印刷］作業ウィンドウが表示されます。この作業ウィンドウに表示される内容に従って設定していくと差し込み印刷文書を作成することができます。

［差し込み印刷の開始］ボタン

ヒント

新しいリストの入力

既存のデータファイルを利用する以外に、新規にデータを入力してデータファイルを作成することもできます。［宛先の選択］ボタンの［新しいリストの入力］をクリックすると［新しいアドレス帳］ダイアログボックスが表示されるので、差し込みデータの情報を入力します。

［宛先の選択］ボタン

ヒント

データファイルの種類

データファイルには、Excel の他に Word の表や Access で作成したファイル、Outlook のアドレス帳などを指定することができます。

❾［テーブルの選択］ダイアログボックスが表示されます。

❿［Sheet1$］が選択されていることを確認し、［OK］をクリックします。

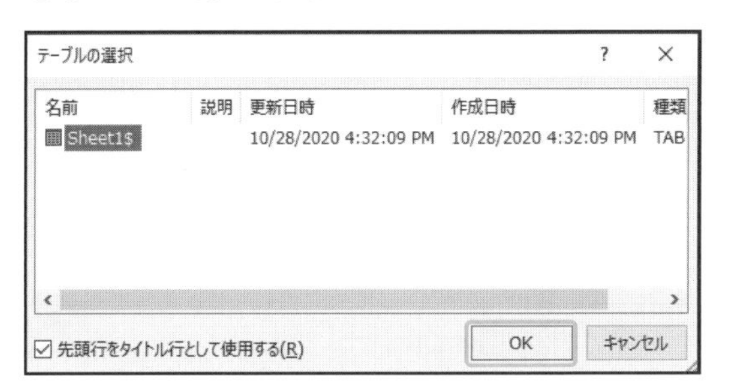

ヒント

テーブルの選択

差し込み印刷のデータファイルにExcelファイルを指定すると、［テーブルの選択］ダイアログボックスが表示されます。［名前］の一覧にはブック内のシート名が表示されるので、どのシートを差し込み印刷に使用するかを選択します。

⓫文書に差し込み印刷のデータファイルがセットされます。

【操作 2】

⓬1行目の末尾にカーソルを移動します。

⓭［差し込み文書］タブの［差し込みフィールドの挿入］ボタンの▼をクリックします。

⓮一覧から［会員番号］をクリックします。

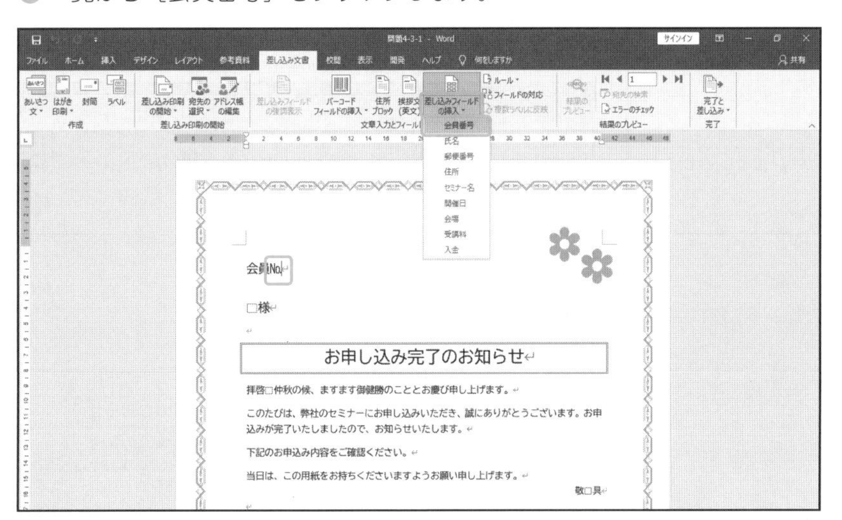

その他の操作方法

フィールドの挿入

［差し込み文書］タブの［差し込みフィールドの挿入］ボタンをクリックすると［差し込みフィールドの挿入］ダイアログボックスが表示されます。このダイアログボックスの一覧からフィールドを選択して挿入することもできます。

［差し込みフィールドの挿入］ボタン

⓯カーソルの位置に「会員番号」フィールドが挿入されます。

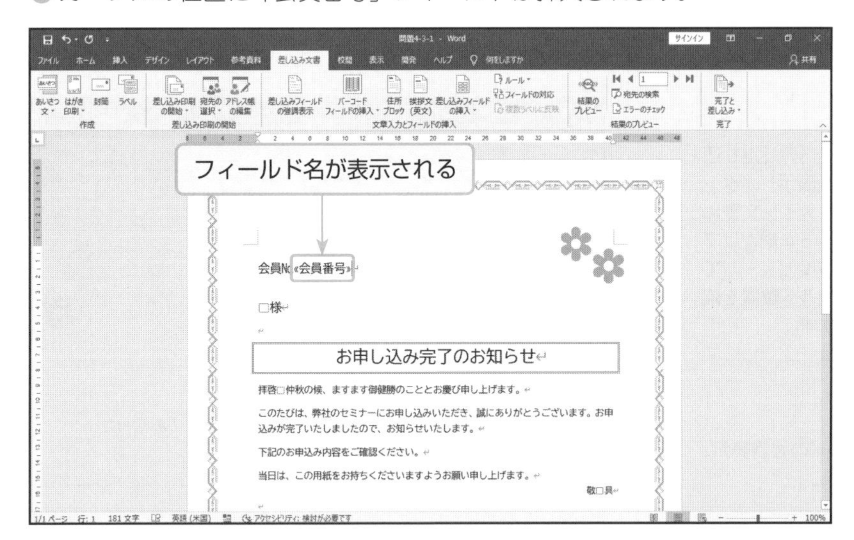

ヒント

差し込みフィールド

差し込みフィールド名は << >> で囲まれて表示されます。<< >> をクリックするとフィールドは灰色の反転表示になります。

ヒント

差し込みフィールドの削除

差し込みフィールドを削除するには、フィールド全体を範囲選択して **Delete** キーを押します。

⑯2 行目の行頭にカーソルを移動します。

⑰同様の操作で、[氏名] フィールドを挿入します。

【操作 3】

⑱[差し込み文書] タブの [結果のプレビュー] ボタンをクリックします。

⑲すべてのデータが差し込まれ、1 件目のレコードが表示されます。

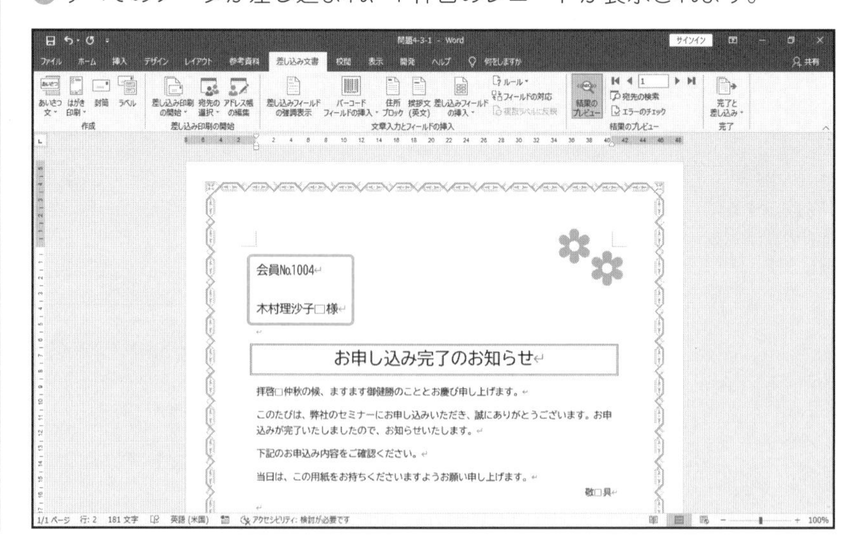

ヒント

差し込みフィールドの強調表示

[差し込み文書] タブの [差し込みフィールドの強調表示] ボタンをクリックすると、メイン文書に差し込んだフィールドが網かけで表示され、結果をプレビューしている場合でもフィールド位置を確認することができます。

[差し込みフィールドの強調表示] ボタン

⑳［差し込み文書］タブの ▶［次のレコード］ボタンを２回クリックします。

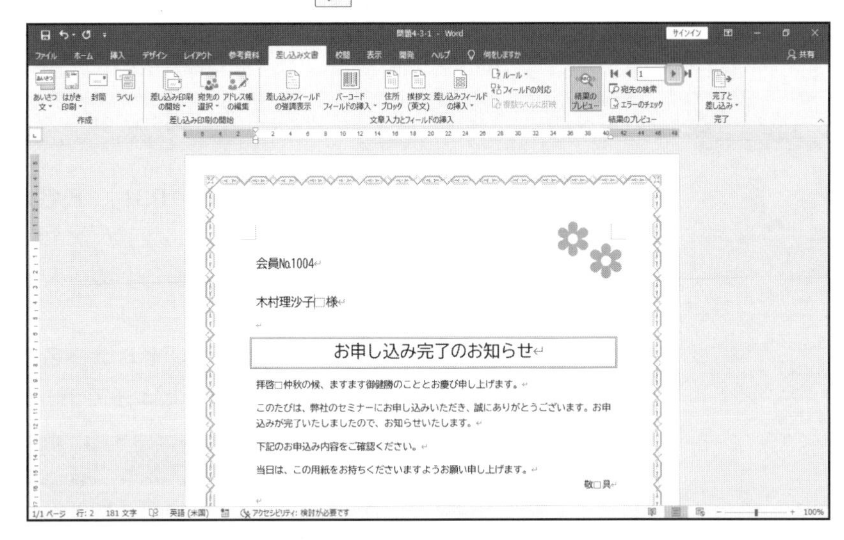

㉑［レコード］ボックスに「3」と表示され、３件目のレコードが表示されます。

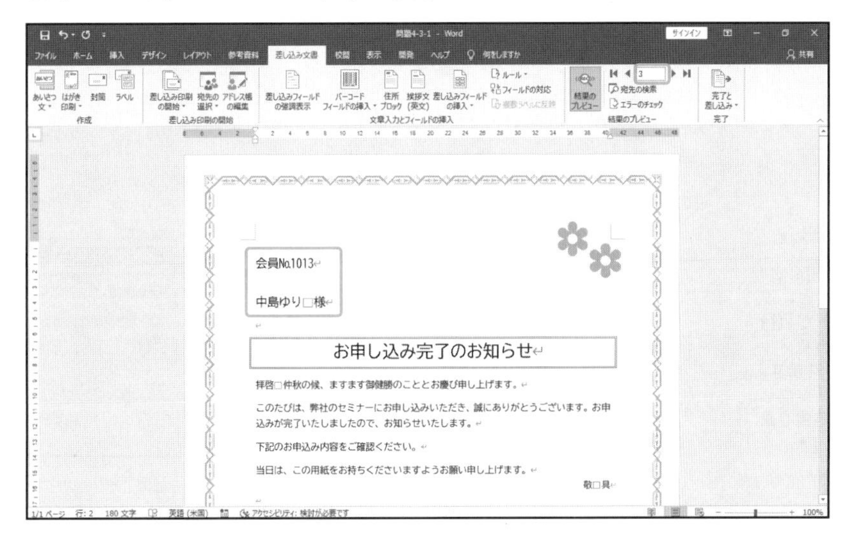

その他の操作方法

レコードの表示

［差し込み文書］タブの［レコード］ボックスにレコードの番号の数値を直接入力して **Enter** キーを押すと、特定のレコードに移動します。

ヒント

先頭と末尾のレコード

［差し込み文書］タブの［結果のプレビュー］の ⏮［先頭のレコード］ボタン、⏭［最後のレコード］ボタンをクリックすると、すばやく先頭のデータと末尾のデータを表示できます。

4-3-2 宛先リストを管理する

練習問題

問題フォルダ
└問題 4-3-2.docx

このファイルを開くと、「この文書を開くと、次の SQL コマンドが実行されます」といったメッセージが表示されます。[はい] をクリックして「～が見つかりません。」のようなメッセージが表示された場合は [データファイルの検索] をクリックし、[データファイルの検索] ダイアログボックスで下記のファイルを選択して [開く] をクリックしてください。

Word365&2019 エキスパート（実習用）フォルダー
└セミナー申込者（確定).mdb

解答フォルダー
└解答 4-3-2.docx

このファイルを開くと、「この文書を開くと、次の SQL コマンドが実行されます」といったメッセージが表示されます。[いいえ] をクリックして開き、操作の結果を確認してください。

【操作 1】 データファイルに、会員番号が「1031」、氏名が「日経花子」のデータを追加します。

【操作 2】 データファイルを編集し、「山下まこ」の「入金」フィールドに「済」と入力します。

【操作 3】「入金」フィールドが「済」かつ「セミナー名」フィールドが「ウェディングブーケ」のレコードを抽出し、プレビューでデータを確認します。

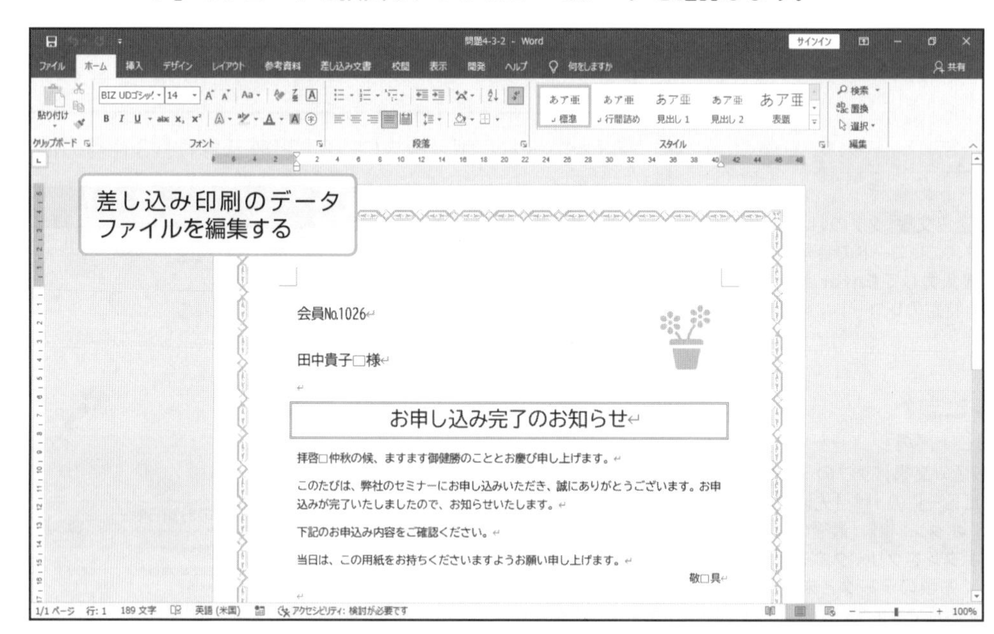

機能の解説

- 宛先ファイルの編集
- [差し込み印刷の宛先] ダイアログボックス
- [データソースの編集] ダイアログボックス
- 並べ替え
- 抽出
- データの追加

差し込み印刷のデータファイルの内容を確認したり、変更したい場合は、[差し込み印刷の宛先] ダイアログボックスを利用すると便利です。差し込み印刷の設定後に宛先のデータ内容を変更する必要がある場合などに、わざわざ宛先データのアプリケーションを開いて操作しなくても Word のメイン文書側で編集することができます。
宛先データを編集するには、[差し込み文書] タブの [アドレス帳の編集] ボタンをクリックします。[差し込み印刷の宛先] ダイアログボックスを使用すると、データ内容の確認だけでなく、並べ替えや抽出など差し込み印刷で使用するデータの絞り込みも行うことができます。

［差し込み印刷の宛先］ダイアログボックス

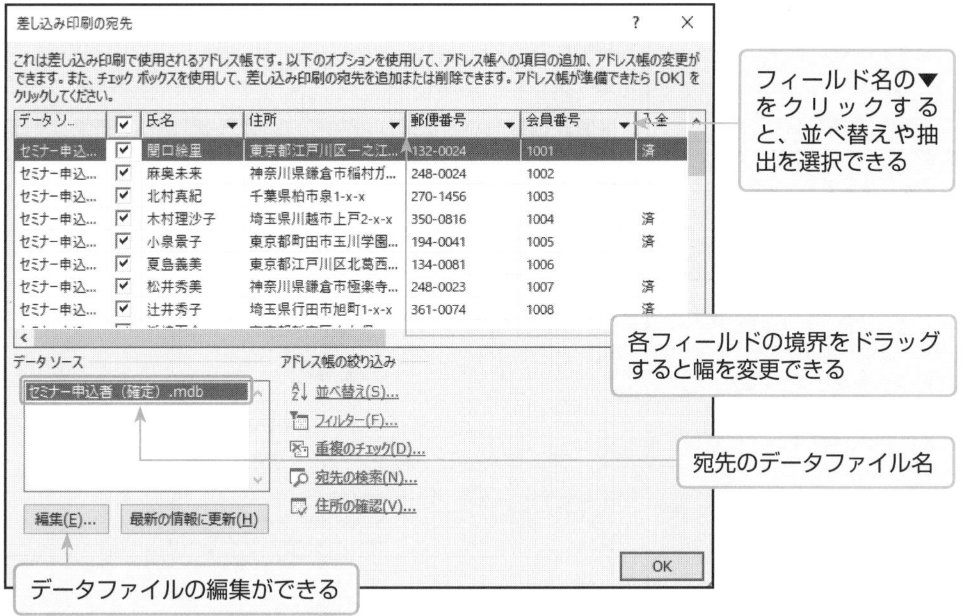

●データファイルの編集

挿入元のデータファイルのデータに追加や削除、修正などの変更を加えたい場合は、［差し込み印刷の宛先］ダイアログボックスの［編集］をクリックして［データソースの編集］ダイアログボックスを使用します。データを修正するには、表示されているデータの修正箇所をクリックして修正します。新しいデータを追加するには［新しいエントリ］をクリックし、データを削除するには一覧からデータを選択して［データの削除］をクリックします。変更を加えると変更内容を確認するメッセージが表示されるので、［はい］をクリックして確定すると挿入元のデータファイルに反映されます。

［データソースの編集］ダイアログボックス

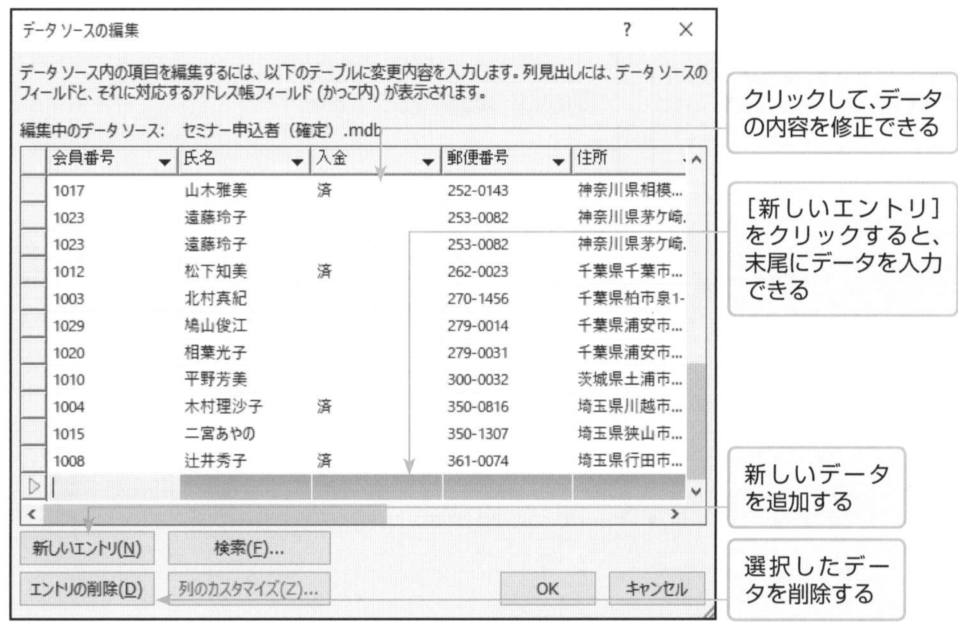

第4章 高度なWord機能の利用

操作手順

【操作 1】

❶［差し込み文書］タブの［アドレス帳の編集］ボタンをクリックします。

ヒント

差し込み印刷文書を開く

この文書はすでにデータファイルの差し込みが設定されています。差し込みフィールドを挿入したファイルを開こうとすると、［この文書を開くと、次の SQL コマンドが実行されます］が表示されます。差し込み印刷の設定のまま開くには、［はい］をクリックします。［いいえ］をクリックすると、最初の 1 件目のデータが表示された文書が表示されます。

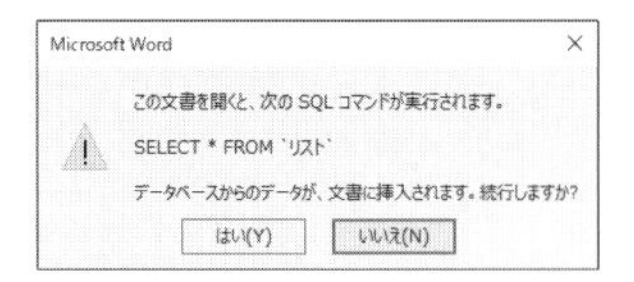

❷［差し込み印刷の宛先］ダイアログボックスが表示されます。

❸［データソース］ボックスの［セミナー申込書（確定）.mdb］をクリックします。

❹［編集］をクリックします。

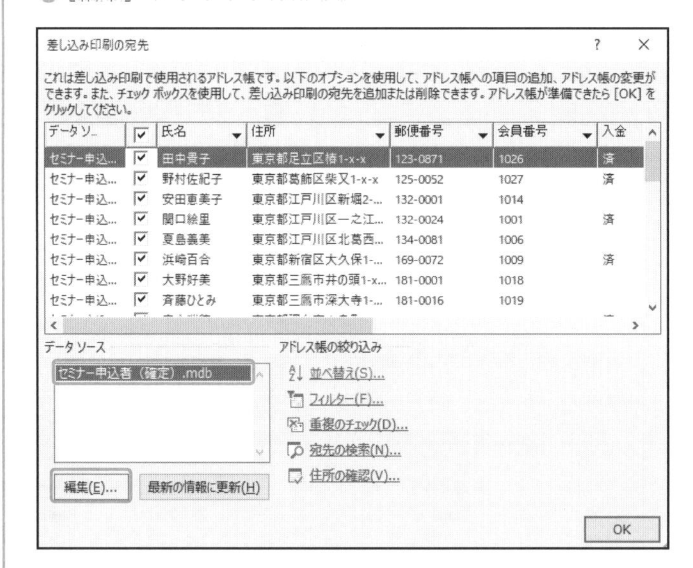

ヒント

［編集］が選択できない場合

［データソース］ボックスのデータファイルを選択していないと［編集］がグレー表示で選択できません。

ヒント

印刷対象から除外する

各レコードの左にあるチェックボックスをオフにすると、差し込み印刷の対象外とすることができます。

❺［データソースの編集］ダイアログボックスが表示されます。

❻［新しいエントリ］をクリックします。

❼末尾に空白行が挿入され、［会員番号］のセルにカーソルが移動します。

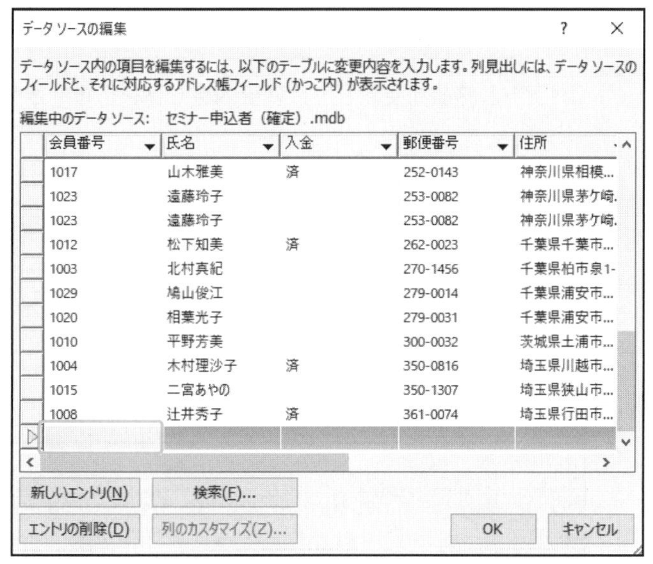

❽「1031」と入力します。

❾Tabキーで右の「氏名」のセルにカーソルを移動し、「日経花子」と入力します。

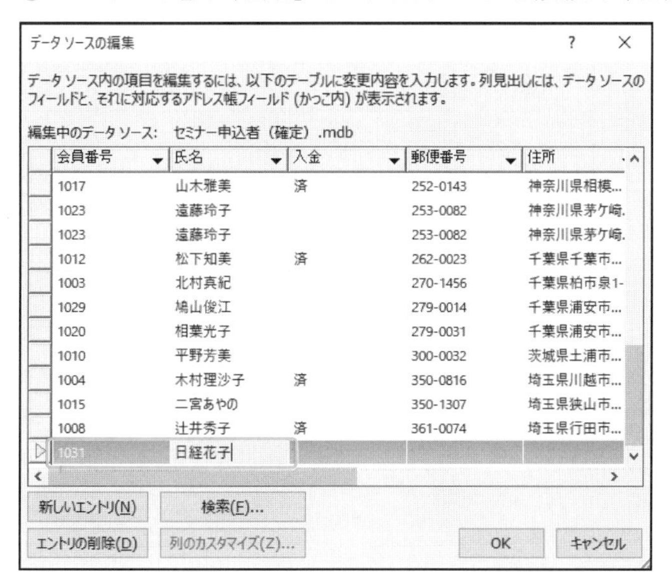

【操作 2】

⑩上にスクロールして「山下まこ」の「入金」フィールドが空白であることを確認します。

⑪「山下まこ」の「入金」フィールドに「済」と入力します。

⑫［OK］をクリックします。

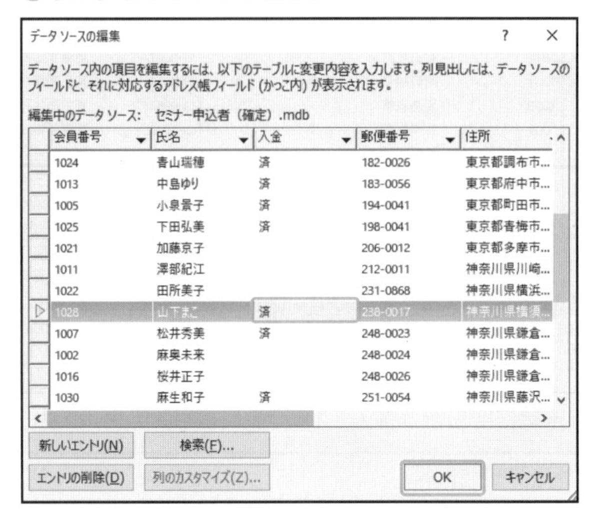

⑬［アドレス帳を更新して、変更内容を保存しますか？］という確認メッセージが表示されます。

⑭［はい］をクリックします。

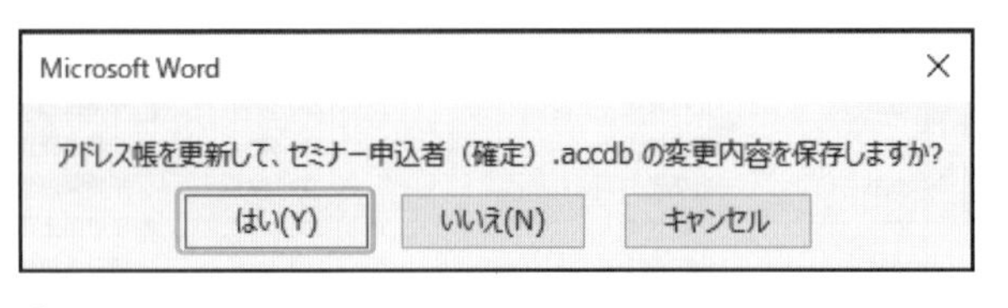

⑮データファイルの内容が変更されます。

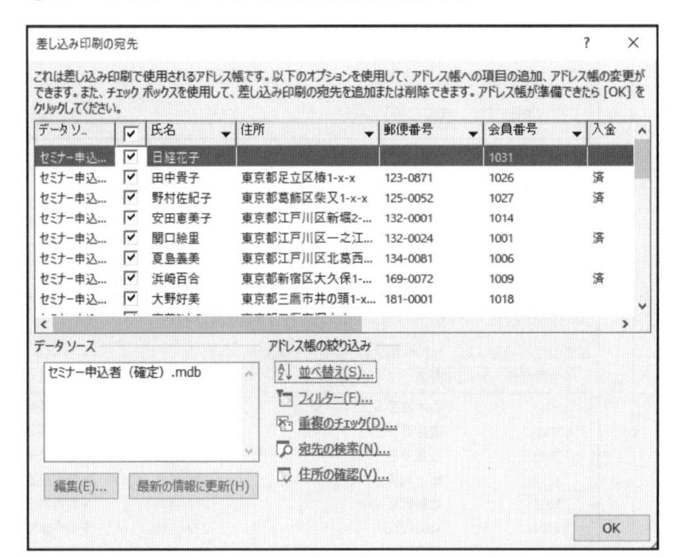

ヒント

データファイルの更新

［データソースの編集］ダイアログボックスでデータを変更し、次に表示される確認メッセージで［はい］をクリックしたタイミングでデータファイルの内容が実際に変更されます。

⑯右にスクロールして［入金］フィールドの▼をクリックし、一覧から［済］をクリックします。

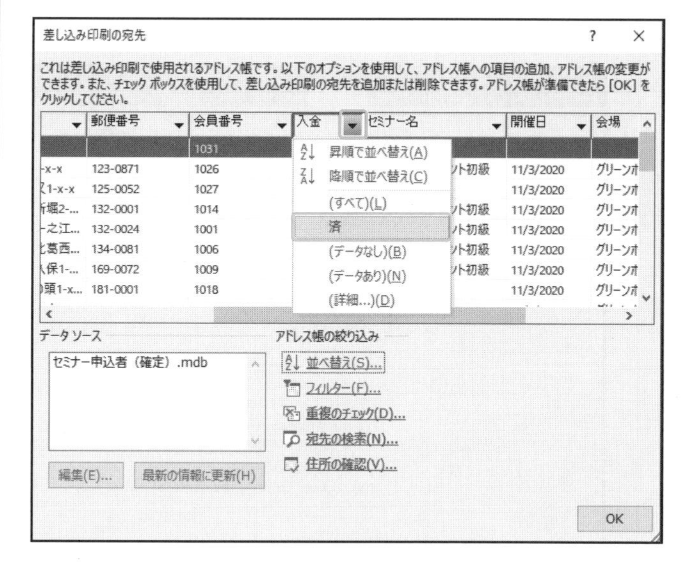

⑰「入金」が「済」のデータが抽出されます。

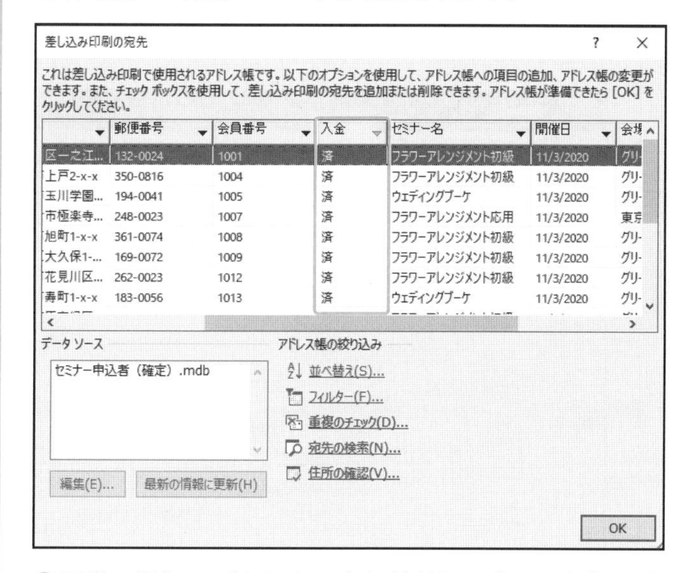

⑱同様の操作で、「セミナー名」が「ウェディングブーケ」を抽出します。

⑲［OK］をクリックします。

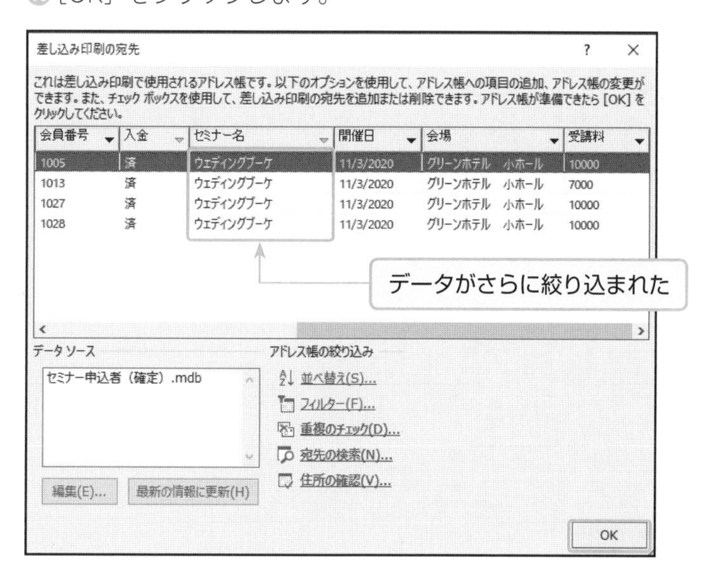

ヒント

データの抽出と並べ替え

［差し込み印刷の宛先］ダイアログボックスのフィールド名の▼をクリックすると一覧が表示されるので、抽出したいデータの名称を選択します。「(データなし)」をクリックすると空白データが抽出されます。また、［昇順で並べ替え］［降順で並べ替え］をクリックすると並べ替えを実行できます。ここでの操作は差し込み印刷時に有効な設定で、データファイル自体には保存されません。

【操作 3】

⑳「入金」が「済」で「セミナー名」が「ウェディングブーケ」の先頭レコードが表示されます。

㉑ ▶［次のレコード］ボタンをクリックし続けて、４件のデータが表示されることを確認します。

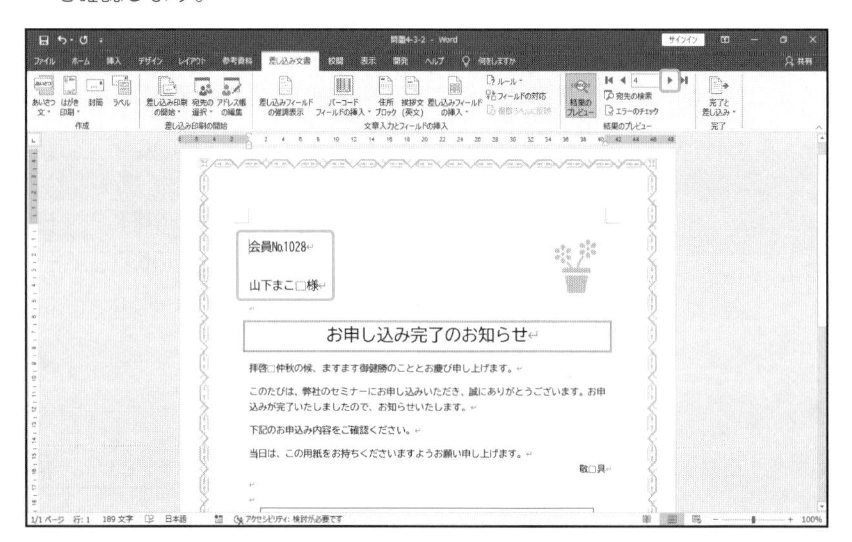

ヒント

抽出の解除

データの抽出状態を解除するには、［差し込み印刷の宛先］ダイアログボックスを表示して抽出が行われているフィールド名の▼をクリックし、［(すべて)］をクリックします。抽出が解除され、すべてのデータが表示されます。

4-3-3 差し込み印刷で宛名ラベル、封筒を作成する

練習問題

問題ファイルはありません。新規に作成してください。

Word365&2019 エキスパート（実習用）フォルダー
└顧客名簿 .xlsx

解答フォルダー
└解答 4-3-3.docx

このファイルを開くと、「この文書を開くと、次の SQL コマンドが実行されます」といったメッセージが表示されます。［いいえ］をクリックして開き、操作の結果を確認してください。

【操作 1】新規文書に宛名ラベルを差し込み文書で作成します。データファイルとして［Word365&2019 エキスパート（実習用）］フォルダー内の Excel ファイル「顧客名簿」の「Sheet1」を指定し、ラベルの種類は「KOKUYO」の「KJ-E80915」を使用します。

【操作 2】1 行目に「郵便番号」、2 行目に「住所」、3 行目は空白行にし、4 行目に「氏名」のフィールドを挿入します。「氏名」の後ろには全角スペースを 1 つ空けて「様」を挿入し、「氏名」の行のフォントサイズを「14pt」に変更します。作成したラベルをプレビュー表示します。

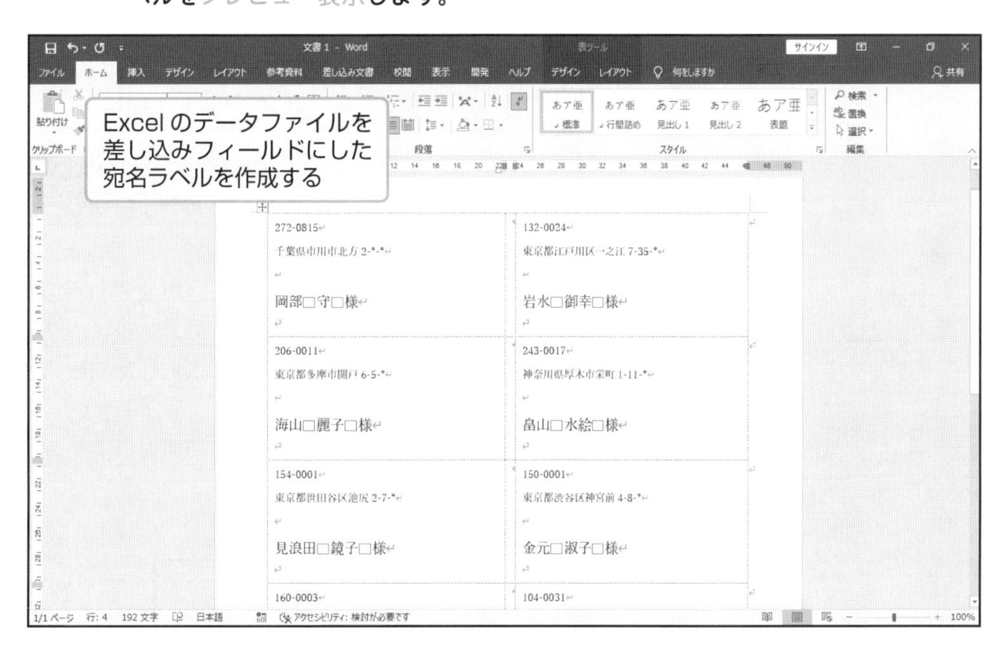

機能の解説

- 差し込み印刷
- 宛名ラベル
- 結果のプレビュー
- ［ラベルオプション］ダイアログボックス
- ［複数ラベルに反映］
- ［封筒オプション］ダイアログボックス

差し込み印刷で宛名ラベルを作成したり、封筒に宛先データを印刷したりすることができます。

宛名ラベルの作成は、［差し込み文書］タブの［差し込み印刷の開始］ボタンから［ラベル］をクリックします。［ラベルオプション］ダイアログボックスでラベルの種類を選択すると、選択したラベルの使用に基づいた表形式のレイアウトが作成され、メイン文書として表示されます。住所録のデータファイルを指定し、左端の 1 枚目のラベルに差し込みフィールドを挿入して、必要に応じて「様」などの敬称の入力や書式の設定をします。1 枚目のラベルの設定が完成したら、複数ラベルに反映［複数ラベルに反映］ボタンをクリックして、2 枚目以降のラベルにレイアウトをコピーします。

［ラベルオプション］ダイアログボックス

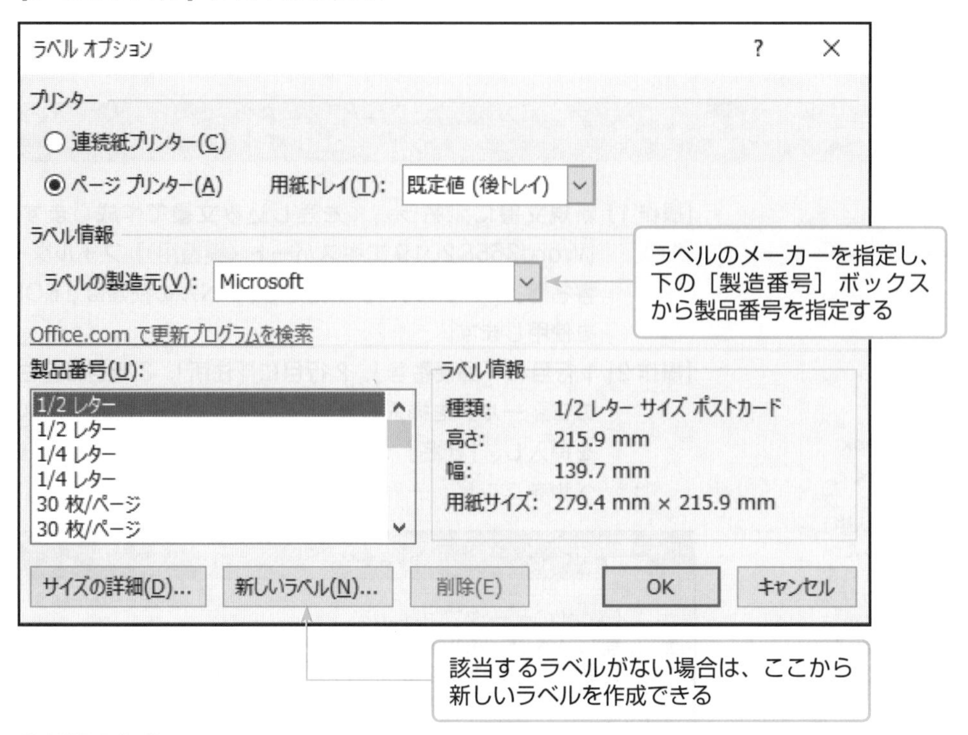

●封筒の作成

封筒に差し込みデータを印刷するには、［差し込み文書］タブの［差し込み印刷の開始］ボタンから［封筒］をクリックします。［封筒オプション］ダイアログボックスが表示されるので、封筒のサイズや書式を設定します。選択した封筒の仕様に基づいた文書のレイアウトが作成されるので、差し込み文書の印刷（4-3-1 参照）の操作と同様に、［差し込みフィールドの挿入］ボタンでフィールドを挿入します。

［封筒オプション］ダイアログボックス

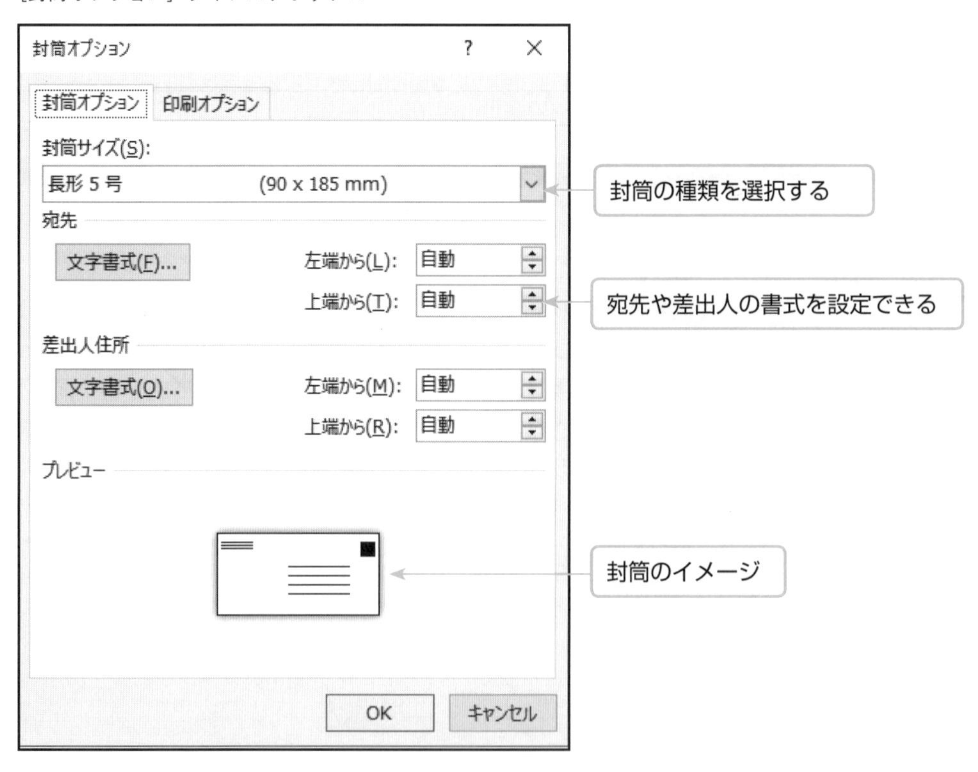

操作手順

【操作 1】

❶［差し込み文書］タブの［差し込み印刷の開始］ボタンをクリックします。

❷一覧から［ラベル］をクリックします。

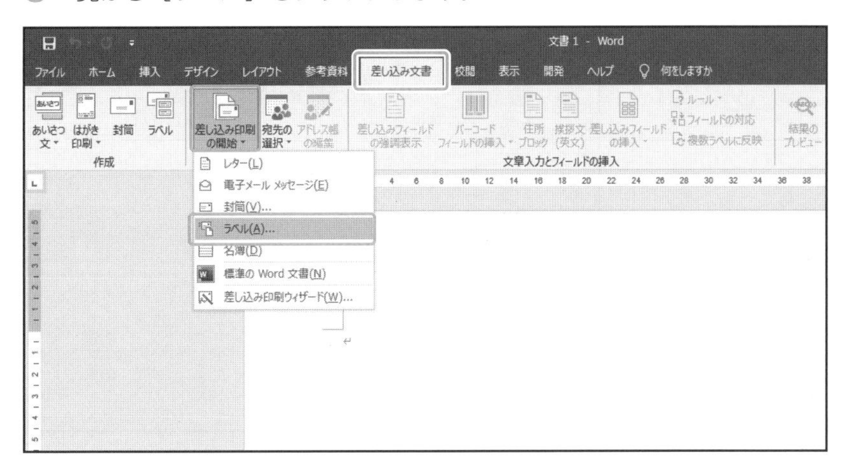

❸［ラベルオプション］ダイアログボックスが表示されるので、［ラベルの製造元］ボックスの▼をクリックし、［KOKYAKU］をクリックします。

❹［製造番号］ボックスの一覧から［KJ-E80915］をクリックします。

❺［OK］をクリックします。

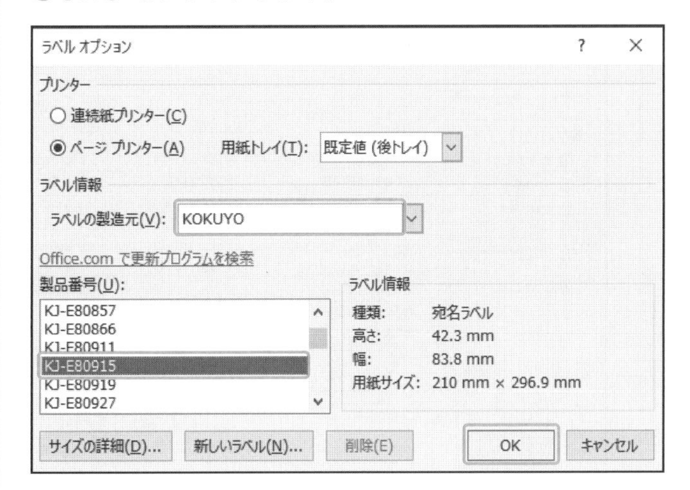

❻文書にラベルの書式がレイアウトされます。

ヒント

表のグリッド線

ラベルの枠線が表示されない場合は、［表ツール］の［レイアウト］タブの［グリッド線の表示］ボタンをクリックします。

⑦［差し込み文書］タブの［宛先の選択］ボタンをクリックします。

⑧［既存のリストを使用］をクリックします。

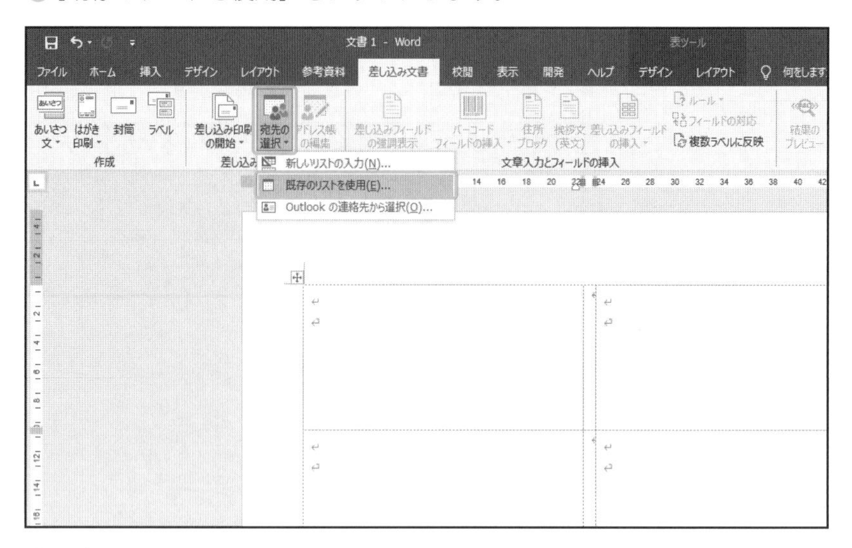

⑨［データファイルの選択］ダイアログボックスが表示されます。

⑩左側の一覧から［ドキュメント］をクリックします。

⑪一覧から［Word365&2019 エキスパート（実習用）］をダブルクリックします。

⑫一覧から［顧客名簿］をクリックし、［開く］をクリックします。

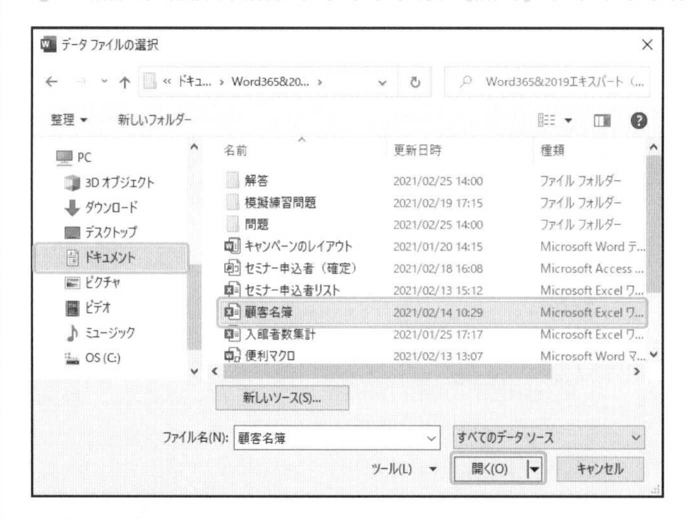

⑬［テーブルの選択］ダイアログボックスが表示されます。

⑭［Sheet1$］が選択されていることを確認し、［OK］をクリックします。

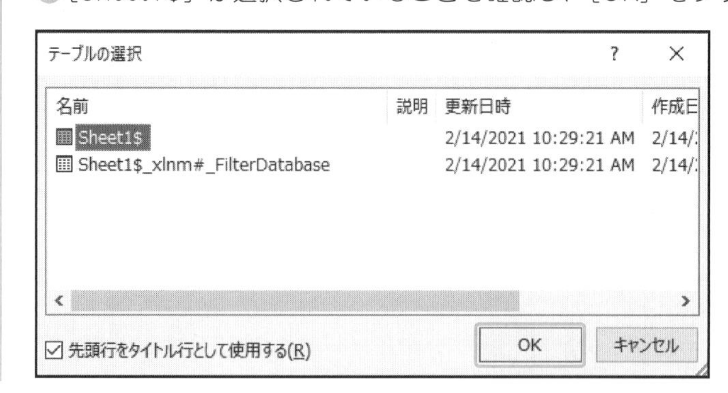

ポイント

<<Next Record>> の表示

2件目以降のラベルに表示される<<Next Record>>は連続してデータを差し込むために必要な情報です。削除しないようにします。

⑮文書に差し込み印刷のデータファイルがセットされます。

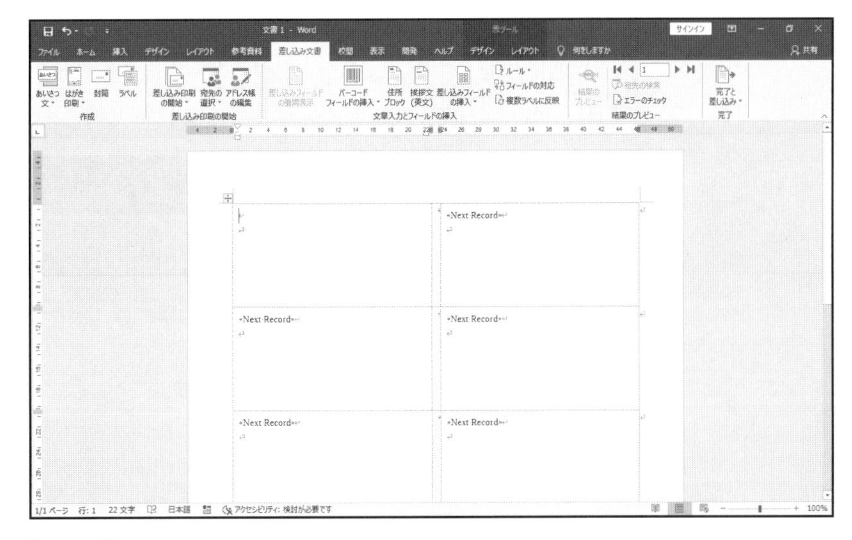

【操作 2】

⑯1件目（左上）のラベルの1行目にカーソルが表示されていることを確認し、［差し込み文書］タブの［差し込みフィールドの挿入］ボタンの▼をクリックします。

⑰一覧から［郵便番号］をクリックします。

⑱カーソルの位置に「郵便番号」フィールドが挿入されます。

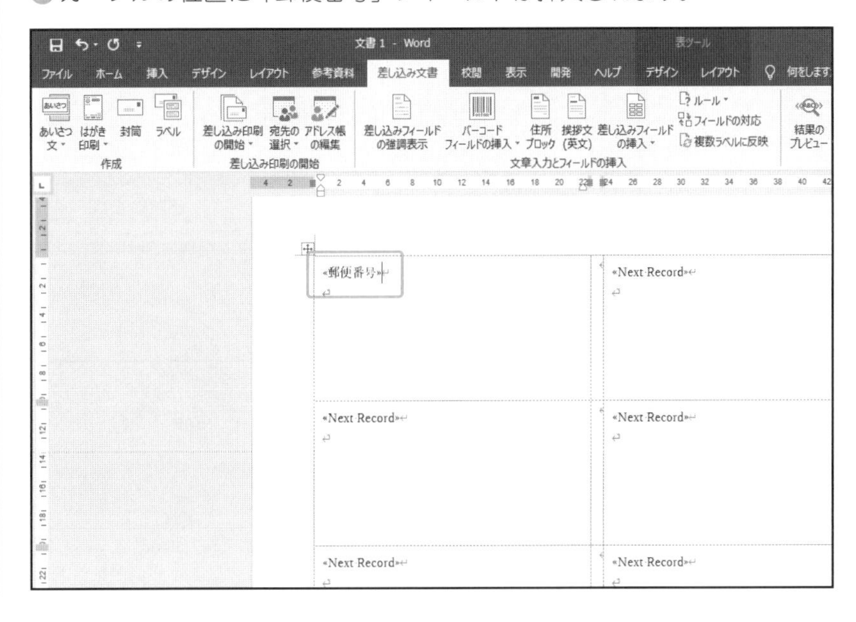

第4章 高度なWord機能の利用

⑲ **Enter** キーを押して改行します。

⑳ 手順 ⑯ ～ ⑰ と同様の操作で、2 行目に「住所」フィールド、4 行目に「氏名」フィールドを挿入します。

㉑「氏名」の後ろに全角スペースと「様」を入力します。

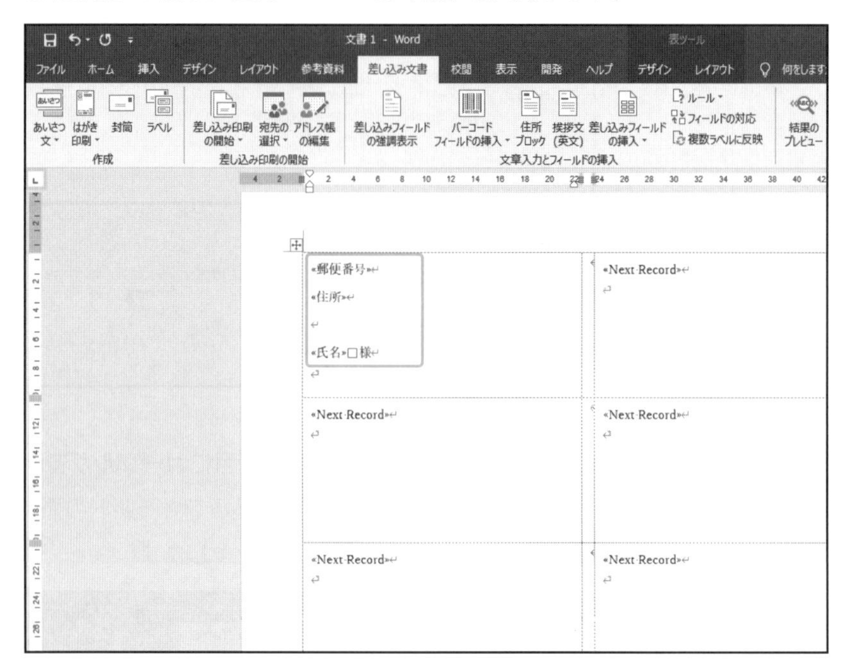

㉒［氏名］の差し込みフィールドと「様」を選択します。

㉓［ホーム］タブの 10.5 ［フォントサイズ］ボックスの▼をクリックします。

㉔［14］をクリックします。

㉕ 4 行目の書式が変更されます。

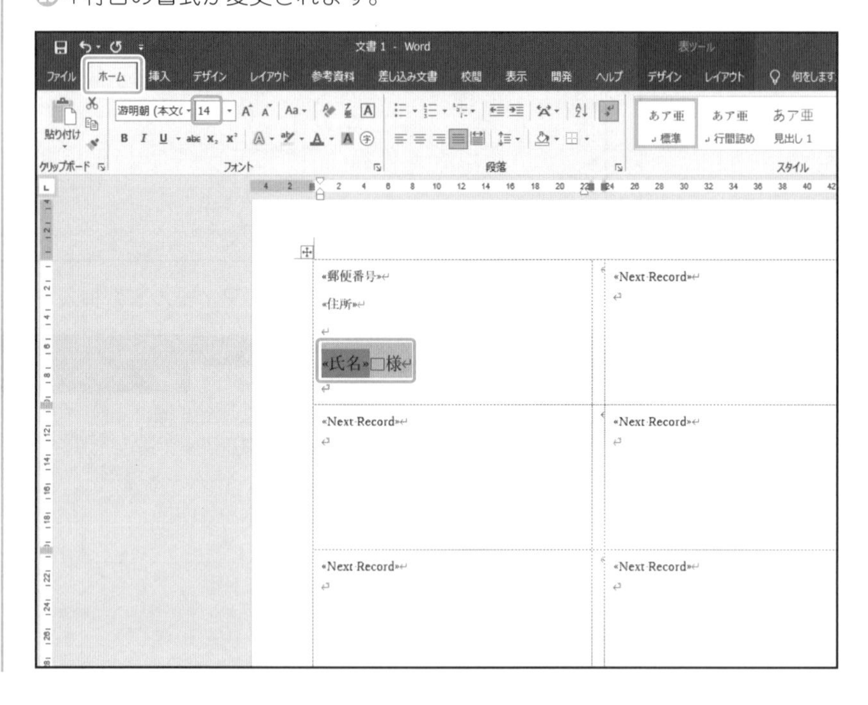

㉖［差し込み文書］タブの［複数ラベルに反映］［複数ラベルに反映］ボタンをクリックします。

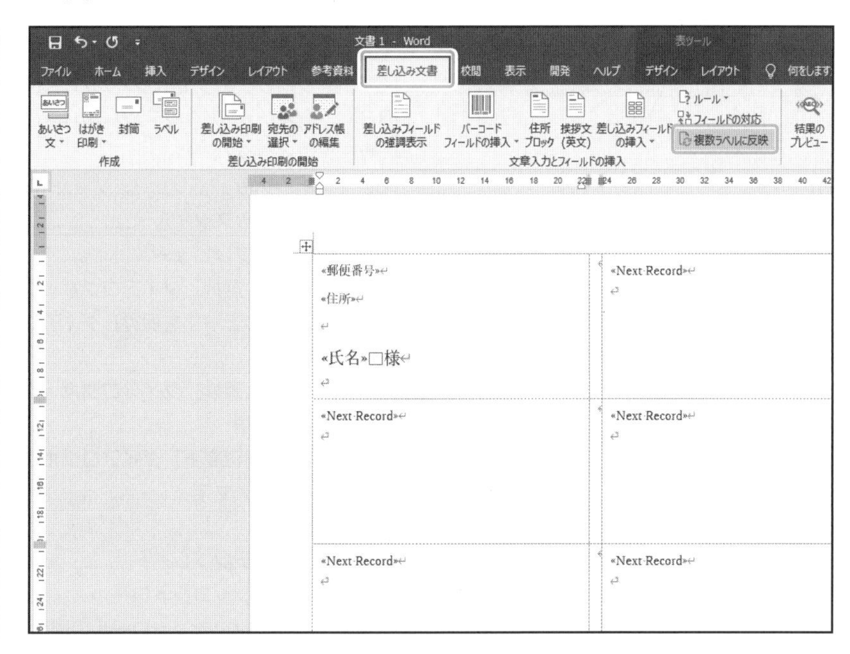

㉗１枚目のラベルの内容が他のすべてのラベルに反映されます。

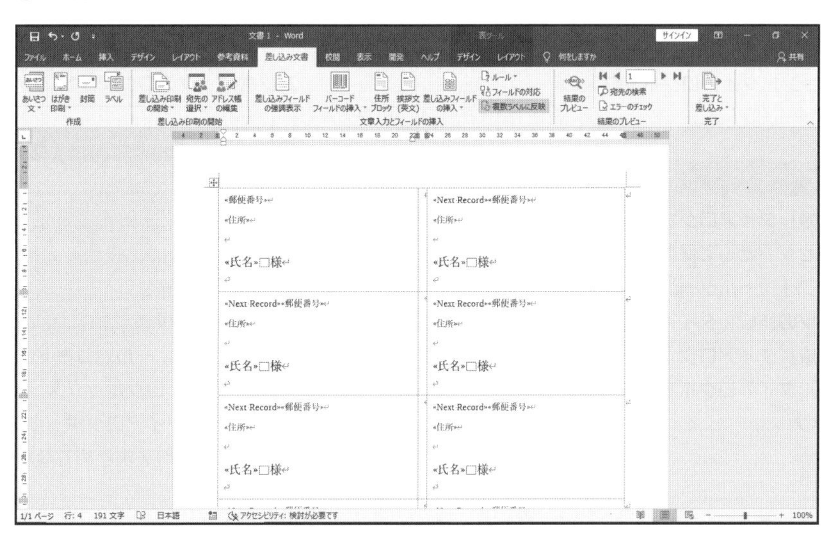

㉘［差し込み文書］タブの［結果のプレビュー］［結果のプレビュー］ボタンをクリックします。

㉙データが差し込まれて表示されます。

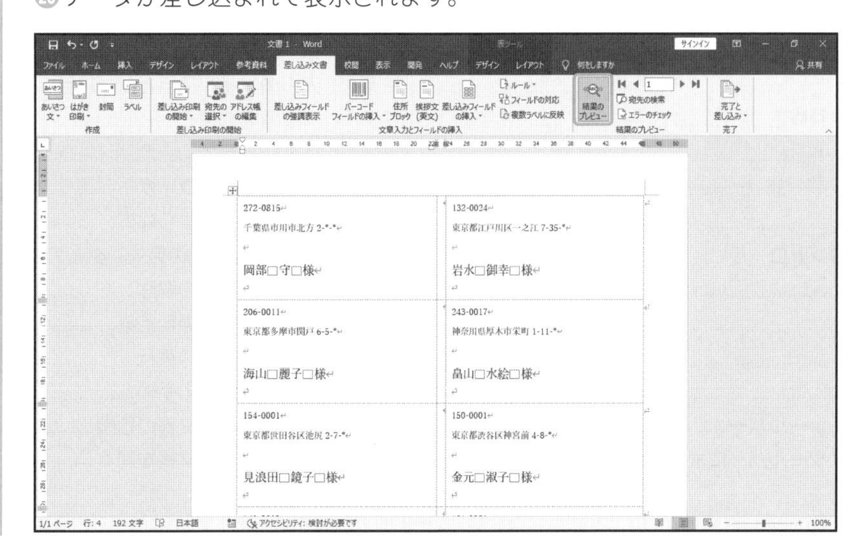

ポイント

複数ラベルに反映

1枚目のラベルで作成した内容は［複数ラベルに反映］［複数ラベルに反映］ボタンをクリックすると他のラベルにレイアウトが表示されます。あとからラベルのレイアウトを変更する場合も同様にこのボタンをクリックします。

索引

英数字

あ行

か行

さ行

た行

な行

は行

ま行

や行

ら行

わ行

模擬練習問題

マルチプロジェクトという試験形式に慣れるための模擬問題です。プロジェクト単位で解答が終了したらファイルを保存し、解答（PDF ファイル）および完成例ファイルと比較し、答え合わせを行ってください。

解答に必要なファイル、解答（PDF ファイル）、完成例ファイルは、[ドキュメント]フォルダーの[Word365&2019 エキスパート（実習用）]フォルダーにある[模擬練習問題]フォルダーに入っています。もしファイルがない場合は、「実習用データ」のインストールを行ってください。解答（PDF ファイル）およびそれを印刷したものは、本書を購入したお客様だけがご利用いただけます。第三者への貸与、賃貸、販売、譲渡は禁止いたします。

●模擬練習問題 1

プロジェクト 1　模擬 1-1_ 旅行会社のチラシ

旅行会社のチラシの原案を Word で作成しています。補足資料は完成版の文書にします。

【1】「見出し 1」スタイルを変更して、段落前と段落後の間隔 0.5 行を追加します。

【2】文末のコンテンツコントロールをクイックパーツとして「問い合わせ」という名前で「mogiren Building Blocks」に保存します。その他の項目は既定の設定のままとします。

【3】「ワード旅行では」の文字列をもとにして、リボンのボタンから太字と斜体を解除するマクロを作成します。マクロ名は「太字斜体解除」、ショートカットキーの割り当ては「Ctrl+7」に設定し、この文書に保存します。

【4】表の上に「コース例 1 －城めぐり」と表示されるように図表番号を追加します。「コース例」の番号のラベルがない場合は作成し、「コース例 1」の後ろは「－」（全角のハイフン）を入力します。

【5】文書「模擬 1-1-5_ 城に関するミニ知識 .docx」を開いて、1 行目に「表題」スタイルを設定してから最終版に設定します。

プロジェクト 2　模擬 1-2_ 図書館だより

図書館で毎月配布する図書館だよりを作成しています。

【1】文書に自動でハイフネーションが設定されるようにします。

【2】Word の機能を使って、文書内の「省略記号」をすべて削除します。

【3】英数字の本文のフォントを「Century」、日本語の本文のフォントを「メイリオ」に設定した「図書館だより」という名前のフォントセットを作成します。

【4】ページの末尾にある「和戸市中央図書館」の文字列を 2 ページ目の図形内の「からお知らせ」の行頭にコピーします。書式は貼り付け先に揃えます。

プロジェクト 3　模擬 1-3_ 設備点検のお知らせ

マンションの設備点検のお知らせを各住人への配布用の差し込み文書と掲示用の文書を作成しています。

【1】ドキュメントフォルダーの「点検 .dotm」テンプレートのマクロを現在の文書にコピーします。次に「（注意）」の「点検中はベルが鳴ります」に「注意」マクロを実行します。

【2】宛先リストに「開始時間 .mdb」を使用して差し込み文書を作成し、1 行目の行頭に「部屋番号」フィールド、2 行目の行頭に「姓」フィールドを挿入します。末尾のデータをプレビュー表示します。

【3】「標準」スタイルを基準にして、フォントサイズ「16pt」、行間 2 行、段落番号「1.2.3.」を設定した「点検項目」という名前の段落スタイルを作成します。

【4】[ドキュメント]フォルダーの「模擬 1-3-4_ 掲示用 .docx」を開いて、自動回復用データを保存する間隔を「1 分」に変更します。ページ罫線の色を「緑」、文末の「090-1234-xxxx」に蛍光ペンの黄色を設定します。1 分以上経過し、[情報]画面に自動保存のバージョンを確認したら保存せずに文書を閉じます。再度、「模擬 1-3-4_ 掲示用 .docx」を開き、自動保存のバージョンから保存されていない文書を復元します。

プロジェクト 4　模擬 1-4_ 夏の特集

「夏の特集号」に載せるアイスクリームの文章を校正しています。

【1】見出し「アイスクリームの製造工程」の段落前で常に改ページされるように段落の書式を設定します。

【2】文書の末尾の「編集者：」の後ろにユーザー名（UserName）フィールドで挿入します。

【3】文末の「更新日：」の後ろのフィールドの書式を「ggge 年 M 月 dd 日」に変更します。

【4】2 ページ目の「Gelato」の校正言語を「イタリア語（イタリア）」に変更します。警告バーに校正ツールに関するメッセージが表示された場合は、表示したままにしてください。

プロジェクト 5　模擬 1-5_ 研修案内

ビジネス研修の案内を作成しています。書式を整えて完成させ、別の文書を開いて内容を比較します。

【1】文書内の斜体が設定されている文字列を、すべて「新講座」という文字スタイルに変更します。

【2】テーマの配色を「暖かみのある青」に変更後、この文書のテーマを「研修案内」という名前のテーマとして［ドキュメント］フォルダーに保存します。

【3】文書パーツ「スクールの特徴」を編集して、新しい分類「研修」に保存するように変更します。その他は既定の設定のままとします。

【4】文書「模擬 1-5-4_ 研修申し込み .docx」を開いて「研修申し込み（修正）.docx」と比較し、変更内容を「新しい文書」に表示します。

プロジェクト 6　模擬 1-6_ 家庭菜園（校閲用）

家庭菜園に関する文書を作成しました。校閲用の文書として設定します。

【1】［開発］タブを表示し、マクロのセキュリティを確認します。［警告を表示してすべてのマクロを無効にする］でない場合は設定を変更します。

【2】他のユーザーの操作は強制的に変更履歴を記録するように設定して文書の保護を開始します。パスワードは「mogi1-6」にします。

プロジェクト 7　模擬 1-7_ 簿記の知識

簿記の基礎知識のテキストを作成しています。

【1】1 ページ目の「図表目次」の下の行に図表目次を挿入します。書式は「クラシック」にします。

【2】2 ページの末尾の段落の「財務諸表」を索引項目として登録します。その後、文末にある索引を更新します。

●模擬練習問題 2

プロジェクト 1　模擬 2-1_ ダンス教室

ダンス教室の募集案内と抽選結果の通知を作成しています。抽選結果の通知は差し込み文書として開きます。

【1】見出し「【コース概要】」の下の行に、［模擬練習問題］フォルダーにある「コース詳細 .xlsx」を挿入します。「コース詳細 .xlsx」を変更すると、この文書にも反映されるようにします。
【2】現在の配色を基に［アクセント 6］の色を［紫、表示済みのハイパーリンク］に変更した「ダンス教室」という名前の配色パターンを作成します。
【3】3 ページ目の表の「コース名」の右のセルにリストからの選択と直接入力ができるコンテンツコントロールを挿入し、リストに「幼児」、「低学年」、「高学年」と表示されるようにプロパティを編集します。
【4】文書「模擬 2-1-4_ 案内 .docx」を［模擬練習問題］フォルダーの「当選者 1.xlsx」を差し込んだ状態で開きます。宛先リストの「当選者 1.xlsx」の 2 件目の名前を「和戸 さゆり」に変更し、そのデータを表示します。

プロジェクト 2　模擬 2-2_ スケート

フィギアスケートの楽しさを伝える文章が出来上がりました。最後の仕上げをします。

【1】［模擬練習問題］フォルダーの「共通フォント .dotm」テンプレートの「標準」スタイルと「見出し 1」スタイルを現在の文書にコピーします。すでに同じスタイルがある場合は上書きします。
【2】見出し「索引」の下に書式が「フォーマル」で 1 段の索引を挿入します。
【3】この文書のマクロ「タイトル作成」を削除します。また、「文字作成」のマクロ名を「強調文字作成」に変更します。
【4】文書「模擬 2-2-4_ 仕上げ .docx」を開いて、1 行目の入力のみできるように編集を制限します。パスワード「mogi2-2」で保護を開始します。

プロジェクト 3　模擬 2-3_ 食生活

正しい食生活を送る目的で書かれた文章を編集しています。編集後の文書に複数の文書を組み込みます。

【1】3 ページ目の表の上に「表 3：必要なカロリー値」と表示されるように図表番号を追加します。「表 3」の後ろは「：」（全角のコロン）を入力します。次に見出し「図表目次」の下に書式が「フォーマル」の図表目次を挿入します。
【2】2 ページ目の「身長（m）× 身長（m）×22 ＝標準体重」の段落の書式を基準にして、「計算式」という名前の段落スタイルを作成します。
【3】文字列「適度な運動」をすべて索引項目として登録します。
【4】「中見出し」スタイルを変更して、フォントサイズを 11pt、箇条書きの行頭文字「●」を追加します。
【5】文書「模擬 2-3-5_ 元の文書 .docx」を開いて、「模擬 2-3-5_ 追加 .docx」を組み込みます。元の文書を「模擬 2-3-5_ 元の文書 .docx」、変更された文書を「模擬 2-3-5_ 追加 .docx」にして、変更の表示対象は「新規文書」にします。組み込み結果の変更履歴は反映しません。

プロジェクト 4　模擬 2-4_ レポート

学校に提出するレポートを作成しています。内容を確認して仕上げましょう。

【1】文書全体に行番号を表示します。
【2】見出し「●ファッションと流行」の上の段落が改ページ時に 1 行だけ残らないように設定します。
【3】「キーフレーズ」スタイルが設定されている箇所をすべて「標準」スタイルに変更します。
【4】クイックパーツ「署名」のプロパティを編集し、説明に「番号、氏名を確認済み」と入力します。
【5】文末の「レポートのページ数：」の後ろに文書のページ数（NumPages）フィールドを挿入します。

プロジェクト 5　模擬 2-5_ 家庭菜園

ベランダでできる家庭菜園についての文書を作成しています。

【1】1 ページ目の「写真の一覧」の図表目次を最新の内容に更新します。
【2】文書の既定のフォントのフォントサイズを「10pt」、フォントの色を「濃い青」に設定します。
【3】3 行目の文字列「楽しいもの」をもとにして、斜体とフォントサイズ 13pt をリボンのボタンから設定するマクロを作成します。マクロ名は「注目ワード」にして、この文書に保存します。作成後はマクロを含む形式で文書を保存します。
【4】この文書のスタイルを「家庭菜園」という名前のスタイルセットとして保存します。

プロジェクト 6　模擬 2-6_ 夏の特集号

「夏の特集号」に載せる文章の編集が終了しました。よく使用するコマンドがすぐ使えるように追加して文書を保護します。

【1】クイックアクセスツールバーに基本的なコマンドの［検索］を追加します。この文書を開いたときだけクイックアクセスツールバーに表示されるようにします。
【2】パスワード「mogi162」を設定して文書を暗号化します。

プロジェクト 7　模擬 2-7_ ラベル

ダンス教室の当選者に通知を発送します。封筒に貼る宛名ラベルを新規文書に作成します。

【1】宛先リストに「当選者 2.xlsx」を使用した宛名ラベルの差し込み文書を作成します。ラベルの種類は「A-ONE」の「26503」を使用し、1 行目に「郵便番号」、2 行目に「住所」、3 行目は空白行にし、4 行目に「名前」フィールドを挿入します。「名前」の後ろには「様」を挿入します。テーマを「インテグラル」に変更後、結果のプレビューでラベルを確認します。

模擬テストプログラムの使い方

1. 模擬テスト実施前に必ずお読みください

模擬テストプログラム「MOS 模擬テスト Word365&2019 エキスパート」（以下、本プログラム）をご利用の際は、以下を必ずご確認ください。

● Microsoft Office のインストールを確認する

本プログラムは、Office 2019 および Office 365（Microsoft 365）日本語版以外のバージョンや Microsoft 以外の互換 Office では動作いたしません。また、複数の Office が混在した環境では、本プログラムの動作を保証しておりません。なお、日本語版 Office であってもストアアプリ版では動作しないことがあります。その場合は、デスクトップアプリ版に入れ替えてご利用ください。くわしくは本書のウェブページ（https://bookplus.nikkei.com/atcl/catalog/21/S60050/）を参照してください。

●インストールが進行しない場合

「インストールしています」の画面が表示されてからインストールが開始されるまで、かなり長い時間がかかる場合があります。インストールの進行を示すバーが変化しなくても、そのまましばらくお待ちください。

●起動前に Word を終了する

Word が起動していると、本プログラムを起動できません。事前に Word を終了させてください。

●ダイアログボックスのサイズが大きいとき

Windows で［ディスプレイ］の設定を 100%より大きくしていると、一部の項目や文字が表示されなくなることが あります。その場合は表示の設定を 100%にしてください。

●文字や数値の入力

文字や数値を入力する場合は、問題文の該当する文字（リンクになっています）をクリックすると、クリップボードにコピーできます。自分で入力する場合、特別な指示がなければ、英数字は半角で入力します。入力する文字列が「」で囲む形式で指示されている問題では、「」内の文字だけを入力します。

●ダイアログボックスは閉じる

Word のダイアログボックスを開いたまま、［採点］、［次のプロジェクト］、［レビューページ］、［リセット］、［テスト中止］をクリックすると、正しく動作しないことがあります。ダイアログボックスを閉じてからボタンをクリックしてください。

●保存したファイルが残る場合

ファイルやテンプレートに名前を付けて保存する問題で、問題の指示と異なる名前で保存したり、異なるフォルダーに保存したりすると、テスト終了後にファイルが残ってしまう場合があります。その場合は、該当の保存先を開いて、作成したファイルを削除してください。［ドキュメント］フォルダーに保存する指示がある場合、OneDrive の［ドキュメント］ではなくコンピューターの［ドキュメント］に保存するよう気をつけてください。

●ディスクの空き容量が少ない場合

本番モードで模擬テストを実施し、［テスト終了］ボタンをクリックすると、「保存先のディスクに十分な空き容量がないか、準備ができていません。」というメッセージが表示されることがあります。成績ファイルを保存するフォルダーの変更は［オプション］ダイアログボックスで行います。

●判定基準

正誤判定は弊社独自の基準で行っています。MOS 試験の判定基準と同じであるという保証はしておりません。

●正しい操作をしているのに不正解と判定される場合

主に Office の更新などに伴い、環境によっては正解操作をしても本プログラムが不正解と判定することがあります。その場合は、正しい操作で解答していることを確認したうえで、判定は不正解でも実際には正解であると判断して学習を進めてください。

●利用環境による影響

本プログラムの正解判定は、利用環境によって変わる可能性があります。Office の各種設定を既定以外にしている場合や、Office が更新された場合などに、正解操作をしても不正解と判定されることや正解操作ができないことがあります。正解操作と思われる場合はご自分で正解と判断し学習を進めてください。

●複数の操作がある場合の判定

解答操作の方法が複数ある場合は、実行した結果が同じであればどの方法で解答しても同じ判定結果になります。［解答を見る］および後ろのページにある「模擬テストプログラム　問題と解答」ではそのうちの一つの操作方法を解答の例として記述しているので、ほかの操作方法で解答しても正解と判定されることがあります。

※ このほか、模擬テストプログラムの最新情報は本書のウェブページ（https://bookplus.nikkei.com/atcl/catalog/21/S60050/）を参照してください。

2. 利用環境

本プログラムを利用するには、次の環境が必要です。以下の条件を満たしていても、コンピューターの個別の状態などにより利用できない場合があります。

OS	Windows 10（ただし S モードを除く）
アプリケーションソフト	Microsoft Office 2019 または Office 365（Microsoft 365。いずれも日本語版、32 ビットおよび 64 ビット）をインストールし、ライセンス認証を完了させた状態。ただし上記の Office であっても、環境によってストアアプリ版では動作しないことがあります。その場合はデスクトップ版に入れ替える必要があります。くわしくは本書のウェブページ（https://bookplus.nikkei.com/atcl/catalog/21/S60050/）をご覧ください。

インターネット	本プログラムの実行にインターネット接続は不要ですが、本プログラムの更新プログラムの適用にはインターネット接続が必要です。
ハードディスク	210MB 以上の空き容量。
画面解像度	横 1280 ピクセル以上を推奨します。
CD-ROM ドライブ	本プログラムのインストールが完了していれば不要です。

※ 本プログラムは、Office 2019 または Office 365（Microsoft 365）以外のバージョンや Microsoft 以外の互換 Office では動作しません。また、複数の Office が混在した環境では、本プログラムの動作を保証しておりません。

※Office のインストールは、本プログラムのインストールより先に行ってください。本プログラムのインストール後に Office のインストールや再インストールを行う場合は、いったん本プログラムをアンインストールしてください。

3. プログラムの更新

本プログラムは、問題の正解判定に影響があるような Office の更新が行われた場合や、データの誤りが判明した場合などに、更新プログラムを提供することがあります。コンピューターがインターネットに接続されている場合、更新プログラムがあるとその数を以下のようにかっこで表示します。

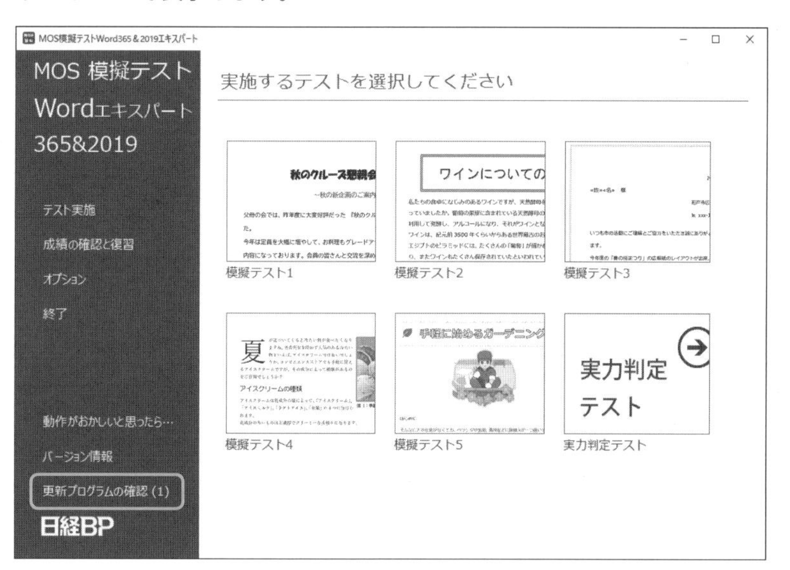

［更新プログラムの確認］をクリックすると、更新内容が確認できますので、必要に応じて［インストール］ボタンをクリックしてください。あとは自動でプログラムが更新されます。その際、Windows の管理者のパスワードを求められることがあります。

4. 模擬テストの実施

① Word が起動している場合は終了します。

②デスクトップの [MOS 模擬テスト Word365&2019 エキスパート] のショートカットアイコンをダブルクリックします。

③ [テスト実施] 画面が表示されます。

●[テスト実施] 画面

●練習モードで模擬テストを実施

一つのタスクごとに採点するモードです。

出題するタスクを選択する画面が表示されます。チェックボックスを使って出題されるタスクを選択します。

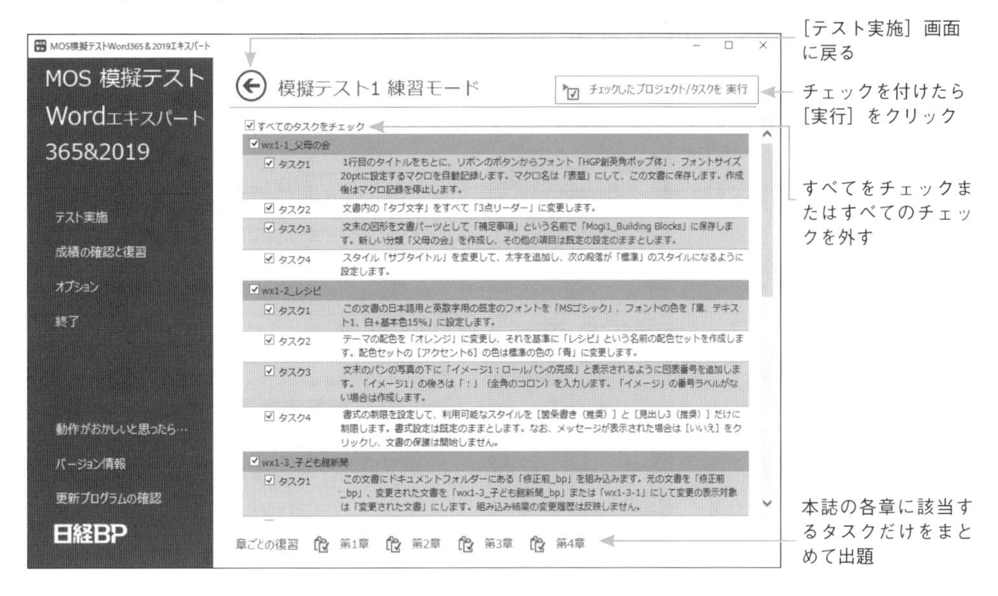

問題文に従って解答操作を行い、［採点］をクリックします。

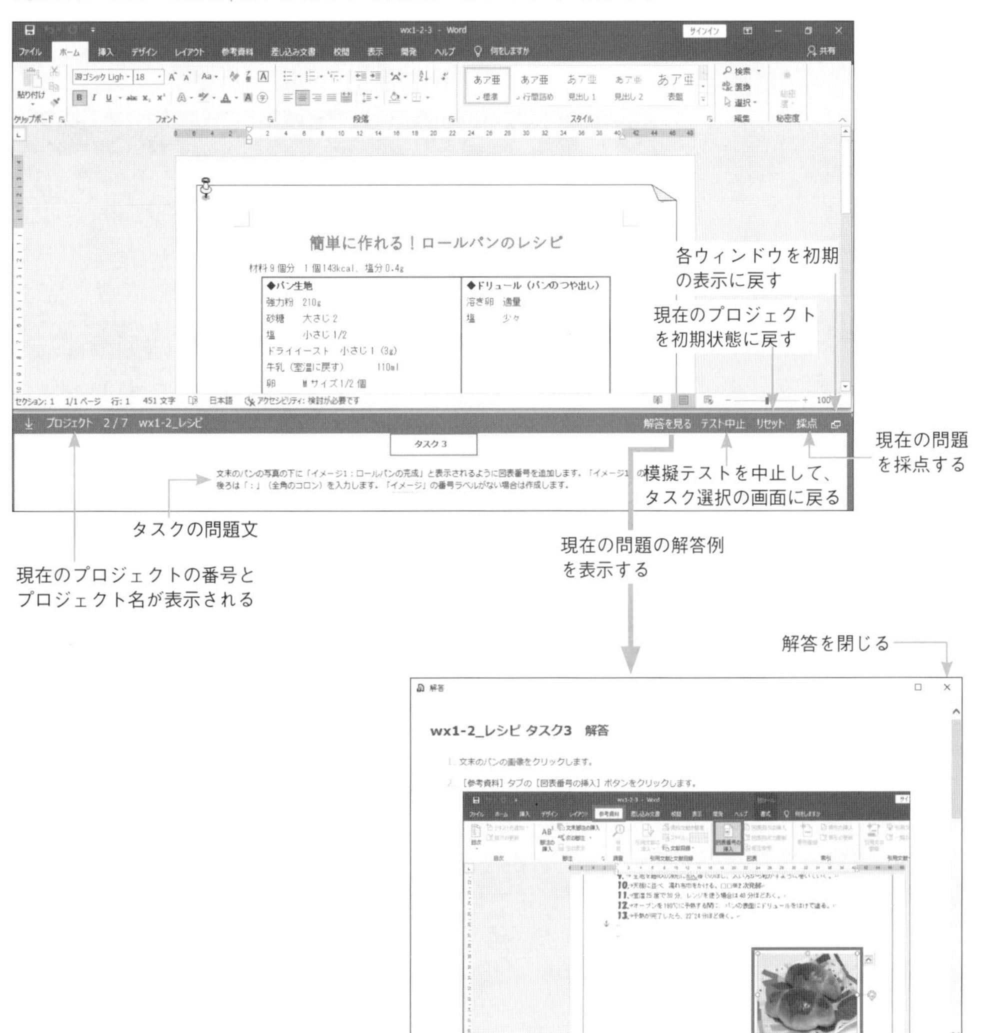

●本番モードで模擬テストを実施

MOS 試験と同様、50 分で 1 回分のテストを行い最後に採点するモードです。［実力判定テスト］は毎回異なる問題（プロジェクト）が出題されます。制限時間は 50 分で、制限時間を過ぎると自動的に終了します。

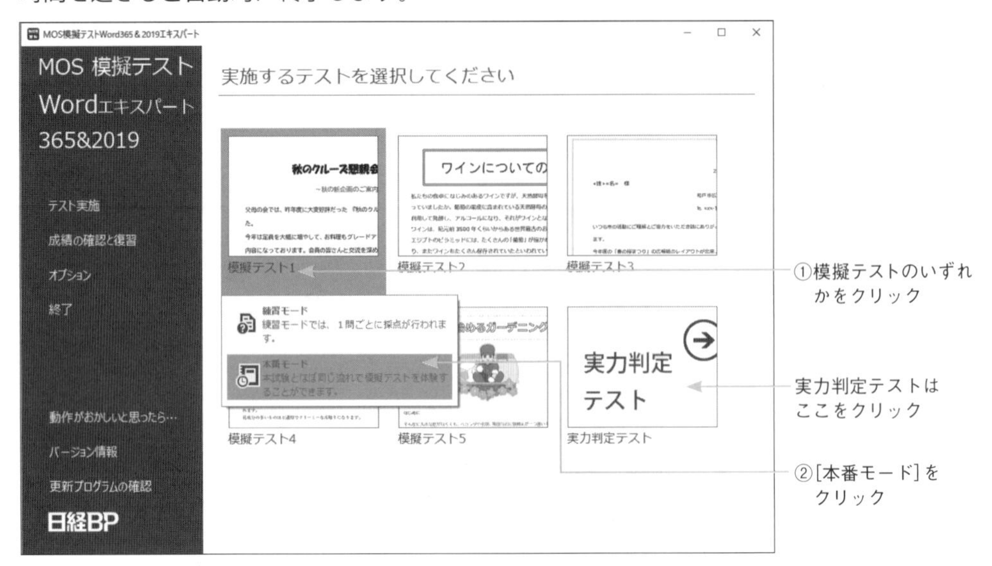

プロジェクト中の全部のタスクを解答またはスキップしたら次のプロジェクトに移行します。

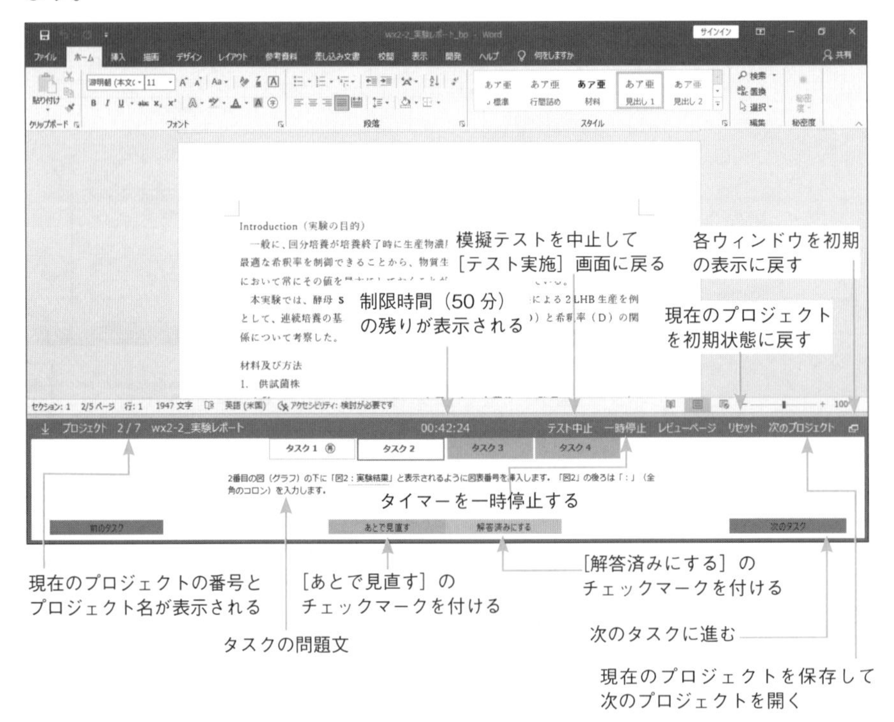

全部のプロジェクトが終了したら、レビューページが表示されます。タスク番号をクリックすると試験の操作画面に戻ります。

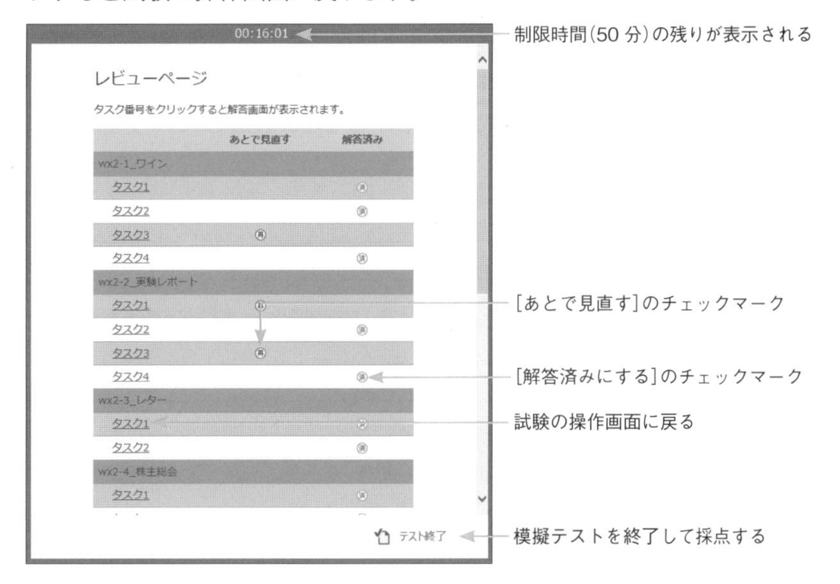

●[結果レポート] 画面

本番モードを終了すると、合否と得点、各問題の正解 / 不正解を示す [結果レポート] 画面が表示されます。

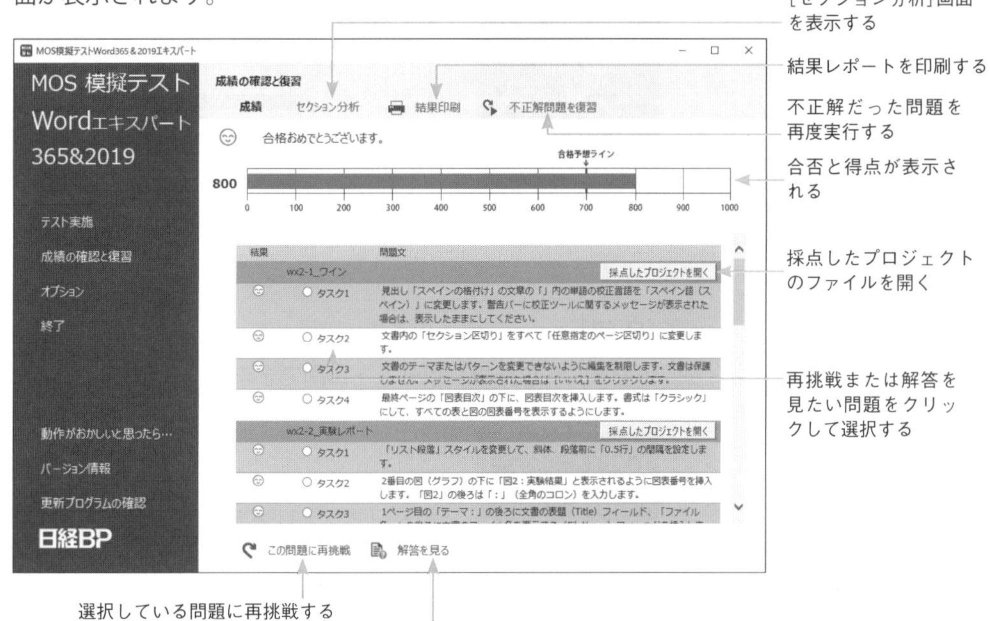

[採点したプロジェクトを開く]

模擬テスト終了時の文書のWord画面が表示され、確認することができます（文書に保存されないオプション設定は反映されません）。ここで開いた文書を保存したい場合は、Wordで［名前を付けて保存］を実行し、適当なフォルダーに適当なファイル名で保存してください。Word画面を閉じると、［結果レポート］画面に戻ります。

[セクション分析]

本誌のどの章（セクション）で説明されている機能を使うかでタスクを分類し、セクションごとの正答率を示します。

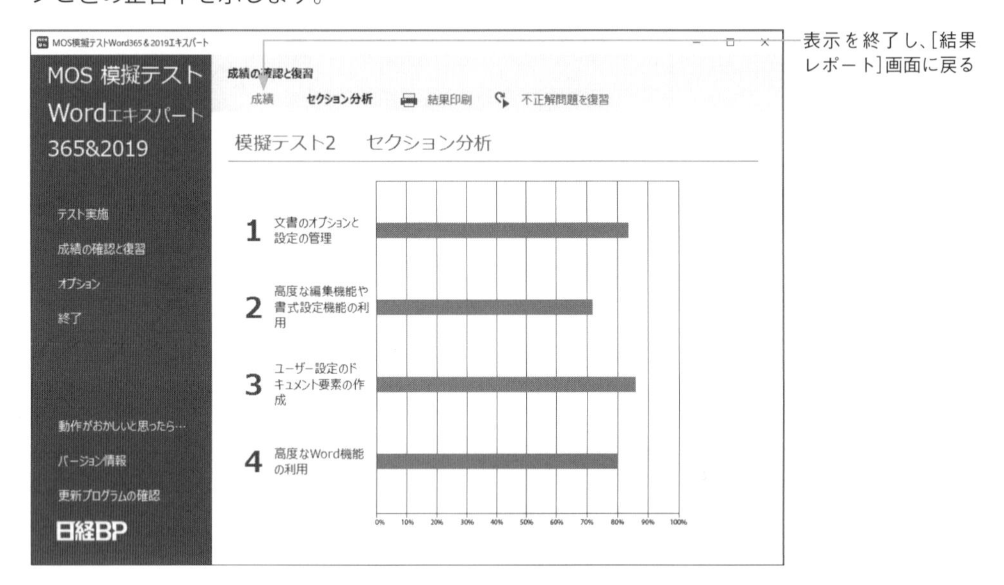

[印刷]

模擬テストの結果レポートを印刷できます。

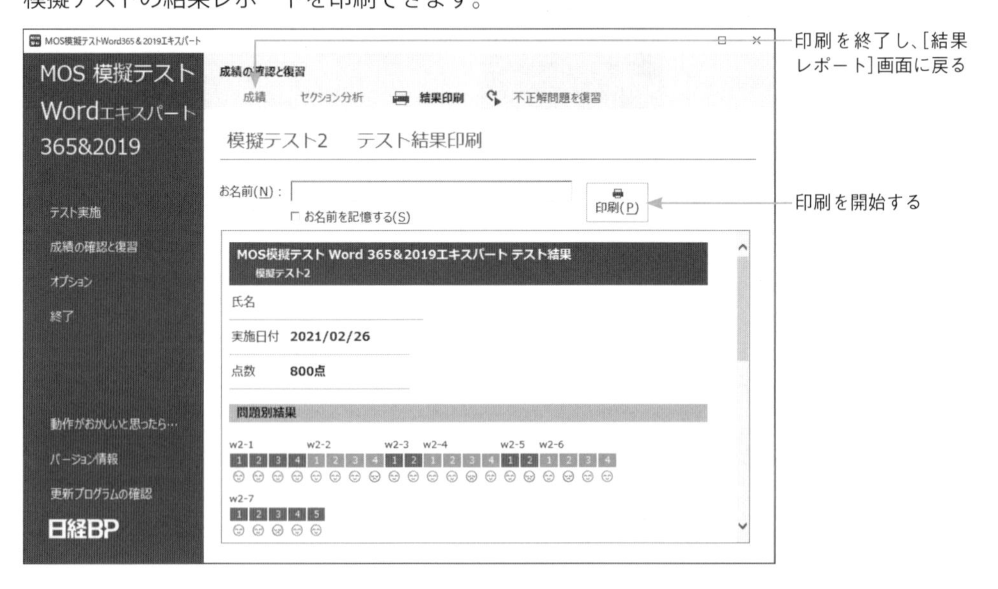

●［成績の確認と復習］画面

これまでに実施した模擬テストの成績の一覧です。問題ごとに正解 / 不正解を確認したり復習したりするときは、各行をクリックして［結果レポート］画面を表示します。成績は新しいものから 20 回分が保存されます。

成績は Windows にサインイン / ログオンしたアカウントごとに記録されます。別のアカウントで模擬テストを実施した場合、それまでの成績は参照できないのでご注意ください。

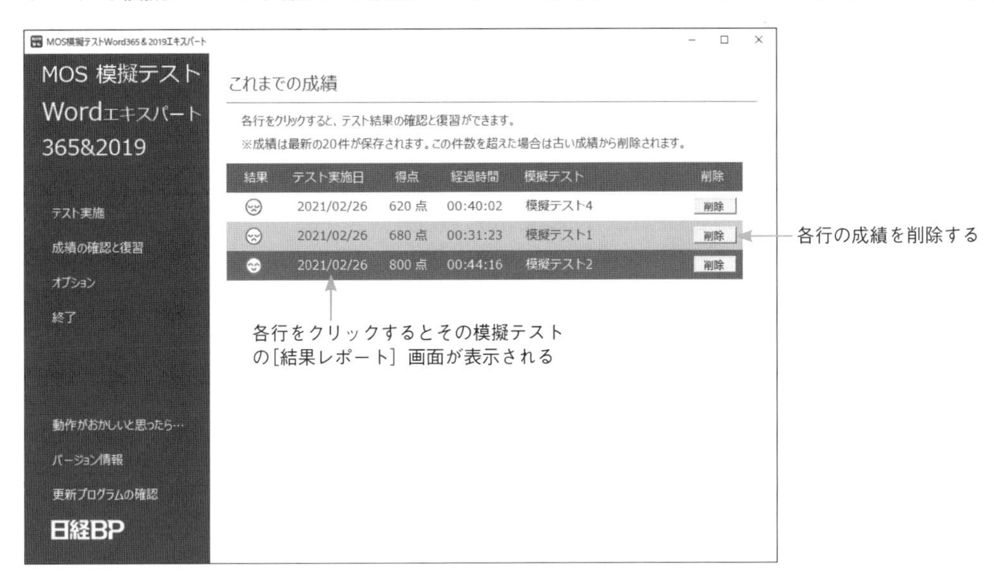

●［オプション］ダイアログボックス

成績ファイルを保存するフォルダーと、成績を印刷する場合の既定のお名前を指定できます。

成績ファイルを保存するフォルダーには、現在のユーザーの書き込み権限と、約 32MB 以上の空き容量が必要です。［保存先フォルダー］ボックスを空白にして［OK］ボタンをクリックすると、既定のフォルダーに戻ります。

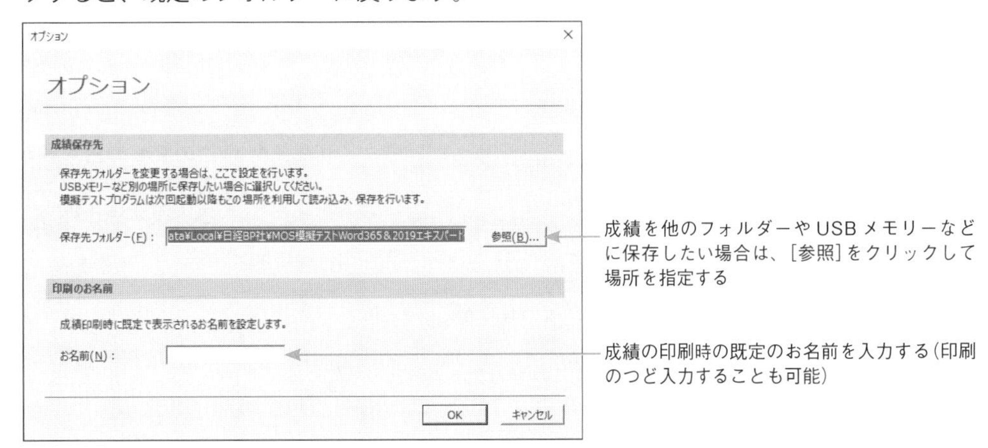

●終了

［テスト実施］画面で［終了］をクリックすると、模擬テストプログラムが終了します。

模擬テスト
使い方

模擬テストプログラム 問題と解答

解答操作の方法が複数ある場合は、どの方法で解答しても、実行した結果が同じであれば同じ判定結果になります。ここではそのうちの一つの操作方法だけ（解答の例）を記述しているので、ほかの操作方法でも正解と判定されることがあります。

●模擬テスト 1

プロジェクト 1　父母の会

【タスク 1】1 行目のタイトルをもとに、リボンのボタンからフォント「HGP 創英角ポップ体」、フォントサイズ 2 0pt に設定するマクロを自動記録します。マクロ名は「表題」にして、この文書に保存します。作成後はマクロ記録を停止します。

① 1 行目を選択します。
② ［開発］タブの［マクロの記録］ボタンをクリックします。
③ ［マクロの記録］ダイアログボックスが表示されます。
④ 問題文の「表題」をクリックして、文字列をコピーします。
⑤ ［マクロ名］ボックスをクリックし、Ctrl+V キーを押します。
⑥ ［マクロ名］ボックスに「表題」の文字が貼り付けられます。
⑦ ［マクロの保存先］ボックスの▼をクリックし、［wx1-1_ 父母の会_bp（文書）］または［wx1-1-1（文書）］をクリックします。
⑧ ［OK］をクリックします。
⑨ マウスポインターの形状が変わり、マクロの記録が開始されます。
⑩ ［ホーム］タブの［フォント］ボックスの▼をクリックし、［HGP 創英角ポップ体］を選択します。
⑪ 1 行目のフォントが変更されます。
⑫ ［フォントサイズ］ボックスの▼をクリックし、［20］を選択します。
⑬ 1 行目のフォントサイズが変更されます。
⑭ ［開発］タブの［記録終了］ボタンをクリックします。

【タスク 2】文書内の「タブ文字」をすべて「3 点リーダー」に変更します。

① ［ホーム］タブの［置換］ボタンをクリックします。
② ［検索と置換］ダイアログボックスの［置換］タブが表示されます。
③ ［オプション］をクリックします。
④ ダイアログボックスが拡張表示されます。
⑤ ［検索する文字列］ボックスをクリックします（履歴の文字が残っている場合は削除します）。
⑥ ［あいまい検索］チェックボックスをオフにします。
⑦ ［特殊文字］をクリックし、一覧から［タブ文字］をクリックします。
⑧ ［検索する文字列］ボックスに「^t」と表示されます。
⑨ ［置換後の文字列］ボックスをクリックします（履歴の文字が残っている場合は削除します）。
⑩ ［特殊文字］をクリックし、一覧から［3 点リーダー］をクリックします。
⑪ ［検索する文字列］ボックスに「^j」と表示されます。
⑫ ［すべて置換］をクリックします。
⑬ 置換が実行され、「完了しました。6 個の項目を置換しました。」と表示されます。
⑭ ［OK］をクリックします。
⑮ ［閉じる］をクリックします。
⑯ 文書内にある「タブ文字」が「3 点リーダー」に変更されます。

【タスク 3】文末の図形を文書パーツとして「補足事項」という名前で「Mogi1_Building Blocks」に保存します。新しい分類「父母の会」を作成し、その他の項目は既定の設定のままとします。

① 文末の図形を選択します。
② ［挿入］タブの［クイックパーツの表示］ボタンをクリックします。
③ ［選択範囲をクイックパーツギャラリーに保存］をクリックします。
④ ［新しい文書パーツの作成］ダイアログボックスが表示されます。
⑤ 問題文の「補足事項」をクリックして、文字列をコピーします。
⑥ ［名前］ボックスをクリックし、Ctrl+V キーを押します。
⑦ ［名前］ボックスに「補足事項」の文字が貼り付けられます。
⑧ ［分類］ボックスの▼をクリックし、［新しい分類の作成］を選択します。
⑨ ［新しい分類の作成］ダイアログボックスが表示されます。
⑩ 問題文の「父母の会」をクリックして、文字列をコピーします。
⑪ ［名前］ボックスをクリックし、Ctrl+V キーを押します。
⑫ ［名前］ボックスに「父母の会」の文字が貼り付けられます。
⑬ ［OK］をクリックします。
⑭ ［分類］ボックスに「父母の会」と表示されます。
⑮ ［保存先］ボックスの▼をクリックし、［Mogi1_Building Blocks］を選択します。
⑯ ［OK］をクリックします。
⑰ 選択した図形がクイックパーツとして保存されます。

【タスク 4】スタイル「サブタイトル」を変更して、太字を追加し、次の段落が「標準」のスタイルになるように設定します。

① ［ホーム］タブのスタイルの一覧から［サブタイトル］を右クリックします。
② ショートカットメニューの［変更］をクリックします。
③ ［スタイルの変更］ダイアログボックスが表示されます。
④ ［名前］ボックスに「サブタイトル」と表示されていることを確認します。
⑤ ［次の段落のスタイル］ボックスの▼をクリックし、［標準］をクリックします。
⑥ ［書式］の［太字］をクリックします。
⑦ ［OK］をクリックします。
⑧ スタイル「サブタイトル」の書式が変更されます。

プロジェクト 2　レシピ

【タスク 1】この文書の日本語用と英数字用の既定のフォントを「MS ゴシック」、フォントの色を「黒、テキスト 1、白 + 基本色 15%」に設定します。

① 書式の設定されていない段落（2 行目など）にカーソルを移動します。
② ［ホーム］タブの［フォント］グループ右下の［フォント］ボタンをクリックします。
③ ［フォント］ダイアログボックスが表示されます。
④ ［フォント］タブをクリックします。
⑤ ［日本語用のフォント］ボックスの▼をクリックし、［MS ゴシック］をクリックします。
⑥ ［英数字用のフォント］ボックスの▼をクリックし、［(日本語用と同じフォント)］をクリックします。
⑦ ［フォントの色］ボックスの▼をクリックし、［黒、テキスト 1、白 + 基本色 15%］をクリックします。
⑧ ［既定に設定］をクリックします。
⑨ 設定変更の確認のメッセージが表示されます。
⑩ ［この文書だけ］が選択されていることを確認し、［OK］をクリッ

クします。
⑪ 文書全体の「標準」スタイルの日本語用と英数字用のフォントとフォントの色が変更されます。

【タスク 2】テーマの配色を「オレンジ」に変更し、それを基準に「レシピ」という名前の配色セットを作成します。配色セットの［アクセント 6］の色は標準の色の「青」に変更します。

① ［デザイン］タブの［配色］ボタンをクリックします。
② 一覧から［オレンジ］をクリックします。
③ テーマの配色が変更されます。
④ ［デザイン］タブの［配色］ボタンをクリックします。
⑤ 一覧から［色のカスタマイズ］をクリックします。
⑥ ［テーマの新しい配色パターンを作成］ダイアログボックスが表示されます。
⑦ ［アクセント 6（6）］ボックスの▼をクリックし、［標準の色］の［青］をクリックします。
⑧ ［アクセント 6（6）］ボックスの色が変更されます。
⑨ 問題文の「レシピ」をクリックして、文字列をコピーします。
⑩ ［名前］ボックスをクリックし、Ctrl+V キーを押します。
⑪ ［名前］ボックスに「レシピ」の文字が貼り付けられます。
⑫ ［保存］をクリックします。
⑬ テーマの配色のパターンが保存され、文書に適用されます。

【タスク 3】文末のパンの写真の下に「イメージ 1：ロールパンの完成」と表示されるように図表番号を追加します。「イメージ 1」の後ろは「：」（全角のコロン）を入力します。「イメージ」の番号ラベルがない場合は作成します。

① 文末のパンの画像をクリックします。
② ［参考資料］タブの［図表番号の挿入］ボタンをクリックします。
③ ［図表番号］ダイアログボックスが表示されます。
④ ［ラベル］ボックスの▼をクリックして［イメージ］を選択します（［イメージ］がない場合は［ラベル名］をクリックして［新しいラベル名］ダイアログボックスを表示し、問題文の「イメージ」をコピーして［ラベル］ボックスに貼り付けて［OK］をクリックします）。
⑤ ［図表番号］ボックスに［イメージ 1］と表示されます。
⑥ 問題文の「：ロールパンの完成」をクリックして、文字列をコピーします。
⑦ ［図表番号］ボックスの「イメージ 1」の後ろをクリックし、Ctrl+V キーを押します。
⑧「イメージ 1」の後ろに「：ロールパンの完成」の文字が貼り付けられます。
⑨ ［位置］ボックスに［選択した項目の下］と表示されていない場合は、▼をクリックして［選択した項目の下］をクリックします。
⑩ ［OK］をクリックします。
⑪ 選択した画像の下に図表番号が挿入されます。

【タスク 4】書式の制限を設定して、利用可能なスタイルを［箇条書き（推奨）］と［見出し 3（推奨）］だけに制限します。書式設定は既定のままとします。なお、メッセージが表示された場合は［いいえ］をクリックし、文書の保護は開始しません。

① ［校閲］タブの［編集の制限］ボタンをクリックします。
② ［編集の制限］作業ウィンドウが表示されます。
③ ［1. 書式の制限］の［利用可能な書式を制限する］チェックボックスをオンにします。
④ ［設定］をクリックします。
⑤ ［書式の制限］ダイアログボックスが表示されます。
⑥ ［利用可能な書式を制限する］チェックボックスがオンになっていることを確認します。
⑦ ［なし］をクリックして、［チェックマークの付いているスタイルが現在許可されています：］のすべてのチェックボックスをオフにします。
⑧ 一覧から［箇条書き（推奨）］チェックボックスをオンにします。
⑨ 一覧から［見出し 3（推奨）］チェックボックスをオンにします。
⑩ ［書式設定］のチェックボックスはすべてオフになっていることを確認にします。
⑪ ［OK］をクリックします。
⑫「この文書には許可されていない書式…」というメッセージが表示されたら［いいえ］をクリックします。
⑬ 文書に書式の制限が設定されます。
⑭ ［編集の制限］作業ウィンドウの［閉じる］ボタンをクリックします。

プロジェクト 3　子ども館新聞

【タスク 1】この文書にドキュメントフォルダーにある「修正前_bp」を組み込みます。元の文書を「修正前_bp」、変更された文書を「wx1-3_子ども館新聞_bp」または「wx1-3-1」にして変更の表示対象は「変更された文書」にします。組み込み結果の変更履歴は反映しません。

① ［校閲］タブの［比較］ボタンをクリックします。
② ［組み込み］をクリックします。
③ ［文書の組み込み］ダイアログボックスが表示されます。
④ ［元の文書］ボックスの右側のボタンをクリックします。
⑤ ［ファイルを開く］ダイアログボックスが表示されます。
⑥ 左側の一覧の［ドキュメント］をクリックします。
⑦ 一覧から「修正前_bp」を選択し、［開く］をクリックします。
⑧ ［元の文書］ボックスに「修正前_bp」と表示されます。
⑨ ［変更された文書］ボックスの▼をクリックし、「wx1-3_子ども館新聞_bp」または「wx1-3-1」をクリックします。
⑩ ［変更された文書］ボックスに「wx1-3_子ども館新聞_bp」または「wx1-3-1」と表示されます。
⑪ ［オプション］をクリックします。
⑫ ダイアログボックスが拡張表示されます。
⑬ ［比較の設定］のすべてのチェックボックスがオンになっていることを確認します。
⑭ ［変更の表示対象：］の［変更された文書］をクリックします。
⑮ ［OK］をクリックします。
⑯ 組み込み結果が「wx1-3_子ども館新聞_bp」または「wx1-3-1」に表示され、変更箇所が変更履歴として表示されます。

【タスク 2】「描画」タブを表示します。

① リボンのいずれかのタブを右クリックします。
② ショートカットメニューの［リボンのユーザー設定］をクリックします。
③ ［Word のオプション］ダイアログボックスが表示されます。
④ 左側の画面で［リボンのユーザー設定］が選択されていることを確認します。
⑤ ［リボンのユーザー設定］の［メインタブ］の［描画］チェックボックスをオンにします。
⑥ ［OK］をクリックします。
⑦ リボンに［描画］タブが表示されます。

プロジェクト 4　お買上げ明細書

【タスク 1】文字列「〒」の後ろに「郵便番号」フィールドを挿入します。

① 1 行目の「〒」の後ろにカーソルを移動します。
② [差し込み文書] タブの [差し込みフィールドの挿入] ボタンの▼をクリックします。
③ 一覧から [郵便番号] をクリックします。
④ カーソルの位置に「郵便番号」フィールドが挿入されます。

【タスク 2】宛先データの「発送先リスト _bp.mdb」にある「日経紀子」の「支払い」フィールドを「済」に変更し、その宛先をプレビュー表示します。

① [差し込み文書] タブの [アドレス帳の編集] ボタンをクリックします。
② [差し込み印刷の宛先] ダイアログボックスが表示されます。
③ [データソース] の [発送先リスト _bp.mdb] をクリックします。
④ [編集] をクリックします。
⑤ [データソースの編集] ダイアログボックスが表示されます。
⑥ 2 件目の「日経紀子」の「支払い」フィールドが見えるように右にスクロールします。
⑦「支払い」フィールドのセルをクリックして「済」と入力します。
⑧ [OK] をクリックします。
⑨ [アドレス帳を更新して…] という確認のメッセージが表示されるので [はい] をクリックします。
⑩ データファイルの内容が更新されます。
⑪ [OK] をクリックします。
⑫ [差し込み文書] タブの [結果のプレビュー] ボタンをクリックします。
⑬ 1 件目のデータがそれぞれのフィールドに表示されます。
⑭ [差し込み文書] タブの [次のレコード] ボタンをクリックします。
⑮ 2 件目の「日経紀子」のデータが表示されます。

【タスク 3】1 ページ目のテキストボックスの文字列「終了日」の位置に日付選択コンテンツコントロールを挿入し、同じ行にある「20xx 年 9 月 1 日」と同じ表示形式にします。

① 1 ページ目の末尾にあるテキストボックス内の「終了日」を選択します。
② [開発] タブの [日付選択コンテンツコントロール] ボタンをクリックします。
③ 選択範囲に日付選択コンテンツコントロールが挿入されます。
④ [開発] タブの [プロパティ] ボタンをクリックします。
⑤ [コンテンツコントロールのプロパティ] ダイアログボックスが表示されます。
⑥ [カレンダーの種類] ボックスの▼をクリックして、[グレゴリオ暦] をクリックします。
⑦ 表示形式の一覧から「20xx 年 9 月 1 日」のような書式をクリックします。
⑧ [日付の表示形式] ボックスに「yyyy'年'M'月'd'日'」と表示されます。
⑨ [OK] をクリックします。
⑩ コンテンツコントロールの表示形式が設定されます（画面上は変更ありません）。

【タスク 4】現在の文書に、ドキュメントフォルダーの「ONLINE STORE_bp.dotm」テンプレートからマクロをコピーします。マクロは実行しないでください。

① [開発] タブの [文書テンプレート] ボタンをクリックします。
② [テンプレートとアドイン] ダイアログボックスが表示されます。
③ [構成内容変更] をクリックします。
④ [構成内容変更] ダイアログボックスが表示されます。
⑤ [マクロプロジェクト] タブをクリックします。
⑥ 右側の [ファイルを閉じる] をクリックします。
⑦ [ファイルを閉じる] が [ファイルを開く] に変わるので、[ファイルを開く] をクリックします。
⑧ [ファイルを開く] ダイアログボックスが表示されます。
⑨ 左側の一覧から [ドキュメント] をクリックします。
⑩ ファイルの一覧から [ONLINE STORE_bp] をクリックして、[開く] をクリックします。
⑪ [マクロプロジェクト文書またはテンプレート] ボックスに [ONLINE STORE_bp（テンプレート）] と表示されます。
⑫ すぐ上の [コピー元] の一覧で [NewMacros] が選択されていることを確認します。
⑬ [コピー] をクリックします。
⑭ [コピー先] の一覧に [NewMacros] が表示されます。
⑮ [閉じる] をクリックします。
⑯ 文書にマクロがコピーされます。

プロジェクト 5　アウトドアスポーツ

【タスク 1】文書に行番号を表示します。すべてのページに連続番号が表示されるようにします。

① [レイアウト] タブの [行番号] ボタンをクリックします。
② [連続番号] をクリックします。
③ 連続番号が挿入されます。
④ スクロールして 2 ページ目の終わりにセクション区切りの編集記号が表示されていることを確認します。
⑤ 3 ページ目にカーソルを移動します。
⑥ [レイアウト] タブの [行番号] ボタンをクリックします。
⑦ [連続番号] をクリックします。
⑧ 3 ページ目にも 2 ページからの続きの行番号が表示されます。

【タスク 2】文書パーツ「画像入り資料」を変更して、分類は「参考資料」、内容をページのまま挿入するようにします。

① [挿入] タブの [クイックパーツの表示] ボタンをクリックします。
② 一覧の [画像入り資料] を右クリックします。
③ ショートカットメニューの [プロパティの編集] をクリックします。
④ [文書パーツの変更] ダイアログボックスが表示されます。
⑤ [分類] ボックスの▼をクリックし、[新しい分類の作成] をクリックします。
⑥ [新しい分類の作成] ダイアログボックスが表示されます。
⑦ 問題文の「参考資料」をクリックして、文字列をコピーします。
⑧ [名前] ボックスをクリックし、Ctrl+V キーを押します。
⑨ [名前] ボックスに「参考資料」の文字が貼り付けられます。
⑩ [OK] をクリックします。
⑪ [分類] ボックスに「参考資料」と表示されます。
⑫ [オプション] の▼をクリックし、[内容をページのまま挿入] をクリックします。
⑬ [OK] をクリックします。
⑭ [文書パーツを設定し直しますか？] とメッセージが表示されるので、[はい] をクリックします。

プロジェクト6　フィギュアスケート

【タスク1】「見出し4」スタイルが設定されている箇所をすべて「標準」スタイルに変更します。

① ［ホーム］タブの［スタイル］の［その他］ボタンをクリックします。
② スタイルギャラリーの［見出し4］を右クリックします。
③ ショートカットメニューの［すべて選択］をクリックします。
④「見出し4」スタイルが設定されている箇所がすべて選択されます。
⑤［ホーム］タブのスタイルの一覧の［標準］をクリックします。
⑥ 選択範囲が「標準」スタイルに変更されます。

【タスク2】文末の「文：」の後ろに文書の作成者（Author）フィールド、「作成日：」の後ろに文書の作成日時（CreateDate）フィールドを挿入します。日付の書式は「yyyy年M月」の形式で挿入します。

① 文末の「文：」の後ろにカーソルを移動します。
②［挿入］タブの［クイックパーツの表示］ボタンをクリックします。
③［フィールド］をクリックします。
④［フィールド］ダイアログボックスが表示されます。
⑤［フィールドの名前］ボックスの［Author］をクリックします。
⑥［OK］をクリックします。
⑦ カーソルの位置にフィールドが挿入され、文書の作成者の「日経花子」が表示されます。
⑧ 文末の「作成日：」の後ろにカーソルを移動します。
⑨［挿入］タブの［クイックパーツの表示］ボタンをクリックします。
⑩［フィールド］をクリックします。
⑪［フィールド］ダイアログボックスが表示されます。
⑫［フィールドの名前］ボックスの［CreateDate］をクリックします。
⑬ 問題文の「yyyy年M月」をクリックして、文字列をコピーします。
⑭［日付の書式］ボックスをクリックし、Ctrl+Vキーを押します。
⑮［日付の書式］ボックスに「yyyy年M月」の文字が貼り付けられます。
⑯［OK］をクリックします。
⑰ カーソルの位置にフィールドが挿入され、文書が作成された日時の「2021年1月」が表示されます。

【タスク3】3ページ目の表の上に「表1：ジャンプの得点」と表示されるように図表番号を追加します。「表1」の後ろは「：」（全角のコロン）を入力します。

① 3ページ目の表を選択します。
②［参考資料］タブの［図表番号の挿入］ボタンをクリックします。
③［図表番号］ダイアログボックスが表示されます。
④［ラベル］ボックスの▼をクリックして、［表］を選択します。
⑤［図表番号］ボックスに［表1］と表示されます。
⑥ 問題文の「：ジャンプの得点」をクリックして、文字列をコピーします。
⑦［図表番号］ボックスの「表1」の後ろをクリックし、Ctrl+Vキーを押します。
⑧「表1」の後ろに「：ジャンプの得点」の文字が貼り付けられます。
⑨［位置］ボックスに［選択した項目の上］と表示されていない場合は、▼をクリックして、［選択した項目の上］をクリックします。
⑩［OK］をクリックします。
⑪ 選択した表の上に図表番号が挿入されます。

【タスク4】英数字の見出しのフォントを「Arial Black」、日本語の見出しのフォントを「HG丸ゴシックM-PRO」に設定した「スケート_bp」という名前のフォントセットを作成します。

①［デザイン］タブの［フォント］ボタンをクリックします。
②［フォントのカスタマイズ］をクリックします。
③［新しいテーマのフォントパターンの作成］ダイアログボックスが表示されます。
④［英数字用のフォント］の［見出しのフォント］ボックスの▼をクリックして、［Arial Black］をクリックします。
⑤［日本語文字用のフォント］の［見出しのフォント］ボックスの▼をクリックして、［HG丸ゴシックM-PRO］をクリックします。
⑥ 問題文の「スケート_bp」をクリックして、文字列をコピーします。
⑦［名前］ボックスをクリックし、Ctrl+Vキーを押します。
⑧［名前］ボックスに「スケート_bp」の文字が貼り付けられます。
⑨［保存］をクリックします。
⑩ 新しいフォントセットが保存されます。

プロジェクト7　カメラ

【タスク1】文字列「メモリーカード」のうち、初出の文字列のみを索引として登録します。

①［ホーム］タブの［検索］ボタンをクリックします。
②［ナビゲーション］ウィンドウが表示されます。
③ 問題文の「メモリーカード」をクリックして、文字列をコピーします。
④［検索］ボックスをクリックし、Ctrl+Vキーを押します。
⑤［検索］ボックスに「メモリーカード」の文字が貼り付けられます。
⑥［結果］タブに検索結果が表示されます。
⑦ 一番上の検索結果をクリックします。
⑧ 初出の「メモリーカード」が選択されます。
⑨［ナビゲーション］ウィンドウの閉じるボタンをクリックします。
⑩［参考資料］タブの［索引登録］ボタンをクリックします。
⑪［索引登録］ダイアログボックスが表示されます。
⑫［登録（メイン）］ボックスに「メモリーカード」、［読み］ボックスに「めもりーかーど」と表示されていることを確認します。
⑬［現在のページ］が選択されていることを確認します。
⑭［登録］をクリックします。
⑮ 選択している「メモリーカード」の後ろに索引項目のフィールドコードが表示されます。
⑯［閉じる］をクリックします。

【タスク2】「表題」スタイルの文字列「デジタル一眼」を2行目の『』内にコピーします。ただし、貼り付け先の書式と同じになるようにします。

① 1行目をクリックして、［ホーム］タブの［表題］スタイルが選択されていることを確認します。
② 1行目の「デジタル一眼」を選択します。
③［ホーム］タブの［コピー］ボタンをクリックします。
④ 2行目の『』内にカーソルを移動します。
⑤［ホーム］タブの［貼り付け］ボタンの▼をクリックします。
⑥［テキストのみ保持］をクリックします。
⑦ 2行目の他の文字列と同じ書式で選択した文字列が貼り付けられます。

【タスク 3】見出し「まとめ」のすぐ下の行に、[ドキュメント]フォルダーにある「まとめ文 _bp.docx」を挿入します。「まとめ文 _bp.docx」を変更すると、この文書にも反映されるようにします。

① 見出し「まとめ」のすぐ下の行にカーソルを移動します。
② [挿入] タブの [オブジェクト] ボタンをクリックします。
③ [オブジェクトの挿入] ダイアログボックスが表示されます。
④ [ファイルから] タブをクリックします。
⑤ [参照] をクリックします。
⑥ [オブジェクトの挿入] ダイアログボックスが表示されます。
⑦ 左側の一覧から [ドキュメント] をクリックします。
⑧ ファイルの一覧から [まとめ文 _bp] をクリックして、[挿入] をクリックします。
⑨ [オブジェクトの挿入] ダイアログボックスの [ファイル名] ボックスに「まとめ文 _bp.docx」の保存場所とファイル名が表示されます。
⑩ [リンク] チェックボックスをオンにします。
⑪ [OK] をクリックします。
⑫ 5 ページ目にスクロールして、見出し「まとめ」のすぐ下に「まとめ文 _bp.docx」の内容が挿入されたことを確認します。

【タスク 4】ヘッダーにあるコンテンツコントロールのドロップダウンリストに「発表用」、「配布資料」と表示されるようにプロパティを編集します。

① 上余白部分をダブルクリックします。
② ヘッダー領域が表示されます。
③「アイテムを選択してください。」と表示されているコンテンツコントロールを選択します。
④ [開発] タブの [プロパティ] ボタンをクリックします。
⑤ [コンテンツコントロールのプロパティ] ダイアログボックスが表示されます。
⑥ [ドロップダウンリストのプロパティ] の [追加] をクリックします。
⑦ [選択肢の追加] ダイアログボックスが表示されます。
⑧ 問題文の「発表用」をクリックして、文字列をコピーします。
⑨ [表示名] ボックスをクリックし、Ctrl+V キーを押します。
⑩ [表示名] ボックスに「発表用」の文字が貼り付けられます。自動的に [値] ボックスにも「発表用」と表示されます。
⑪ [OK] をクリックします。
⑫ [ドロップダウンリストのプロパティ] に [発表用] が表示されます。
⑬ [ドロップダウンリストのプロパティ] の [追加] をクリックします。
⑭ [選択肢の追加] ダイアログボックスが表示されます。
⑮ 問題文の「配布資料」をクリックして、文字列をコピーします。
⑯ [表示名] ボックスをクリックし、Ctrl+V キーを押します。
⑰ [表示名] ボックスに「配布資料」の文字が貼り付けられます。自動的に [値] ボックスにも「配布資料」と表示されます。
⑱ [OK] をクリックします。
⑲ [ドロップダウンリストのプロパティ] に [配布資料] が表示されます。
⑳ [OK] をクリックします。
㉑ コンテンツコントロールのプロパティが変更されます (画面上は変更ありません)。
㉒ 本文領域をダブルクリックしてヘッダーの編集を終了します。

【タスク 5】見出し「ゴミの写り込み」のすぐ下の段落が複数ページに分割して表示されないように改ページ位置の自動修正を設定します。「配布資料」と表示されるようにプロパティを編集します。

① 見出し「ゴミの写り込み」のすぐ下の段落にカーソルを移動します。
② [ホーム] タブの [段落] グループ右下の [段落の設定] ボタンをクリックします。
③ [段落] ダイアログボックスが表示されます。
④ [改ページと改行] タブをクリックします。
⑤ [改ページ位置の自動修正] の [段落を分割しない] チェックボックスをオンにします。
⑥ [OK] をクリックします。
⑦ カーソルがある段落とすぐ上の見出し「ゴミの写り込み」が次のページに移動します。

●模擬テスト 2

プロジェクト 1　ワイン

【タスク 1】見出し「スペインの格付け」の文章の「」内の単語の校正言語を「スペイン語 (スペイン)」に変更します。警告バーに校正ツールに関するメッセージが表示された場合は、表示したままにしてください。

① 4 ページ 5 行目の「vino blanco」を選択します。
② Ctrl キーを押しながら、同じ行の「vino tinto」、「blanco」、「tinto」を選択します。
③ [校閲] タブの [言語] ボタンをクリックします。
④ [校正言語の設定] をクリックします。
⑤ [言語の選択] ダイアログボックスが表示されます。
⑥ [選択中の文字列の設定] の一覧から [スペイン語 (スペイン)] をクリックします。
⑦ [OK] をクリックします。
⑧ 選択箇所の校正言語がスペイン語 (スペイン) に設定されます。

【タスク 2】文書内の「セクション区切り」をすべて「任意指定のページ区切り」に変更します。

① [ホーム] タブの [置換] ボタンをクリックします。
② [検索と置換] ダイアログボックスの [置換] タブが表示されます。
③ [オプション] をクリックします。
④ ダイアログボックスが拡張表示されます。
⑤ [検索する文字列] ボックスをクリックします (履歴の文字が残っている場合は削除します)。
⑥ [あいまい検索] チェックボックスをオフにします。
⑦ [特殊文字] をクリックし、一覧から [セクション区切り] をクリックします。
⑧ [検索する文字列] ボックスに「^b」と表示されます。
⑨ [置換後の文字列] ボックスをクリックします (履歴の文字が残っている場合は削除します)。
⑩ [特殊文字] をクリックし、一覧から [任意指定のページ区切り] をクリックします。
⑪ [検索する文字列] ボックスに「^m」と表示されます。
⑫ [すべて置換] をクリックします。
⑬ 置換が実行され、「完了しました。2 個の項目を置換しました。」と表示されます。
⑭ [OK] をクリックします。
⑮ [閉じる] をクリックします。
⑯ 文書内にある「セクション区切り」が「任意指定のページ区切り」に変更されます。

【タスク 3】文書のテーマまたはパターンを変更できないように編集を制限します。文書は保護しません。メッセージが表示された場合は［いいえ］をクリックします。

① ［校閲］タブの［編集の制限］ボタンをクリックします。
② ［編集の制限］作業ウィンドウが表示されます。
③ ［設定］をクリックします。
④ ［書式の制限］ダイアログボックスが表示されます。
⑤ ［書式設定］の［テーマまたはパターンの切り替えを許可しない］チェックボックスをオンにします。
⑥ ［OK］をクリックします。
⑦ 確認のメッセージが表示された場合は［いいえ］をクリックします。
⑧ 文書に書式の制限が設定されます。
⑨ ［編集の制限］作業ウィンドウの［閉じる］ボタンをクリックします。

【タスク 4】最終ページの「図表目次」の下に、図表目次を挿入します。書式は「クラシック」にして、すべての表と図の図表番号を表示するようにします。

① ［ホーム］タブの［編集記号の表示 / 非表示］ボタンがオンになっている場合は、クリックしてオフにします。
② 7 ページ目の「図表目次」の次の行にカーソルを移動します。
③ ［参考資料］タブの［図表目次の挿入］ボタンをクリックします。
④ ［図表目次］ダイアログボックスが表示されます。
⑤ ［書式］ボックスの▼をクリックして、［クラシック］をクリックします。
⑥ ［オプション］をクリックします。
⑦ ［図表目次オプション］ダイアログボックスが表示されます。
⑧ ［スタイル］ボックスの▼をクリックし、［図表番号］をクリックします。
⑨ ［OK］をクリックします。
⑩ ［図表目次］ダイアログボックスの［図表番号のラベル］ボックスに［(なし)］と表示されたことを確認します。
⑪ ［OK］をクリックします。
⑫ カーソルの位置にすべての図表番号が含まれる図表目次が挿入されます。

プロジェクト 2　実験レポート

【タスク 1】リスト段落」スタイルを変更して、斜体、段落前に「0.5 行」の間隔を設定します。

① ［ホーム］タブの［スタイル］の［その他］ボタンをクリックします。
② スタイルギャラリーの［リスト段落］を右クリックします。
③ ショートカットメニューの［変更］をクリックします。
④ ［スタイルの変更］ダイアログボックスが表示されます。
⑤ ［書式］の［斜体］をクリックします。
⑥ ［書式］をクリックして［段落］をクリックします。
⑦ ［段落］ダイアログボックスが表示されます。
⑧ ［インデントと行間隔］タブをクリックします。
⑨ ［間隔］の［段落前］ボックスの▲をクリックして［0.5 行］に設定します。
⑩ ［OK］をクリックします。
⑪ ［スタイルの変更］ダイアログボックスの［OK］をクリックします。
⑫ 「リスト段落」スタイルが変更されます。

【タスク 2】2 番目の図（グラフ）の下に「図 2：実験結果」と表示されるように図表番号を挿入します。「図 2」の後ろは「：」（全角のコロン）を入力します。

① 4 ページ目のグラフをクリックします。
② ［参考資料］タブの［図表番号の挿入］ボタンをクリックします。
③ ［図表番号］ダイアログボックスが表示されます。
④ ［ラベル］ボックスの▼をクリックして、［図］を選択します。
⑤ ［図表番号］ボックスに［図 2］と表示されます。
⑥ 問題文の「：実験結果」をクリックして、文字列をコピーします。
⑦ ［図表番号］ボックスの「図 2」の後ろをクリックし、Ctrl+V キーを押します。
⑧ 「図 2」の後ろに「：実験結果」の文字が貼り付けられます。
⑨ ［位置］ボックスに［選択した項目の下］と表示されていない場合は、▼をクリックして、［選択した項目の下］をクリックします。
⑩ ［OK］をクリックします。
⑪ 選択したグラフの下に図表番号が挿入されます。

【タスク 3】1 ページ目の「テーマ:」の後ろに文書の表題（Title）フィールド、「ファイル名：」の後ろに文書のファイル名を表示する（FileName）フィールドを挿入します。ファイル名にパスは表示しません。

① 1 ページ 2 行目の「テーマ：」の後ろにカーソルを移動します。
② ［挿入］タブの［クイックパーツの表示］ボタンをクリックします。
③ ［フィールド］をクリックします。
④ ［フィールド］ダイアログボックスが表示されます。
⑤ ［分類］ボックスの▼をクリックし、［文書情報］を選択します。
⑥ ［フィールドの名前］ボックスの［Title］をクリックします。
⑦ ［OK］をクリックします。
⑧ カーソルの位置にフィールドが挿入され、文書のタイトルの「微生物光学実験」が表示されます。
⑨ 1 ページ 3 行目の「ファイル名:」の後ろにカーソルを移動します。
⑩ ［挿入］タブの［クイックパーツの表示］ボタンをクリックします。
⑪ ［フィールド］をクリックします。
⑫ ［フィールド］ダイアログボックスが表示されます。
⑬ ［分類］ボックスに［文書情報］と表示されていることを確認し、［フィールドの名前］ボックスの［FileName］をクリックします。
⑭ ［フィールドオプション］の［ファイル名にパスを追加］チェックボックスがオフになっていることを確認します。
⑮ ［OK］をクリックします。
⑯ カーソルの位置にフィールドが挿入され、文書のファイル名が表示されます。

【タスク 4】ドキュメントフォルダーの「レポートスタイル _bp.dotm」テンプレートの［材料］と［見出し 1］スタイルを現在の文書にコピーします。すでに同じスタイルがある場合は上書きします。

① ［開発］タブの［文書テンプレート］ボタンをクリックします。
② ［テンプレートとアドイン］ダイアログボックスが表示されます。
③ ［構成内容変更］をクリックします。
④ ［構成内容変更］ダイアログボックスが表示されます。
⑤ ［スタイル］タブをクリックします。
⑥ 右側の［ファイルを閉じる］をクリックします。
⑦ ［ファイルを閉じる］が［ファイルを開く］に変わるので、［ファイルを開く］をクリックします。
⑧ ［ファイルを開く］ダイアログボックスが表示されます。
⑨ 左側の一覧から［ドキュメント］をクリックします。
⑩ ファイルの一覧から［レポートスタイル _bp］をクリックして、［開く］をクリックします。

⑪［スタイル文書またはテンプレート］ボックスに［レポートスタイル _bp（テンプレート）］と表示されます。
⑫ すぐ上の［コピー元］の一覧から［見出し 1］をクリックします。
⑬ Ctrl キーを押しながら［材料］をクリックします。
⑭［コピー］をクリックします。
⑮ 上書きするかどうかの確認メッセージが表示されるので、［すべて上書き］をクリックします。
⑯ 現在の文書の「材料」と［見出し 1］スタイルが上書きされます。
⑰［閉じる］をクリックします。
⑱ 文書に「材料」と「見出し 1」スタイルがコピーされます。

プロジェクト 3　レター

【タスク 1】文書に自動でハイフネーションが設定されるようにします。

①［レイアウト］タブの［ハイフネーション］ボタンをクリックします。
②［自動］をクリックします。
③ 文書のハイフネーションの設定が自動に設定されます。

【タスク 2】英数字用の見出しのフォントを「Arial Black」、本文のフォントを「Times New Roman」に設定した「英文レター _bp」という名前のフォントセットを作成します。

①［デザイン］タブの［フォント］ボタンをクリックします。
②［フォントのカスタマイズ］をクリックします。
③［新しいテーマのフォントパターンの作成］ダイアログボックスが表示されます。
④［英数字用のフォント］の［見出しのフォント］ボックスの▼をクリックして、［Arial Black］をクリックします。
⑤［英数字用のフォント］の［本文のフォント］ボックスの▼をクリックして、［Times New Roman］をクリックします。
⑥ 問題文の「英文レター _bp」をクリックして、文字列をコピーします。
⑦［名前］ボックスをクリックし、Ctrl+V キーを押します。
⑧［名前］ボックスに「英文レター _bp」の文字が貼り付けられます。
⑨［保存］をクリックします。
⑩ 新しいフォントセットが作成されます。

プロジェクト 4　株主総会

【タスク 1】3 行目の「株主」の後ろに「氏名」フィールドを挿入し、400 件目のレコードをプレビュー表示します。

① 3 行目の「株主」の後ろにカーソルを移動します。
②［差し込み文書］タブの［差し込みフィールドの挿入］ボタンの▼をクリックします。
③ 一覧から［氏名］をクリックします。
④ カーソルの位置に「氏名」フィールドが挿入されます。
⑤［差し込み文書］タブの［レコード］ボックスに「400」と入力します。
⑥［差し込み文書］タブの［結果のプレビュー］ボタンをクリックします。
⑦ 400 件目の「成海佳世」のデータが表示されます。

【タスク 2】改ページ位置の自動修正を設定して、1 ページ目の最後の段落「配当金のお支払い…」が必ず次のページに表示されるようにします。

① 1 ページ目の最後の段落「配当金のお支払い…」にカーソルを移動します。
②［ホーム］タブの［段落］グループ右下の［段落の設定］ボタンをクリックします。
③［段落］ダイアログボックスが表示されます。
④［改ページと改行］タブをクリックします。
⑤［改ページ位置の自動修正］の［段落前で改ページする］チェックボックスをオンにします。
⑥［OK］をクリックします。
⑦ カーソルがある段落が次のページに移動します。

【タスク 3】4 行目から 6 行目の会社情報を「署名」という名前の文書パーツとして「Mogi2_Building Blocks」に保存します。その他の設定は既定のままとします。

① 4 行目から 6 行目を選択します。
②［挿入］タブの［クイックパーツの表示］ボタンをクリックします。
③［選択範囲をクイックパーツギャラリーに保存］をクリックします。
④［新しい文書パーツの作成］ダイアログが表示されます。
⑤ 問題文の「署名」をクリックして、文字列をコピーします。
⑥［名前］ボックスをクリックし、Ctrl+V キーを押します。
⑦［名前］ボックスに「署名」の文字が貼り付けられます。
⑧［保存先］ボックスの▼をクリックし、［Mogi2_Building Blocks］を選択します。
⑨［OK］をクリックします。
⑩ 選択した段落がクイックパーツとして保存されます。

【タスク 4】この文書のテーマを「株主総会 _bp」という名前のテーマとして「ドキュメント」フォルダーに保存します。

①［デザイン］タブの［テーマ］ボタンをクリックします。
②［現在のテーマを保存］をクリックします。
③［現在のテーマを保存］ダイアログボックスが表示されます。
④ 左側の一覧から［ドキュメント］をクリックします。
⑤ 問題文の「株主総会 _bp」をクリックして、文字列をコピーします。
⑥［ファイル名］ボックスをクリックし、Ctrl+V キーを押します。
⑦［ファイル名］ボックスに「株主総会 _bp」の文字が貼り付けられます。
⑧［保存］をクリックします。
⑨ この文書のテーマが保存されます。

プロジェクト 5　おすすめツアー

【タスク 1】任意のパスワードを設定して他のユーザーの操作は強制的に変更履歴を記録するようにします。

①［校閲］タブの［編集の制限］ボタンをクリックします。
②［編集の制限］作業ウィンドウが表示されます。
③［2. 編集の制限］の［ユーザーに許可する編集の種類を指定する］チェックボックスをオンにします。
④ すぐ下のボックスの▼をクリックし、［変更履歴］をクリックします。
⑤［3. 保護の開始］の［はい、保護を開始します］をクリックします。
⑥［保護の開始］ダイアログボックスが表示されます。
⑦［新しいパスワードの入力］ボックスに任意のパスワードを入力します。
⑧［パスワードの確認入力］ボックスに同じパスワードを入力します。
⑨［OK］をクリックします。
⑩ 文書の保護が開始されます。
⑪［編集の制限］作業ウィンドウの［閉じる］ボタンをクリックします。

【タスク 2】この文書の日本語用と英数字用の既定のフォントを「HGS ゴシック M」、フォントサイズを「12pt」に設定します。

① 書式の設定されていない段落（3 行目など）にカーソルを移動します。
②［ホーム］タブの［フォント］グループ右下の［フォント］ボタンをクリックします。

③［フォント］ダイアログボックスが表示されます。
④［フォント］タブをクリックします。
⑤［日本語用のフォント］ボックスの▼をクリックし、［HGS ゴシック M］をクリックします。
⑥［英数字用のフォント］ボックスの▼をクリックし、［(日本語用と同じフォント)］をクリックします。
⑦［フォントサイズ］ボックスに「12」と入力するか、▼の一覧から「12」をクリックします。
⑧ その他の書式が設定されている場合は解除します。
⑨［既定に設定］をクリックします。
⑩ 設定変更の確認メッセージが表示されます。
⑪［この文書だけ］が選択されていることを確認し、［OK］をクリックします。
⑫ 文書全体の「標準」スタイルの日本語用と英数字用のフォントとフォントサイズが変更されます。

プロジェクト 6　カメラ

【タスク 1】「ランニングコスト」を検索して、索引項目として登録します。その後、文末にある索引を更新します。

① ［ホーム］タブの［検索］ボタンをクリックします。
② ［ナビゲーション］ウィンドウが表示されます。
③ 問題文の「ランニングコスト」をクリックして、文字列をコピーします。
④ ［検索］ボックスをクリックし、Ctrl+V キーを押します。
⑤ ［検索］ボックスに「ランニングコスト」の文字が貼り付けられます。
⑥ ［結果］タブに 1 件の結果が表示されるのでクリックします。
⑦「ランニングコスト」が選択されます。
⑧ ［ナビゲーション］ウィンドウの閉じるボタンをクリックします。
⑨ ［参考資料］タブの［索引登録］ボタンをクリックします。
⑩ ［索引登録］ダイアログボックスが表示されます。
⑪ ［登録（メイン）］ボックスに「ランニングコスト」、［読み］ボックスに「らんにんぐこすと」と表示されていることを確認します。
⑫ ［現在のページ］が選択されていることを確認します。
⑬ ［登録］をクリックします。
⑭ 選択している「ランニングコスト」の後ろに索引項目のフィールドコードが表示されます。
⑮ ［閉じる］をクリックします。
⑯ ［ホーム］タブの［編集記号の表示 / 非表示］ボタンをクリックして、編集記号をオフにします。
⑰ 文末の索引内にカーソルを移動します。
⑱ ［参考資料］タブの［索引の更新］ボタンをクリックします。
⑲ 索引が更新されて、頭文字「ら」の項目が追加されます。

【タスク 2】フォントの色を「紫」、斜体に設定した「専門用語」という名前の文字スタイルを作成します。この文書のみに作成します。

①「標準」スタイルが設定されているいずれかの文字列を選択します。
②［ホーム］タブの［スタイル］の［その他］ボタンをクリックします。
③［スタイルの作成］をクリックします。
④［書式から新しいスタイルを作成］ダイアログボックスが表示されます。
⑤ 問題文の「専門用語」をクリックして、文字列をコピーします。
⑥［名前］ボックスをクリックし、Ctrl+V キーを押します。
⑦［名前］ボックスに「専門用語」の文字が貼り付けられます。
⑧［変更］をクリックします。
⑨［書式から新しいスタイルを作成］ダイアログボックスが表示されます。
⑩［種類］ボックスの▼をクリックして、［文字］をクリックします。
⑪［書式］の［斜体］をクリックします。
⑫［書式］の［フォントの色］ボックスの▼をクリックし、［標準の色］の［紫］をクリックします。
⑬［この文書のみ］が選択されていることを確認します。
⑭［OK］をクリックします。
⑮「専門用語」スタイルが作成され、スタイルギャラリーの一覧に表示されます。
⑯［ホーム］タブのスタイルの一覧の［標準］をクリックします。
⑰ 選択範囲が「標準」スタイルに変更されます。

【タスク 3】この文書に保存されているマクロ「表題」を編集して、マクロ名を「タイトル」、設定するフォントを「HGP 創英角ゴシック UB」、フォントサイズを 22pt に変更します。

①［開発］タブの［マクロ］ボタンをクリックします。
②［マクロ］ダイアログボックスが表示されます。
③［マクロ名］ボックスの［表題］をクリックします。
④［編集］をクリックします。
⑤ VBE の画面が表示されます。
⑥ 問題文の「タイトル」をクリックして、文字列をコピーします。
⑦［コード］ウィンドウの「Sub 表題 ()」の「表題」をドラッグして選択し、Ctrl+V キーを押します。
⑧「表題」が「タイトル」に変更されます。
⑨ 同様にして「Selection.Font.Name = …」の行の「HGP 創英角ポップ体」を「HGP 創英角ゴシック UB」に変更します。
⑩ 同様にして「Selection.Font.Size = …」の行の「16」を「22」に変更します。
⑪［閉じる］ボタンをクリックします。

【タスク 4】「表題」スタイルが設定されている段落の文字列「銀塩一眼」に「ぎんえんいちがん」というルビを設定します。ルビのフォントサイズは 10pt にします。

①［ホーム］タブの［スタイル］の［その他］ボタンをクリックします。
② スタイルギャラリーの［表題］を右クリックします。
③ ショートカットメニューの［すべて選択 :（データなし）］をクリックします。
④ 1 行目が選択されます。
⑤ 1 行目の「銀塩一眼」だけを選択します。
⑥［ホーム］タブの［ルビ］ボタンをクリックします。
⑦［ルビ］ダイアログボックスが表示されます。
⑧ 問題文の「ぎんえん」をクリックして、文字列をコピーします。
⑨［対象文字列］の［銀塩］の右の［ルビ］ボックスに入力されている文字列を選択し、Ctrl+V キーを押します。
⑩［ルビ］ボックスが「ぎんえん」に修正されます。
⑪［サイズ］ボックスの▼をクリックし、［10］をクリックします。
⑫［OK］をクリックします。
⑬ 選択した文字列にルビが設定されます。

プロジェクト 7　日本の城

【タスク 1】警告を表示しないで、すべてのマクロを無効にする設定にします。

①［開発］タブの［マクロのセキュリティ］ボタンをクリックします。
②［トラストセンター］ダイアログボックスの［マクロの設定］が表示されます。
③［マクロの設定］の［警告を表示せずにすべてのマクロを無効にする］をクリックします。
④［OK］をクリックします。
⑤ マクロの設定が変更されます。

【タスク 2】文字列「重要文化財」を検索して、該当するすべての文字列に二重下線を設定します。

① [ホーム] タブの [置換] ボタンをクリックします。
② [検索と置換] ダイアログボックスの [置換] タブが表示されます。
③ [オプション] をクリックします。
④ ダイアログボックスが拡張表示されます。
⑤ 問題文の「重要文化財」をクリックして、文字列をコピーします。
⑥ [検索する文字列] ボックスをクリックし、Ctrl+V キーを押します。
⑦ [検索する文字列] ボックスに「重要文化財」の文字が貼り付けられます。
⑧ [置換後の文字列] ボックスをクリックします（履歴の文字が残っている場合は削除します）。
⑨ [書式] をクリックし、一覧から [フォント] をクリックします。
⑩ [置換後の文字] ダイアログボックスが表示されます。
⑪ [フォント] タブをクリックします。
⑫ [下線] ボックスの▼をクリックして二重下線を選択します。
⑬ [OK] をクリックします。
⑭ [置換後の文字列] ボックスの下に「二重下線」と表示されます。
⑮ [すべて置換] をクリックします。
⑯ 置換が実行され、「完了しました。2 個の項目を置換しました。」と表示されます。
⑰ [OK] をクリックします。
⑱ [閉じる] をクリックします。
⑲ 文書内の「重要文化財」に二重下線が設定されます。

【タスク 3】2 行目の文字列「日本に築かれた城」を選択して、太字と文字の網かけをリボンのボタンから設定するマクロを作成します。マクロ名は「キーワード」にして、この文書に保存します。

① 2 行目の文字列「日本に築かれた城」を選択します。
② [開発] タブの [マクロの記録] ボタンをクリックします。
③ [マクロの記録] ダイアログボックスが表示されます。
④ 問題文の「キーワード」をクリックして、文字列をコピーします。
⑤ [マクロ名] ボックスをクリックし、Ctrl+V キーを押します。
⑥ [マクロ名] ボックスに「キーワード」の文字が貼り付けられます。
⑦ [マクロの保存先] ボックスの▼をクリックし、[wx2-7_日本の城_bp（文書）] または [wx2-7-3（文書）] をクリックします。
⑧ [OK] をクリックします。
⑨ マウスポインターの形状が変わり、マクロの記録が開始されます。
⑩ [ホーム] タブの [太字] ボタンをクリックします。
⑪ [ホーム] タブの [文字の網かけ] ボタンをクリックします。
⑫ [開発] タブの [記録終了] ボタンをクリックします。

【タスク 4】ヘッダーの「作成開始：」の後ろのフィールドの日付の書式を「yyyy-M-d(aaa)」に変更します。

① 上余白部分をダブルクリックします。
② ヘッダー領域が表示されます。
③「作成開始：」の後ろのフィールドを右クリックします。
④ ショートカットメニューの [フィールドの編集] をクリックします。
⑤ [フィールド] ダイアログボックスが表示されます。
⑥ 問題文の「yyyy-M-d(aaa)」をクリックして、文字列をコピーします。
⑦ [日付の書式] ボックスに入力されている文字列をドラッグして選択し、Ctrl+V キーを押します。
⑧ [日付の書式] ボックスに「yyyy-M-d(aaa)」の文字が貼り付けられます。
⑨ [OK] をクリックします。
⑩ フィールドの書式が変更されます。
⑪ 本文領域をダブルクリックして、ヘッダーの編集を終了します。

【タスク 5】見出し「索引」の下の行に、書式を「モダン」、ページ番号を右揃え、2 段組みの索引を挿入します。

① [ホーム] タブの [編集記号の表示 / 非表示] ボタンがオンになっている場合は、クリックしてオフにします。
② 4 ページ目の見出し「索引」の下の行にカーソルを移動します。
③ [参考資料] タブの [索引の挿入] ボタンをクリックします。
④ [索引] ダイアログボックスが表示されます。
⑤ [書式] ボックスの▼をクリックして、[モダン] をクリックします。
⑥ [ページ番号を右揃えにする] チェックボックスをオンにします。
⑦ [段数] ボックスに「2」でない場合は▲または▼をクリックして、「2」に設定します。
⑧ [OK] をクリックします。
⑨ カーソルの位置に索引が挿入されます。

●模擬テスト 3

プロジェクト 1　桜まつり

【タスク 1】「✿子ども桜まつり」の段落を選択して、上下左右の罫線の色を「紫、アクセント 6」、1.5pt の太さに設定した「小見出し」という段落スタイルを作成します。

① 2 ページ目の「✿子ども桜まつり」の行を選択します。
② [ホーム] タブの [スタイル] の [その他] ボタンをクリックします。
③ [スタイルの作成] をクリックします。
④ [書式から新しいスタイルを作成] ダイアログボックスが表示されます。
⑤ 問題文の「小見出し」をクリックして、文字列をコピーします。
⑥ [名前] ボックスをクリックし、Ctrl+V キーを押します。
⑦ [名前] ボックスに「小見出し」の文字が貼り付けられます。
⑧ [変更] をクリックします。
⑨ [書式から新しいスタイルを作成] ダイアログボックスが表示されます。
⑩ [種類] ボックスの▼をクリックして [段落] をクリックします。
⑪ [書式] をクリックし、[罫線と網かけ] をクリックします。
⑫ [線種とページ罫線と網かけの設定] ダイアログボックスが表示されます。
⑬ [罫線] タブをクリックします。
⑭ [種類] ボックスの [囲む] が選択されていることを確認します。
⑮ 右側の [種類] ボックスの [破線] が選択されていることを確認します。
⑯ [色] ボックスの▼をクリックし、[テーマの色] の [紫、アクセント 6] をクリックします。
⑰ [線の太さ] ボックスの▼をクリックし、[1.5pt] をクリックします。
⑱ [プレビュー] の罫線が変更されたことを確認します。
⑲ [OK] をクリックします。
⑳ [書式から新しいスタイルを作成] ダイアログボックスの [OK] をクリックします。
㉑ 段落の書式が変更され、作成したスタイルがスタイルギャラリーに表示されます。

【タスク 2】スタイル「表題」の文字の効果の輪郭の太さを「1.25pt」に変更します。

① ［ホーム］タブの［スタイル］の［その他］ボタンをクリックします。
② ［表題］を右クリックします。
③ ショートカットメニューの［変更］をクリックします。
④ ［スタイルの変更］ダイアログボックスが表示されます。
⑤ ［書式］をクリックして、［文字の効果］をクリックします。
⑥ ［文字の効果の設定］作業ウィンドウが表示されます。
⑦ 左側の［文字の塗りつぶしと輪郭］のアイコンをクリックします。
⑧ ［文字の輪郭］をクリックして項目を表示します。
⑨ ［幅］ボックスに「1.25」と入力するか、▲をクリックして、「1.25pt」に設定します。
⑩ ［OK］をクリックします。
⑪ ［スタイルの変更］ダイアログボックスの［OK］をクリックします。
⑫ 「表題」スタイルが変更されます。

【タスク 3】「✿中央公園桜まつり」とその下の点線で囲まれた段落をクイックパーツとして「囲み枠」という名前で、「内容を段落のまま挿入する」設定で「Mogi3_Building Blocks」に保存します。

① 「✿中央公園桜まつり」とその下の点線で囲まれた段落を選択します。
② ［挿入］タブの［クイックパーツの表示］ボタンをクリックします。
③ ［選択範囲をクイックパーツギャラリーに保存］をクリックします。
④ ［新しい文書パーツの作成］ダイアログが表示されます。
⑤ 問題文の「囲み枠」をクリックして、文字列をコピーします。
⑥ ［名前］ボックスをクリックし、Ctrl+V キーを押します。
⑦ ［名前］ボックスに「囲み枠」の文字が貼り付けられます。
⑧ ［ギャラリー］ボックスに［クイックパーツ］と表示されていることを確認します。
⑨ ［保存先］ボックスの▼をクリックし、［Mogi3_Building Blocks］をクリックします。
⑩ ［オプション］ボックスの▼をクリックし、［内容を段落のまま挿入する］をクリックします。
⑪ ［OK］をクリックします。
⑫ 選択した図形がクイックパーツとして保存されます。

【タスク 4】宛先データの「配布先 _bp.mdb」に役職「町会長」、姓「山本」、名「みどり」のデータを追加します。次に2行目の行頭に「姓」「名」の順番でフィールドを挿入します。

① ［差し込み文書］タブの［アドレス帳の編集］ボタンをクリックします。
② ［差し込み印刷の宛先］ダイアログボックスが表示されます。
③ ［データソース］の［配布先 _bp.mdb］をクリックします。
④ ［編集］をクリックします。
⑤ ［データソースの編集］ダイアログボックスが表示されます。
⑥ ［新しいエントリ］をクリックします。
⑦ 末尾に空白行が挿入され、［役職］のセルにカーソルが移動します。
⑧ 問題文の「町会長」をクリックして、文字列をコピーします。
⑨ ［役職］のフィールドをクリックし、Ctrl+V キーを押します。
⑩ ［役職］のフィールドに「町会長」の文字が貼り付けられます。
⑪ Tab キーを押すか、右の［名］のセルをクリックしてカーソルを移動します。
⑫ 同様にして［名］のフィールドに「みどり」の文字を入力します。
⑬ 同様にして［姓］のフィールドに「山本」の文字を入力します。
⑭ ［OK］をクリックします。
⑮ ［アドレス帳を更新して…］という確認のメッセージが表示されるので［はい］をクリックします。
⑯ データファイルの内容が更新されます。
⑰ ［OK］をクリックします。
⑱ 1 ページ 2 行目の行頭にカーソルを移動します。
⑲ ［差し込み文書］タブの［差し込みフィールドの挿入］ボタンの▼をクリックします。
⑳ ［姓］をクリックします。
㉑ カーソルの位置に［姓］フィールドが挿入されます。
㉒ ［差し込み文書］タブの［差し込みフィールドの挿入］ボタンの▼をクリックします。
㉓ ［名］をクリックします。
㉔ カーソルの位置に［名］フィールドが挿入されます。

プロジェクト 2　アンケート 1

【タスク 1】4 行目の「アンケート回答日：」の後ろに「Date」フィールドを挿入し、書式を「MM/d/yyyy」に設定します。

① 4 行目の「アンケート回答日：」の後ろにカーソルを移動します。
② ［挿入］タブの［クイックパーツの表示］ボタンをクリックします。
③ ［フィールド］をクリックします。
④ ［フィールド］ダイアログボックスが表示されます。
⑤ ［フィールドの名前］ボックスの［Date］をクリックします。
⑥ 問題文の「MM/d/yyyy」をクリックして、文字列をコピーします。
⑦ ［日付の書式］ボックスをクリックし、Ctrl+V キーを押します。
⑧ ［日付の書式］ボックスに「MM/d/yyyy」の文字が貼り付けられます。
⑨ ［OK］をクリックします。
⑩ カーソルの位置にフィールドが挿入され、本日の日付が表示されます。

【タスク 2】6 行目「当社の Web サイト」から 9 行目「その他」の各行の行頭にコンテンツコントロールのチェックボックスを挿入します。

① 6 行目「当社の Web サイト」の行頭にカーソルを移動します。
② ［開発］タブの［チェックボックスコンテンツコントロール］ボタンをクリックします。
③ カーソルの位置にチェックボックスのコンテンツコントロールが挿入されます。
④ 7 行目「雑誌、新聞等の広告」の行頭にカーソルを移動します。
⑤ F4 キーを押します。
⑥ カーソルの位置にチェックボックスのコンテンツコントロールが挿入されます。
⑦ 同様の操作で、8 行目と 9 行目の行頭にもチェックボックスのコンテンツコントロールを挿入します。

【タスク 3】この文書に保存されているマクロ「Macro1」を編集し、マクロ名を「重要用語」、マクロで設定するフォントサイズを 11pt に変更します。

① ［開発］タブの［マクロ］ボタンをクリックします。
② ［マクロ］ダイアログボックスが表示されます。
③ ［マクロ名］ボックスの［Macro1］をクリックします。
④ ［編集］をクリックします。
⑤ VBE の画面が表示されます。
⑥ 問題文の「重要用語」をクリックして、文字列をコピーします。
⑦ ［コード］ウィンドウの「Sub Macro1 ()」の「Macro1」をドラッグして選択し、Ctrl+V キーを押します。
⑧ 「Macro1」が「重要用語」に変更されます。
⑨ 同様にして「Selection.Font.Size = …」の行の「20」を「11」に変更します。
⑩ ［閉じる］ボタンをクリックします。

【タスク 4】この文書のスタイルを「研修案内 _bp」という名前のスタイルセットとして既定の場所に保存します。

① [デザイン] タブの [ドキュメントの書式設定] の [その他] ボタンをクリックします。
② 一覧から [新しいスタイルセットとして保存] をクリックします。
③ [新しいスタイルセットとして保存] ダイアログボックスが表示されます。
④ 問題文の「研修案内 _bp」をクリックして、文字列をコピーします。
⑤ [ファイル名] ボックスをクリックし、Ctrl+V キーを押します。
⑥ [ファイル名] ボックスに「研修案内 _bp」の文字が貼り付けられます。
⑦ [保存] をクリックします。
⑧ この文書のスタイルセットが保存されます。

プロジェクト 3　アンケート 2

【タスク 1】クイックアクセスツールバーに基本的なコマンドの [ページ設定] を追加します。この文書を開いたときだけクイックアクセスツールバーに表示されるようにします。

① クイックアクセスツールバーの右端の [クイックアクセスツールバーのユーザー設定] ボタンをクリックします。
② 一覧から [その他のコマンド] をクリックします。
③ [Word のオプション] ダイアログボックスの [クイックアクセスツールバー] が表示されます。
④ [コマンドの選択] ボックスに [基本的なコマンド] と表示されていることを確認します。
⑤ 下側のボックスの一覧から [ページ設定] をクリックします。
⑥ [クイックアクセスツールバーのユーザー設定] ボックスの▼をクリックし、[wx3-3_ アンケート 2_bp に適用] または [wx3-3-1 に適用] をクリックします。
⑦ [追加] をクリックします。
⑧ 右側のボックスに [ページ設定] が追加されます。
⑨ [OK] をクリックします。
⑩ クイックアクセスツールバーに [ページ設定] ボタンが追加されます。

【タスク 2】文書のフォームのみ操作できるように編集を制限します。任意のパスワードを設定して文書を保護します。

① [校閲] タブの [編集の制限] ボタンをクリックします。
② [編集の制限] 作業ウィンドウが表示されます。
③ [2. 編集の制限] の [ユーザーに許可する編集の種類を指定する] チェックボックスをオンにします。
④ すぐ下のボックスの▼をクリックします。
⑤ [フォームへの入力] をクリックします。
⑥ [3. 保護の開始] の [はい、保護を開始します] をクリックします。
⑦ [保護の開始] ダイアログボックスが表示されます。
⑧ [新しいパスワードの入力] ボックスに任意のパスワードを入力します。
⑨ [パスワードの確認入力] ボックスに同じパスワードを入力します。
⑩ [OK] をクリックします。
⑪ 文書の保護が開始されます。

プロジェクト 4　医食同源

【タスク 1】見出し「■酸味、青（緑）色の食材」のすぐ下の段落が 1 行残して段落を区切らないように改ページ位置の自動修正を設定します。

① 1 ページ目の下部にある見出し「■酸味、青(緑)色の食材」のすぐ下の段落「肝臓は…」にカーソルを移動します。
② 2 ページ目に段落の続きが 1 行だけ表示されていることを確認します。
③ [ホーム]タブの[段落]グループ右下の[段落の設定]ボタンをクリックします。
④ [段落] ダイアログボックスが表示されます。
⑤ [改ページと改行] タブをクリックします。
⑥ [改ページ位置の自動修正] の [改ページ時 1 行残して段落を区切らない] チェックボックスをオンにします。
⑦ [OK] をクリックします。
⑧ 2 ページ目の段落の行が 2 行に変更されます。

【タスク.2】この文書に保存されているマクロ「拡大太字」を編集して、設定するフォントサイズを 16pt、下線を「wdUnderlineDouble」に変更します。

① [開発] タブの [マクロ] ボタンをクリックします。
② [マクロ] ダイアログボックスが表示されます。
③ [マクロ名] ボックスの [拡大太字] をクリックします。
④ [編集] をクリックします。
⑤ VBE の画面が表示されます。
⑥ 問題文の「16」をクリックして、文字列をコピーします。
⑦「Selection.Font.Size = …」の行の「12」をドラッグして選択し、Ctrl+V キーを押します。
⑧「12」が「16」に変更されます。
⑨ 同様にして「Selection.Font.Underline = …」の後ろを「wdUnderlineDouble」に変更します。
⑩ [閉じる] ボタンをクリックします。

【タスク 3】フッターのページ番号のフィールドの書式を「-1-,-2-,-3-,…」に変更します。

① 下余白部分をダブルクリックします。
② フッター領域が表示されます。
③ 中央のページ番号のフィールドを右クリックします。
④ ショートカットメニューの [フィールドの編集] をクリックします。
⑤ [フィールド] ダイアログボックスが表示されます。
⑥ [書式] ボックスの一覧の「-1-,-2-,-3-,…」をクリックします。
⑦ [OK] をクリックします。
⑧ フィールドの書式が変更されます。
⑨ 本文領域をダブルクリックして、フッターの編集を終了します。

【タスク 4】書式の制限を設定して、利用可能なスタイルを [図表番号] と [表題] だけに制限します。書式設定は既定のままとします。なお、メッセージが表示された場合は [いいえ] をクリックし、文書の保護は開始しません。

① [校閲] タブの [編集の制限] ボタンをクリックします。
② [編集の制限] 作業ウィンドウが表示されます。
③ [1. 書式の制限] の [利用可能な書式を制限する] チェックボックスをオンにします。
④ [設定] をクリックします。
⑤ [書式の制限] ダイアログボックスが表示されます。
⑥ [利用可能な書式を制限する] チェックボックスがオンになっていることを確認します。

⑦［なし］をクリックして、［チェックマークのついているスタイルが現在許可されています：］のすべてのチェックボックスをオフにします。
⑧ 一覧から［図表番号（推奨）］チェックボックスをオンにします。
⑨ 一覧から［表題（推奨）］チェックボックスをオンにします。
⑩［書式設定］のチェックボックスがすべてオフになっていることを確認にします。
⑪［OK］をクリックします。
⑫「この文書には許可されていない書式…」というメッセージが表示されるので［いいえ］をクリックします。

プロジェクト 5　随筆文

【タスク 1】保存しないで終了する場合に自動保存された文書を残さない設定に変更します。

①［ファイル］タブの［オプション］をクリックします。
②［Word のオプション］ダイアログボックスが表示されます。
③ 左側の［保存］をクリックします。
④［文書の保存］の［保存しないで終了する場合、最後に自動回復されたバージョンを残す］チェックボックスをオフにします。
⑤［OK］をクリックします。

【タスク 2】文書の既定の日本語用のフォントを「メイリオ」、フォントサイズを 10.5pt に変更して、「エッセー _bp」という名前のスタイルセットとして既定の場所に保存します。

①［ホーム］タブの［フォント］グループ右下の［フォント］ボタンをクリックします。
②［フォント］ダイアログボックスが表示されます。
③［フォント］タブをクリックします。
④［日本語用のフォント］ボックスの▼をクリックし、［メイリオ］をクリックします。
⑤［フォントサイズ］ボックスに「10.5」と入力するか、▼の一覧から「10.5」をクリックします。
⑥ その他の書式が設定されている場合は解除します。
⑦［既定に設定］をクリックします。
⑧ 設定変更の確認メッセージが表示されます。
⑨［この文書だけ］が選択されていることを確認し、［OK］をクリックします。
⑩ 文書全体の「標準」スタイルの日本語用のフォントとフォントサイズが変更されます。
⑪［デザイン］タブの［ドキュメントの書式設定］の［その他］ボタンをクリックします。
⑫［新しいスタイルセットとして保存］をクリックします。
⑬［新しいスタイルセットとして保存］ダイアログボックスが表示されます。
⑭ 問題文の「エッセー _bp」をクリックして、文字列をコピーします。
⑮［ファイル名］ボックスをクリックし、Ctrl+V キーを押します。
⑯［ファイル名］ボックスに「エッセー _bp」の文字が貼り付けられます。
⑰［保存］をクリックします。
⑱ スタイルセットとして保存されます。

プロジェクト 6　カルチャー教室

【タスク 1】ドキュメントフォルダーの「教室案内 _bp.dotx」テンプレートの［イベント］と［強調太字］スタイルを現在の文書にコピーします。すでに同じスタイルがある場合は上書きします。

①［開発］タブの［文書テンプレート］ボタンをクリックします。
②［テンプレートとアドイン］ダイアログボックスが表示されます。
③［構成内容変更］をクリックします。
④［構成内容変更］ダイアログボックスが表示されます。
⑤［スタイル］タブをクリックします。
⑥ 右側の［ファイルを閉じる］をクリックします。
⑦［ファイルを閉じる］が［ファイルを開く］に変わるので、［ファイルを開く］をクリックします。
⑧［ファイルを開く］ダイアログボックスが表示されます。
⑨ 左側の一覧から［ドキュメント］をクリックします。
⑩ ファイルの一覧から［教室案内 _bp］をクリックして、［開く］をクリックします。
⑪［スタイル文書またはテンプレート］ボックスに［教室案内 _bp（テンプレート）］と表示されます。
⑫ すぐ上の［コピー元］の一覧から［イベント］をクリックします。
⑬ Ctrl キーを押しながら［強調太字］をクリックします。
⑭［コピー］をクリックします。
⑮ 上書きするかどうかの確認メッセージが表示されるので、［すべて上書き］をクリックします。
⑯ 現在の文書の［イベント］と［強調太字］スタイルが上書きされます。
⑰［閉じる］をクリックします。
⑱ 文書に「イベント」と「強調太字」スタイルがコピーされます。

【タスク 2】現在の配色を基に［アクセント 1］の色を［紫］に変更した「教室」という名前の配色セットを作成します。

①［デザイン］タブの［配色］ボタンをクリックします。
② 一覧から［色のカスタマイズ］をクリックします。
③［テーマの新しい配色パターンを作成］ダイアログボックスが表示されます。
④［アクセント 1（1）］ボックスの▼をクリックし、［標準の色］の［紫］をクリックします。
⑤［アクセント 1（1）］ボックスの色が変更されます。
⑥ 問題文の「教室」をクリックして、文字列をコピーします。
⑦［名前］ボックスをクリックし、Ctrl+V キーを押します。
⑧［名前］ボックスに「教室」の文字が貼り付けられます。
⑨［保存］をクリックします。
⑩ テーマの配色のパターンが保存され、文書に適用されます。

【タスク 3】2 ページ目の SmartArt の上に「図 A：申し込み手順」と表示されるように図表番号を挿入します。「図 A」の後ろは「：」（全角のコロン）を入力します。

① 2 ページ目の SmartArt をクリックします。
②［参考資料］タブの［図表番号の挿入］ボタンをクリックします。
③［図表番号］ダイアログボックスが表示されます。
④［ラベル］ボックスの▼をクリックして、［図］を選択します。
⑤［番号付け］をクリックします。
⑥［図表番号の書式］ダイアログボックスが表示されます。
⑦［書式］ボックスの▼をクリックし、［A,B,C,…］をクリックします。
⑧［章番号を含める］チェックボックスがオンになっている場合はオフにします。
⑨［OK］をクリックします。
⑩［図表番号］ボックスに［図 A］と表示されます。
⑪ 問題文の「：申し込み手順」をクリックして、文字列をコピーします。
⑫［図表番号］ボックスの「図 A」の後ろをクリックし、Ctrl+V キーを押します。
⑬「図 A」の後ろに「：申し込み手順」の文字が貼り付けられます。
⑭［位置］ボックスに［選択した項目の上］と表示されていない場合は、▼をクリックして、［選択した項目の上］をクリックします。
⑮［OK］をクリックします。
⑯ 選択した SmartArt の上に図表番号が挿入されます。

【タスク 4】文書パーツ「カルチャー教室」を編集して、新しい分類「情報」に保存するように変更します。その他は既定の設定のままとします。

① ［挿入］タブの［クイックパーツの表示］ボタンをクリックします。
② 一覧の［カルチャー教室］を右クリックします。
③ ショートカットメニューの［プロパティの編集］をクリックします。
④ ［文書パーツの変更］ダイアログボックスが表示されます。
⑤ ［分類］ボックスの▼をクリックし、［新しい分類の作成］をクリックします。
⑥ ［新しい分類の作成］ダイアログボックスが表示されます。
⑦ 問題文の「情報」をクリックして、文字列をコピーします。
⑧ ［名前］ボックスをクリックし、Ctrl+V キーを押します。
⑨ ［名前］ボックスに「情報」の文字が貼り付けられます。
⑩ ［OK］をクリックします。
⑪ ［分類］ボックスに「情報」と表示されます。
⑫ ［OK］をクリックします。
⑬ ［文書パーツを設定し直しますか？］とメッセージが表示されるので、［はい］をクリックします。

プロジェクト 7　食生活を見直す

【タスク 1】見出し「● 一日に必要なカロリー量を計算する」の段落を、同じページ内の「(3)」の後ろに移動します。書式は貼り付け先の書式に合わせ、余分な段落番号が挿入された場合は削除します。

① 2ページ目の見出し「● 一日に必要なカロリー量を計算する」を選択します。
② ［ホーム］タブの［切り取り］ボタンをクリックします。
③ 選択した行が切り取られます。
④ 2ページ目最終行の「(3)」の後ろにカーソルを移動します。
⑤ ［ホーム］タブの［貼り付け］ボタンの▼をクリックします。
⑥ ［テキストのみ保持］をクリックします。
⑦「(3)」と同じ書式で選択した文字列が貼り付けられます。
⑧ 次の行に「(4)」の段落番号が挿入された場合は、Delete キーを押して行を削除します。

【タスク 2】3ページ目の「●カロリー値」の下の行に、［ドキュメント］フォルダーにある「カロリー値の目安_bp.xlsx」を挿入します。「カロリー値の目安_bp.xlsx」を変更すると、この文書にも反映されるようにします。

① 3ページ目の「●カロリー値」のすぐ下の空白行にカーソルを移動します。
② ［挿入］タブの［オブジェクト］ボタンをクリックします。
③ ［オブジェクトの挿入］ダイアログボックスが表示されます。
④ ［ファイルから］タブをクリックします。
⑤ ［参照］をクリックします。
⑥ ［オブジェクトの挿入］ダイアログボックスが表示されます。
⑦ 左側の［ドキュメント］をクリックします。
⑧ ファイルの一覧から「カロリー値の目安_bp」をクリックし、［挿入］をクリックします。
⑨ ［オブジェクトの挿入］ダイアログボックスの［ファイル名］ボックスに「カロリー値の目安_bp.xlsx」の保存場所とファイル名が表示されます。
⑩ ［リンク］チェックボックスをオンにします。
⑪ ［OK］をクリックします。
⑫ カーソルの位置に「カロリー値の目安_bp.xlsx」の内容が挿入されます。

【タスク 3】日本語用の見出しのフォントを「HG 丸ゴシック M-PRO」に設定した「食生活」という名前のフォントセットを作成します。

① ［デザイン］タブの［フォント］ボタンをクリックします。
② ［フォントのカスタマイズ］をクリックします。
③ ［新しいテーマのフォントパターンの作成］ダイアログボックスが表示されます。
④ ［日本語文字用のフォント］の［見出しのフォント］ボックスの▼をクリックして、［HG 丸ゴシック M-PRO］をクリックします。
⑤ 問題文の「食生活」をクリックして、文字列をコピーします。
⑥ ［名前］ボックスをクリックし、Ctrl+V キーを押します。
⑦ ［名前］ボックスに「食生活」の文字が貼り付けられます。
⑧ ［保存］をクリックします。
⑨ 新しいフォントセットが作成されます。

【タスク 4】二重下線が設定されている箇所を検索して、該当するすべての文字列に「重要用語」スタイルを設定します。

① ［ホーム］タブの［置換］ボタンをクリックします。
② ［検索と置換］ダイアログボックスの［置換］タブが表示されます。
③ ［オプション］をクリックします。
④ ダイアログボックスが拡張表示されます。
⑤ ［検索する文字列］ボックスをクリックします（履歴の文字が残っている場合は削除します）。
⑥ ［書式］をクリックし、一覧から［フォント］をクリックします。
⑦ ［検索する文字］ダイアログボックスが表示されます。
⑧ ［フォント］タブをクリックします。
⑨ ［下線］ボックスの▼をクリックして、二重下線をクリックします。
⑩ ［OK］をクリックします。
⑪ ［検索する文字列］ボックスの下に［二重下線］と表示されます。
⑫ ［置換後の文字列］ボックスをクリックします（履歴の文字が残っている場合は削除します）。
⑬ ［書式］をクリックし、一覧から［スタイル］をクリックします。
⑭ ［置換後のスタイル］ダイアログボックスが表示されます。
⑮ ［置換後のスタイル］の一覧から［重要用語］をクリックします。
⑯ ［OK］をクリックします。
⑰ ［置換後の文字列］ボックスの下に［スタイル：重要用語］と表示されます。
⑱ ［すべて置換］をクリックします。
⑲ 置換が実行され、「完了しました。4 個の項目を置換しました。」と表示されます。
⑳ ［OK］をクリックします。
㉑ ［閉じる］をクリックします。
㉒ 文書内の二重下線が設定されていた文字列に「重要用語」スタイルが設定されます。

【タスク 5】Word の機能を使って、文書内の「1/4 スペース」と「全角または半角の空白」をすべて削除します。

① ［ホーム］タブの［置換］ボタンをクリックします。
② ［検索と置換］ダイアログボックスの［置換］タブが表示されます。
③ ［オプション］をクリックします。
④ ダイアログボックスが拡張表示されます。
⑤ ［検索する文字列］ボックスをクリックします（履歴の文字が残っている場合は削除します）。
⑥ ［検索する文字列］ボックスの下に書式が表示されている場合は［書式の削除］をクリックします。
⑦ ［あいまい検索］チェックボックスをオフにします。
⑧ ［特殊文字］をクリックし、一覧から［1/4 スペース］をクリックします。

⑨［検索する文字列］ボックスに「^q」と表示されます。
⑩［置換後の文字列］ボックスに履歴の文字が残っている場合は削除します。
⑪［置換後の文字列］ボックスの下にスタイルが表示されている場合は［書式の削除］をクリックします。
⑫［すべて置換］をクリックします。
⑬ 置換が実行され、「完了しました。3 個の項目を置換しました。」と表示されます。
⑭ 文書内の「1/4 スペース」が削除されます。
⑮［検索する文字列］ボックスをクリックし、履歴の文字を削除します。
⑯［特殊文字］をクリックし、一覧から［全角または半角の空白］をクリックします。
⑰［検索する文字列］ボックスに「^w」と表示されます。
⑱［置換後の文字列］ボックスに何も表示されていないことを確認し、［すべて置換］をクリックします。
⑲ 置換が実行され、「完了しました。16 個の項目を置換しました。」と表示されます。
⑳［OK］をクリックします。
㉑［閉じる］をクリックします。
㉒ 文書内の「全角または半角の空白」が削除されます。

●模擬テスト 4

プロジェクト 1　アイスクリーム

【タスク 1】ドキュメントフォルダーの「ShopStyle_bp.dotm」テンプレートのマクロを現在の文書にコピーします。

①［開発］タブの［文書テンプレート］ボタンをクリックします。
②［テンプレートとアドイン］ダイアログボックスが表示されます。
③［構成内容変更］をクリックします。
④［構成内容変更］ダイアログボックスが表示されます。
⑤［マクロプロジェクト］タブをクリックします。
⑥ 右側の［ファイルを閉じる］をクリックします。
⑦［ファイルを閉じる］が［ファイルを開く］に変わるので、［ファイルを開く］をクリックします。
⑧［ファイルを開く］ダイアログボックスが表示されます。
⑨ 左側の一覧から［ドキュメント］をクリックします。
⑩ ファイルの一覧から［ShopStyle_bp］をクリックして、［開く］をクリックします。
⑪［マクロプロジェクト 文書またはテンプレート］ボックスに［ShopStyle_bp（テンプレート）］と表示されます。
⑫［コピー元］の一覧の［NewMacros］が選択されていることを確認します。
⑬［コピー］をクリックします。
⑭［コピー先］の一覧に［NewMacros］が表示されます。
⑮［閉じる］をクリックします。
⑯ 文書にマクロがコピーされます。

【タスク 2】見出し「索引」の下の行に、書式を「モダン」、ページ番号を右揃え、1 段組みの索引を挿入します。

①［ホーム］タブの［編集記号の表示 / 非表示］ボタンがオンになっている場合は、クリックしてオフにします。
② 4 ページ目の見出し「索引」の下の行にカーソルを移動します。
③［参考資料］タブの［索引の挿入］ボタンをクリックします。
④［索引］ダイアログボックスが表示されます。
⑤［書式］ボックスの▼をクリックして、［モダン］をクリックします。
⑥［ページ番号を右揃えにする］チェックボックスをオンにします。
⑦［段数］ボックスに「1」と表示されていない場合は、「1」と入力するか、▼をクリックして「1」に設定します。
⑧［OK］をクリックします。
⑨ カーソルの位置に索引が挿入されます。

【タスク 3】見出し「画像の一覧」の下に、図表番号のラベルが「図」の図表目次を挿入します。書式は「シンプル」にします。

①［ホーム］タブの［編集記号の表示 / 非表示］ボタンがオンになっている場合は、クリックしてオフにします。
② 4 ページ目の見出し「画像の一覧」の下の行にカーソルを移動します。
③［参考資料］タブの［図表目次の挿入］ボタンをクリックします。
④［図表目次］ダイアログボックスが表示されます。
⑤［書式］ボックスの▼をクリックして、［シンプル］をクリックします。
⑥［図表番号のラベル］ボックスに［図］と表示されていない場合は、▼をクリックして［図］をクリックします。
⑦［OK］をクリックします。
⑧ カーソルの位置に図表目次が挿入されます。

【タスク 4】見出し「世界のアイスクリーム」の文章にある語句「Salep」の校正言語を「トルコ語」に設定します。警告バーに校正ツールに関するメッセージが表示された場合は、表示したままにしてください。

① 2 ページにある「Salep」を選択します。
②［校閲］タブの［言語］ボタンをクリックします。
③［校正言語の設定］をクリックします。
④［言語の選択］ダイアログボックスが表示されます。
⑤［選択中の文字列の設定］の一覧から［トルコ語（トルコ）］をクリックします。
⑥［OK］をクリックします。
⑦ 選択箇所の校正言語が「トルコ語（トルコ）」に設定されます。

プロジェクト 2　理事会

【タスク 1】この文書に保存されているマクロ「段落」を編集して、マクロ名を「段落字下げ」に変更します。次に、19 行目の「本理事会に…」の段落にマクロを実行します。

①［開発］タブの［マクロ］ボタンをクリックします。
②［マクロ］ダイアログボックスが表示されます。
③［マクロ名］ボックスの［段落］をクリックします。
④［編集］をクリックします。
⑤ VBE の画面が表示されます。
⑥ 問題文の「段落字下げ」をクリックして、文字列をコピーします。
⑦［コード］ウィンドウの「Sub 段落 ()」の「段落」をドラッグして選択し、Ctrl+V キーを押します。
⑧「段落」が「段落字下げ」に変更されます。
⑨［閉じる］ボタンをクリックします。
⑩ 19 行目の「本理事会に…」の段落内にカーソルを移動します。
⑪［開発］タブの［マクロ］ボタンをクリックします。
⑫［マクロ］ダイアログボックスが表示されます。
⑬［マクロ名］ボックスの［段落字下げ］をクリックします。
⑭［実行］をクリックします。
⑮ マクロが実行され、カーソルのある段落が字下げされます。

【タスク 2】ヘッダーに表示されている語句のフォントの色を標準の色の「青」、小型英大文字に変更します。

① 上余白部分をダブルクリックします。
② ヘッダー領域が表示されます。
③ ヘッダーの文字列を選択します。
④［ホーム］タブの［フォント］グループ右下の［フォント］ボタンをクリックします。

⑤［フォント］ダイアログボックスが表示されます。
⑥［フォント］タブをクリックします。
⑦［フォントの色］ボックスの▼をクリックし、［標準の色］の［青］をクリックします。
⑧［文字飾り］の［小型英大文字］チェックボックスをオンにします。
⑨［OK］をクリックします。
⑩ 選択した文字列に書式が設定されます。
⑪ 本文領域をダブルクリックして、ヘッダーの編集を終了します。

【タスク 3】宛先データの「第 10 期理事 _bp.mdb」に役職「会計」、姓「和田」、名「一郎」のデータを追加します。

①［差し込み文書］タブの［アドレス帳の編集］ボタンをクリックします。
②［差し込み印刷の宛先］ダイアログボックスが表示されます。
③［データソース］の［第 10 期理事 _bp.mdb］をクリックします。
④［編集］をクリックします。
⑤［データソースの編集］ダイアログボックスが表示されます。
⑥［新しいエントリ］をクリックします。
⑦ 問題文の「会計」をクリックして、文字列をコピーします。
⑧［役職］のフィールドをクリックし、Ctrl+V キーを押します。
⑨［役職］のフィールドに「会計」の文字が貼り付けられます。
⑩ 同様の操作で［名］のフィールドに「一郎」と入力します。
⑪ 同様の操作で［姓］のフィールドに「和田」と入力します。
⑫［OK］をクリックします。
⑬［アドレス帳を更新して…］という確認のメッセージが表示されるので［はい］をクリックします。
⑭ データファイルの内容が更新されます。
⑮［OK］をクリックします。

【タスク 4】現在の配色を基に［アクセント 5］の色を「紫」、［ハイパーリンク］を「黒、背景 1」に変更した「理事会」という名前の配色セットを作成します。

①［デザイン］タブの［配色］ボタンをクリックします。
② 一覧から［色のカスタマイズ］をクリックします。
③［テーマの新しい配色パターンを作成］ダイアログボックスが表示されます。
④［アクセント 5（5）］ボックスの▼をクリックし、［標準の色］の［紫］をクリックします。
⑤［アクセント 5（5）］ボックスの色が変更されます。
⑥［ハイパーリンク］ボックスの▼をクリックし、［テーマの色］の［黒、背景 1］をクリックします。
⑦［ハイパーリンク］ボックスの色が変更されます。
⑧ 問題文の「理事会」をクリックして、文字列をコピーします。
⑨［名前］ボックスをクリックし、Ctrl+V キーを押します。
⑩［名前］ボックスに「理事会」の文字が貼り付けられます。
⑪［保存］をクリックします。
⑫ テーマの配色のパターンが保存され、文書に適用されます。

プロジェクト 3　自然の家

【タスク 1】デジタル署名されたマクロを除き、すべてのマクロを無効にする設定にします。

①［開発］タブの［マクロのセキュリティ］ボタンをクリックします。
②［トラストセンター］ダイアログボックスの［マクロの設定］が表示されます。
③［マクロの設定］の［デジタル署名されたマクロを除き、すべてのマクロを無効にする］をクリックします。
④［OK］をクリックします。
⑤ マクロの設定が変更されます。

【タスク 2】この文書にドキュメントフォルダーにある「新年度改訂 _bp」を比較します。元の文書を「wx4-3_自然の家 _bp」または「wx4-3-2」、変更された文書を「新年度改定 _bp」にして変更の表示対象は「元の文書」にします。比較結果の変更履歴は反映しません。

①［校閲］タブの［比較］ボタンをクリックします。
②［比較］をクリックします。
③［文書の比較］ダイアログボックスが表示されます。
④［元の文書］ボックスの▼をクリックし、［wx4-3_ 自然の家 _bp］または［wx4-3-2］をクリックします。
⑤［変更された文書］ボックスの右側のアイコンをクリックします。
⑥［ファイルを開く］ダイアログボックスが表示されます。
⑦［ドキュメント］の「新年度改定 _bp」をクリックし、［開く］をクリックします。
⑧［変更された文書］ボックスに「新年度改定 _bp」と表示されます。
⑨［オプション］をクリックします。
⑩ ダイアログボックスが拡張表示されます。
⑪［比較の設定］のすべてのチェックボックスがオンになっていることを確認します。
⑫［変更の表示対象］の［元の文書］をクリックします。
⑬［OK］をクリックします。
⑭ 確認メッセージが表示されたら［はい］をクリックします。
⑮ 元の文書に比較結果が表示され、変更箇所が変更履歴として表示されていることを確認します。

プロジェクト 4　日本茶

【タスク 1】この文書のスタイルを「日本茶 _bp」という名前のスタイルセットとして保存します。

①［デザイン］タブの［ドキュメントの書式設定］の［その他］ボタンをクリックします。
② 一覧から［新しいスタイルセットとして保存］をクリックします。
③［新しいスタイルセットとして保存］ダイアログボックスが表示されます。
④ 問題文の「日本茶 _bp」をクリックして、文字列をコピーします。
⑤［ファイル名］ボックスをクリックし、Ctrl+V キーを押します。
⑥［ファイル名］ボックスに「日本茶 _bp」の文字が貼り付けられます。
⑦［保存］をクリックします。
⑧ この文書のスタイルセットが保存されます。

【タスク 2】「見出し 1」スタイルを変更して、次の段落のスタイルを「行間詰め」、下の罫線の太さを「1.5pt」になるようにします。

①［ホーム］タブのスタイルの一覧から［見出し 1］を右クリックします。
② ショートカットメニューの［変更］をクリックします。
③［スタイルの変更］ダイアログボックスが表示されます。
④［次の段落のスタイル］ボックスの▼をクリックし、［行間詰め］をクリックします。
⑤［書式］の［罫線と網かけ］をクリックします。
⑥［線種とページ罫線と網かけの設定］ダイアログボックスが表示されます。
⑦［罫線］タブをクリックします。
⑧［線の太さ］ボックスの▼をクリックし、［1.5pt］をクリックします。
⑨［プレビュー］の［下罫線］を 2 回クリックします。
⑩［OK］をクリックします。
⑪［スタイルの変更］ダイアログボックスの［OK］をクリックします。
⑫「見出し 1」スタイルが変更されます。

【タスク 3】「標準」スタイルを基準にして、左インデントと右インデントが「1 字」ずつの「字下げ」という名前の段落スタイルを作成します。

① [標準] スタイルの箇所にカーソルを移動します。
② [ホーム] タブの [スタイル] の [その他] ボタンをクリックします。
③ [スタイルの作成] をクリックします。
④ [書式から新しいスタイルを作成] ダイアログボックスが表示されます。
⑤ 問題文の「字下げ」をクリックして、文字列をコピーします。
⑥ [名前] ボックスをクリックし、Ctrl+V キーを押します。
⑦ [名前] ボックスに「字下げ」の文字が貼り付けられます。
⑧ [変更] をクリックします。
⑨ [書式から新しいスタイルを作成] ダイアログボックスが表示されます。
⑩ [基準にするスタイル] ボックスに [標準] と表示されていることを確認します。
⑪ [種類] ボックスの▼をクリックして、[段落] をクリックします。
⑫ [書式] をクリックして、[段落] をクリックします。
⑬ [段落] ダイアログボックスが表示されます。
⑭ [インデントと行間隔] タブをクリックします。
⑮ [インデント] の [左] ボックスの▲をクリックして [1 字] に設定します。
⑯ [インデント] の [右] ボックスの▲をクリックして [1 字] に設定します。
⑰ [種類] ボックスの▼をクリックして、[段落] をクリックします。
⑱ [OK] をクリックします。
⑲ [書式から新しいスタイルを作成] ダイアログボックスの [OK] をクリックします。
⑳「字下げ」スタイルが作成され、スタイルギャラリーの一覧に表示されます。
㉑ [ホーム] タブのスタイルギャラリーの [標準] ボタンをクリックます。
㉒ カーソルのある段落が「標準」スタイルに変更されます。

【タスク 4】1 番目の画像の下に「写真 1：お茶の木」と表示されるように図表番号を追加します。「写真 1」の後ろは「:」(全角のコロン) を入力します。「写真」の番号ラベルがない場合は作成します。

① 1 ページ目にある画像をクリックします。
② [参考資料] タブの [図表番号の挿入] ボタンをクリックします。
③ [図表番号] ダイアログボックスが表示されます。
④ [ラベル] ボックスの▼をクリックして、[写真] を選択します ([写真] がない場合は [ラベル名] をクリックして [新しいラベル名] ダイアログボックスを表示し、問題文の「写真」をコピーして [ラベル] ボックスに貼り付けて [OK] をクリックします)。
⑤ [図表番号] ボックスに [写真 1] と表示されます。
⑥ 問題文の「：お茶の木」をクリックして、文字列をコピーします。
⑦ [図表番号] ボックスの「写真 1」の後ろをクリックし、Ctrl+V キーを押します。
⑧「写真 1」の後ろに「：お茶の木」の文字が貼り付けられます。
⑨ [位置] ボックスに [選択した項目の下] と表示されていない場合は、▼をクリックして、[選択した項目の下] をクリックします。
⑩ [OK] をクリックします。
⑪ 選択した画像の下に図表番号が挿入されます。

【タスク 5】文字列「緑茶」をすべて索引として登録します。

① 1 ページ目の見出し「日本茶の種類」の下の段落の「緑茶」を選択します。
② [参考資料] タブの [索引登録] ボタンをクリックします。
③ [索引登録] ダイアログボックスが表示されます。
④ [登録 (メイン)] ボックスに「緑茶」、[読み] ボックスに「りょくちゃ」と表示されていることを確認します。
⑤ [現在のページ] が選択されてることを確認します。
⑥ [すべて登録] をクリックします。
⑦ 選択している「緑茶」と 3 ページ目の「緑茶」の後ろにも索引項目のフィールドコードが表示されます。
⑧ [閉じる] をクリックします。

プロジェクト 5　論文

【タスク 1】ドキュメントフォルダーの「スタイル集 _bp.dotm」テンプレートの [標準] と [見出し 1] と [見出し 2] スタイルを現在の文書にコピーします。すでに同じスタイルがある場合は上書きします。

① [開発] タブの [文書テンプレート] ボタンをクリックします。
② [テンプレートとアドイン] ダイアログボックスが表示されます。
③ [構成内容変更] をクリックします。
④ [構成内容変更] ダイアログボックスが表示されます。
⑤ [スタイル] タブをクリックします。
⑥ 右側の [ファイルを閉じる] をクリックします。
⑦ [ファイルを閉じる] が [ファイルを開く] に変わるので、[ファイルを開く] をクリックします。
⑧ [ファイルを開く] ダイアログボックスが表示されます。
⑨ 左側の一覧から [ドキュメント] をクリックします。
⑩ ファイルの一覧から [スタイル集 _bp] をクリックして、[開く] をクリックします。
⑪ [スタイル文書またはテンプレート] ボックスに [スタイル集 _bp (テンプレート)] と表示されます。
⑫ すぐ上の [コピー元] の一覧から [見出し 1] をクリックします。
⑬ Ctrl キーを押しながら [見出し 2] と [標準] をクリックします。
⑭ [コピー] をクリックします。
⑮ 上書きするかどうかの確認メッセージが表示されるので、[すべて上書き] をクリックします。
⑯ 現在の文書の「標準」、[見出し 1]、[見出し 2] スタイルが上書きされます。
⑰ [閉じる] をクリックします。
⑱ 文書に [標準] と [見出し 1] と [見出し 2] スタイルがコピーされます。

【タスク 2】見出し「第 2 章 分析」にある表の上に「表 4：カテゴリーの一覧」という図表番号を挿入します。「表 4」の後ろは「：」(全角のコロン) を入力します。その後、1 ページ目の「参考資料」の下の行の図表目次を更新します。

① 5 ページの見出し「第 2 章　分析」の下にある表を選択します。
② [参考資料] タブの [図表番号の挿入] ボタンをクリックします。
③ [図表番号] ダイアログボックスが表示されます。
④ [ラベル] ボックスの▼をクリックして、[表] をクリックします。
⑤ [図表番号] ボックスに [表 4] と表示されます。
⑥ 問題文の「：カテゴリーの一覧」をクリックして、文字列をコピーします。
⑦ [図表番号] ボックスの「表 4」の後ろをクリックし、Ctrl+V キを押します。
⑧「表 4」の後ろに「:カテゴリーの一覧」の文字が貼り付けられます。

⑨［位置］ボックスに［選択した項目の上］と表示されていない場合は、▼をクリックして、［選択した項目の上］をクリックします。
⑩［OK］をクリックします。
⑪選択した表の上に図表番号が挿入されます。
⑫［ホーム］タブの［編集記号の表示/非表示］ボタンがオンになっている場合は、クリックしてオフにします。
⑬ 1ページ目の図表目次内をクリックします。
⑭［参考資料］タブの［図表目次の更新］ボタンをクリックします。
⑮［図表目次の更新］ダイアログボックスが表示されます。
⑯［目次をすべて更新する］をクリックします。
⑰［OK］をクリックします。
⑱図表目次が最新の内容になり、「表4：カテゴリーの一覧」が追加されます。

【タスク3】文書のハイフネーションの設定を無効にします。

①［レイアウト］タブの［ハイフネーション］ボタンをクリックします。
②［なし］をクリックします。
③文書のハイフネーションの設定がなしになります。

【タスク4】1ページ目の「提出ファイル：」の後ろに文書のファイル名（FileName）のフィールドを挿入します。書式は大文字でファイル名にパスを表示します。

① 1ページ4行目の「提出ファイル：」の後ろにカーソルを移動します。
②［挿入］タブの［クイックパーツの表示］ボタンをクリックします。
③［フィールド］をクリックします。
④［フィールド］ダイアログボックスが表示されます。
⑤［フィールドの名前］ボックスの［FileName］をクリックします。
⑥［書式］の［大文字］をクリックします。
⑦［フィールドオプション］の［ファイル名にパスを追加］チェックボックスをオンにします。
⑧［OK］をクリックします。
⑨カーソルの位置にフィールドが挿入され、パス付きのファイル名が英字部分は大文字で表示されます。

プロジェクト6　研修案内

【タスク1】自動回復用データの保存間隔を「20分」に変更します。

①［ファイル］タブの［オプション］をクリックします。
②［Wordのオプション］ダイアログボックスが表示されます。
③左側の［保存］をクリックします。
④［文書の保存］の［次の間隔で自動回復用データを保存する］チェックボックスがオンでない場合はオンにします。
⑤右側の［分ごと］ボックスに「20」と入力するか、▲をクリックして「20」に設定します。
⑥［OK］をクリックします。

【タスク2】変更履歴のロックをパスワード「mogi462」で解除します。

①［校閲］タブの［変更履歴の記録］ボタンの▼をクリックします。
②［変更履歴のロック］をクリックします。
③［変更履歴のロック解除］ダイアログボックスが表示されます。
④問題文の「mogi462」をクリックして、文字列をコピーします。
⑤［パスワード］ボックスをクリックし、Ctrl+Vキーを押します。
⑥［パスワード］ボックスに「mogi462」の文字が貼り付けられます。
⑦［OK］をクリックします。
⑧変更履歴のロックが解除されます。

プロジェクト7　子ども館新聞

【タスク1】左上のテキストボックス内の「サブタイトル」のドロップダウンコンテンツコントロールを削除不可の設定にします。

①左上の「サブタイトル」と表示されているコンテンツコントロールを選択します。
②［開発］タブの［プロパティ］ボタンをクリックします。
③［コンテンツコントロールのプロパティ］ダイアログボックスが表示されます。
④［ロック］の［コンテンツコントロールの削除不可］チェックボックスをオンにします。
⑤［OK］をクリックします。
⑥コンテンツコントロールの設定が変更されます。

【タスク2】左上のテキストボックス内の「発行日：」の後ろのフィールドの書式を「yyyy年M月」に設定します。

①左上の日付が表示されているフィールドを右クリックします。
②ショートカットメニューの［フィールドの編集］をクリックします。
③［フィールド］ダイアログボックスが表示されます。
④問題文の「yyyy年M月」をクリックして、文字列をコピーします。
⑤［書式］ボックスをクリックし、Ctrl+Vキーを押します。
⑥［書式］ボックスに「yyyy年M月」の文字が貼り付けられます。
⑦［OK］をクリックします。
⑧フィールドの書式が変更されます。

【タスク3】文書に行番号を表示します。

①［レイアウト］タブの［行番号］ボタンをクリックします。
②［連続番号］をクリックします。
③左余白に行番号が表示されます。

【タスク4】「見出し3」スタイルが設定されている箇所のスタイルをすべて「参照2」スタイルに変更します。

①［ホーム］タブの［スタイル］の［その他］ボタンをクリックします。
②スタイルギャラリーの［見出し3］を右クリックします。
③ショートカットメニューの［すべて選択］をクリックします。
④「見出し3」スタイルが設定されている箇所がすべて選択されます。
⑤［ホーム］タブの［スタイル］の［その他］ボタンをクリックします。
⑥スタイルギャラリーの［参照2］をクリックします。
⑦選択範囲が「参照2」スタイルに変更されます。

●模擬テスト 5

プロジェクト 1　ガーデニング入門

【タスク 1】見出し「鉢」の文章にある語句「terracotta」に「テラコッタ」というルビを設定します。ルビのフォントは「メイリオ」、フォントサイズは 7pt にします。

① 2 ページ 12 行目の「terracotta」を選択します。
② [ホーム] タブの [ルビ] ボタンをクリックします。
③ [ルビ] ダイアログボックスが表示されます。
④ 問題文の「テラコッタ」をクリックして、文字列をコピーします。
⑤ [対象文字列] の [terracotta] の右の [ルビ] ボックスに入力されている文字列をドラッグして選択し、Ctrl+V キーを押します。
⑥ [ルビ] ボックスに「テラコッタ」の文字が貼り付けられます。
⑦ [フォント] ボックスの▼をクリックし、[メイリオ] をクリックします。
⑧ [サイズ] ボックスの▼をクリックし、[7] をクリックします。
⑨ [OK] をクリックします。
⑩ 選択した文字列にルビが設定されます。

【タスク 2】先頭ページの 1 行目と 2 行目のイラストをクイックパーツとして「記事タイトル」という名前で保存します。保存先は「Mogi5_Building Blocks」、説明に「作品タイトルとイメージイラスト」と入力します。その他の項目は既定のままとします。

① 1 ページの 1 行目とその下の図を選択します。
② [挿入] タブの [クイックパーツの表示] ボタンをクリックします。
③ [選択範囲をクイックパーツギャラリーに保存] をクリックします。
④ [新しい文書パーツの作成] ダイアログが表示されます。
⑤ 問題文の「記事タイトル」をクリックして、文字列をコピーします。
⑥ [名前] ボックスをクリックし、Ctrl+V キーを押します。
⑦ [名前] ボックスに「記事タイトル」の文字が貼り付けられます。
⑧ [ギャラリー] ボックスに [クイックパーツ] と表示されていることを確認します。
⑨ 問題文の「作品タイトルとイメージイラスト」をクリックして、文字列をコピーします。
⑩ [説明] ボックスをクリックし、Ctrl+V キーを押します。
⑪ [説明] ボックスに「作品タイトルとイメージイラスト」の文字が貼り付けられます。
⑫ [保存先] ボックスの▼をクリックし、[Mogi5_Building Blocks] をクリックします。
⑬ [OK] をクリックします。
⑭ 選択範囲がクイックパーツとして保存されます。

【タスク 3】見出し「肥料」のすぐ下の行の「肥料」を索引項目として初出のみ登録します。

① 3 ページ目の見出し「肥料」の下の段落の「肥料」を選択します。
② [参考資料] タブの [索引登録] ボタンをクリックします。
③ [索引登録] ダイアログボックスが表示されます。
④ [登録 (メイン)] ボックスに「肥料」、[読み] ボックスに「ひりょう」と表示されていることを確認します。
⑤ [現在のページ] が選択されていることを確認します。
⑥ [登録] をクリックします。
⑦ 選択している「肥料」の後ろに索引項目のフィールドコードが表示されます。
⑧ [閉じる] をクリックします。

【タスク 4】『 』で囲まれた語句を検索し、『 』と共に太字斜体に置換します。

① [ホーム] タブの [置換] ボタンをクリックします。
② [検索と置換] ダイアログボックスの [置換] タブが表示されます。
③ [オプション] をクリックします。
④ ダイアログボックスが拡張表示されます。
⑤ [検索する文字列] ボックスをクリックします（履歴の文字が残っている場合は削除します）。
⑥ [ワイルドカードを使用する] チェックボックスをオンにします。
⑦ [検索する文字列] ボックスの下に [ワイルドカード] と表示されます。
⑧ [検索する文字列] ボックスに「『*』」と入力します。
⑨ [置換後の文字列] ボックスをクリックします（履歴の文字が残っている場合は削除します）。
⑩ [書式] をクリックし、[フォント] をクリックします。
⑪ [フォント] ダイアログボックスが表示されます。
⑫ [フォント] タブをクリックします。
⑬ [スタイル] ボックスの [太字 斜体] をクリックします。
⑭ [OK] をクリックします。
⑮ [置換後の文字列] ボックスの下に [フォント：太字 , 斜体] と表示されます。
⑯ [すべて置換] をクリックします。
⑰ 置換が実行され、「完了しました。5 個の項目を置換しました。」と表示されます。
⑱ [OK] をクリックします。
⑲ [閉じる] をクリックします。
⑳ 文書内の『 』で囲まれた語句に太字斜体が設定されます。

プロジェクト 2　株式入門セミナー

【タスク 1】太字と網かけが設定されている「銘柄」の書式を「用語」という文字スタイルとして登録します。

① 1 ページ 8 行目の「銘柄」を選択します。
② [ホーム] タブの [スタイル] の [その他] ボタンをクリックします。
③ [スタイルの作成] をクリックします。
④ [書式から新しいスタイルを作成] ダイアログボックスが表示されます。
⑤ 問題文の「用語」をクリックして、文字列をコピーします。
⑥ [名前] ボックスをクリックし、Ctrl+V キーを押します。
⑦ [名前] ボックスに「用語」の文字が貼り付けられます。
⑧ [変更] をクリックします。
⑨ [書式から新しいスタイルを作成] ダイアログボックスが表示されます。
⑩ [種類] ボックスの▼をクリックして [文字] をクリックします。
⑪ [OK] をクリックします。
⑫「用語」スタイルが作成され、スタイルギャラリーの一覧に表示されます。

【タスク 2】文末のテキストボックス内にある語句「Investment Institute」の校正言語を「英語 (米国)」に設定します。警告バーに校正ツールに関するメッセージが表示された場合は、表示したままにしてください。

① 5 ページ目の末尾の「Investment Institute」を選択します。
② [校閲] タブの [言語] ボタンをクリックします。
③ [校正言語の設定] をクリックします。
④ [言語の選択] ダイアログボックスが表示されます。
⑤ [選択中の文字列の設定] の [英語 (米国)] をクリックします。
⑥ [OK] をクリックします。
⑦ 選択箇所の校正言語が「英語 (米国)」に設定されます。

【タスク3】文末の「表の一覧」の下の行に図表目次を挿入します。書式は「クラシック」にします。

① ［ホーム］タブの［編集記号の表示／非表示］ボタンがオンになっている場合は、クリックしてオフにします。
② 5ページ目の「表の一覧」の下の行にカーソルを移動します。
③ ［参考資料］タブの［図表目次の挿入］ボタンをクリックします。
④ ［図表目次］ダイアログボックスが表示されます。
⑤ ［書式］ボックスの▼をクリックして、［クラシック］をクリックします。
⑥ ［図表番号のラベル］ボックスに［表］と表示されていない場合は、▼をクリックして［表］をクリックします。
⑦ ［OK］をクリックします。
⑧ カーソルの位置に図表目次が挿入されます。

【タスク4】5ページ目の索引を更新してすべての索引項目を表示します。

① ［ホーム］タブの［編集記号の表示／非表示］ボタンがオンになっている場合は、クリックしてオフにします。
② 5ページ目の索引内にカーソルを移動します。
③ ［参考資料］タブの［索引の更新］ボタンをクリックします。
④ 索引が更新され、項目が増えます。

プロジェクト3　そば打ち体験

【タスク1】この文書の既定のフォントの色を「薄い灰色、背景2、黒＋基本色75%」、フォントサイズを14pt、太字に設定します。

① 2行目などの［標準］スタイルの箇所にカーソルを移動します。
② ［ホーム］タブの［フォント］グループ右下の［フォント］ボタンをクリックします。
③ ［フォント］ダイアログボックスが表示されます。
④ ［フォント］タブをクリックします。
⑤ ［スタイル］ボックスの一覧から［太字］をクリックします。
⑥ ［フォントの色］ボックスの▼をクリックし、［テーマの色］の［薄い灰色、背景2、黒＋基本色75%］をクリックします。
⑦ ［フォントサイズ］ボックスの一覧から「14」をクリックします。
⑧ ［既定に設定］をクリックします。
⑨ 設定変更の確認メッセージが表示されます。
⑩ ［この文書だけ］が選択されていることを確認し、［OK］をクリックします。
⑪ 「標準」スタイルの書式が変更されます。

【タスク2】ドキュメントフォルダーの「マクロ集_bp.dotm」テンプレートのマクロを現在の文書にコピーします。

① ［開発］タブの［文書テンプレート］ボタンをクリックします。
② ［テンプレートとアドイン］ダイアログボックスが表示されます。
③ ［構成内容変更］をクリックします。
④ ［構成内容変更］ダイアログボックスが表示されます。
⑤ ［マクロプロジェクト］タブをクリックします。
⑥ 右側の［ファイルを閉じる］をクリックします。
⑦ ［ファイルを閉じる］が［ファイルを開く］に変わるので、［ファイルを開く］をクリックします。
⑧ ［ファイルを開く］ダイアログボックスが表示されます。
⑨ 左側の一覧から［ドキュメント］をクリックします。
⑩ ファイルの一覧から［マクロ集_bp］をクリックして、［開く］をクリックします。
⑪ ［マクロプロジェクト 文書またはテンプレート］ボックスに［マクロ集_bp（テンプレート）］と表示されます。
⑫ ［コピー元］の一覧の［NewMacros］が選択されていることを確認します。
⑬ ［コピー］をクリックします。
⑭ ［コピー先］の一覧に［NewMacros］が表示されます。
⑮ ［閉じる］をクリックします。
⑯ 文書にマクロがコピーされます。

プロジェクト4　ダイレクトメール

【タスク1】宛先リストにドキュメントフォルダーの「お客様リスト_bp.xlsx」を使用して差し込み文書を作成し、1行目の行頭に「会社名」フィールドを挿入します。

① ［差し込み文書］タブの［差し込み印刷の開始］ボタンをクリックします。
② ［レター］をクリックします。
③ ［宛先の選択］ボタンをクリックします。
④ ［既存のリストを使用］をクリックします。
⑤ ［データファイルの選択］ダイアログボックスが表示されます。
⑥ 左側の一覧から［ドキュメント］を選択します。
⑦ ［お客様リスト_bp］をクリックし、［開く］をクリックします。
⑧ ［テーブルの選択］ダイアログボックスが表示されます。
⑨ ［Sheet1$］が選択されていることを確認し、［OK］をクリックします。
⑩ 文書に差し込み印刷のデータファイルがセットされます。
⑪ 1行目の行頭にカーソルを移動します。
⑫ ［差し込み文書］タブの［差し込みフィールドの挿入］ボタンの▼をクリックします。
⑬ 一覧から［会社名］をクリックします。
⑭ カーソルの位置に「会社名」フィールドが挿入されます。

【タスク2】文末のテキストコンテンツコントロールを複数行で表示できるように設定し、「★担当…」の前で改行します。

① 文末の「お問い合わせは…」と表示されているコンテンツコントロールを選択します。
② ［開発］タブの［プロパティ］ボタンをクリックします。
③ ［コンテンツコントロールのプロパティ］ダイアログボックスが表示されます。
④ ［文字列のプロパティ］の［改行（複数の段落）の使用可］チェックボックスをオンにします。
⑤ ［OK］をクリックします。
⑥ コンテンツコントロールの設定が変更されます。
⑦ コンテンツコントロールの「★」の前にカーソルを移動します。
⑧ Enterキーを押して改行します。

【タスク3】「書名」スタイルが設定されている箇所をすべて「ツアー名」スタイルに変更します。

① ［ホーム］タブの［スタイル］の［その他］ボタンをクリックします。
② スタイルギャラリーの［書名］を右クリックします。
③ ショートカットメニューの［すべて選択］をクリックします。
④ 「書名」スタイルが設定されている箇所がすべて選択されます。
⑤ ［ホーム］タブのスタイルの一覧の［ツアー名］をクリックします。
⑥ 選択範囲が「ツアー名」スタイルに変更されます。

【タスク 4】一番右端の画像の下に「図 1：姫路城」と表示されるように図表番号を挿入します。「図 1」の後ろは「：」（全角のコロン）を入力します。

① 一番右端の画像をクリックします。
② [参考資料] タブの [図表番号の挿入] ボタンをクリックします。
③ [図表番号] ダイアログボックスが表示されます。
④ [ラベル] ボックスに [図] と表示されていない場合は▼をクリックして、[図] をクリックします。
⑤ [図表番号] ボックスに [図 1] と表示されます（[図 A] と表示される場合は [番号付け] ボタンをクリックして [図表番号の書式] ダイアログボックスを開き、[書式] ボックスの▼から [1,2,3,…] を選択し、[章番号を含める] チェックボックスはオフにして [OK] をクリックします）。
⑥ 問題文の「：姫路城」をクリックして、文字列をコピーします。
⑦ [図表番号] ボックスの「図 1」の後ろをクリックし、Ctrl+V キーを押します。
⑧「図 1」の後ろに「：姫路城」の文字が貼り付けられます。
⑨ [位置] ボックスに [選択した項目の下] と表示されていない場合は、▼をクリックして、[選択した項目の下] をクリックします。
⑩ [OK] をクリックします。
⑪ 選択した画像の下に図表番号が挿入されます。

プロジェクト 5　謝恩会 1

【タスク 1】編集の制限を設定して 2 ページ目のはがき以外は変更できないようにします。はがきページの変更はすべてのユーザーに許可します。パスワードはなしで文書の保護を開始します。

① 2 ページ目のすべての行を選択します。
② [校閲] タブの [編集の制限] ボタンをクリックします。
③ [編集の制限] 作業ウィンドウが表示されます。
④ [2. 編集の制限] の [ユーザーに許可する編集の種類を指定する] チェックボックスをオンにします。
⑤ すぐ下のボックスの▼をクリックします。
⑥ [変更不可（読み取り専用）] をクリックします。
⑦ [例外処理（オプション）] の [すべてのユーザー] チェックボックスをオンにします。
⑧ [3. 保護の開始] の [はい、保護を開始します] をクリックします。
⑨ [保護の開始] ダイアログボックスが表示されます。
⑩ パスワードは入力せずに、[OK] をクリックします。
⑪ 文書の保護が開始されます。

【タスク 2】クイックアクセスツールバーに基本的なコマンドの [印刷プレビューと印刷] を追加します。この文書を開いたときだけクイックアクセスツールバーに表示されるようにします。

① クイックアクセスツールバーの右端の [クイックアクセスツールバーのユーザー設定] ボタンをクリックします。
② 一覧から [その他のコマンド] をクリックします。
③ [Word のオプション] ダイアログボックスの [クイックアクセスツールバー] が表示されます。
④ [コマンドの選択] ボックスに [基本的なコマンド] と表示されていることを確認します。
⑤ 下側のボックスの一覧から [印刷プレビューと印刷] をクリックします。
⑥ [クイックアクセスツールバーのユーザー設定] ボックスの▼をクリックし、[wx5-5_ 謝恩会 1_bp に適用] または [wx5-5-2 に適用] をクリックします。
⑦ [追加] をクリックします。
⑧ 右側のボックスに [印刷プレビューと印刷] が追加されます。
⑨ [OK] をクリックします。
⑩ クイックアクセスツールバーに [印刷プレビューと印刷] ボタンが追加されます。

プロジェクト 6　家庭菜園

【タスク 1】「見出し 1」スタイルを変更します。文字の輪郭を「茶、アクセント 5」、段落の下罫線を「茶、アクセント 5」の 1.5pt に変更します。

① [ホーム] タブのスタイルギャラリーの [見出し 1] を右クリックします。
② ショートカットメニューの [変更] をクリックします。
③ [スタイルの変更] ダイアログボックスが表示されます。
④ [書式] をクリックして、[文字の効果] をクリックします。
⑤ [文字の効果の設定] 作業ウィンドウが表示されます。
⑥ 左側の [文字の塗りつぶしと輪郭] のアイコンをクリックします。
⑦ [文字の輪郭] をクリックして項目を表示します。
⑧ [色] ボックスの▼をクリックして、[テーマの色] の [茶、アクセント 5] をクリックします。
⑨ [OK] をクリックします。
⑩ [書式] をクリックして、[罫線と網かけ] をクリックします。
⑪ [線種とページ罫線と網かけの設定] ダイアログボックスが表示されます。
⑫ [罫線] タブをクリックします。
⑬ [色] ボックスの▼をクリックして、[テーマの色] の [茶、アクセント 5] をクリックします。
⑭ [線の太さ] ボックスの▼をクリックして、[1.5pt] をクリックします。
⑮ [プレビュー] の [下罫線] を 2 回クリックします。
⑯ [OK] をクリックします。
⑰ [スタイルの変更] ダイアログボックスの [OK] をクリックします。
⑱「見出し 1」スタイルの内容が変更されます。

【タスク 2】見出し「人気の野菜」の段落の前で必ず改ページするように改ページ位置の自動修正を設定します。

① 4 ページ目の見出し「人気の野菜」の段落にカーソルを移動します。
② [ホーム] タブの [段落] グループ右下の [段落の設定] ボタンをクリックします。
③ [段落] ダイアログボックスが表示されます。
④ [改ページと改行] タブをクリックします。
⑤ [改ページ位置の自動修正] の [段落前で改ページする] チェックボックスをオンにします。
⑥ [OK] をクリックします。
⑦ カーソルがある段落に改ページ位置が設定されます。

【タスク 3】ヘッダーの左端に文書の表題（Title）フィールドを挿入します。

① 上余白部分をダブルクリックします。
② ヘッダー領域が表示されます。
③ [挿入] タブの [クイックパーツの表示] ボタンをクリックします（もしくは [ヘッダー / フッターツール] の [デザイン] タブの [ドキュメント情報] ボタンまたは [クイックパーツ] ボタンをクリックします）。
④ [フィールド] をクリックします。
⑤ [フィールド] ダイアログボックスが表示されます。
⑥ [フィールドの名前] ボックスの [Title] をクリックします。
⑦ [OK] をクリックします。
⑧ カーソルの位置にフィールドが挿入され、「家庭菜園のすすめ」と表示されます。
⑨ 本文領域をダブルクリックして、ヘッダーの編集を終了します。

【タスク 4】文字に下線を設定し、フォントサイズを 1 段階小さくするマクロをリボンのボタンから作成します。マクロ名は「下線と縮小」で、この文書に保存します。

① 「標準」スタイルが設定されている 2 ページ 3 行目などの文字列を選択します。
② [開発] タブの [マクロの記録] ボタンをクリックします。
③ [マクロの記録] ダイアログボックスが表示されます。
④ 問題文の「下線と縮小」をクリックして、文字列をコピーします。
⑤ [マクロ名] ボックスをクリックし、Ctrl+V キーを押します。
⑥ [マクロ名] ボックスに「下線と縮小」の文字が貼り付けられます。
⑦ [マクロの保存先] ボックスの▼をクリックし、[wx5-6_家庭菜園_bp (文書)] または [wx5-6-4 (文書)] をクリックします。
⑧ [OK] をクリックします。
⑨ マウスポインターの形状が変わり、マクロの記録が開始されます。
⑩ [ホーム] タブの [下線] ボタンをクリックします。
⑪ 選択した文字列に下線が設定されます。
⑫ [ホーム] タブの [フォントサイズの縮小] ボタンをクリックします。
⑬ 選択した文字列のフォントサイズが 1 段階小さくなります。
⑭ [開発] タブの [記録終了] ボタンをクリックします。
⑮ [ホーム] タブのスタイルギャラリーの [標準] をクリックして「標準」スタイルに戻します。

【タスク 5】見出し「人気の野菜」をコピーして、同じページ内の「ベスト 3」の行頭に貼り付けます。書式は貼り付けた先の書式に揃えます。

① 4 ページ目の見出し「人気の野菜」を選択します。
② [ホーム] タブの [コピー] ボタンをクリックします。
③ 選択した文字列がコピーされます。
④ 4 ページ 11 行目の「ベスト 3」の行頭にカーソルを移動します。
⑤ [ホーム] タブの [貼り付け] ボタンの▼をクリックします。
⑥ [テキストのみ保持] をクリックします。
⑦ 「ベスト 3」と同じ書式で選択した文字列が貼り付けられます。

プロジェクト 7 謝恩会 2

【タスク 1】この文書のテーマを「イベント _bp」という名前のテーマとして「ドキュメント」フォルダーに保存します。

① [デザイン] タブの [テーマ] ボタンをクリックします。
② [現在のテーマを保存] をクリックします。
③ [現在のテーマの保存] ダイアログボックスが表示されます。
④ 左側の一覧から [ドキュメント] をクリックします。
⑤ 問題文の「イベント _bp」をクリックして、文字列をコピーします。
⑥ [ファイル名] ボックスをクリックし、Ctrl+V キーを押します。
⑦ [ファイル名] ボックスに「イベント _bp」の文字が貼り付けられます。
⑧ [保存] をクリックします。
⑨ この文書のテーマが保存されます。

【タスク 2】クイックパーツ「さくら背面」のプロパティを編集し、ギャラリーを「ユーザー設定の透かし」、オプションを「内容をページのまま挿入」に変更します。

① [挿入] タブの [クイックパーツの表示] ボタンをクリックします。
② 一覧の [さくら背面] を右クリックします。
③ ショートカットメニューの [プロパティの編集] をクリックします。
④ [文書パーツの変更] ダイアログボックスが表示されます。
⑤ [ギャラリー] ボックスの▼をクリックし、[ユーザー設定の透かし] をクリックします。
⑥ [オプション] ボックスの▼をクリックし、[内容をページのまま挿入] をクリックします。
⑦ [OK] をクリックします。
⑧ [文書パーツを設定し直しますか？] とメッセージが表示されるので、[はい] をクリックします。

【タスク 3】宛先リストの「竹村 有希」の住所に「千葉県」を追加し、1 件目をプレビュー表示します。

① [差し込み文書] タブの [アドレス帳の編集] ボタンをクリックします。
② [差し込み印刷の宛先] ダイアログボックスが表示されます。
③ [データソース] の [生徒名簿 _bp.xlsx] をクリックします。
④ [編集] をクリックします。
⑤ [データソースの編集] ダイアログボックスが表示されます。
⑥ 問題文の「千葉県」をクリックして、文字列をコピーします。
⑦ [氏名] が「竹村 有希」の [住所] フィールドをクリックします。
⑧ 先頭にカーソルを移動して Ctrl+V キーを押します。
⑨ 住所の先頭に「千葉県」の文字が貼り付けられます。
⑩ [OK] をクリックします。
⑪ [アドレス帳を更新して…] という確認のメッセージが表示されるので [はい] をクリックします。
⑫ データファイルの内容が更新されたことを確認して、[OK] をクリックします。
⑬ [差し込み文書] タブの [結果のプレビュー] ボタンをクリックします。
⑭ [前のレコード] ボタンをクリックします。
⑮ 1 件目のデータがそれぞれのフィールドに表示されます。

【タスク 4】2 ページ目の「氏名」フィールドのプロパティを変更して、全角文字で表示されるようにします。

① 2 ページ 2 行目の「氏名」フィールドの「Marian Adams」を右クリックします。
② ショートカットメニューの [フィールドの編集] をクリックします。
③ [フィールド] ダイアログボックスが表示されます。
④ [書式] ボックスの [全角文字] をクリックします。
⑤ [OK] をクリックします。
⑥ 2 行目の「氏名」フィールドが全角文字で表示されます。

模擬テストプログラムの使用許諾契約について

以下の使用許諾契約書は、お客様と株式会社日経BP（以下、「日経BP」といいます）との間に締結される法的な契約書です。本プログラムおよびデータ（以下、「プログラム等」といいます）を、インストール、複製、ダウンロード、または使用することによって、お客様は本契約書の条項に拘束されることに同意したものとします。本契約書の条項に同意されない場合、日経BPは、お客様に、プログラム等のインストール、複製、アクセス、ダウンロード、または使用のいずれも許諾いたしません。

●使用許諾契約書

1. 許諾される権利について
日経BPは、本契約に基づき、以下の非独占的かつ譲渡不可能な使用権をお客様に許諾します。
(1) プログラム等のコピー1部を、1台のコンピューターへインストールし、1人が当該コンピューター上で使用する権利。
(2) 保存のみを目的とした、プログラム等のバックアップコピー1部を作成する権利。

2. 著作権等
(1) プログラム等およびプログラム等に付属するすべてのデータ、商標、著作、ノウハウおよびその他の知的財産権は、日経BPまたは著作権者に帰属します。これらのいかなる権利もお客様に帰属するものではありません。
(2) お客様は、プログラム等およびプログラム等に付属する一切のデータは、日経BPおよび著作権者の承諾を得ずに、第三者へ、賃貸、貸与、販売、または譲渡できないものとします。
(3) 本許諾契約の各条項は、プログラム等を基に変更または作成されたデータについても適用されます。

3. 保証の限定、損害に関する免責
(1) プログラム等を収録した媒体に物理的損傷があり、使用不能の場合には、日経BPは当該メディアを無料交換いたします。ただし、原則として、交換できるのは購入後90日以内のものに限ります。
(2) 前項の場合を除いては、日経BPおよび著作権者は、プログラム等およびプログラム等に付属するデータに関して生じたいかなる損害についても保証いたしません。
(3) 本契約のもとで、日経BPがお客様またはその他の第三者に対して負担する責任の総額は、お客様が書籍購入のために実際に支払われた対価を上限とします。

4. 契約の解除
(1) お客様が本契約に違反した場合、日経BPは本契約を解除することができます。その場合、お客様は、データの一切を使用することができません。またこの場合、お客様は、かかるデータの複製等すべてを遅滞なく破棄する義務を負うものとします。
(2) お客様は、プログラム等およびそれに付属するデータ、プログラム等の複製、プログラム等を基に変更・作成したデータの一切を破棄することにより、本契約を終了することができます。ただし、本契約のもとでお客様が支払われた一切の対価は返還いたしません。

5. その他
(1) 本契約は、日本国法に準拠するものとします。
(2) 本契約に起因する紛争が生じた場合は、東京簡易裁判所または東京地方裁判所のみをもって第1審の専属管轄裁判所とします。
(3) お客様は事前の承諾なく日本国外へプログラム等を持ち出すことができないものとします。日経BPの事前の承諾がない場合、お客様の連絡・通知等一切のコンタクトの宛先は、日本国内に限定されるものとします。

■ 本書についての最新情報、訂正、重要なお知らせについては下記 Web ページを開き、書名もしくは ISBN で検索してください。ISBN で検索する際は - （ハイフン）を抜いて入力してください。

https://bookplus.nikkei.com/catalog/

■ 本書に掲載した内容および模擬テストプログラムについてのお問い合わせは、下記 Web ページのお問い合わせフォームからお送りください。電話およびファクシミリによるご質問には一切応じておりません。なお、本書の範囲を超えるご質問にはお答えできませんので、あらかじめご了承ください。ご質問の内容によっては、回答に日数を要する場合があります。

https://nkbp.jp/booksQA

装　　　丁●折原カズヒロ
編 集 協 力●株式会社 ZUGA
D T P 制 作●真壁 みき
模擬テスト
プログラム開発●エス・ビー・エス株式会社

MOS 攻略問題集 Word 365&2019 エキスパート

2021 年　4 月　5 日　初版第 1 刷発行
2023 年　3 月 28 日　初版第 3 刷発行

著　　者：佐藤 薫
発 行 者：村上 広樹
発　　行：日経 BP
〒 105-8308　東京都港区虎ノ門 4-3-12
発　　売：日経 BP マーケティング
〒 105-8308　東京都港区虎ノ門 4-3-12
印　　刷：大日本印刷株式会社

ISBN978-4-296-05005-5　Printed in Japan